本书系国家社科基金项目
"宋代海上丝绸之路输日佛教石刻研究"（15BZJ018）
结题成果（优秀结项）

Research on
Buddhist Stone Carvings
on the
Sino-Japan Maritime Silk Road
in Song Dynasty

宋代海上丝绸之路
输日佛教石刻研究

刘恒武　袁颖　著

浙江大学出版社
·杭州·

图书在版编目(CIP)数据

宋代海上丝绸之路输日佛教石刻研究 / 刘恒武,袁颖著. -- 杭州：浙江大学出版社,2024.11. -- ISBN 978-7-308-25458-8

Ⅰ.K879.3

中国国家版本馆 CIP 数据核字第 2024UQ1866 号

宋代海上丝绸之路输日佛教石刻研究

刘恒武　袁　颖　著

策划编辑	吴伟伟
责任编辑	陈　翩
责任校对	赵　珏
封面设计	雷建军
出版发行	浙江大学出版社
	(杭州市天目山路 148 号　邮政编码 310007)
	(网址：http://www.zjupress.com)
排　　版	浙江大千时代文化传媒有限公司
印　　刷	杭州钱江彩色印务有限公司
开　　本	710mm×1000mm　1/16
印　　张	25
彩　　插	4
字　　数	400 千
版 印 次	2024 年 11 月第 1 版　2024 年 11 月第 1 次印刷
书　　号	ISBN 978-7-308-25458-8
定　　价	98.00 元

审图号：GS(2024)4062 号

版权所有　侵权必究　　印装差错　负责调换

浙江大学出版社市场运营中心联系方式：(0571)88925591；http://zjdxcbs.tmall.com

日本现存宋代输日石刻

（彩图照片均系著者自摄）

首罗山萨摩塔

宇美町萨摩塔

马头观音堂萨摩塔

宰府萨摩塔

志賀島火焔塚薩摩塔

西光密寺薩摩塔

岩の上町薩摩塔

平戸誓願寺薩摩塔

安满岳山顶萨摩塔

志々伎冲之宫萨摩塔

坊津萨摩塔

水元社萨摩塔

虎御前萨摩塔

泽家石塔群萨摩塔

糟屋郡志免町须弥座束腰

宗像大社宋风石狮

九州历史资料馆藏福冈太祖神社宋风石狮

观世音寺宋风石狮

首罗山宋风石狮

志々伎冲之宫宋风石狮

宗像大社阿弥陀经石

惠光院灯笼堂十一面观音石像

惠光院层塔

耕月院石塔构件

浙闽宋代石刻
(彩图照片均系著者自摄)

丽水灵鹫寺窣堵波式石塔（近处为3号塔，远处为4号塔）

丽水灵鹫寺1号石塔须弥座束腰浮雕石狮

平阳栖真寺窣堵波式石塔

乐清真如寺窣堵波式石塔

泉州开元寺东塔基座窣堵波式石塔浮雕

泉州开元寺大雄宝殿北庭东侧窣堵波式石塔塔身铭文

南安五塔岩窣堵波式石塔

宁波二灵塔

宁波延寿王寺石塔

目　录

绪　论　/001
　一　宋代输日佛教石刻的研究现状　/003
　二　海上丝绸之路历史语境下宋代输日佛教石刻研究的拓展和深化　/014

第一章　日本九州现存萨摩塔的文物学考察　/018
　一　萨摩塔的地域分布　/019
　二　各地萨摩塔的实物观察　/021
　三　各地所见疑似萨摩塔构件的石刻遗物　/048
　四　萨摩塔的雕造特征与形制风格　/055
　五　萨摩塔的制作年代、石材产地及制作地　/061

第二章　其他类别的日藏宋代输日佛教石刻遗存　/071
　一　舶载输日宋风石狮　/072
　二　阿弥陀经石、佛菩萨造像及其他石刻　/090

第三章　宋代输日佛教石刻探源　/100
　一　窣堵波式石塔——萨摩塔的祖型　/100
　二　宋风石狮、层塔等舶载输日石刻的源流　/157

第四章　宋代输日佛教石刻的存置地及其海域交流史脉　　/183

　　一　筑前博多及其周边　　/183
　　二　肥前东部　　/211
　　三　肥前西部　　/217
　　四　萨摩地区　　/220

第五章　宋日之间人的移动与佛教石刻的输出　　/226

　　一　晚唐与吴越国时期的赴日中国海商　　/226
　　二　北宋时期跨海往来于中日之间的海商与僧侣　　/239
　　三　南宋时期的旅日宋人与渡宋日僧　　/250
　　四　宋作佛教石刻的对日输出　　/280

第六章　宋代海上丝绸之路中日航线再考　　/299

　　一　宋代浙闽沿海港口及航线　　/300
　　二　10—13世纪日本九州沿海港口及航线　　/324
　　三　浙闽—九州的宋船航迹
　　　　——以宋风石刻遗存为中心的考察　　/346

结　语　　/356
参考文献　　/362
附　录　　/385
后　记　　/394

绪 论

众所周知,历史上的海上丝绸之路有两条航线:东海航线和南海航线。所谓"东海航线",实际上是指纵横交织于中国大陆、台湾以及朝鲜半岛、日本列岛、琉球群岛之间的海上交通网络,由于相关区域范围主要为东亚,因此也称"东亚海上丝绸之路";"南海航线"则指联系中国南海周边各地并延伸至印度洋沿岸的海航路线的总和,其航线连接亚非两洲,穿越太平洋和印度洋两洋。需要指出的是,海上丝绸之路东海航线与南海航线并非彼此隔离、独立存在的两个海交系统,二者在我国闽台一带海域相互对接,形成交集。

海上丝绸之路南海航线具有洲际海上交通的意义,对全球历史轨迹、世界贸易格局都产生过重要影响。相比之下,东海航线的辐射范围主要限于东亚,若将南海航线视为海上丝绸之路的干线,东海航线则处于支线的地位。然而,需要指出的是,东海航线连接的主要区域——东亚,拥有鲜明的文化共性:汉字书写、儒家思想、汉传佛教信仰。事实上,东海航线在汉字文化圈、儒家文化圈和汉传佛教文化圈形成的历史过程中一直发挥着纽带作用。中国是汉字和儒家的起源地以及汉传佛教的形成地,三者向东、向南的对外传播很大程度上借助了海路。因此,东海航线的历史存在感,不仅在于海上贸易,更在于文化交流。

在南海航线上,中国对外输出的物品以陶瓷、丝绸、茶叶等生活贸易品为主。与之不同,东海航线上中国的输出物除了丝绸、陶瓷、铜钱等日常用品之外,还有书籍、绘画、雕刻等涉及精神生活的物品,比南海航线自华舶出的物品门类更为丰富。之所以如此,原因在于东海航线不唯是一条商贸路线,更是一条文化通道。

东海航线不仅使东亚地区的文化互通、文化交流、文化共享成为现实,而且航线自身也拥有深厚的人文底蕴,而汉传佛教文化在东海航线自身文化内涵中占有相当大的比重。在涉及东亚海上交通的港口、航路、舶载物品、航海信俗等诸多方面,佛教元素无所不在。沿线佛教遗存既是东海航线历史叙事的珍贵物证,也是其文化传承的重要载体。东海航线相关的佛教遗存,包括佛殿、佛塔、经幢、像龛之类的建筑物、构筑物和雕刻物,还包括佛经、佛画等文字和图像遗物。其中,与沿线航海交流活动相关的佛教建筑物、构筑物、雕刻物遗存以及作为崇信对象的天然景观,标示着东海航线的空间广度和历史厚度,而舶运流播的佛教典籍和绘画作品则揭示了东海航线的文化高度与思想深度。

在东海航线佛教遗存之中,现存于日本各地的"宋风佛教石刻"值得特别关注。这批日藏宋风佛教石刻包括两大类:第一类是渡日宋朝工匠及其后继者在日本雕造的石刻作品。相关遗物主要留存于日本近畿地区(京都、奈良及其周边),是宋朝石刻匠人跨海移徙以及宋式石刻工艺随之东渐的物证。第二类是宋朝自中国舶载至日本的佛教石刻。确切地说,这类石刻是宋朝工匠以中国石材在中国雕制完成之后输出到日本的。相关遗物主要分布于九州北部、西北部和西南部沿海地区,印证了宋朝佛教石刻实物的跨海移动。

本书以宋代输日佛教石刻即上述第二类石刻为主要研究对象。这批石刻具体包括萨摩石塔、宋风石狮、层塔、阿弥陀经石、菩萨造像,其中,萨摩石塔和宋风石狮数量最多。① 这批石刻的特别之处在于:首先,其分布地点集中于九州北部、西北部和西南部沿海地区。结合文献来看,输日石刻存置地

---

① 现已发现的相关石刻,绝大多数被日本研究者推定为12—13世纪舶载输日的中国遗物,但亦存在个别遗物被误判的可能性。

点大多是宋舶经行及泊岸之地。其次,由于这些石刻是由海船自宋朝舶运至日本的,因此,与造设于固定地点的大体量佛教设施不同,其尺寸和重量均在可舶载搬移的限度之内。然而,佛教石刻并不能如佛经和佛画那样可以随处携行、随时变换存置场所。最后,虽然舶载佛教石刻与外销瓷、铜钱均属无机质文物,能够长期存留,是研究海上丝绸之路的极佳实物资料。不过,相比于陶瓷、铜钱等一般舶载贸易品,一方面,由于尺寸与重量较大,舶载佛教石刻存置场所相对固定;另一方面,舶载佛教石刻是一种带有精神内涵、宗教属性的物品,故而其受众是宋朝佛教文化的积极接受者。毋庸置疑,宋代输日佛教石刻的重要性,不仅在于石刻其"物"本身,还在于其"地"、其"人"和其"事"。

一 宋代输日佛教石刻的研究现状

20世纪90年代,已有国内区域文化研究者撰文介绍日本留存的宋风石刻,并述及南宋中国工匠东渡以及明州(今宁波)石材输日的背景。[1] 近年,日藏宋风石刻吸引了更多的国内学人对之展开探讨[2],以萨摩石塔为代表的舶载输日佛教石刻也开始得到关注[3]。然而,总体而言,囿于接触实物资料和获取学术文献的现实条件,国内学界对于包括宋代输日佛教石刻在内的日藏宋风石刻认识较晚,相关研究尚处于起步阶段。

宋代输日佛教石刻主要留存于日本九州各地,其中相当一部分已被登

---

[1] 杨古城、曹厚德:《日本东大寺的宁波古代石狮》,《浙江工艺美术》1998年第1期。

[2] 李广志:《明州工匠援建日本东大寺论考》,《宁波大学学报》(人文科学版) 2010年第5期;刘恒武:《旅日宋人的活跃与浙东石刻艺术的东渐》,《南开日本研究》(2014),天津人民出版社,2014年;孔媛:《南宋时期中日石刻文化交流研究》,浙江工商大学硕士学位论文,2015年;周霖:《关于对宁波产石材(石造物)文化属性的研究》,《文物鉴定与鉴赏》2020年第5期;张雅雯:《海上丝绸之路背景下宁波产石材雕造文物遗存探析》,《文物鉴定与鉴赏》2020年第12期。

[3] 傅丹:《"江南文化与日本"国际学术研讨会在复旦举行》,《中日关系史研究》2011年第3期;刘恒武、陈竞翘:《萨摩塔与宋日海上丝绸之路》,《日语学习与研究》2015年第5期;刘恒武:《跨越海洋的输日佛教石刻研究》,《中国社会科学报》2020年12月22日第8版。

录为重要文化遗产。长期以来,日本学人对此类石刻的遗物辨识、表征观察、数据记录以及文脉探究等工作一直持续,业已积累了丰厚的研究成果,而相关发现与研究的不断推进,也促使文物机构积极改善这些石刻的藏置环境和保护条件。

　　早在江户时期,造型独特的舶载输日宋风佛教石刻就已受到关注,这从日本地方文献和图像资料中可以得到印证。其中,《宗像军记》①中有关宗像大社阿弥陀经石的叙事流传最广。据《宗像军记》所述,奉置于宗像大社的阿弥陀经石,是宋朝为悼慰小松内大臣平重盛派遣使者舶运至日本的,书中还对阿弥陀经石的尺寸、浮雕、铭文以及石材颜色做了描述。可以肯定,《宗像军记》的作者曾对阿弥陀经石实物进行过仔细观察。《宗像军记》书中特别指出,阿弥陀经石为"青紫色之石"。值得一提的是,江户时代的北九州地志编纂者也留意到福冈一带所存中国古碇石石材颜色的独特之处,称之为"紫色之唐石"。②"唐石"成为日本江户时代九州对舶来中国石制品及其石材的特称,这在文物实物上也可以得到印证。福冈市博多区妙乐寺观音堂石门上横架的紫灰色条石,正面右端有阴刻"唐石"二字,再向左有横刻"具一切功德慈眼视众生福聚海无量",左端则有竖刻"横岳兰陵秀书",条石背面阴刻"安政六未九月日/前石城玉堂拜寄"。横岳兰陵是江户幕末福冈崇福寺禅僧,安政六年是1859年,据此可知"唐石"二字刻于江户末期。③

　　江户末年,梶原天均所撰《田岛石经记》指出,宗像大社阿弥陀经石正面左侧下方的铭文为"大宋绍熙六年",绍熙六年即公元1195年。梶原对经石

---

① 《宗像军记》作者不详,推测编纂于日本江户早期,今本一般以日本元禄十七年(1704)序刊本为底本刊印。全书汇编了宗像大宫司家历史上的一些事件及逸闻,但其中部分记载难以作为史实加以采信。书中有关阿弥陀经石的记载参见:《宗像軍記》之《宗像大宮司氏仲ノ事附リ宋朝ヨリ石佛ヲ渡ス事》,近藤瓶城编《史籍集覽》第十五册别记第二百六,近藤出版部,1902年,第428页。
② 高津孝、橘口亘、松本信光、大木公彦《南西諸島現存碇石の産地に関する一考察》,《鹿児島大学法文学部紀要〈人文学科論集〉》第72号,2010年,第143页;筑紫豊:《元寇危言》,積文館,1972年,第172页。
③ 高津孝:《薩摩塔と碇石——浙江石材と東アジア海域交流》,山田奨治等编《江南文化と日本——資料・人的交流の再発掘》,国際日本文化研究センター,2012年,第222—223页。2013年2月8日,笔者前往位于福冈市博多区御供所町妙乐寺观音堂,实地考察了妙乐寺"唐石",石表铭文清晰如新。

此处纪年铭的识读,为后世研究阿弥陀经石制作地和年代提供了线索,如今经石正面左下铭文已经漫漶莫辨,因此,梶原的识读更显重要。① 另外,宗像大社所藏宋风石狮,在江户晚期文献中也有言及,青柳种信的《筑前国续风土记拾遗》(编纂于 1814—1835 年)将之称为"唐石狮子",强调其造型上表现出的中国特征。②

上文所提到的"萨摩石塔",是一种下置须弥座、中为壶形塔身、上有屋顶状塔顶的小型供养塔,其形制、纹饰均近似于宋代窣堵波式石塔风格,游离于日本石塔的谱系之外。在现存舶载输日佛教石刻中,萨摩塔数量最多。在日本江户时代绘画中,可以找到萨摩石塔的图像资料,例如,长崎松浦史料博物馆收藏的平户藩旧藏文政五年(1822)《志自岐冲之宫石钵之图》(《冲岛全图》)所绘"石钵",实际上是一尊萨摩石塔。萨摩石塔须弥座上部的仰莲纹和栏杆图案描绘得十分清晰,须弥座中部勾勒出两尊天王形象,图中石塔通体施灰色泛紫的色调,与同时代文献所谓"唐石"的发色特征一致。另外,松浦史料博物馆所藏《肥州公御墓之图》的图面也绘有一尊萨摩塔。萨摩塔出现于古绘画资料,从一个侧面说明这种宋风石塔给江户九州人留下了特殊印象。③

20 世纪上半叶,日本地质学者山田博、木下龟城等人开始对北九州沿海散见的中国系石质遗物进行石材鉴定,但研究工作聚焦于所谓"元军沉船碇石"上。根据鉴定结果,这批碇石石材大多为"紫褐色或绿褐色砂岩""赭色

---

① 《田岛石经记》系梶原天均于日本文化十四年(1817)所著,日本国立国会图书馆藏有该书明治十八年(1885)写本可资查阅,与源弘贤著《阿弥陀经石本考》之宽政二年(1790)写本缀装为一册。
② 相关文献梳理参见:井形进《宗像大社の宋風獅子とその周辺》,《佛教藝術》第 283 号,2005 年,第 85、95 页。
③ 关于《志自岐冲之宫石钵》和《肥州公御墓之图》石塔的图像资料,参见:高津孝、橘口亘、大木公彦《薩摩塔研究——中国産石材による中国系石造物という視点から》,《鹿大史学》第 57 号,2010 年,第 30、32、38 页。

凝灰岩"。① 九州大学地质学教授渡边久吉根据自己在中国的调查经验指出,与被称作"唐石"的"赤色砂岩"相同质地的岩石出产于杭州附近地区,一直被作为石材开采利用。在 20 世纪 60 年代以后的中国古碇石鉴定报告中,一些先前记作"凝灰岩"的碇石石材被修正为"凝灰质砂岩"。由此可知,渡边的"唐石即赤色砂岩"之说亦无谬误,而记为"紫褐色""赭色""赤色"则缘于地质学者对于这些碇石石材发色的观感差异。②

20 世纪五六十年代,日本学界开始从文物学、佛教美术史学的视角对萨摩石塔展开探讨。1958 年,京都大谷大学斋藤彦松教授在调查日本九州南部鹿儿岛地区的石刻文物之际,注意到坊津萨摩塔形制的特殊性,并对其进行了实物测量。翌年,斋藤考察了鹿儿岛县南九州市川边町域内宝光院遗址、神殿、水元神社等地点留存的 3 尊萨摩塔。之后,鉴于当时发现的这种形制独特的石塔均分布于萨摩藩故地(鹿儿岛县),斋藤将之命名为"萨摩塔"。自 1961 年起,"萨摩塔"这一名称开始见于日本报刊和文物调查报告中。可以说,斋藤彦松是萨摩塔研究第一人,亦是"萨摩塔"的命名者。③

然而,或许是资料有限,抑或出于一种谨慎的态度,斋藤并未对萨摩塔的历史文脉做进一步分析和推测,只是强调萨摩塔是一种"特殊佛塔"。斋藤之后,仍是在 20 世纪 60 年代,川越政则等人指出,萨摩塔佛像造型特点和石料材质均与日本佛教石刻制品有异,并据此提出萨摩塔自琉球或中国渡海舶来的推论。④ 无疑,20 世纪 60 年代萨摩塔中国舶来说的推论是有先见之明的。

1975 年,多田隈丰秋著《九州の石塔》(上卷)一书,收入了位于九州西北

---

① 山田博调查了 7 件样本,其中 6 件属"紫褐色或绿褐色砂岩",1 件为花岗岩质。木下龟城分析了 22 件实物,其中 12 件被鉴定为"赭色凝灰岩",5 件为花岗岩质。参见:山田博《元寇役と博多湾出土遺物》(上・下),《歴史と地理》第 30 卷第 3 号、第 4 号,1932 年;山田博《元寇の碇石について》,《歴史と地理》第 31 卷第 5 号,1933 年;川上市太郎《元寇史跡(地之卷)》附録《船繋石》,福冈县编印,1941 年。
② 关于渡边久吉的论见以及 1969 年、1976 年、1996 年揭载的北九州中国古碇石石材鉴定资料,参见:高津孝、橘口亘、松本信光、大木公彦《南西諸島現存碇石の産地に関する一考察》,《鹿児島大学法文学部紀要〈人文学科論集〉》第 72 号,2010 年,第 136、137、138、141、142 页。
③ 高津孝、橘口亘:《薩摩塔小考》,《南日本文化財研究》第 7 号,2008 年,第 21—22 页。
④ 高津孝、橘口亘:《薩摩塔小考》,《南日本文化財研究》第 7 号,2008 年,第 23、26 页。

部长崎县平户市的志々伎神社冲之宫六面形石塔的资料,并指出了它与九州南部鹿儿岛地区几尊萨摩塔之间造型上的相似性。① 这在一定程度上提示了九州西北部也存有萨摩塔的可能性。1978年出版的《九州の石塔》(下卷)则详细介绍了南九州市川边町域内神殿、坊津、水元神社3个地点保存的3尊萨摩塔。②

20世纪八九十年代,论及九州北部所存宋风石狮的图录、报告和文章开始增多,文献多将宋风石狮称为"宋风狛犬",并将其视为宋日交流的产物。③ 尽管这时期有关宋风石狮的考察大都侧重于造型特点的阐说,但相关资料的集录与披露无疑为后续研究的推进创造了条件。另外,原田大六针对宗像大社阿弥陀经石进行了全面系统的研究并出版了专著,研究内容包括经石来历、造型、纹饰以及铭文,其中,有关阿弥陀经石铭文的解读尤为细致。原田根据经石正面左侧下方原纪年铭和左侧面追刻铭指出,这方经石与平重盛并无关系,其移来与奉置的目的是给宗像大宫司家追善祈福。目前,原田著作仍是阿弥陀经石研究的必读之作。④

20世纪90年代晚期,大石一久在九州北部的长崎县平户市、大村市以及佐贺县武雄市等地调查发现一批萨摩石塔。大石一久的发现彻底纠正了先前有关萨摩塔分布地域的认识,使人们看到,萨摩塔的分布范围并不局限于九州南部旧萨摩地区,这种石塔在九州北部亦有相当数量的留存。⑤ 大石一久还提出,从圭角(日文作"蝶足")等局部雕饰特征来看,萨摩塔制作于中

---

① 多田隈豊秋:《九州の石塔》(上卷),西日本文化协会,1975年,第217—218页。
② 多田隈豊秋:《九州の石塔》(下卷),西日本文化协会,1978年,第314、338—339页。
③ 这时期相关代表性图录与报告有:伊东史朗《狛犬》(日本の美术第279号),至文堂,1989年;长崎县教育委员会《大陆渡来文物紧急调查报告书》,长崎县教育委员会,1992年。相关研究评述详见:井形进《宗像大社の宋风狮子とその周边》,《佛教艺术》第283号,2005年,第95—96页。
④ 原田大六:《阿弥陀仏経碑の謎——浄土门と宗像大宫司家》,六兴出版,1984年。
⑤ 大石一久在长崎、佐贺发现的萨摩塔资料,收于:大石一久《中世の石造美术》,《平户市史 民俗编》,长崎县平户市刊行,1998年;大石一久《石が语る中世の社会 长崎県の中世・石造美术》(ろうきんブックレット9),长崎县劳働金库刊行,1999年。另参见:高津孝、橋口亘、大木公彦《薩摩塔研究——中国産石材による中国系石造物という视点から》,《鹿大史学》第57号,2010年,第36页。

国的可能性是存在的。①

2005年,由东京大学小岛毅主持的大型人文社会研究项目"东亚海域交流与日本传统文化的形成——以宁波为焦点开创跨学科研究"启动。该项目召集了日本60多所大学的130多位学者参与,子课题内容包罗历史上中日韩跨海交流的诸多方面,研究为时5年,其间东亚海域交流史研究成为学界关注的热点。②充足的项目经费不仅使大批量的文献整理和大范围的文物调研成为可能,也为东亚海域交流史的多学科合作研究提供了契机。其中,随之而来的文物考古学、佛教美术史学和文献史学的跨学科研讨的增多,客观上提升了宋风佛教石刻的关注度,推动了相关研究的深入开展。

自2005年起,一系列的调查发现和遗物分析将宋风佛教石刻研究推入新的阶段。2005年11月九州历史资料馆井形进发表的《宗像大社宋风石狮及其周边》一文,将宗像大社所藏宋风石狮与宗像大社阿弥陀经石以及福冈平原所存其他几尊宋风石狮结合起来进行考察,明确指出宗像大社宋风石狮与阿弥陀经石一样是从南宋舶入日本的,其舶来的背景是13世纪前半叶宗像大社频密的对宋交流活动。此外,论文还提及作者井形进于2005年4月对福冈县久山町首罗山(即白山)山顶存留的一对狮形石刻进行了调查辨识,将之确认为宋风石狮。③

事实上,随着首罗山遗址考古工作的系统展开,学界有关宋风石狮与萨摩塔的认知得以刷新。首罗山山顶的宋风石狮之旁,并置有一对萨摩石塔,根据井形进的研究,首罗山宋风石狮与萨摩塔的石刻表面处理和细部表现有相似、相通之处,很可能出自同一工坊。而首罗山宋风石狮与太宰府市观世音寺宋风石狮造型相近,应是13世纪中叶的作品。同时,结合首罗山13世纪对宋佛教交流的背景以及山上遗址所出贸易陶瓷等宋朝舶来文物来推

---

① 大石一久:《石が語る中世の社会　長崎県の中世・石造美術》(ろうきんブックレット9),長崎県労働金庫刊行,1999年。另参见:高津孝、橋口亘《薩摩塔小考》,《南日本文化財研究》第7号,2008年,第22—23页。
② 特定領域研究"東アジア海域交流"総括班秘書組:《計画研究の紹介》,《青波》第1号,2006年;郭万平:《日本"东亚海域交流与日本传统文化的形成——以宁波为焦点开创跨学科研究"科研项目综述》,《中国史研究动态》2006年第8期。
③ 井形進:《宗像大社の宋風獅子とその周辺》,《佛教藝術》第283号,2005年。

断,首罗山萨摩塔和宋风石狮都应是13世纪在中国南宋制成并舶来供置山中的石刻遗物。① 首罗山遗址主体区块——本谷地区的正式考古发掘始于2008年,根据考古结果来看,首罗山遗址在12—13世纪曾经有过两次发展的高峰期,这时期的文化层里出土了丰富的中国外销瓷。此外,13世纪中叶,著名入宋禅僧悟空敬念(1217—1272)入住首罗山,并在这里度过晚年。② 因此,首罗山遗址对宋交流的历史叙事从考古资料和文献史料中都能找到清晰的文脉。

就宋代输日佛教石刻研究而言,首罗山遗址宋风石狮与萨摩塔的发现及其研究意义主要有三点:(1)首罗山遗址宋风石狮与萨摩塔在首罗山山顶同地并置,显示出这两种石刻在来源、用途以及文化内涵上的密切关联。由此引发了人们对宋风石狮与萨摩塔并置现象的关注,同时也使这两个先前彼此分离的研究专题趋向统合。(2)萨摩塔的年代研究得到推进。首罗山遗址考古调查启动之前,作为地面遗存的萨摩塔的年代几无查考依据,之前发现的若干萨摩塔,其存置空间和并存文物都已发生了较大变化,并非萨摩塔原有的时空坐标。虽然首罗山萨摩塔、宋风石狮存置于地表,并不处在该遗址大陆系遗物丰富的12—13世纪文化层,但这种同一场域近缘遗物的并存关系实属难得,无疑为萨摩塔年代的探讨提供了线索。研究者通过对首罗山萨摩塔与宋风石狮之间石刻工艺关联性的确认、石狮造型年代特征的辨识以及首罗山遗址主体遗存年代的认定,推断首罗山萨摩塔是13世纪来自中国南宋的石刻作品。这一有益的尝试改变了以往萨摩塔年代认知的空白状况。(3)萨摩塔和宋风石狮相关的文化脉络与历史背景趋于清晰。先前的萨摩塔调查大都是一定程度上脱离考古学语境的器物考察,难以取得足够的关联信息。尽管首罗山萨摩塔、宋风石狮与该遗址最盛期(12—13世纪)的文化遗存缺乏考古层位学上的勾连,但有关首罗山遗址整体的考古学和文献史学的综合考察,丰富了人们对两种石刻的用途、属性和遗物文脉的认识,这也是先前宋风石刻研究未曾做到的。

---

① 井形進:《首羅山遺跡の宋風獅子と薩摩塔》,久山町白山遺跡調査指導委員会、久山町教育委員会編《首羅山遺跡——福岡平野周縁の山岳寺院》,久山町教育委員会,2008年,第65—83页。
② 江上智恵:《首羅山遺跡とその周辺》,《古文化談叢》第65集,2011年,第311—320页。

与北九州的宋风石刻考察同频共振,南九州的萨摩塔研究也在大幅推进。2008年,鹿儿岛大学的高津孝和南萨摩市坊津历史资料中心的桥口亘对萨摩塔的研究史进行了回顾与梳理,同时指出,南萨摩市坊津现存萨摩塔的石材与浙江宁波鄞州所产梅园石十分相似,而萨摩塔在造型、雕饰上与浙江丽水灵鹫寺石塔、福建泉州开元寺石塔表现出共通之处。① 同年,松田朝由发表了九州南部鹿儿岛县坊津、水元神社、虎御前之墓、宝光寺迹萨摩塔(现存南九州市知览博物馆)以及泽家墓地等地发现的5尊萨摩塔的实测图,为萨摩塔研究提供了一批精确的尺寸数据。②

2009年,鹿儿岛大学大木公彦、古泽明、高津孝、桥口亘等人对坊津萨摩塔石材进行取样分析,并将之与宁波鄞州区梅锡村出产的梅园石做了岩石学对比研究。结果显示,萨摩塔石材和梅园石都属凝灰岩,矿物成分构成模式相似,岩石学特征一致,二者应是同一石材。③ 之后,高津孝团队又对九州南部鹿儿岛县内其他几尊萨摩塔以及九州北部长崎、福冈等地现存部分萨摩塔进行了石材表面特征观察,发现它们的石材都与坊津萨摩塔石材一致。据此,高津孝等人进而提出推论,九州现存萨摩塔多数是以中国宁波产石材制成的。此外,高津孝等人还对福冈宗像大社阿弥陀经石、福冈首罗山遗址宋风石狮、长崎田平町海寺迹宋风石狮等石刻遗物的石材做了肉眼观察鉴定,认为这些宋风石刻也与坊津萨摩塔石材相同,亦应是宁波产石材制品。关于萨摩塔的形制谱系以及制作年代,高津孝等人在论文中指出,以浙江丽水灵鹫寺石塔为代表的"灵鹫寺型石塔"应是萨摩塔的祖型,鉴于灵鹫寺石塔有南宋嘉定九年(1216)和十一年(1218)纪年铭,同时参考同材近缘石刻——阿弥陀经石的承久二年(1220)追刻铭,萨摩塔的主要制作时段应为12—13世纪。与井形进的观点相近,高津孝等人也认为,萨摩塔应是在中国造刻完成之后舶载至日本的。④

---

① 高津孝、桥口亘:《薩摩塔小考》,《南日本文化財研究》第7号,2008年,第20—33页。
② 松田朝由:《鹿儿岛県の薩摩塔》,《南日本文化財研究》第7号,2008年,第9—17页。
③ 大木公彦、古澤明、高津孝、桥口亘:《薩摩塔石材と中国寧波産の梅園石との岩石学的分析による対比》,《鹿儿島大学理学部紀要》第42号,2009年,第11—19页。
④ 高津孝、桥口亘、大木公彦:《薩摩塔研究——中国産石材による中国系石造物という視点から》,《鹿大史学》第57号,2010年,第25—38页。

大木公彦和高津孝等人针对萨摩塔石材所做的岩石学分析研究,基本弄清了萨摩塔石材来源这一关键问题。不仅如此,他们还将中国系石刻制品的石材鉴定工作扩展至阿弥陀经石、宋风石狮以及碇石。其中,宋元中国系碇石石材鉴定研究有助于我们清晰勾勒中日之间海船往来的航迹,从而深入了解宋元中国石刻输日的历史背景。鉴定结果表明,九州沿海和冲绳诸岛发现的中国系碇石,相当一部分石材为凝灰质砂岩,与宁波鄞州西部所出"小溪石"岩石特征近似,很可能出自浙江方岩组地层。①

最近数年,北九州的相关探讨也仍在不断深化。首罗山萨摩塔和宋风石狮相关资料和研究成果刊布之后,宋风石刻遗物吸引了更多研究者的关注,九州北部得到辨识的萨摩塔随之逐年增加。同时,福冈地区还发现了一些其他类别的宋代舶来石刻,其中包括:福冈市东区惠光院灯笼堂石造十一面观音像、福冈市东区惠光院南门石造层塔、福冈市博多区耕月院方形石塔身、福冈县糟屋郡筱栗町乙犬小堂石塔身。②

此外,近年山川均等人有关赴日宋人石工石刻遗存的研究亦值得注意。③ 虽然赴日宋人石工所留下的石刻作品不同于宋朝舶载输日石刻,其造型、纹饰已经根据日人的审美习尚做了相应调整,但仍保留着鲜明的宋风。毋庸置疑,对赴日宋人石工作品工艺特点的梳理,有利于加深我们对舶载输日石刻风格的认知,况且,这两类石刻的分辨并非易事,这就要求研究者更为透彻地了解宋人石工作品的演化脉络。

---

① 高津孝、橘口亘、松本信光、大木公彦:《南西諸島現存碇石の産地に関する一考察》,《鹿児島大学法文学部紀要〈人文学科論集〉》第72号,2010年,第119—146页;大木公彦、古澤明、高津孝、橘口亘、内村公大:《日本における薩摩塔・碇石の石材と中国寧波産石材の岩石学的特徴に関する一考察》,《鹿児島大学理学部紀要》第43号,2010年,第1—15页;高津孝:《薩摩塔と碇石——浙江石材と東アジア海域交流》,山田奨治等編《江南文化と日本——資料・人的交流の再発掘》,国際日本文化研究センター,2012年,第213—225页;高津孝、大木公彦、橘口亘:《日本現存碇石石材調査報告》,《鹿大史学》第60号,2013年,第11—22页。
② 末吉武史:《福岡・恵光院燈籠堂の石造十一面観音像——南宋彫刻の可能性と図像の検討》,《福岡市博物館研究紀要》第22号,2012年,第1—20页;井形進:《薩摩塔の時空——異形の石塔をさぐる》,花乱社,2012年,第90—98页。
③ 山川均:《石造物が語る中世職能集団》,山川出版社,2006年;山川均編:《寧波と宋風石造文化》,汲古書院,2012年。

概言之，2008 年迄今的 10 余年间，宋代舶载输日佛教石刻研究进入了一个黄金期，若干关键悬疑已基本得到解答，诸多相关认知变得愈加明晰。不过，仍有如下问题有待进一步探讨：

第一，占输日佛教石刻最大比例的萨摩塔和宋风石狮的年代尚未完全弄清。目前，萨摩塔的年代推考主要依据其近型石刻——丽水灵鹫寺石塔的南宋嘉定九年（1216）和十一年（1218）纪年铭、近缘石刻——阿弥陀经石的承久二年（1220）追刻铭，但对于萨摩塔本身而言，这两个刻铭都是间接的时间参数。迄今发现的萨摩塔之中，只有志々伎神社中宫萨摩塔残存纪年铭字迹"元□三□□八月□"可算作唯一的直接时间参数，井形进推测其为日本年号"元亨三年"（1323），这一结果提示了萨摩塔制作年代下限延至 14 世纪早期的可能性。① 然而，志々伎神社中宫萨摩塔纪年铭字迹漫漶不清，井形进的判读仍带有较大的推测成分，而且，根据铭文署刻的是日本地名和日本年号这一点来看，这尊萨摩塔的款铭应是该塔船载抵日之后的追刻铭，刻铭年代与石塔自身雕造年代应有一定的时间悬隔。

宗像大社有一尊哞形宋风石狮的狮背上刻有三行铭文，第一行为"奉施入宗像宫弟"，第二行为"三御前宝前建仁"，第三行为"元年辛酉藤原支房"。② 日本建仁元年即公元 1201 年，这是有关宋风石狮极为珍贵的直接时间参数。不过，此铭也应是后来追刻的，故而纪年滞后于雕造年代。另外，仅凭这一纪年铭也难以明确输日宋风石狮制作的时期跨度。

尽管有上述追刻纪年铭和近缘石刻纪年铭可资利用，但萨摩塔和宋风石狮的年代仍不甚明晰。需要指出的是，迄今所做的年代推考工作都未能结合利用考古层位学的标尺。事实上，由于绝大多数萨摩塔都发现于地表，天然剥离于文化层遗物遗迹的时空关联，故而无从借助考古学文脉来获取更多有用的信息。可喜的是，近期福冈箱崎遗迹群的遗迹单位中出土了两尊萨摩塔的残件，一件与 13 世纪中国褐釉陶器伴存，另一件与 12 世纪中国、高丽陶器同出，这为萨摩塔年代探究提供了新的线索。

---

① 井形进：《薩摩塔研究概観——新資料の紹介と共に》，《古文化談叢》第 65 集，2011 年，第 321—330 页。
② 井形进：《宗像大社の宋風獅子とその周辺》，《佛教藝術》第 283 号，2005 年，第 84 页。

第二，相当一部分日本现存的宋风石刻已被推定为宋朝舶出石刻，但关于这些石刻的来源地、舶出港，以及其造型、纹饰在中国石刻艺术体系中的演进脉络等问题，尚需进一步探讨。例如，根据目前分析结果，萨摩塔石材应为宁波梅园石，以常理推之，宋代设有市舶司的港城明州极可能即是萨摩塔就地取材的制作地和就近装船的输出地，但宁波迄今尚未发现萨摩塔的同型石塔。事实上，以丽水灵鹫寺塔为代表的宋代小型石塔，亦称窣堵波式石塔，在浙南、浙东和闽南地区有相当数量的留存。宋代浙闽沿海的窣堵波式石塔与日本九州萨摩塔之间的近缘性，究竟源于一种怎样的交流关系，尚不十分清楚。目前，日本学界的宋风石刻研究存在着知此不知彼的缺陷，他们对中国相关石刻资料了解有限，越海溯源和跨地域比较研究尚未全面展开。

第三，萨摩塔、宋风石狮等宋朝舶载输日石刻在日留存数百年，然而，关于它们对同时代以及后世的日本本土石刻工艺产生了怎样的影响，学界尚无清晰的认识。根据目前相关文物资料的调查来看，宋朝舶载石刻似乎并未进入日本石刻的传承谱系。尽管如此，从逻辑上讲，这些石刻的整体形制和细部特征为日本工匠参鉴的可能性仍然存在。因此，有必要在日后的文物调查中确认相关参鉴的痕迹。

第四，舶载输日石刻相关的社会背景、人物活动有待深入研究。其中，具体问题包括：石刻舶出的社会经济语境，石刻舶出者与使用者的身份，石刻的功能及使用方式，等等。此类由遗物到人、由遗迹到史的研究，是本专题难度最大的环节，需要结合文物资料和文献史料展开综合研究，然而，迄今取得的相关成果匮乏。根据目前的调查可知，舶载输日石刻主要分布于日本九州北部、西北部和西南部的沿海地区，一般认为，舶载输日石刻很可能与赴日宋商、入宋日僧以及渡日宋僧的活动有关，但是，相关研究的深度和广度都远远不够。

二 海上丝绸之路历史语境下宋代输日佛教石刻研究的拓展和深化

总体而言,日本学界的宋代输日佛教石刻研究大致是在"海域交流史"研究框架下展开的。近年,海域交流史研究成为日本学界的热点领域,相关成果层出不穷。其中,山内晋次、榎本涉等人的论著均对宋日佛教交流有所论述。① 上文提及的由东京大学小岛毅主持的大规模跨学科研究项目"东亚海域交流与日本传统文化的形成——以宁波焦点开创跨学科研究",不仅将海域交流史研究推向高潮,而且使之拥有了完整的学理体系。随着海域交流史研究的推进,宋风佛教石刻在日本学界吸引了越来越多的关注,研究者开始认识到,较之贸易陶瓷、外流宋钱等海交遗物,舶载输日宋代佛教石刻关联着更为丰富的历史叙事。

同样是涉海史学研究,近年中国史学界倾向于在"海上丝绸之路"的概念以及理论框架下推进相关研究。若对海上丝绸之路这一概念进行追溯,必须提及日本学者三杉隆敏于1968年出版的《探索海上丝绸之路》②。该书是国际学界最早的一部以海上丝绸之路为书名的专著,作者在书中从对中国外销瓷海上贸易路线的考察入手,力图勾画出海上丝绸之路的延伸路线。三杉的专著使海上丝绸之路这一名词成为一个学术概念。1982年,陈炎发表《略论海上"丝绸之路"》一文,引发了国内学界对海上丝绸之路概念的广泛关注和深入思考。③ 中国"海上丝绸之路学"由此发轫。其后,以海上丝绸之路为关键术语的历史学和考古学论文、著作不断推出。

日本学界倡导的"海域交流史"研究与我国学界推重的"海上丝绸之路史"研究之间既有共同点,也存在差异。两者的共同点是,都关注以海洋为媒介的交流活动对亚洲乃至全球历史产生的影响。两者的差异在于,"海上丝绸之路

---

① 山内晋次:《奈良平安期の日本とアジア》,吉川弘文館,2003年;榎本涉:《僧侣と海商たちの東シナ海》,講談社,2010年。
② 三杉隆敏:《海のシルクロードを求めて》,創元社,1968年。
③ 陈炎:《略论海上"丝绸之路"》,《历史研究》1982年第3期。

史"研究体系本身包含着一种对中国在海上丝绸之路发展史上"肇始"与"主导"角色的肯定,而日本学界着力构筑的"海域交流史"研究体系,在客观上会导出一种淡化"源—流"之辨、模糊"中心—边缘"之别的倾向。

  日本学界的东亚海域交流史研究,力图勾勒东亚各地区跨海文化传播、吸收、交融的历史图景,仍是一种带着以本国关切来环视周边的"面"的观察。海上丝绸之路东海航线(或曰东亚海上丝绸之路)历史研究与之有别,注重"线"的梳理。就研究方法而论,海上丝绸之路研究需在确立原点的基础上,厘清经之始末,辨明纬之起止。毋庸置疑,海上丝绸之路沿线展开的诸多史脉,其原点与起始都在中国。另外,海上丝绸之路研究需强调"点"与"线"的考察。"点"即沿海港口、海路要津、海舶寄泊地、海商交易点;"线"即航路,除了海上交通网线,也包括连接海港与腹地的通海河道。这一研究不应只是停留于文献检索、地图勾画的纸面和屏面探究,而要结合由地及史、以物及人的实地与实物调查。因此,"海上丝绸之路史"的概念及理论框架将为宋代输日佛教石刻研究提供新的视角。

  宋代是海上丝绸之路的鼎盛时期,随着海上丝绸之路东海航线的发达,宋代佛教文化也在日本列岛和朝鲜半岛得到广泛传播。自海上丝绸之路研究兴起以来,虽然宋代佛教文化东传日本(包含思想、经籍、器物等多个方面)的研究大都被归入海上丝绸之路东海航线的关涉范畴,但我国学界仍然缺乏在海上丝绸之路的理论体系下考察宋日佛教交流史像的成果。事实上,严格意义上的"海上丝绸之路学"的研究与宋日佛教交流的研究之间存在平行互动,却缺少交叉相融。

  海上丝绸之路相关石刻遗存,正是使海上丝绸之路的"点"与"线"可视化、具象化的最佳遗物。日本现存的宋代中国佛教石刻遗存,作为一种卸载之后不易二次移动的舶载输出物,一方面标示着两宋海舶在日本沿海的航迹,另一方面反映出宋代佛教在海上丝绸之路东海航线的维续与拓展过程中所扮演的重要角色。无疑,海上丝绸之路语境下的宋代输日佛教石刻研究,不仅有助于以中国视角推进对有关研究对象本身的考察,而且有益于丰富我们有关东亚海上丝绸之路史的认知。

  具体而言,应以海上丝绸之路为概念抓手,深化如下三个方面的研究。

  第一,宋代输日佛教石刻遗存的文物学综合考察。首先,将各类输日宋风石刻视为一个彼此有机联系的遗物群,弄清该石刻遗物群的地域分布状况和分布规律。其次,细致考察各类输日佛教石刻的造型特征、纹饰特点及其传承脉络,同时将其与中国东南沿海宋代佛教石刻进行比较。最后,探讨宋代各类输日佛教石刻的石材来源,结合文物类型学特征的比较结果,弄清各类宋代输日佛教石刻的制作地,在文物类型学分析的基础上推进其年代研究。

第二,有关宋代输日佛教石刻的存置地与海上丝绸之路东海航线的探讨。一方面,通过实地考察,了解输日佛教石刻存置地的区位和周边环境,同时借助文献研究,探明石刻存置地及其附近地区宋朝商舶的经行、寄泊情况以及宋商活动状况。另一方面,综合分析输日佛教石刻、外销瓷、宋钱等文物资料,参考中日文献史料,对海上丝绸之路在日本沿海的具体路线进行探讨。

第三,宋代海上丝绸之路东海航线与宋风佛教文化东渐研究。海上丝绸之路上既有"物的移动",也有"人的往来",前者借助后者得以实现,后者可以通过前者进行查证。宋代佛教石刻的舶载外输属于前者,是宋朝海商活动、旅日宋人社群存续以及佛教信仰传播的物证。往来于宋日之间的宋朝海商是输日佛教石刻的舶运者,旅日宋人及其亲交社群则是输日石刻最可能的使用者。宋代佛教石刻的对日输出、在日使用,伴随的是宋风佛教文化的东渐,而佛教文化的跨海传播也为宋代海上丝绸之路东海航线注入了独特内涵。

上文言及的各研究环节之间的关系见图0-1。

相比于海上丝绸之路南海航线,海上丝绸之路东海航线拥有更深远的精神文化交流的意义,有学者关注古代东海航线汉文典籍的环流,将之称为"书籍之路"。[①] 事实上,由此岸到彼岸跨海移动的输日佛教石刻,同样拥有丰富的精神内涵,印证了历史上东海航线沿线各地思想与信仰的传播、互鉴与共享。有关这条"海上石刻之路"的探索研究,有助于我们清晰复原海上丝绸之路东海航线的历史景观。

---

① 王勇:《"丝绸之路"与"书籍之路"——试论东亚文化交流的独特模式》,《浙江大学学报》(人文社会科学版)2003年第5期;王勇:《东亚佛书之环流——以〈胜鬘经〉为例》,《山东社会科学》2016年第8期。

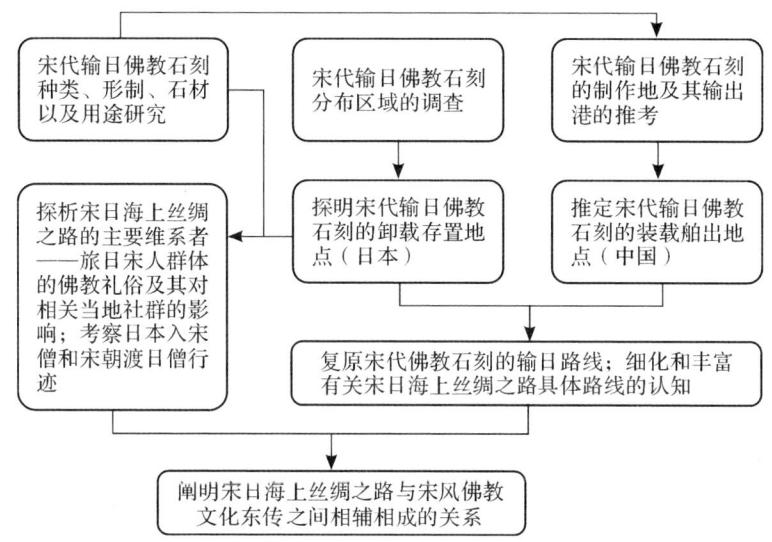

图 0-1　本书涉及的各研究环节之间的关系

基于上述思考,2015年笔者申请并获得了国家社科基金项目"**宋代海上丝绸之路输日佛教石刻研究**"(**15BZJ018**),本书即该课题结题成果。本书集纳了研究团队多年文物调查和长期文献解读的学术收获,基本上实现了前文言及的研究思路。首先,本书中日文物资料兼重,以浙闽沿海宋代佛教石刻遗存为比照考察对象,对日本所存宋制佛教石刻进行跨海溯源,相关新见填补了学界在本领域的空白。其次,本书将文物资料调查和文献史料解读结合起来,以物探史,以史观物,对宋代舶载输日佛教石刻遗存相关历史脉络进行了全面系统的梳理,深入探析了宋日佛教文化交流的历史实相,不仅弄清了研究对象本身的演变谱系、存置场域、功能用途、利用人群以及输日路线,而且清晰勾勒了宋代中日海上丝绸之路史上的诸多交流事象。最后,在文物与文献实证研究的基础上,本书提出并论证了"东亚海上石刻之路"的概念,指出东亚佛教石刻的海上传播路线是东亚海上丝绸之路的一条可视化具象维度。2022年,本书获得了"宁波大学哲学社会科学精品著作"出版经费资助。我们期待,本书的推出能够引发更多有关宋代输日石刻遗存的探讨。

第一章

日本九州现存萨摩塔的文物学考察

如绪论所述，日本九州现存的萨摩塔是一种形制近于宋代窣堵波式石塔的宋风石塔，这种石塔最早在九州南部旧萨摩藩地区被关注和认知，故而得名"萨摩塔"。在宋代输日佛教石刻之中，萨摩塔数量最多，占比最大，也最具代表性，因此专设一章进行探讨。关于萨摩塔的地域分布、器物特征以及石材来源，日本学界已经积累了丰富的成果。[1] 然而，全方位汇集资料、多角度观察实物的系统研究并不充分。另外，日本学界针对萨摩塔的文物学考察，是在日本佛教石刻研究的概念和话语系统中展开的，若将之置于中国石塔资料之中进行比较研究，则有必要从彼岸回归此岸，转以中国文物学视角、采用中国古代石刻之观察模式对其做一番再考。

---

[1] 相关代表性成果包括：高津孝、橘口亘《薩摩塔小考》，《南日本文化財研究》第7号，2008年；高津孝、橘口亘、大木公彦《薩摩塔研究——中国産石材による中国系石造物という視点から》，《鹿大史学》第57号，2010年；桃崎祐輔、山内亮平、阿部悠理《九州発見中国製石塔の基礎的研究——所謂「薩摩塔」と「梅園石」製石塔について》，《福岡大学考古資料集成4》，福岡大学人文学部考古学研究室，2011年；井形進《薩摩塔の時空——異形の石塔をさぐる》，花乱社，2012年；刘恒武、陈竞翘《萨摩塔与宋日海上丝绸之路》，《日语学习与研究》2015年第5期；井形進《九州に偏在する中国系彫刻についての基礎的研究》，九州歴史資料館，2018年。

第一章 日本九州现存萨摩塔的文物学考察

萨摩塔(图1-1),并非作为建筑单体存在的大型佛塔,而是一种陈设、供置于屋宇内外的小型石质供养塔。其基本形制是:须弥座＋壶形塔身＋屋顶状塔顶。就其体量而言,小者高70厘米上下,最为常见;大者原高可达190—300厘米,数量很少。壶形塔身、宋风须弥座与塔顶,这些外观特征都与日本本土石塔判然有别。此外,萨摩塔几乎均以紫灰色凝灰岩石材制成,紫灰的塔体色调更提升了萨摩塔的识别度。以下在介绍萨摩塔的地域分布和各地遗存基本情况的基础上,对萨摩塔的造型、纹饰、石材、年代等问题做一探究。

图1-1 坊津萨摩塔(笔者自摄)

一 萨摩塔的地域分布

日本现存的萨摩塔,主要分布于九州北部、西北以及西南沿海地区,九州以外的地区,仅在本州大阪发现一例。① 九州各地现存萨摩塔具体状况如下②(图1-2)。

在九州北部,萨摩塔散见于福冈县下辖的福冈市、糟屋郡、太宰府市,截

---

① 2022年9月,承国际日本文化研究中心榎本涉教授告知,大阪堺市发现一尊小型萨摩塔的塔身。这是日本九州地区之外首次发现的萨摩塔实物。2022年7—10月,堺市博物馆对其进行了展示。详见:https://www.city.sakai.lg.jp/kanko/hakubutsukan/exhibition/kikaku_tokubetsu/kako/chuseisakai.html。

② 关于九州各地所见萨摩塔的最新数据,参见:江上智惠《首罗山遗迹发见の石塔部材と薩摩塔の復元》附表《薩摩塔一覧》,《古文化談叢》第87集,2021年。该表列有48尊萨摩塔,表中福冈西区今津萨摩塔和长崎佐世保针尾城萨摩塔未记具体信息,表中鹿儿岛"芝原遗迹"误写为"柴原遗迹"。该表统计数据截至2021年11月,2024年4月九州历史资料馆井行进先生告知笔者,九州长崎大村市池田町宝圆寺又发现1尊萨摩塔的塔身构件。

至 2021 年已发现 17 尊(含疑似萨摩塔构件的石刻遗物),其中,福冈县福冈市(博多区、东区、城南区、早良区、西区)萨摩塔数量最多。此外,福冈市所见宋代输日佛教石刻种类也最为丰富,除了萨摩塔之外,还保存有宋风石狮、十一面观音石像、石质层塔、方形塔身构件。糟屋郡位于福冈县东部,这里不仅有萨摩塔,还发现了宋风石狮、宋式石质塔身构件。太宰府市地处福冈县东南,此处保存的萨摩塔和宋风石狮两类石刻值得关注。

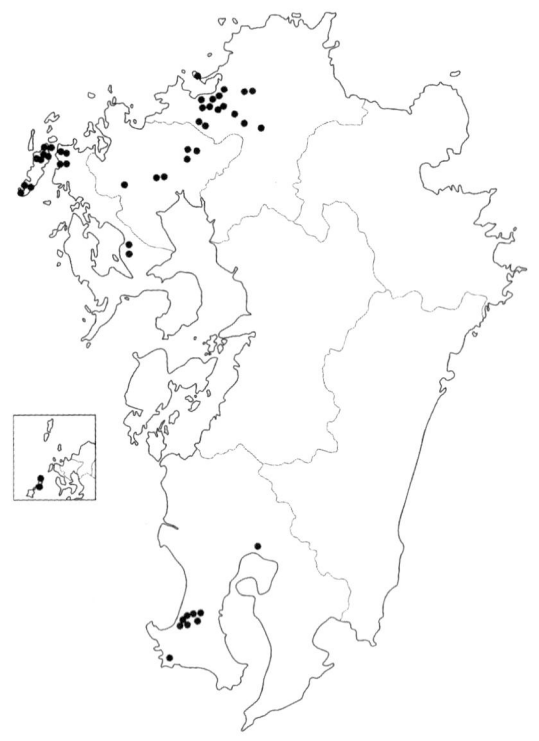

图 1-2　九州现存萨摩塔及疑似萨摩塔石构分布
(浙江省测绘科学技术研究院编绘)

在九州西北(包括佐贺、长崎两县),佐贺县所见萨摩塔(含单体残件)实物散布于县内的神崎市、神崎郡、武雄市、多久市等地;长崎县域内的萨摩塔,则集中分布于地处九州西北端的平户市,该地亦发现了宋风石狮。此外,长崎县大村市以及佐世保市下辖的宇久岛也存有萨摩塔及疑似萨摩塔的残件。至 2021 年,长崎—佐贺一带已发现萨摩塔及疑似萨摩塔石构 24 尊(件)。

九州西南的相关遗存,主要见于鹿儿岛县萨摩半岛的南九州市和南萨摩市。萨摩半岛即是九州的西南端,萨摩塔与宋风石狮在这里形成一个集群,其中,南萨摩市还发现了一尊宋风石佛龛像。作为孤例,雾岛市泽家墓地萨摩塔游离于集群之外,其所在地位于萨摩半岛东北、锦江湾北岸。到 2021 年为止,鹿儿岛县域已发现萨摩塔及疑似萨摩塔石构 8 尊(件)。

另外,还有三点需要特别指出。首先,根据目前为止的调查结果来看,萨摩塔局限于上述地区,未见于九州中部和东部,九州以外仅见一例[1]。其次,九州萨摩塔的分布范围并不限于九州本岛,还包括位于九州本岛西北岸附近的平户岛、宇久岛等属岛。平户岛与九州本岛有大桥连通,宇久岛则属于长崎县佐世保市的辖岛,位于五岛列岛最北端,东距平户岛 20 余公里。众所周知,五岛列岛是历史上中日海上交通的要地。2016 年,在宇久岛确认了两件疑为萨摩塔个体的遗存构件,这一发现意味着五岛列岛也应在宋代输日石塔的分布范围之内。最后,九州各地发现的宋代输日佛教石刻,原本大多存置于地表,或被寺社珍藏。近年,考古学者在福冈市博多遗迹群和箱崎遗迹群的文化层中发掘到两件疑为萨摩塔个体的石刻残块。作为中国系石塔的考古出土物,这两件石刻遗存弥足珍贵。值得一提的是,九州北部的福冈,既是宋代输日石刻种类最丰富的地区,也是中国系遗物出土最多、中日交流史脉最为悠长的地区。

二 各地萨摩塔的实物观察

现存萨摩塔主要零散分布于日本九州各地,而且存置场所、文物权属各不相同。其中,有的得到公立博物馆和资料馆收藏、展陈,有的则被供置、珍存于寺社宗教设施,还有的被私家民宅收存。在这样的情况下,并非所有实物都得到了系统细致的文物学调查,事实上,相当一部分萨摩塔的尺寸测量、实物绘图、资料归档等工作有待完成。不过,迄今为止,一些代表性实物

---

[1] 此即前文提及的大阪堺市小型萨摩塔。另外,本州的奈良、京都一带所存"宋风石刻",主要系明州赴日石刻匠师伊行末及其后裔弟子在日本完成的作品,并非舶载输日石刻,不在本书探讨的范围。关于这批宋风石刻,参见:刘恒武《宁波古代对外文化交流——以历史文化遗存为中心》,海洋出版社,2009 年,第 139—150 页;山川均《石造物が語る中世職能集団》,山川出版社,2006 年,第 1—15 页。

的文物数据已被充分获取,其他实物也均有照相资料可资观察比照,可以说,综合考察的条件已基本具备。

以下,笔者将结合日本学界已发布资料和自己实地调查的结果,分地区介绍九州各地现存萨摩塔的文物学特征,同时附列本州大阪堺市萨摩塔简况。根据目前已获资料,先重点描述各地区代表性萨摩塔的相关信息,继而阐明其他实物的基本状况。

(一)九州北部(福冈县)

目前,相关资料最为详尽的塔例包括:首罗山萨摩塔(2 尊)、宇美町萨摩塔(1 尊)。此外,有关福冈市兴德寺所出疑似萨摩塔须弥座构件的资料也有专文报告①,但目前该组石刻构件的属性还难以确定,故归入"疑为萨摩塔局部的石刻残件"一类介绍。

首罗山萨摩塔②

首罗山萨摩塔位于福冈县糟屋郡久山町大字久原首罗山山顶,2 尊萨摩塔东西对置于一座小型石祠之前。

西侧萨摩塔:该塔石料材质为凝灰岩,灰色泛紫。③ 塔体现高 118 厘米,现存须弥台座和塔身两部分,两部分各由一块独立石材制成。

须弥座平面呈四方形。④ 底端为圭角,圭角端部为如意云状,四角两侧各以简洁的单线阴刻勾出一个卷涡(云涡)。圭角再上依次为下枋、下枭,均素平无纹,自下而上收分。束腰部位浮雕四天王像,四天王皆戴胄披甲,颈

---

① 橘口亘、高津孝、大木公彦:《大応国師供養塔(福岡市興徳寺)四天王像彫出部材の発見と薩摩塔》,《南日本文化財研究》第 12 号,2011 年。
② 井形進:《首羅山遺跡の宋風獅子と薩摩塔》,久山町白山遺跡調査指導委員会、久山町教育委員会編《首羅山遺跡——福岡平野周縁の山岳寺院》,久山町教育委員会,2008 年,第 72—79 页。
③ 关于首罗山萨摩塔的石料材质,采用高津孝、桥口亘和大木公彦课题组的调查结果,详见:高津孝、橘口亘、大木公彦《薩摩塔研究——中国産石材による中国系石造物という視点から》,《鹿大史学》第 57 号,2010 年,第 28 页。
④ 日文论著中有关须弥座各个部位的术语,与中文论著不同。在日文论著中,"圭角"记作"蝶足","下枭""下枋"合称"下框","上枭""上枋"合称"上框","束腰"被称为"軸部"或"竿部"。

系领巾,臂缠飘带,立于云端。像身的胸甲、裈甲、裙甲、臂鞲、吊腿等细部都有表现,其中,臂鞲和吊腿呈虾鳞状,特征鲜明。就4尊天王像的各自特征而言,束腰南侧(与塔身龛像同侧)浮雕天王头戴兽面兜鍪,右手执一长柄旗状物,左手叉腰;北侧为多闻天王,左手捧宝塔,右手叉腰;东侧浮雕天王双手拄剑于腹前;西侧雕像双手于腹前持一斧状物。由于北侧捧塔浮雕可以确认为北方多闻天王,南、东、西三侧雕像依次应为南方增长天王、东方持国天王、西方广目天王。束腰之上为上枭、上枋,亦素面无纹。上枋之上还雕制出栏杆平座,栏杆为宋式单钩栏杆形制①,每面栏板(单层华板、左右两区隔)、寻杖、云拱、瘿项等均以浮雕表现,4个转角望柱露头,北侧望柱和栏板残损,栏杆围合的部位即平座②,上承塔身。

塔身安置于须弥座上。塔身呈椭圆形水壶状,上端似壶口外敞,以承托塔顶;下端收束为圈足平底,以接合须弥台座。塔身正面凿有一火焰形龛,龛顶尖,龛形圆,外缘加勒一道装饰线。③ 龛内为一尊高浮雕佛坐像,佛像双手合于胸前,盘坐于莲花座上。塔身上部置一石球,系近代以水泥黏合上去。事实上,塔身上端最初有一凸出的短榫,用于装置塔顶,如今塔顶已不复存在。(图1-3)

东侧萨摩塔:为灰红色凝灰岩质地,现高93.5厘米。塔体由须弥台座、壶形塔身

图1-3 首罗山萨摩塔(西)(自摄)

和屋檐形塔顶三部分组成,三部分各以一块石材分别雕成。需要指出的是,壶形塔身下部和须弥座上部残缺,塔体或曾处于倒塌状态,后人以水泥对之进行了修复、拼接,但高度有所减损,推测原物尺寸应与西侧石塔相近。

---

① 单钩栏杆和重台钩栏,是两种最常见的宋式石栏杆。单钩栏杆仅设一层栏板,重台钩栏有上下两层栏板。栏板亦称华板。
② 中国古代江南地区的楼阁式塔,常在塔体腰檐之上附设平座、栏杆,以便登临眺望。
③ 有国内研究者将这种佛龛称为"壸门"。所谓火焰形龛,轮廓为尖顶弧拱,有时也被称为"如意形龛"。

须弥座平面呈四角方形。下端圭角造型与西塔相似,唯四角两侧勾刻阴线对开双卷涡,与西塔圭角的单涡不同。圭角至下枋收分,下枋、下枭素平。须弥座束腰四面有四天王浮雕,雕像头部大都残缺,表面风化较甚,保存状况不如西塔,其脚踏祥云、各执兵器或法器的形象依稀可辨。其中,北方多闻天王造像(左手托塔)位于塔身龛像(面南)的右侧,与塔身龛像同侧的并非南方增长天王,而是西方广目天王。这种龛像与天王像对应的方式不同于西塔,原因应是,后人在修复拼接之际并未特意考虑束腰天王像与塔身龛像的对应关系。束腰以上的上枭、上枋等部位均未复原,东侧石塔附近发现了一件石雕残块,应属东塔须弥座之栏杆平座的一角,栏杆、上枋和上枭等雕作均十分清晰。由此可知,须弥座上部形制与西塔相同。

塔身为壶形,其最宽处较之西侧石塔偏上,上端外敞,而且雕出一层仰莲纹,以托举屋檐形塔顶,这一做法不见于西塔。塔身下部约1/3残缺,因此下端形制不详,推测与西塔相同,今水泥修补为平底。塔身正面(南)凿有火焰形龛,龛边处理为内外双缘,增添了装饰效果,外缘为连弧状,与塔身表面齐平,内缘为尖顶拱弧状,较之塔身表面内凹一层。龛内佛像仅存上半部,面部雕刻受到风化,比较漫漶。佛龛左右两侧表面均有浮雕云气纹,西塔塔身则无相同雕饰。

塔顶为仿木构四角攒尖顶,顶端与塔刹的衔接部已残损,4个檐角亦缺失,尽管塔顶破损近半,但仍能看到顶面瓦垄和檐下屋椽的雕刻表现。(图1-4)

图1-4 首罗山萨摩塔(东)(自摄)

宇美町萨摩塔[①]

宇美町萨摩塔目前存置于福冈县糟屋郡宇美町大字宇美的一处民宅,

---

① 松尾尚哉:《宇美町所在の薩摩塔について》,武末純一先生還暦記念事業会編《武末純一先生還暦記念献呈文集·研究集》,武末純一先生還暦記念事業会,2010年,第359—368页。

据推测,该石塔原本存置于宇美八幡宫参道附近。① 石塔为灰红色凝灰岩材质。② 塔体现高60.7厘米,仅存须弥座和塔身,塔顶缺失。现存塔体由两块石材制成,圭角以上至须弥座束腰合用一块石材,须弥座上枭和上枋以上至塔身则另用一块石材,其分材雕造组装的方式不同于首罗山萨摩塔。

须弥座平面呈四方形,底端圭角为如意云状,四角两侧勾刻阴线单卷涡。圭角向上至下枋、下枭收分,下枋、下枭素平无雕饰。束腰四面有四大天王浮雕,雕像头部漫漶不清,上身着交领衣,未见领巾、胸甲,手臂着有虾鳞状臂韝,下身裙甲过膝。其中,正面(与塔身龛像同侧)为多闻天王,左手托塔,右手叉腰;其左手侧雕像,双手执剑拄地,从与多闻天王之间的相对位置来看,应为广目天王;多闻天王右手侧的浮雕应为持国天王,其双手合掌于胸前,捧一斧状物;背面的增长天王浮雕,细部已不清晰。束腰以上的上枭、上枋以及栏杆平座与壶形塔身合用一块石材,上枭、上枋素平,栏杆主体以浮雕手法表现,4个望柱露头,形制同于首罗山萨摩塔。

塔身为圆壶状,中腹表面局部和上端有破损。或受石材高度所限,塔身整体比较扁圆,底部与栏杆平座衔接处无过渡性雕刻处理,上部收为直颈,承托塔顶。塔身正面开一火焰形龛,龛内高浮雕尊像细部已不清晰,尊像着袈裟,双手合于胸前,无莲座。(图1-5)

除了上述3尊萨摩塔,九州北部还发现有10余尊萨摩塔,但资料信息公布不详,简要列举如下。

图1-5 宇美町萨摩塔(自摄)

---

① 松尾尚哉:《宇美町所在の薩摩塔について》,武末純一先生還暦記念事業会編《武末純一先生還暦記念献呈文集・研究集》,武末純一先生還暦記念事業会,2010年,第362—368页。
② 高津孝、橘口亘、大木公彦:《薩摩塔研究(続)——その現状と問題点》,《鹿大史学》第59号,2012年,第29—30页。

马头观音堂萨摩塔①

马头观音堂萨摩塔存置于福冈市博多区坚粕，原置于坚粕町庆学院。20世纪30年代中世文物研究者岛田寅次郎曾将之作为墓塔进行了拍照和记录。② 该石塔仅存塔身和须弥座下部（下枭至圭角），残高98厘米。须弥座平面呈四方形，圭角底端为如意云状，其上浮雕覆莲纹，圭角至下枋、下枭渐次收分，下枋、下枭素平。塔身单独以一块石材制成，呈壶形，高约65厘米，上部逐渐收束。塔身凿有火焰形龛，内里浮雕佛坐像，着袈裟，双手合于胸前，面部缺损。根据塔身现高推测，该石塔体量硕大，原高可能超过250厘米。③（图1-6）

图1-6 马头观音堂萨摩塔（自摄）

宰府萨摩塔④

该塔现为福冈县太宰府市私人收藏，目前寄存于九州历史资料馆，据传

---

① 马头观音堂萨摩塔相关信息参见：井形进《薩摩塔の時空——異形の石塔をさぐる》，花乱社，2012年，第98—99、146—147页；高津孝、橘口亘、大木公彦《薩摩塔研究（続）——その現状と問題点》，《鹿大史学》第59号，2012年，第29、39、41页；桃崎祐輔、山内亮平、阿部悠理《九州発見中国製石塔の基礎的研究——所謂「薩摩塔」と「梅園石」製石塔について》，《福岡大学考古資料集成4》，福岡大学人文学部考古学研究室，2011年，第77、116页。

② 島田寅次郎：《筑前に於ける鎌倉時代の遺蹟遺物について》，福岡県編《史蹟名勝天然記念物調査報告書》第8輯"史蹟之部"，福岡県，1933年。

③ 高津孝、橘口亘、大木公彦：《薩摩塔研究（続）——その現状と問題点》，《鹿大史学》第59号，2012年，第39页。

④ 太宰府市宰府萨摩塔相关信息参见：井形進《薩摩塔の時空——異形の石塔をさぐる》，花乱社，2012年，第46、146—147页；井形進《首羅山遺跡の宋風獅子と薩摩塔》，久山町白山遺跡調査指導委員会、久山町教育委員会編《首羅山遺跡——福岡平野周縁の山岳寺院》，久山町教育委員会，2008年，第72页。

为当地宝满山（竈门山）故物。塔现高 48.5 厘米，整体以一块石材制成。须弥座平面为四方形，下部的圭角、下枋、下枭有破损，未见纹饰；束腰低矮，四面浮雕四天王，其中，左手托塔的多闻天王位于塔身龛像一侧（塔体正面）的左手侧；须弥座的上枭、上枋、栏杆平座形制与其他萨摩塔无异，局部残损。塔身为壶状，但表面有 8 条竖向棱线，比较特殊。塔身龛像保存状况较好，火焰形龛，尊像坐于莲台之上，双手合于胸前。塔顶为六角形平顶，局部残缺，塔顶上有钵形刹座。（图 1-7）

图 1-7 宰府萨摩塔（自摄）

志贺岛火焰塚萨摩塔①

该塔现存于福冈市东区志贺岛火焰塚。现高 37 厘米，仅存须弥座束腰以下部分，须弥座束腰至圭角合用一块石材制成。须弥座平面呈四方形，底端圭角为如意云状，四角两侧勾刻阴线单卷涡。圭角至下枋、下枭收分，下枋和下枭素平。束腰四面浮雕四天王像，雕像面部已不清晰，皆着交领衣，下身裙甲过膝。其中，正

图 1-8 志贺岛火焰塚萨摩塔（自摄）

面为多闻天王，左手托塔，右手叉腰；其左手侧天王双手拄剑而立；其右手侧天王双手捧持一带柄物；其背面天王合手站立。从束腰以下至圭角合用一块石材的做法、石刻整体形制特征、天王像特点等方面来看，火焰塚萨摩塔与宇美町萨摩塔都表现出明显的相似性。（图 1-8）

---

① 志贺岛火焰塚萨摩塔相关信息参见：井形進《薩摩塔の時空——異形の石塔をさぐる》，花乱社，2012 年，第 48—49、136、146—147 页。

茶山萨摩塔①

茶山萨摩塔现存于福冈市城南区茶山会馆。塔现高 48 厘米，整体以一块石材制成，塔身和塔顶部分残缺。须弥座平面呈六边形，束腰有四天王浮雕，上枭、上枋之上雕栏杆平座，栏杆转角望柱露头。（图 1-9）

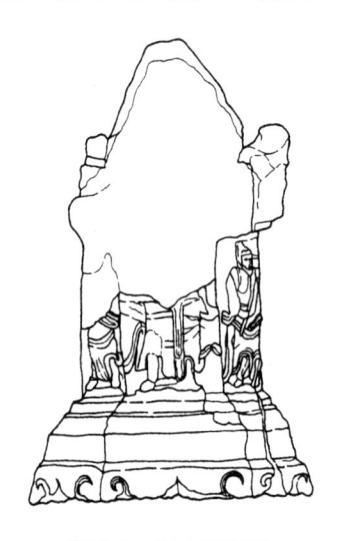

图 1-9　茶山萨摩塔
（引自井形进 2018 年研究报告）

田岛萨摩塔②

田岛萨摩塔原存于福冈市城南区田岛一处民宅，目前存置地点不明。塔体高度不详，石塔整体以一块石材制成，须弥座和塔顶局部残损。须弥座平面呈六边形，束腰有四天王浮雕，上枭、上枋之上雕栏杆平座，栏杆转角望

---

① 茶山萨摩塔相关信息参见：井形進《薩摩塔の時空——異形の石塔をさぐる》，花乱社，2012 年，第 146—147 页。
② 田岛萨摩塔相关信息参见：井形進《薩摩塔の時空——異形の石塔をさぐる》，花乱社，2012 年，第 146—147 页；井形進《薩摩塔について》，久山町教育委员会《首羅山遺跡　発掘調査概要報告書》（久山町文化財調査報告第 15 集），久山町教育委员会，2010 年，第 78、83 页。

柱露头。塔身呈壶形。塔表刻有中国风人名。①（图1-10）

图 1-10　田岛萨摩塔
（引自井形进 2012 年著作②）

（二）九州西北（佐贺县、长崎县）

九州西北佐贺、长崎各地散见的萨摩塔，其中相当一部分早在 20 世纪 90 年代就已被发现，但当时研究者对其属性和内涵并不了解，仅对相关图像资料做了发布。③ 2008 年以来，井形进、高津孝等人将这批石刻确认为萨摩塔。目前，具体测量、绘图工作尚未完成。以下根据现有资料，对其基本情况做一介绍。

---

① 井形進:《薩摩塔研究概観——新資料の紹介と共に》，《古文化談叢》第 65 集，2011 年，第 326 页；桃崎祐輔、山内亮平、阿部悠理:《九州発見中国製石塔の基礎的研究——所謂「薩摩塔」と「梅園石」製石塔について》，《福岡大学考古資料集成 4》，福岡大学人文学部考古学研究室，2011 年，第 77 页。
② 井形進:《薩摩塔の時空——異形の石塔をさぐる》，花乱社，2012 年。
③ 20 世纪 90 年代，文物研究者大石一久在长崎、佐贺一带的石刻踏查记录工作为今天的研究奠定了基础，其相关成果见：大石一久《中世の石造美術》，長崎県平戸市編《平戸市史　民俗編》，長崎県平戸市刊行，1998 年。

西光密寺萨摩塔①

该萨摩塔位于佐贺县武雄市山内町黑发山西光密寺。整个塔体以一块石材制成，目前塔顶缺失，塔身以下基本完整，现高60.1厘米。须弥座平面为六边形，座底圭角为如意云状，圭角至下枋、下枭收分，下枋和下枭素平。束腰浮雕四天王像，与塔身尊像同侧的天王似捧持一斧状物，其左手侧天王持一长戟，其右手侧雕像双手合于胸前，其背面浮雕天王双手持剑拄地。由于束腰较高，四天王像形体修长，造型风格优雅。上枭、上枋素平，再上为栏杆平座，栏杆转角望柱露头。壶形塔身上部收颈平缓，底部与须弥座衔接处亦无过渡性雕饰处理，整体更似卵形。塔身正面有火焰形龛，龛内佛坐像细部已不清晰。（图1-11）

图1-11 西光密寺萨摩塔（自摄）

妙觉寺萨摩塔（2尊）②

位于佐贺县多久市南多久町的妙觉寺内，存有2尊萨摩塔。其中一尊仅余塔身和须弥座上部的上枋及栏杆平座，残存塔体以一块石料制成，现高22厘米。须弥座平面呈四方形，与塔身龛像同侧的一面（正面）保存较好，其余三个侧面均有缺损。从保存较好的正面来看，上枋素平，栏杆平座浮雕同于

---

① 井形進：《薩摩塔の時空——異形の石塔をさぐる》，花乱社，2012年，第49、148—149页。

② 高津孝、橋口亘、大木公彦：《薩摩塔研究——中国産石材による中国系石造物という視点から》，《鹿大史学》第57号，2010年，第35—36页；桃崎祐輔、山内亮平、阿部悠理：《九州発見中国製石塔の基礎的研究——所謂「薩摩塔」と「梅園石」製石塔について》，《福岡大学考古資料集成4》，福岡大学人文学部考古学研究室，2011年，第81—82页；井形進：《薩摩塔の時空——異形の石塔をさぐる》，花乱社，2012年，第148—149页。

其他萨摩塔，栏板分为左右两个区隔，转角望柱柱头已缺失。塔身近于圆鼓状，较为低圆，底部略收，与栏杆平座连为一体，上部不见束颈。塔身佛像为坐式，双手结印于腹前，像容已不清晰。(图1-12)

图 1-12　妙觉寺萨摩塔之一（自摄）

另一尊萨摩塔，须弥座和塔身基本保存完整，塔顶有残损，塔体以一块石材雕成，现高56厘米。须弥座平面呈四方形，底部圭角有缺损，下枋、下枭素平；束腰有四天王浮雕，细部均漫漶不清；须弥座上部为上枭、上枋、栏杆平座。塔身为圆壶状，底部直连须弥座，上部收颈，再向上外敞，端部做成壶口状承托塔顶。塔身龛像已剥蚀不清。塔顶为四角攒尖顶，外展的檐部均已缺失。(图1-13)

图 1-13　妙觉寺萨摩塔之二（自摄）

仁比山地藏院萨摩塔①

该塔位于佐贺县神埼市神埼町仁比山地藏院。仅存塔身,现高35厘米,推测原塔顶与须弥座另行分材制成。塔身为壶形,平底,最大径偏上,上部收束为壶颈状,上端外敞为壶口唇沿状,其上叠加塔顶顶座。整体造型轮廓舒展匀称。塔身龛内为佛坐像,细部已不清晰。(图1-14)

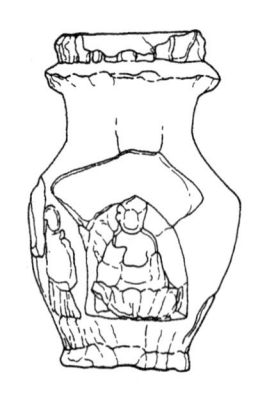

图1-14 仁比山地藏院萨摩塔
(引自井形进2018年研究报告)

灵仙寺迹萨摩塔(2尊)②

位于佐贺县神埼郡吉野ヶ里町脊振山的灵仙寺遗址,发现有3件萨摩塔残块,可能分属于成对供置的2尊塔体。其中2个残件,是2尊石塔须弥座的下部残块(圭角、下枋、下枭),残高分别为20厘米、18厘米,形制基本一致:平面呈四边形,圭角底端为如意云形,其转角两侧勾刻阴

---

① 桃崎祐輔、山内亮平、阿部悠理:《九州発見中国製石塔の基礎的研究——所謂「薩摩塔」と「梅園石」製石塔について》,《福岡大学考古資料集成4》,福岡大学人文学部考古学研究室,2011年,第81、116页;井形進:《薩摩塔の時空——異形の石塔をさぐる》,花乱社,2012年,第148—149页。

② 桃崎祐輔、山内亮平、阿部悠理:《九州発見中国製石塔の基礎的研究——所謂「薩摩塔」と「梅園石」製石塔について》,《福岡大学考古資料集成4》,福岡大学人文学部考古学研究室,2011年,第81、91页;井形進:《薩摩塔の時空——異形の石塔をさぐる》,花乱社,2012年,第97、148—149页。

线对开双涡,圭角向上至下枋、下枭收分,下枋和下枭素平,枋枭之间勒阴线,下枭表面修剔为一个内凹的弧面。整体刻工虽然简洁,但细微处颇见匠意。(图1-15)

另一件为塔身,呈圆鼓状,雕火焰形龛,龛内浮雕佛坐像,为双手合于胸前形象。(图1-16)

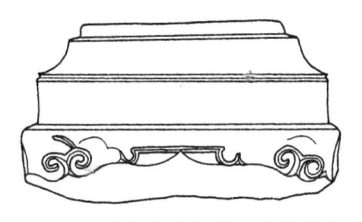

图1-15 灵仙寺迹萨摩塔残存构件之一
(引自桃崎祐辅等2011年研究报告)

图1-16 灵仙寺迹萨摩塔残存构件之二
(引自桃崎祐辅等2011年研究报告)

下寺观音堂萨摩塔(2尊)[①]

下寺观音堂位于长崎县平户市田平町,这里发现了2尊萨摩塔。其中一尊萨摩塔尚存塔身、塔顶和须弥座上部,塔身和塔顶以一块石材制成,须弥座分材另制,残高约40厘米。须弥座平面为四边形,残损较重。塔身为壶状,平面为四角形,平底。上端与塔顶衔接部雕作壶口唇沿状。塔顶为四角攒尖顶,顶面雕有瓦垄,顶端有钵形刹座。塔身一面开圆拱龛,内有浮雕尊像,龛侧装饰浮雕如意云纹。(图1-17)

---

① 桃崎祐輔、山内亮平、阿部悠理:《九州発見中国製石塔の基礎的研究——所謂「薩摩塔」と「梅園石」製石塔について》,《福岡大学考古資料集成4》,福岡大学人文学部考古学研究室,2011年,第70、83頁;井形進:《薩摩塔の時空——異形の石塔をさぐる》,花乱社,2012年,第150—151頁。

另一尊萨摩塔仅余塔身,残高23.3厘米。塔身为圈足敞口壶状,圈足形底部外张,塔身最大径偏下,上部收作束颈,上端外敞。塔身正面有一火焰形龛,龛像仅存轮廓。(图1-18)

图 1-17　下寺观音堂萨摩塔之一
(引自井形进 2018 年研究报告)

图 1-18　下寺观音堂萨摩塔之二
(引自井形进 2018 年研究报告)

海寺迹萨摩塔(2 尊)①

海寺迹萨摩塔原列置于长崎县平户市田平町海寺遗址,现藏于平户市田平町的里田原历史民俗资料馆。其中一尊石塔塔顶缺失,须弥座束腰下部断裂,推测现存部分(塔身和须弥座)以一块石材雕成,通体残高约50厘米。须弥座平面呈四方形,圭角为如意云状,有残损,角端两侧勾刻阴线对开双卷涡,下枋和下枭素平,束腰浮雕四天王,因裂损严重难辨其详,上枭和上枋素平,上枋以上浮雕栏杆平座。塔身为广肩竖颈壶状,肩颈区隔明显,有局部缺失,龛像无存。(图1-19)

图 1-19　海寺迹萨摩塔之一(自摄)

---

① 桃崎祐辅、山内亮平、阿部悠理:《九州発見中国製石塔の基礎的研究——所謂「薩摩塔」と「梅園石」製石塔について》,《福岡大学考古資料集成 4》,福岡大学人文学部考古学研究室,2011 年,第 70、83 页;井形進:《薩摩塔の時空——異形の石塔をさぐる》,花乱社,2012 年,第 34、150—151 页。

另一尊石塔仅存须弥座束腰部位,竖向断裂为左右两块,仍可拼合,残高约20厘米。尽管塔身形制不明,但日本研究者一般认为,这尊石塔与另一尊萨摩塔成对并置,亦应是一尊萨摩塔个体。残件平面呈四方形,四面雕刻身披铠甲、系挂飘带的四天王像,保存较好的3尊天王像,分别做双手拄剑、斜持长戟、双手捧杵形象。原浮雕起位较高,富有立体感,衣纹、飘带的曲线亦表现出动态之美。(图1-20)

图 1-20 海寺迹萨摩塔之二(自摄)

馆山是兴寺迹萨摩塔[①]

是兴寺迹萨摩塔位于长崎县平户市镜川町馆山是兴寺遗址。目前,该塔仅存塔身和须弥座上部的上枭、上枋及栏杆平座,残存部分以一块石材制成,现高约20厘米。须弥座平面呈四方形,上枭、上枋素平,栏杆平座浮雕同于其他萨摩塔。壶形塔身较为低圆,上部有缺损,龛像磨蚀较甚。(图1-21)

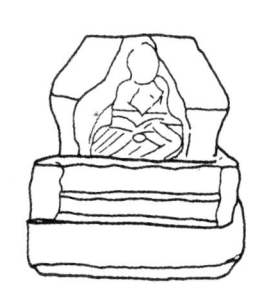

图 1-21 馆山是兴寺迹萨摩塔
(引自井形进2018年研究报告)

---

① 井形进:《薩摩塔の時空——異形の石塔をさぐる》,花乱社,2012年,第148—149页。在桃崎祐辅论文的汇总资料中,是兴寺遗址有两尊萨摩塔,但无附图,未知其详。参见:桃崎祐辅、山内亮平、阿部悠理《九州発見中国製石塔の基礎的研究——所謂「薩摩塔」と「梅園石」製石塔について》,《福岡大学考古資料集成4》,福冈大学人文学部考古学研究室,2011年,第83—84页。

松浦史料博物馆久家孝史指出，该塔见绘于《肥州公御墓之图》（松浦史料博物馆藏）。从图中萨摩塔的图像来看，该塔原有屋顶形塔顶。①

御堂前萨摩塔②

御堂前萨摩塔位于平户市镜川町松浦史料博物馆入口附近。塔体仅存须弥座束腰以下部分，残高约30厘米，现存塔体以一块石材制成，日本研究者均将之视为萨摩塔，但塔身形制未明，或可存疑。须弥座平面呈四方形，圭角至束腰通体风化较重，束腰浮雕无法辨识。（图1-22）

图1-22 御堂前萨摩塔（引自井形进2018年研究报告）

岩の上町萨摩塔（樱溪书院迹萨摩塔）③

岩の上町萨摩塔最初置于平户市户石川町最教寺附近，现藏于平户市生月町博物馆。该塔塔顶缺失，现存塔身和须弥座以一块石材雕成，高35.5厘米。须弥座平面呈四方形，圭角纹饰已磨蚀，圭角至上枋收分较大，上枋和上枭素平无雕饰。束腰有四天王浮雕，细部雕刻已漫漶不清。塔身龛像右手侧下方的天王浮雕，做左手托物状，似为多闻天王。上枭、上枋素平，栏杆浮雕已磨损难辨。塔身为圆壶状，较为低矮，顶部似经平削，龛内浮雕坐像风蚀较甚。（图1-23）

---

① 高津孝、橋口亘、大木公彦：《薩摩塔研究——中国産石材による中国系石造物という視点から》，《鹿大史学》第57号，2010年，第28、32、38页。
② 井形進：《薩摩塔の時空——異形の石塔をさぐる》，花乱社，2012年，第148—149页。该塔在高津孝等人的论文中被记作"庚申讲之堂前萨摩塔"，参见：高津孝、橋口亘、大木公彦《薩摩塔研究（続）——その現状と問題点》，《鹿大史学》第59号，2012年，第30、41—42页。
③ 井形進：《薩摩塔の時空——異形の石塔をさぐる》，花乱社，2012年，第148—149页。高津孝等人的论文将该塔记作"樱溪书院迹萨摩塔"，参见：高津孝、橋口亘、大木公彦《薩摩塔研究——中国産石材による中国系石造物という視点から》，《鹿大史学》第57号，2010年，第28、32、36页。

图 1-23　岩の上町萨摩塔（自摄）

誓愿寺萨摩塔①

该塔位于长崎县平户市户石川町誓愿寺。仅存须弥座上部和塔身，现存部分以一块石材制成，残高约 43 厘米。须弥座平面为四方形，上枭、上枋素平，栏杆平座不见栏板与寻杖的浮雕表现，或已风化磨损。塔身为壶形，底部雕为圈足状，上部收为竖颈，顶端开有圆孔，应是安装塔顶的榫眼，据此推测，原塔是分材组装的。塔身开有火焰形龛，龛内浮雕坐像双手合于胸前，像容、衣纹等细部雕刻已不清晰。此外，在塔身表面，火焰形龛上部还有浮雕云气纹。（图 1-24）

图 1-24　誓愿寺萨摩塔（自摄）

---

① 桃崎祐輔、山內亮平、阿部悠理：《九州発見中国製石塔の基礎的研究——所謂「薩摩塔」と「梅園石」製石塔について》，《福岡大学考古資料集成 4》，福岡大学人文学部考古学研究室，2011 年，第 83 页；井形進：《薩摩塔の時空——異形の石塔をさぐる》，花乱社，2012 年，第 148—149 页。

安满岳山顶萨摩塔(2 尊)[1]

长崎县平户市主师町的安满岳山顶现存 2 尊萨摩塔。其中一尊塔体基本完整,通体以一块石材雕成,现高约 63 厘米。须弥座平面呈四方形,底部为如意云头圭角,局部缺损,圭角至下枋、下枭收分,下枋与下枭素平;束腰浮雕四天王像,雕像受到一定风化,细部不甚清晰,从现存轮廓来看,四天王顶盔着甲,身披飘带,分别做挂剑、执戟、斜持杵、双手交于胸前等不同形象,其中,做双手交于胸前状的天王像与塔身龛像同侧;上枭与上枋素平,栏杆平座雕刻保存完好,单钩栏杆转角露头。塔身为壶形,最大径偏下,向上斜收,上端做成檐枋状,与塔顶檐角对应;塔身凿火焰形龛,两侧均为三连弧,正中合为尖拱,龛内尊像为坐式,仅存轮廓。塔顶为仿木构四角攒尖顶,顶面素平,顶端有刹座。(图 1-25)

图 1-25 安满岳山顶萨摩塔之一(自摄)

另一尊仅存须弥座,且局部有断裂,残高约 50 厘米,从须弥座体量来看,其尺寸远大于前塔,两者应无成对组合关系。须弥座平面呈四方形,圭角状况不明,下枋与下枭素平;束腰仅有两天王浮雕可辨,其中一天王像做双手交于腹前姿态,虎头盔、领巾、腹甲、臂带、裤甲、裙甲、吊腿等细部依然清晰,另一天王像为双手挂剑状,面部雕刻保存完整;上枭与上枋素平,局部栏杆浮雕仍存。(图 1-26)

---

[1] 桃崎祐輔、山内亮平、阿部悠理:《九州発見中国製石塔の基礎的研究——所謂「薩摩塔」と「梅園石」製石塔について》,《福岡大学考古資料集成 4》,福岡大学人文学部考古学研究室,2011 年,第 70、84、117 頁;井形進:《薩摩塔の時空——異形の石塔をさぐる》,花乱社,2012 年,第 32—33、42、148—149 頁。其中一尊仅存须弥座,塔身形制不明,日本研究者一般将其认定为萨摩塔残体,或存疑。

图 1-26　安满岳山顶萨摩塔之二（自摄）

志々伎神社中宫萨摩塔（2 尊）①

志々伎神社中宫位于长崎县平户市野子町，附近保存有 2 尊萨摩塔。其中一尊仅存须弥座束腰以下部分，残高 24.5 厘米。残存部分（束腰、下枭、下枋和圭角）以一块石材制成，推测须弥座上部（上枭、上枋）以上应以另一块石材制成。须弥座平面呈四方形，座底为如意云头圭角，角端两侧勾刻阴线对开双涡，局部残缺，圭角至下枋收分较大，下枋、下枭素平；束腰三面浮雕天王像，一面浮雕祥云，这种做法在萨摩塔须弥座中属于孤例。浮雕天王头戴盔或冠，身着铠甲、披飘带，各做托塔、拱手等姿态。雕像保存状况较好。（图 1-27）

另一尊尚存须弥座束腰和下部，残高约 29 厘米。须弥座平面呈六边形，底部为如意云头圭角，角端饰阴线单卷涡，圭角至下枋收分较大，下枋与下枭素平无纹；须弥座束腰 6 个侧面中的 4 个侧面浮雕天王像，另一面有铭文，日本研究者井形进将之识读为"大寶□／真高为现世安宁／后生善处奉献／志

---

① 井形进：《薩摩塔の時空——異形の石塔をさぐる》，花乱社，2012 年，第 49—50、80—81、86—89、148—150 页；桃崎祐輔、山内亮平、阿部悠理：《九州発見中国製石塔の基礎的研究——所謂「薩摩塔」と「梅園石」製石塔について》，《福岡大学考古資料集成 4》，福岡大学人文学部考古学研究室，2011 年，第 70、84—86、117 页。志々伎神社中宫的 2 尊残塔均被视为萨摩塔，然塔身形制不明，或存疑。

自汝峯也/元□三年□八月□/敬白"（/为换行标记）①。塔顶为仿木构四角攒尖顶，雕制精细，顶面瓦垄、屋檐瓦当等细部均清晰可辨，顶端有一钵形刹座。（图1-28）

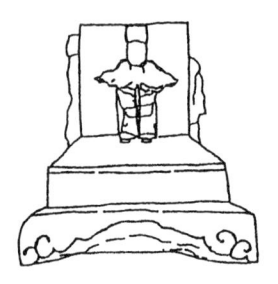

图1-27　志々伎神社中宫萨摩塔之一
（引自井形进2018年研究报告）

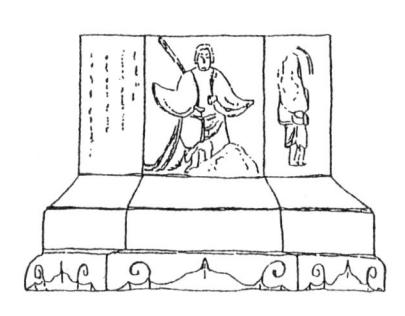

图1-28　志々伎神社中宫萨摩塔之二
（引自井形进2018年研究报告）

志々伎神社冲之宫萨摩塔②

志々伎神社冲之宫亦位于长崎县平户市野子町，这里发现的萨摩塔残高约151厘米，推测原高可达300厘米，应是九州体量最大者。该塔各部位分别制成，最后组合为一个整体。目前塔顶和塔身主体已缺损，须弥座保存状况相对较好。须弥座平面呈六边形，分为两重，下重圭角埋于土中，形制不详，下重束腰较为低矮，浮雕祥云等图案，其上叠加枭、枋，再上为上重须弥座的束腰，上重须弥座束腰浮雕四天王像，其上枭为仰莲浮雕，再上为上枋和栏杆平座，上枋至栏杆收分，浮雕栏杆仅余两区隔栏板，根据其上端残痕来看，栏板之上应有云拱、寻杖，而云拱、寻杖的部分原本高于存置塔身的须弥座顶面（即塔身平座），后遭破坏而无存。塔身仅存下部残块，根据残件推测，塔身原为圆壶状，底部为圈足，内里凿空，形成龛室，原应置有圆雕龛像。在塔体附近还发现有塔顶残块。根据残块来看，塔顶原为仿木构屋顶

---

① 井形进：《薩摩塔研究概観——新資料の紹介と共に》，《古文化談叢》第65集，2011年，第325—327页。

② 井形进：《薩摩塔の時空——異形の石塔をさぐる》，花乱社，2012年，第28、82—83、86—89、150—151页；桃崎祐輔、山内亮平、阿部悠理：《九州発見中国製石塔の基礎的研究——所謂「薩摩塔」と「梅園石」製石塔について》，《福岡大学考古資料集成4》，福冈大学人文学部考古学研究室，2011年，第70、86—87、91、117页。

样式,顶面雕有瓦垄,檐下雕饰仰莲花瓣。(图 1-29)平户松浦史料博物馆藏有《志自岐冲之宫石钵之图》(绘于 1822 年,为平户藩旧藏),该图中石塔的塔身尚留有 1/2 残体,塔身轮廓较圆。① (图 1-30)

图 1-29　志々伎神社冲之宫萨摩塔
（自摄）

图 1-30　平户藩旧藏《志自岐冲之宫石钵之图》
（引自高津孝等 2010 年论文）

(三)九州西南(鹿儿岛县)

九州西南是研究者最早认识到萨摩塔之特殊性的地区,这一地区是旧萨摩藩属地,"萨摩塔"也由此得名。九州西南的萨摩塔主要集中于鹿儿岛县的南九州市和南萨摩市,另外,雾岛市存有 1 例。鹿儿岛文物考古学者对其中的坊津萨摩塔、水元神社萨摩塔、虎御前萨摩塔、宝光寺迹萨摩塔、泽家萨摩塔进行过测量、绘图、形制分析以及石材鉴定,相关数据资料较为详备。

---

① 高津孝、橘口亘、大木公彦:《薩摩塔研究——中国産石材による中国系石造物という視点から》,《鹿大史学》第 57 号,2010 年,第 32—33、38 页。

坊津萨摩塔①

坊津萨摩塔现藏于鹿儿岛县南萨摩市坊津历史资料中心辉津馆（位于坊津町），据传其原存置地点为坊津一乘院。坊津萨摩塔通体以一块石材制成，现高 69.5 厘米②，基本保存完好，可以说是基座平面四边形小型萨摩塔中的标型塔。

该塔须弥座平面呈四方形，圭角底端为如意云状，四角侧面勾刻阴线单卷涡；圭角至下枋收分，下枋与下枭素平；束腰 4 个侧面有四天王浮雕，均为顶盔披甲形象，分别做托塔、挂剑、合手于胸前等姿态，左手托塔的多闻天王与塔身龛像同侧；上枭、上枋素平无纹；上枋之上雕有栏杆平座，浮雕栏杆为宋式单钩栏杆形制，栏板（单层，左右两区隔）、寻杖、云拱等细部的雕刻均清晰可辨，转角望柱露头。

图 1-31　坊津萨摩塔
（引自松田朝由 2008 年论文）

塔身为圆壶状，底部与平座交接处无装饰雕饰，塔身中部开火焰形龛，龛内佛坐像双手结印于腹前。塔身上端与塔顶衔接处雕为壶口状，或可视作简化的檐枋。

塔顶为仿木构四角攒尖顶，顶面和檐部素平，塔顶上端有浮雕覆莲纹刹座，刹座上开有安装刹身的榫孔。（图 1-1、图 1-31）

加世田川畑萨摩塔③

该塔现收藏于鹿儿岛县南萨摩市加世田川畑一处民宅。桥口亘认为，该塔即当地近世史料中记载的加世田"毗沙门塔"，原位于南萨摩市加世田

---

① 松田朝由：《鹿児島県の薩摩塔》，《南日本文化財研究》第 7 号，2008 年，第 10—15 页；井形进：《薩摩塔の時空——異形の石塔をさぐる》，花乱社，2012 年，第 41—45、150—151 页；桃崎祐輔、山内亮平、阿部悠里：《九州発見中国製石塔の基礎的研究——所謂「薩摩塔」と「梅園石」製石塔について》，《福岡大学考古資料集成 4》，福冈大学人文学部考古学研究室，2011 年，第 89 页。
② 此处 69.5 厘米系松田朝由 2008 年论文提供的数据。
③ 橋口亘：《南さつま市加世田川畑現存の薩摩塔》，《南日本文化財研究》第 19 号，2013 年，第 1—8 页。

地头所村。该塔塔体基本保存完好，以一块石材制成，现高约 62 厘米，塔表有一定程度的风化。

须弥座平面呈六边形，圭角雕饰如意云纹；下枋和下枭素平；束腰修长，浮雕四天王像，正面（与龛像同侧）天王，戴胄着甲，身体微向左倾，做双手执物状，所持之物不可辨，背面天王右手托捧宝箧印塔，是多闻天王形象，另外两侧天王，分别做双手拄剑状和双手捧杵状；上枭、上枋素平，栏杆平座的雕刻样式同于其他萨摩塔，栏杆转角望柱露头。

塔身为壶状，外鼓幅度不大，较为修长，上部收束为短束颈，顶端雕作壶口状，上承塔顶。塔身正面开火焰形龛，龛内浮雕佛坐像，衣纹、莲座等细部已不清晰，但雕像基本姿态依然可辨：头部微微前倾，双手交于胸前。

塔顶为仿木构六角攒尖顶，顶面和檐部素平，顶端刹座已失。（图 1-32）

图 1-32　加世田川畑萨摩塔（引自桥口亘 2013 年论文）

加世田小湊萨摩塔须弥座残件[①]

该石刻残件发现于南萨摩市加世田小湊字当房通，该地点接近万之濑川旧河口。仅余须弥座的底座（圭角＋下枋＋下枭）和束腰，平面呈六边形，残高约 23 厘米。圭角破损较甚，雕饰莫辨；下枋和下枭素平；束腰侧面分别浮雕四天王像，浮雕风化磨损比较严重，只能辨识轮廓。日本研究者认为，该遗物系萨摩塔须弥座残体，但由于塔身形制不明，或可存疑。（图 1-33）

[①] 橋口亘、松田朝由：《南さつま市加世田小湊「当房通」の薩摩塔——万之瀬川旧河口付近「唐坊」比定地の中国系石塔》，《南日本文化財研究》第 20 号，2013 年，第 1—10 页。

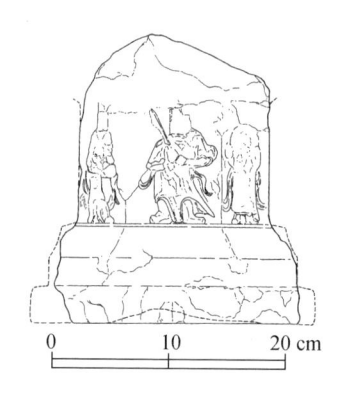

图 1-33　加世田小湊萨摩塔
（引自桥口亘、松田朝由 2013 年论文）

水元神社萨摩塔①

　　水元神社萨摩塔现立于南九州市川边町水元神社拜殿一侧，该塔据传原位于川边町清水的云朝寺遗址。塔体高达 193 厘米②，各部位分材制成，再叠合为一。石塔通体保存完好，是研究平面六边形大型萨摩塔形制和纹饰的最佳范例。

　　须弥座平面呈六边形，束腰以下（圭角＋下枋＋下枭）、束腰以及束腰以上（上枭＋上枋＋栏杆平座）3 个部位分别以 3 块石材制成。圭角雕做如意云头状，其转角两侧勾刻单涡。圭角至下枋、下枭收分，下枋与下枭素平，下枭处理为下伏上起的弧面，富于匠意。束腰有四天王浮雕，其中一像应为多闻天王形象，双手捧塔于右侧，头戴梁冠，身披铠甲，臂绕飘带，足踏卷云。殊为难得的是，多闻天王所托之塔尚可辨清细部轮廓，其形制为宝箧印塔。多闻天王右手侧的浮雕天王，做合手捧杵状，戴胄披甲，立于祥云之上。其他 2 尊浮雕天王，分别做执剑状和拱手状，均头戴梁冠，其中做拱手状天王上身似未着甲，臂缠飘带，立于云端；上枭和上枋素平，上枋之上以浮雕形式表

---

① 松田朝由：《鹿児島県の薩摩塔》，《南日本文化財研究》第 7 号，2008 年，第 10—15 页；井形進：《薩摩塔の時空——異形の石塔をさぐる》，花乱社，2012 年，第 36、46—48、150—151 页；桃崎祐輔、山内亮平、阿部悠理：《九州発見中国製石塔の基礎的研究——所謂「薩摩塔」と「梅園石」製石塔について》，《福岡大学考古資料集成 4》，福岡大学人文学部考古学研究室，2011 年，第 88—89、117 页。

② 此处 193 厘米系松田朝由 2008 年论文提供的数据。

现栏杆平座,浮雕栏杆为单钩栏杆形制,转角望柱的露头部分已残缺。

塔身单独以一块石材制成,整体呈壶形,底部做成圆璧状,塔身中部外鼓,上部收束为竖颈,竖颈顶端做出一圈壶口状突棱。塔身正面开火焰形龛,龛内有浮雕坐佛,身着袈裟,盘坐于莲台,双手于膝上结印,面带微笑,头部螺发清晰。在萨摩塔塔身龛像中,此像雕刻工艺堪称上乘。

塔顶为六角攒尖顶,顶面与檐部素平,局部檐角残缺,上端雕有宝珠形刹座,饰一周阴线波状纹。(图1-34)

虎御前萨摩塔(川边神殿萨摩塔)[①]

图1-34　水元神社萨摩塔(自摄)

虎御前萨摩塔现位于鹿儿岛县南九州市川边町神殿,根据当地传说一直被作为虎御前供养塔。塔体高约75厘米[②],以一整块石材雕成,与安满岳山顶小型萨摩塔、坊津萨摩塔、宰府萨摩塔同属于小型萨摩塔中保存较为完整者。

该塔须弥座平面呈四方形。圭角底部为如意云状,转角两侧勾刻阴线双涡,一角残缺,缺损部位延伸至束腰;下枋、下枭向内收分,其表面素平无纹;束腰有浮雕四天王像,均为顶盔着甲、身披飘带的形象,其中3尊做双手拄剑姿态,与塔身龛像同侧的天王浮雕手臂细部已经漫漶,似拱手于胸前;上枭和上枋素平,上枋之上雕制栏杆平座,平座转角望柱露头。

[①] 松田朝由:《鹿児島県の薩摩塔》,《南日本文化財研究》第7号,2008年,第10—15页;井形进:《薩摩塔の時空——異形の石塔をさぐる》,花乱社,2012年,第36、42、150—151页;桃崎祐輔、山内亮平、阿部悠理:《九州発見中国製石塔の基礎的研究——所謂「薩摩塔」と「梅園石」製石塔について》,《福岡大学考古資料集成4》,福冈大学人文学部考古学研究室,2011年,第70、88页。

[②] 此处75厘米系松田朝由2008年论文提供的数据。

塔身为圆壶形，底部与平座衔接处无过渡性雕饰，上部收束为壶颈状，顶端雕出一圈突棱，上承塔顶。塔身正中开火焰形龛，龛内浮雕佛像为坐姿，像容已不清晰，但广袖、莲台等雕刻保存较好。

塔顶为仿木构四角攒尖顶，顶面和檐部素平。塔顶顶端刹座分为两层，下层为覆莲形，上部已残，大致为扁圆形，有叶片状雕饰。（图 1-35）

图 1-35 虎御前萨摩塔（自摄）

宝光寺迹萨摩塔[1]

宝光寺迹萨摩塔发现于南九州市川边町清水的宝光寺遗址，现存于川边町知览博物馆。该塔仅存须弥座和塔身局部，残存部分以一块石材制成，残高约 37.5 厘米。

须弥座平面呈四边形，圭角有如意云雕饰；下枋和下枭向内收分，素平无纹；束腰浮雕四天王像，有残损；上枭、上枋以及栏杆平座缺损两个侧面，剩余两个侧面亦不完整，上枭与上枋素平，栏杆浮雕与其他萨摩塔无异。

塔身仅余残块，龛像已失。（图 1-36）

图 1-36 宝光寺迹萨摩塔（自摄）

---

[1] 松田朝由：《鹿児島県の薩摩塔》,《南日本文化財研究》第 7 号，2008 年，第 10—15 页；井形進：《薩摩塔の時空——異形の石塔をさぐる》，花乱社，2012 年，第 150—151 页；桃崎祐輔、山内亮平、阿部悠理：《九州発見中国製石塔の基礎的研究——所謂「薩摩塔」と「梅園石」製石塔について》,《福岡大学考古資料集成 4》，福岡大学人文学部考古学研究室，2011 年，第 70、88 页。

泽家石塔群萨摩塔①

泽家石塔群萨摩塔位于鹿儿岛县雾岛市隼人町鹿儿岛神宫附近。该塔仅存须弥座底座和塔身,残高约30厘米,推测原塔以多块石材制成。

须弥座平面呈六边形,圭角状况不明;下枋和下枭素平,下枭中部向内剔减为弧面,束腰已失。塔身上部残失,侧面亦有缺损,唯龛像一侧保存尚好,塔身整体为圈足圆壶形,圈足状底部外张,塔身开尖拱形龛,龛内浮雕尊像为坐姿,下有莲台。(图1-37)

图1-37　泽家石塔群萨摩塔(自摄)

(四)本州(大阪府)

堺市萨摩塔②

堺市萨摩塔为大阪堺市博物馆藏品,原存置于大阪堺市凑西墓地,该地位于堺市中世旧街区的偏南一带。该塔为小型萨摩塔,仅存塔身,塔身呈壶形,肩部外突明显,顶部和底部外张。塔身正面开火焰形龛,内有浮雕佛坐

---

① 松田朝由:《鹿児島県の薩摩塔》,《南日本文化財研究》第7号,2008年,第10—15页;井形進:《薩摩塔の時空——異形の石塔をさぐる》,花乱社,2012年,第52、150—151页;桃崎祐輔、山内亮平、阿部悠理:《九州発見中国製石塔の基礎的研究——所謂「薩摩塔」と「梅園石」製石塔について》,《福岡大学考古資料集成4》,福岡大学人文学部考古学研究室,2011年,第70、92页。
② 堺市萨摩塔的详细资料尚未公布,2022年7—10月堺市博物馆"人与物往来的中世堺:流通的考古学"企画展上展出了该塔。详见:https://www.city.sakai.lg.jp/kanko/hakubutsukan/exhibition/kikaku_tokubetsu/kako/chuseisakai.html。堺市博物馆海边博史博士是堺市萨摩塔的发现者。2024年6月22日,承蒙海边博史博士提供机会,笔者前往堺市博物馆参观了堺市萨摩塔实物,并考察了该石塔的发现场所。

像,其面部漫漶,双手合于腹前,袈裟两袖及胸前有波状褶皱。堺市博物馆将这尊小型萨摩塔的年代推断为 14 世纪后半叶,但笔者认为,该塔可能是 13 世纪晚期至 14 世纪初的遗物。(图 1-38)

图 1-38　堺市萨摩塔(自摄)

三　各地所见疑似萨摩塔构件的石刻遗物

在萨摩塔调查研究的过程中,日本研究者将一部分疑似萨摩塔遗物的石刻构件或残件也列入萨摩塔统计资料之中,事实上,这些石刻遗物是否属于萨摩塔塔体的组成部分,尚不能肯定。鉴此,以下将这些石刻遗物资料单独列出。

(一)九州北部(福冈县)

目前,九州北部发现的疑为萨摩塔构件的石刻遗存,大都尚无详细调查资料,现将基本状况介绍如下。

兴德寺须弥座构件及塔刹残件[①]

兴德寺位于福冈县福冈市姪浜,这里发现有4件宋风石质遗物:(1)须弥座束腰残件(有四天王浮雕);(2)须弥座圭角、下枋及下枭;(3)须弥座上枭和上枋;(4)塔刹残件。

第1件石刻(须弥座束腰残件)发现于兴德寺寺内层塔附近,为半埋置状态,原应为六面柱状,由于其余部分埋于地下,地表仅能观察到两个侧面。其中一面浮雕天王上半身残缺,保留有像身下半部的裙甲、裈甲、飘带、靴部、祥云等局部雕刻;另一面浮雕表面剥落较甚,系左手托塔的多闻天王造像。(图1-39)

图1-39 兴德寺须弥座构件1(自摄)

第2、3件石刻遗物,现为兴德寺内大应国师(南浦绍明)供养塔须弥座的构件,平面均呈六边形。其一为须弥座下部(圭角、下枋、下枭),圭角部位雕为如意云状,6个角端着地,中部挑空,角端两侧勾刻阴线双涡。下枋向内收分,表面饰阴线卷草纹,下枭表面浮雕覆莲纹。其二为须弥座上部(上枭、上枋),上枭雕饰仰莲纹,上枋素平,局部剥损。(图1-40、图1-41)

图1-40 兴德寺须弥座构件2(自摄) 　　图1-41 兴德寺须弥座构件3(自摄)

---

① 橋口亘、高津孝、大木公彦:《大応国師供養塔(福岡市興徳寺)四天王像彫出部材の発見と薩摩塔》,《南日本文化財研究》第12号,2011年,第6—13頁;桃崎祐輔、山内亮平、阿部恕理:《九州発見中国製石塔の基礎的研究——所謂「薩摩塔」と「梅園石」製石塔について》,《福岡大学考古資料集成4》,福岡大学人文学部考古学研究室,2011年,第69、80、116頁。

根据桥口亘等人的观察与测量，四天王浮雕束腰残件每侧宽约 28.5 厘米，与大应国师供养塔束腰每侧宽度（即下枭上端的单侧宽度）一致，因此，上述第 1、2、3 件石刻遗物实际上是同一须弥座的构件，而该须弥座原本很可能是一尊大型萨摩塔的基座。萨摩塔解体之后，第 1 件石刻（须弥座束腰残件）被弃置，第 2、3 件石刻则被转用为大应国师供养塔须弥座构件。

第 4 件石刻现置于兴德寺门前，系塔刹的相轮，经观察鉴定，与其他 3 件石刻的石材一致，亦被认为可能出自同一石塔。

糟屋郡志免町须弥座束腰①

这件石刻现存于福冈县糟屋郡志免町，四方体，高约 21 厘米，应为萨摩塔须弥座束腰或其他种类小型石塔的构件。石刻四面浮雕四天王像。其中一尊浮雕天王未戴盔，竖发长髯，右手斜持宝剑，左手抬至胸前；其余三尊浮雕天王均为顶盔着甲、身披飘带的形象，具体姿态各异：多闻天王左手捧一宝箧印塔，右臂抬至胸前，头微右倾；多闻天王左手侧的天王双手合于胸前，为正立姿势；多闻天王右手侧天王双手拄剑正立。多闻天王之外的三尊天王浮雕，其飘带的雕刻表现具有一致性：颈部两侧的飘带上扬为 U 形，两臂的飘带分别作 S 形曲线下垂。（图 1-42）

图 1-42 糟屋郡志免町须弥座束腰（自摄）

---

① 井形進:《薩摩塔の時空——異形の石塔をさぐる》,花乱社,2012 年,第 146—147 页。

第一章　日本九州现存萨摩塔的文物学考察

天福寺石基座残块①

这件石刻残块发现于福冈县福冈市早良区西油山天福寺。残块高约14.5厘米，被认为是萨摩塔须弥座天王浮雕的局部残件，残块上遗留的浮雕可能是天王像足部。（图1-43）

图1-43　天福寺石基座残块
（引自井形进2012年著作）

天福寺石龛像②

这件龛像与上述石基座残块一样，也发现于福冈县福冈市早良区西油山天福寺。像高约12.8厘米，被认为是从萨摩塔塔身佛龛中剥离出来的，造像特征与首罗山山顶西侧萨摩塔龛像表现出一定的相似性。（图1-44）

明光院塔顶遗构③

该塔顶残件现存于福冈县福冈市博多区吉塚明光院。其形制呈六角攒尖状，目

图1-44　天福寺石龛像
（引自井形进2012年著作）

---

① 井形进：《薩摩塔の時空——異形の石塔をさぐる》，花乱社，2012年，第146—147页；桃崎祐輔、山内亮平、阿部悠理：《九州発見中国製石塔の基礎的研究——所謂「薩摩塔」と「梅園石」製石塔について》，《福岡大学考古資料集成4》，福岡大学人文学部考古学研究室，2011年，第69、79—80、116页。

② 井形进：《薩摩塔の時空——異形の石塔をさぐる》，花乱社，2012年，第146—147页；桃崎祐輔、山内亮平、阿部悠理：《九州発見中国製石塔の基礎的研究——所謂「薩摩塔」と「梅園石」製石塔について》，《福岡大学考古資料集成4》，福岡大学人文学部考古学研究室，2011年，第69、79—80页。

③ 桃崎祐輔、山内亮平、阿部悠理：《九州発見中国製石塔の基礎的研究——所謂「薩摩塔」と「梅園石」製石塔について》，《福岡大学考古資料集成4》，福岡大学人文学部考古学研究室，2011年，第69、76—77、115页；井形进：《薩摩塔の時空——異形の石塔をさぐる》，花乱社，2012年，第146—147页。

前处于顶朝下倒置状态,现高约 28 厘米,最大径约 60 厘米,顶面及檐部素平,翻转朝上的檐内面雕有放射状突棱,应是角梁的简化表现。这件石刻被认为是萨摩塔的塔顶遗存。(图 1-45)

图 1-45　明光院塔顶遗构(引自桃崎祐辅等 2011 年研究报告)

圣福寺石台座①

这件石台座发现于福冈县福冈市博多区御供所町,平面呈六边形,尺寸不详,亦有可能是无缝塔构件。

博多遗迹群须弥座残件②

该残件发现于福冈市博多区博多遗迹群,仅余须弥座束腰。

箱崎遗迹群须弥座残件(2 件)③

这两件须弥座残件出土于福冈市东区箱崎遗迹群,系 2017 年箱崎遗迹群第 84 次考古调查所获遗物。其中一件出土于 SX001 土圹。遗物为须弥座底座及束腰的局部,推测其平面呈四边形。根据残件观察,圭角为如意云

---

① 见于井形进 2018 年研究报告所收《薩摩塔と称される石塔一覧》,具体资料不详。参见:井形進《九州に偏在する中国系彫刻についての基礎的研究》,九州歴史資料館,2018 年,第 103 页。
② 见于井形进 2018 年研究报告所收《薩摩塔と称される石塔一覧》,具体资料不详。
③ 两件遗物的相关信息,均由福冈大学考古学科桃崎祐辅告知。其中,须弥座底座和束腰残件出土时间为 2017 年 7 月 26 日。在 2017 年 9 月 3 日福冈市埋藏文化财中心举办的"中世都市研究会"上,这件遗物得到公开展示,但详细资料尚未刊表。另一件残片尚未公开展示。

状,造型简质,角端两侧有勾刻阴线单涡;下枋和下枭向内收分,素平无纹;束腰侧面有天王浮雕。(图 1-46)

另一件出土于箱崎遗址 84 次 SX(SP)297 下层,系一石刻残片。据发掘人员推测,这件残片应是萨摩塔束腰浮雕天王的衣纹局部。(图 1-47)

图 1-46　箱崎遗址群须弥座残件之一
（福冈大学桃崎祐辅教授惠赠）

图 1-47　箱崎遗迹群须弥座残件之二
（福冈大学桃崎祐辅教授惠赠）

(二)九州西北(长崎县)

龙福寺迹须弥座束腰残件[①]

该须弥座束腰残件位于长崎县大村市立福寺町字寺屋敷龙福寺遗址。遗物仅余残块,残高约 19 厘米,推测原束腰平面为六边形。残块仅存两个侧面,每个侧面宽约 20 厘米,上部残缺,因此天王浮雕亦缺上部,天王雕像一为斜持剑站立状,一做挂剑站立状,足胫雕刻为"L"形,裙甲和裤甲的雕刻则为"M"波状程序化处理。(图 1-48)

图 1-48　龙福寺迹须弥座束腰残件
（自摄）

---

① 桃崎祐輔、山内亮平、阿部悠理:《九州発見中国製石塔の基礎的研究——所謂「薩摩塔」と「梅園石」製石塔について》,《福岡大学考古資料集成 4》,福岡大学人文学部考古学研究室,2011 年,第 70、87、117 頁;井形進:《薩摩塔の時空——異形の石塔をさぐる》,花乱社,2012 年,第 150—151 頁。

宇久岛毗沙门寺须弥座构件(2件)①

宇久岛位于五岛列岛的东北端,行政区划上属于长崎县佐世保市。宇久岛毗沙门寺发现的2件须弥座构件,其中一件仅余须弥座的基座,平面呈四边形,高约26.5厘米;另一件仅存须弥座束腰,平面呈六边形,高约26厘米。(图1-49、图1-50)

图1-49 宇久岛毗沙门寺
须弥座构件之一
(引自井形进2018年研究报告)

图1-50 宇久岛毗沙门
寺须弥座构件之二
(引自井形进2018年研究报告)

(三)九州西南(鹿儿岛县)

芝原遗址石塔残件(4件)②

芝原遗址位于南萨摩市金峰町,是万之濑川下游的中世遗址。该遗址出土疑似萨摩塔残块(片)4件,现存于鹿儿岛县立埋藏文化财中心。4件残块(片)编号A、B、C、D,其中A、B被推定为萨摩塔塔刹相轮残块(图1-51);C被认为是刹顶宝珠;D被推测为塔身底缘残块。

---

① 井形进:《九州に偏在する中国系彫刻についての基礎的研究》,九州歴史資料館,2018年,第15、103、120、122页。
② 橋口亘、松田朝由:《南さつま市芝原遺跡出土の中国系石塔(1)》,《南日本文化財研究》第16号,2013年;橋口亘、松田朝由:《南さつま市芝原遺跡出土の中国系石塔(2)——万之瀬川下流域から発見された薩摩塔》,《南日本文化財研究》第17号,2013年。

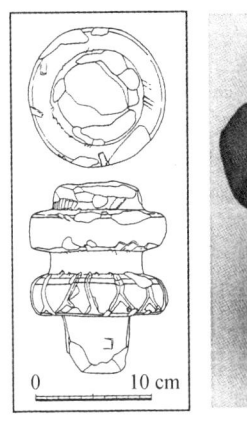

图 1-51　芝原遗址疑似萨摩塔塔刹相轮残块
（引自桥口亘、松田朝由 2013 年论文）

四　萨摩塔的雕造特征与形制风格

根据上述各地现存萨摩塔的考察可知，在塔体造型上，萨摩塔拥有整齐划一的形制——须弥座＋壶形塔身＋屋顶状塔顶，个体之间差异很小；在造像安排上，萨摩塔也遵循着统一的模式——须弥座束腰部位浮雕四天王像，塔身雕凿火焰形龛，龛内雕有尊像；在局部雕刻设计上，圭角的如意云雕饰、须弥座上部的栏杆浮雕是所有萨摩塔的标准配置。尽管如此，萨摩塔个体之间仍存在制作与雕刻的细节差异，这反映出其统一性之内包含的多样性。各地现存萨摩塔呈现出如下具体特点。

（一）塔体石作

在塔体石作上，日本九州各地现存萨摩塔分为两种情况：一种是一材单作，即以一块完整石材雕制完成整个塔体；另一种为复材组合，即以若干石材分别制成塔体若干部位，然后合而为一。

一材单作的方法主要用于制作小型萨摩塔。一材单作的塔例有：太宰府市宰府萨摩塔、福冈市茶山萨摩塔、福冈市田岛萨摩塔、武雄市西光密寺萨摩塔、多久市妙觉寺萨摩塔（2 尊中基本完整的一尊）、平户市岩の上町萨摩塔、平户市安满岳山顶萨摩塔(2尊中基本完整的一尊)、平户市海寺迹萨摩塔(2尊中相对完整的一尊)、南萨摩市坊津萨摩塔、南萨摩市加世田川畑萨摩塔、南九州市虎御前萨摩塔。目前可以确认为一材单作的萨摩塔数量不占多数,其通高40余厘米至70余厘米不等。

复材组合的方法似乎更适合制作大型萨摩塔,但事实上,复材组合的塔例中,既有小型萨摩塔,也有通高190厘米以上的大型萨摩塔。塔体分雕组合的具体方式可以分为如下几种。

(1)须弥座多材叠合,塔身、塔顶则分材另作。这种情况主要见于大型萨摩塔,水元神社萨摩塔即属于此类。其中,水元神社萨摩塔须弥座使用了3块石材,束腰以下(圭角＋下枋＋下枭)、束腰、束腰以上(上枭＋上枋＋栏杆平座)3个部位分材制作、叠为一体,另外,塔身和塔顶也分别独立制成,整个塔体合计使用了5块石材。与水元神社萨摩塔相比,冲之宫萨摩塔体量更为庞大,塔体分材组合也更为复杂,须弥座的枭、枋、栏杆平座均分材制作,塔身以一块石材单独雕成,塔顶已损毁,状况不明。

(2)须弥座、塔身、塔顶三材分作。这类萨摩塔主要是中小型塔,以首罗山萨摩塔为代表,以3块石材分别雕制须弥座、塔身和塔顶,然后组合为一。

(3)须弥座圭角至束腰、须弥座上枭至塔身两材分作,塔顶单材单作。这种萨摩塔多为小型塔,以宇美町萨摩塔为典型,须弥座圭角以上至束腰合用一块石材制成,须弥座上枭和上枋以上至塔身则另用一块石材完成,塔顶也以单独石材雕制。

(二)造型特点

萨摩塔拥有统一的造型模式:须弥座＋壶形塔身＋屋顶状塔顶。然而,局部差异亦值得关注。

第一,就须弥座而言,其造型分为两种:一种平面呈四方形,另一种平面呈六边形。与此相对应,前者塔顶为四角攒尖顶,后者塔顶为六角攒尖顶。须弥座平面呈四方形的萨摩塔,不限于小型塔,也有大型塔(如马头观音堂萨摩塔),其石作方法既有一材单作的(如坊津萨摩塔),也有复材组合的(如宇美町萨摩塔);须弥座平面呈六边形的萨摩塔,现存遗物既有大型塔(如冲之宫萨摩塔、水元神社萨摩塔),也有小型塔(如西光密寺萨摩塔),石作方法也分一材单作(如加世田川畑萨摩塔)和复材组合(如泽家石塔群萨摩塔)两种。

萨摩塔须弥座的样式基本一致,下端自下而上依次为圭角、下枋、下枭,中部为束腰,上端自下而上依次为上枭、上枋、栏杆平座。40余尊萨摩塔中,只有冲之宫萨摩塔须弥座比较特殊,其须弥座有两重,下重须弥座束腰以下埋在土中。特别值得一提的是,无论塔体尺寸大小,萨摩塔须弥座上端均有栏杆平座,栏杆为宋式单钩栏杆形制,每面栏板(单层华板、左右两区隔)、寻杖、云拱、瘿项等均以浮雕表现,四个转角圆雕望柱露头,栏杆围合的部位即平座,上承塔身。栏杆平座一般见于江南楼阁式塔的塔体腰檐。(图1-52)

第二,萨摩塔所谓"壶形"塔身的形制,呈现出一些具有类型学意义的差异,并不完全雷同。之所以称为"壶形塔身",是因为大多数萨摩塔塔身不仅外轮廓似壶,而且细部处理也似乎特意摹状壶形:塔身底部压接须弥座的部位雕成圆璧状或圆饼状,塔身顶部承接塔顶的部位则做成外敞的口沿状。有些萨摩塔塔身底部虽未处理为圆璧状,但塔身顶部雕作壶口状(如坊津萨摩塔)。然而,"壶形"塔身的具体形状存在差异,大致可以分为如下几式。

A式:塔身为圆壶状,这类塔身最大径位于塔身中部,或可称作"圆鼓状"塔身。其实例大者为冲之宫萨摩塔,小者为坊津萨摩塔、脊振山灵仙寺迹萨摩塔等。冲之宫萨摩塔塔身虽已残破,但根据平户松浦史料博物馆所藏《志自岐冲之宫石钵之图》以及桃崎祐辅等的复原想象图[1],可以推知其塔身近于圆鼓状。(图1-52)坊津萨摩塔由于塔身无圆璧形底部,故而近于圆鼓形。

B式:塔身为卵形壶状,较为修长,首罗山西侧萨摩塔即为此型。(图1-53)

---

[1] 高津孝、橘口亘、大木公彦:《薩摩塔研究——中国産石材による中国系石造物という視点から》,《鹿大史学》第57号,2010年,第38页;桃崎祐辅、山内亮平、阿部悠理:《九州発見中国製石塔の基礎的研究——所謂「薩摩塔」と「梅園石」製石塔について》,《福岡大学考古資料集成4》,福岡大学人文学部考古学研究室,2011年,第91页。

图 1-52　冲之宫萨摩塔栏杆平座
及圆壶状塔身（引自高津孝等 2010 年论文）

图 1-53　首罗山萨摩塔卵形
壶状塔身（自摄）

C 式：塔身呈有肩壶状，塔身中部偏上部位外凸，形成壶肩，再向上则收束为壶颈，实例包括马头观音堂萨摩塔、水元神社萨摩塔、仁比山地藏院萨摩塔。另外，相当一部分萨摩塔壶肩外凸并不明显，兼具 C 型与 A 型的形态，或兼有 C 型与 B 型的特征。（图 1-54）

D 式：塔身为多棱壶状，目前发现两例。一为太宰府市宰府萨摩塔，塔身表面有 8 条竖向棱线，平面为八角形（图 1-55）；二为下寺观音堂的带顶萨摩塔，塔身有 4 条竖向棱线，平面为四角形（图 1-17）。

第三，萨摩塔的塔顶绝大多数为攒尖顶形（图 1-54），有四角攒尖顶和六角攒尖顶两种，分别对应平面呈四边形和平面呈六边形的须弥座。与普通的萨摩塔不同，宰府萨摩塔的塔顶为六角形平板状（图 1-55），与之对应的须弥座平面呈四边形，塔身则为八棱壶状，这在九州现存萨摩塔中属于特例。

图 1-54　水元神社萨摩塔
有肩壶状塔身（自摄）

图 1-55　宰府萨摩塔八棱
壶状塔身（自摄）

九州现存萨摩塔的基本造型,与分布于中国浙东、浙南以及闽南等地区的窣堵波式石塔的造型有明显的共通之处,二者属于近型石塔,应有密切的渊源关系。窣堵波式石塔的基本形制为:须弥座+圆鼓形/卵形/壶形塔身+攒尖屋顶状塔顶。但窣堵波式石塔往往体量更大,台座和塔顶结构以及细部雕饰较之萨摩塔也更为复杂。后文将设专章对两种石塔进行比较。

(三)塔体造像

萨摩塔塔体上雕刻的造像分为两个部分:须弥座束腰上的浮雕四天王像、塔身尊像。

浮雕四天王像一般头戴盔胄(兜鍪),身着铠甲,颈部系巾,肩挂飘带,脚踏祥云。萨摩塔浮雕四天王的铠甲为宋式风格,上身有胸甲,下身中部为裈甲,两侧为裙甲,双臂有掩膊和臂韝,小腿有吊腿。一部分萨摩塔天王浮雕的铠甲雕刻表现出明显的程式化特点:裙甲与裈甲的轮廓连成"M"波状,小臂的臂韝以及小腿部的吊腿呈虾鳞状。(图1-56)此外,个别萨摩塔的浮雕天王头戴冠帽。例如,水元神社萨摩塔须弥座3尊天王像(含多闻天王)为头戴梁冠形象;西光密寺萨摩塔1尊浮雕天王像头戴冠帽,且身着广袖长衣,惜图像漫漶,细部不详;志々伎神社中宫方形须弥座萨摩塔的浮雕多闻天王,也头戴梁冠。

萨摩塔须弥座束腰浮雕天王像通常是4尊,志々伎神社中宫方形须弥座萨摩塔却属例外,其须弥座束腰三面浮雕天王像,一面浮雕如意云头。这在目前发现的萨摩塔中属于孤例。

塔身龛像通常为浮雕,唯有冲之宫萨摩塔例外。冲之宫萨摩塔塔身凿有龛洞,其内原应置有立体佛像,现已不存。塔身之龛为尖顶弧拱状的火焰形龛,有些研究者将之称为如意龛。龛内造像均为坐像,浮雕佛像身着袈裟,或结印于腹前,或合手于胸前,一般坐于莲台之上。(图1-57)

图 1-56　首罗山萨摩塔须弥座
天王浮雕(自摄)
　　　　　　　图 1-57　水元神社萨摩塔塔身
龛像(自摄)

　　但也有个别萨摩塔龛像似无莲座,具体情况分为两种。一种是宇美町萨摩塔和坊津萨摩塔,其塔身及像龛都相对低矮,且塔身底部和栏杆平座之间无过渡处理,故而观察不到清晰的莲座雕刻。另一种是马头观音堂萨摩塔,因其龛像座下有袈裟下摆覆盖,也看不到莲瓣纹样。萨摩塔龛像一般为佛陀造像,不过,井形进指出,首罗山西侧萨摩塔和宰府萨摩塔龛像的佛像特征不明显,而宇美町萨摩塔和泽家石塔群萨摩塔的尊像更近于僧侣形象。① 实际上,根据实物来看,宰府萨摩塔和宇美町萨摩塔的龛像已不清晰,井形进的意见仍有探讨的空间。

(四)细部装饰性雕刻

　　萨摩塔须弥座圭角的角端造型均为如意云头状,表现出鲜明的一致性。角端两侧或勾刻阴线对开双卷涡,或勾刻阴线单卷涡。

　　萨摩塔须弥座束腰除了四天王浮雕,一般无其他装饰性雕刻,但亦有个别例外。例如,志々伎神社中宫萨摩塔须弥座束腰一侧浮雕如意云头纹。再如,志々伎神社冲之宫大型萨摩塔的下重须弥座束腰局部可见云气纹浮雕。萨摩塔须弥座的上下枭、枋大多素平无纹,仅极少数塔例有装饰性雕刻,志々伎神社冲之宫萨摩塔的上重须弥座上枭有仰莲浮

---

① 井形進:《薩摩塔の時空——異形の石塔をさぐる》,花乱社,2012 年,第 46、48、134 页。

雕。类似雕饰也见于疑似萨摩塔构件的石刻遗存中,福冈姪浜兴德寺须弥座的下枋表面刻有阴线卷草,下枭表面则雕有覆莲纹,上枭雕饰仰莲纹。此外,博多马头观音堂萨摩塔须弥座圭角上部有一周覆莲雕饰,这也是一种稀见的做法。

萨摩塔塔身在龛像以外,一般也鲜见其他雕刻纹饰。作为特殊塔例,首罗山遗址东侧萨摩塔和下寺观音堂萨摩塔的塔身龛像边侧有云气纹浅浮雕;平户誓愿寺萨摩塔塔身龛像上侧有如意云头纹浅浮雕。

塔身顶端与塔顶连接处,一般做成外侈的壶口状,承托塔顶。首罗山东侧萨摩塔塔身顶部还加刻一层仰莲,同样的装饰方法亦见于志々伎神社冲之宫萨摩塔。另外,萨摩塔的塔顶表面通常素平,只有首罗山萨摩塔、平户志々伎神社冲之宫萨摩塔、下寺观音堂萨摩塔等少数塔例的塔顶雕刻瓦垄。

五 萨摩塔的制作年代、石材产地及制作地

关于萨摩塔的制作年代,本节将在分析现有萨摩塔资料的基础上进行初步研判,后章还将参照窣堵波式石塔资料对此做进一步的探讨。在石材来源和制作地研究方面,日本学界已经积累了丰富认知,其中的石材鉴定工作为萨摩塔石材来源与石作加工地的研究提供了大量宝贵的基础数据。

(一)制作年代

关于萨摩塔的制作年代,日本研究者业已做了大量的探讨。之前发现的萨摩塔,大多属于地表存置遗物,并非文化层内出土物,另有一部分被博物馆收藏,故而无法借助考古层位学方法从同层关联遗物中获取年代信息。在这样的情况下,最初研究者主要采用形制比较、铭文识读等方法,结合存置场所的周边关联遗存进行年代分析。

真正意义上的萨摩塔年代研究,与2008年福冈久山町首罗山遗址本谷区块的考古发掘同步展开。首罗山遗址以佛教寺院遗迹为主体遗存,其主要存续时段为11世纪后半叶至14世纪前半叶,遗址中出土了丰富的12—13世纪中国系文物,有文献证据表明,13世纪中期著名入宋禅僧悟空敬念

在首罗山度过晚年。据此可以推断,12—13世纪,首罗山佛寺与中国保持着频密的交流。首罗山山顶地表供置的舶来佛教石刻——萨摩塔和宋风石狮,虽与首罗山遗址出土南宋遗物缺乏层位学联系,但很可能与遗址内的南宋遗物都属于同一时期的中日交流遗物群。井形进指出,与首罗山萨摩塔并置的宋风石狮,根据类型学的观察可以推断其制作年代为13世纪中叶。就首罗山萨摩塔和宋风石狮的关系而言,二者两两并置,石质相同,宋风石狮体表相对粗糙,台座表面较为平滑,这种上糙下细的石表微处理方式亦见于萨摩塔塔身和须弥座的表面,这证明二者应出自同一工坊。进一步推论,首罗山萨摩塔也属于13世纪作品。此外,井形进还将首罗山萨摩塔须弥座天王浮雕与苏州博物馆藏瑞光寺塔宋代多闻天王立像、宁波东钱湖石刻公园藏南宋延寿王寺塔四天王浮雕进行对比,指出其铠甲雕刻的相似性(均为宋甲制式),并以此作为萨摩塔年代推断的旁证。① 井形进将首罗山萨摩塔放置于首罗山遗址南宋舶来遗物系统中加以考察,从而对其时代坐标进行定位,使学界有关萨摩塔年代的认知逐渐明晰。

之后,高津孝等人指出,九州所见萨摩塔与浙江丽水灵鹫寺塔形制相似,具有类型学意义的近缘性,灵鹫寺塔的纪年铭——嘉定九年(1216)和嘉定十一年(1218)可被视为萨摩塔年代研究的参考指标;同时,考虑到萨摩塔与奈良东大寺石狮、福冈宗像大社阿弥陀经石在石材上的相似性,可以推想,萨摩塔舶入日本的时代背景与12世纪末东大寺石狮雕造、12世纪与13世纪之交阿弥陀经石舶来的历史叙事存在交集。基于此,萨摩塔的年代范围应在12—13世纪。②

井形进和高津孝等人为萨摩塔划出了一个大致的年代范围,其论证也具有相当的说服力,但学界仍然期待能够获得诸如纪年铭之类更为清晰明确的时间证据。事实上,相关探索亦如人们期待的那样在不断推进。2011年,通过对志々伎神社中宫一尊萨摩塔束腰侧面铭文的解读,井形进指出,

---

① 井形進:《首羅山遺跡の宋風獅子と薩摩塔》,久山町白山遺跡調査指導委員会、久山町教育委員会編《首羅山遺跡——福岡平野周縁の山岳寺院》,久山町教育委員会,2008年,第77—79页。
② 高津孝、橋口亘、大木公彦:《薩摩塔研究——中国産石材による中国系石造物という視点から》,《鹿大史学》第57号,2010年。

铭文中最左侧有"元□三年□八月□"纪年文字,并推测为"元亨三年"(1323),这样,萨摩塔制作年代的下限或可推至14世纪上半叶。① 不过,这一"推断"包含着更多"推测"的成分。一方面,志々伎神社中宫萨摩塔铭文漫漶不清,井形进的解读带有尝试性,未必完全正确。另一方面,不能排除该塔铭存在后期追刻的可能性。若此,"元□三年□八月□"就并不直接指示萨摩塔自身的制作年代,而仅具参考意义。(图1-58)

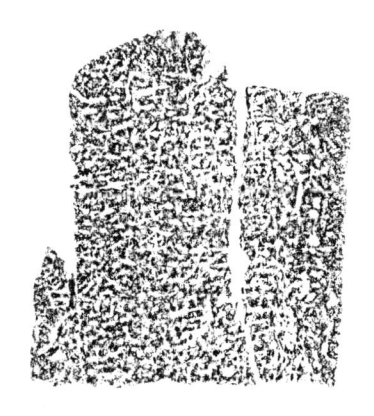

图1-58 志々伎神社中宫萨摩塔铭文
(引自井形进2011年论文)

在此,还有一个问题是:迄今九州发现的40余尊萨摩塔是否都在井形进、高津孝等人提出的萨摩塔制作年代范围之内?答案应当是肯定的。九州发现的萨摩塔,在塔体形制、雕饰细节乃至石材上所表现出的共通特征远远大于个体差异,因此,这些石塔很可能是在特定的历史时段之内雕作完成并被输往日本的。

2018年,首罗山遗址发掘主持者江上智惠撰文对萨摩塔编年问题进行了探讨。江上认为,九州现存萨摩塔大部分属于13世纪遗物,志々伎神社中宫萨摩塔等少数塔例晚至14世纪。13世纪前期至中期的萨摩塔以志々伎神社冲之宫萨摩塔、首罗山萨摩塔和下寺观音堂萨摩塔为代表。其中,志々伎神社冲之宫萨摩塔年代接近丽水灵鹫寺塔(1216—1218),首罗山萨摩塔和下寺观音堂萨摩塔年代比之更晚,这一时段萨摩塔最突出的特征是仿木

---

① 井形進:《薩摩塔研究概観——新資料の紹介と共に》,《古文化談叢》第65集,2011年,第325—327页。

构塔顶雕刻有瓦垄、塔身或底座雕有云气纹。以南九州水元神社萨摩塔为代表的一批萨摩塔属于13世纪中叶以后的遗物,其特点是:塔顶雕刻简化为斗笠状,无瓦垄的雕刻表现;须弥座下枋和下枭变厚;塔身肩部外张。江上论文重点考察塔顶、塔身以及须弥座下部的变化,对目前已发现的萨摩塔的时间序列做了梳理,是迄今为止有关萨摩塔编年的最为系统的专论文章。①

就以上既有成果而言,基于当前新见资料,笔者做如下两点补充。

第一,作为类型学年代研究的参照资料,以浙江丽水灵鹫寺石塔为代表的宋代窣堵波式石塔②的纪年铭是非常有价值的时间参数。事实上,有纪年铭(或曰题记)的窣堵波式石塔,除了高津孝等人所举的浙江丽水灵鹫寺石塔,还有福建泉州开元寺大殿北面庭院的窣堵波式石塔和浙江瑞安兴福寺"七佛塔"。泉州开元寺大殿北庭立有2尊窣堵波式石塔,塔身与丽水灵鹫寺塔塔身一样,均为椭圆鼓状,但基座上部形制存在差异,其中,东塔塔身佛龛背面有"嘉定辛未"(1211)纪年铭。③ 兴福寺窣堵波式石塔与丽水灵鹫寺石塔形制相似,唯塔身最大径偏上,更近壶形,与丽水灵鹫寺塔最大径在中部的塔身轮廓略有不同。兴福寺7尊石塔中,一尊刻有"宝祐六年"(1258)铭,另一尊刻有"景定二年"(1261)铭。④另外,大德寺藏《五百罗汉图》之一"卵塔涌出"图中的"卵塔",实际上也是一尊窣堵波式塔,图中虽无年代题记,但《五百罗汉图》已确知绘制于南宋淳熙五年(1178)至淳熙十五年(1188)⑤,因此,"卵塔涌出"图亦在此时段内。这些纪年明确的宋代窣堵波式石塔实物和图像资料所构成的年代区间为12世纪下半叶至13世纪,尽管据此建构的时间坐标是就宋代窣堵波式石塔而言的,但也能为萨摩塔年代研究提供参照。江上论文虽然利用丽水灵鹫寺塔作为参照资料,但并未关注到浙南和

---

① 江上智惠:《薩摩塔の編年試論——考古学の見地から》,收于:井形進《九州に偏在する中国系彫刻についての基礎的研究》,九州歴史資料館,2018年,第101—122頁。
② 有些学者将此类石塔称为"多宝塔"。
③ 方拥、杨昌鸣:《闽南小型石构佛塔与经幢》,《古建园林技术》1993年第4期;闫爱宾:《密教传播与宋元泉州石造多宝塔》,《中国文物科学研究》2012年第3期。
④ 叶挺铸:《宋兴福寺七佛塔考略》,《东方博物》第38辑,浙江大学出版社,2011年。
⑤ 井手誠之輔:《大德寺伝来五百羅漢図試論》,奈良国立博物館編《聖地寧波》,奈良国立博物館,2009年。

闽南其他有铭窣堵波式石塔的资料,因此其推论尚有商榷的余地。笔者将在第二章对浙闽宋代窣堵波式石塔的演变脉络进行考察,并在此基础上重新审视萨摩塔的年代谱系。

第二,先前的萨摩塔年代研究一直无缘借助考古层位学方法进行推进,2017年这一局面已被打破。2017年7月,福冈箱崎遗迹群第84次考古调查中,SX001土圹出土一尊萨摩塔残件(相关资料前文已介绍),伴出遗物中包含一件中国褐釉陶器颈残片。这件褐釉陶残片年代应为13世纪,由此可以推知同出萨摩塔的年代。这一萨摩塔年代研究的新材料,拥有完全意义的考古学语境,相关年代信息也印证了井形进、高津孝等人有关萨摩塔年代推断的有效性。未来或可期待古遗址文化层中会有新的萨摩塔遗物出土。

基于以上分析,笔者以为,萨摩塔的雕制与舶出,主要集中于13世纪这一历史时段,考虑到萨摩塔形制的一致程度,其年代跨度推测为100余年。

(二)石材产地

早在2008年,高津孝和桥口亘就注意到坊津萨摩塔与宁波梅园石之间的相似性,并据此提出萨摩塔石材来自中国浙江的可能性。① 但当时这一推测的依据仅仅是肉眼观察。

2009年初,高津孝与大木公彦、古泽明等地质学者组成课题组,利用专用仪器对取自坊津萨摩塔基座底部的石材样本(长1厘米、宽0.9厘米的薄片)和来自宁波"鄞州区梅园乡梅锡村华兴塘石场"②的梅园石块料进行了比较研究。课题组先以偏光显微镜对石材进行岩相学观察,以X射线分析显微镜(X-ray analytical microscope)分析矿物元素,再以高速X射线衍射仪(X-ray diffractometer)和能量弥散X射线探测仪(EDX)测定石材结晶构造和微斑晶的主要化学成分。观察分析的结果显示,坊津萨摩塔与梅园石都属于碎屑粒径细小的凝灰岩,两者的构成元素及其分布模式无明显差异,X射线衍射图谱高度一致,两者的微斑晶都主要由曹长石和微量的石英构成。

---

① 高津孝、桥口亘:《萨摩塔小考》,《南日本文化财研究》第7号,2008年。
② 现为海曙区鄞江镇梅锡村,华兴塘石场实为华兴岩石场。

据此可以推断,坊津萨摩塔的石材与梅锡村华兴宕石场的梅园石料的岩石学特征相同,应出自同一岩体。①

为了取得更多精确数据,2009年11月至2012年1月,大木公彦和高津孝课题组又先后对长崎县大村市龙福寺迹萨摩塔、福冈县糟屋郡宇美町萨摩塔、长崎县平户市志々伎神社冲之宫(宫之浦)萨摩塔做了取样分析。根据龙福寺迹萨摩塔的取样分析结果,该萨摩塔的X射线衍射图谱与坊津萨摩塔、宁波梅园石一致,且矿物成分也与后两者相同。② 宇美町萨摩塔的样料(长1.2厘米、宽0.8厘米、厚0.2厘米)取自石塔底部,志々伎神社冲之宫萨摩塔样料(长3厘米的不规则薄片)系塔体脱落残片,此次矿物成分解析精度较以前有所提高。分析结果显示,这两尊萨摩塔的X射线衍射图谱与坊津萨摩塔高度一致,两萨摩塔与坊津萨摩塔、宁波梅园石不仅主要矿物成分相同,而且微量矿物元素类似。因此,课题组在分析报告中指出,已做取样分析的4尊萨摩塔的石材均应是来自宁波梅锡村一带的梅园石。③

除此之外,大木公彦和高津孝课题组对鹿儿岛县内的水元神社萨摩塔、虎御前萨摩塔、宝光寺迹萨摩塔、泽家石塔群萨摩塔进行了石材考察(借助放大镜肉眼鉴定),认为其石材与坊津萨摩塔一致。之后,他们将石材调查的范围扩大到九州北部,仍以放大镜肉眼观察法对长崎和福冈的一批萨摩塔做了鉴定,具体调查对象包括长崎县平户市的馆山是兴寺迹萨摩塔、樱溪书院迹萨摩塔、安满岳山顶萨摩塔、志々伎神社冲之宫萨摩塔、海寺迹萨摩塔以及福冈首罗山萨摩塔。他们认为,这些萨摩塔的石材也与坊津萨摩塔石材相同。④

综上所述,日本研究者通过选例取样分析和大范围遗物观察相结合的

---

① 大木公彦、古澤明、高津孝、橘口亘:《薩摩塔石材と中国寧波産の梅園石との岩石学的分析による対比》,《鹿児島大学理学部紀要》第42号,2009年。
② 大木公彦、古澤明、高津孝、橘口亘、内村公大:《日本における薩摩塔・碇石の石材と中国寧波産石材の岩石学的特徴に関する一考察》,《鹿児島大学理学部紀要》第43号,2010年。
③ 大木公彦、古澤明、高津孝、橘口亘、大石一久、市村高男:《薩摩塔石材と中国寧波市の下部亜系方岩組地層との対比》,《鹿児島大学理学部紀要》第46号,2013年。
④ 高津孝、橘口亘、大木公彦:《薩摩塔研究——中国産石材による中国系石造物という視点から》,《鹿大史学》第57号,2010年。

方式,以点带面,对九州现存萨摩塔的石材做了深入而广泛的研究,根据其研究结论,除了极个别者①,绝大多数萨摩塔的石材应即宁波梅园石。

宁波梅园石是浙东地区的一种地方性石材,在江南大区域内并无很高的知名度,但梅园石的优点非常显著。其质地细密均匀,硬度适中,非常适合雕刻,加工打磨之后不糙不滑,触感柔和,且石色灰紫,视感温雅。明末清初黄宗羲的《四明山志》卷一"梅园山"条曰:"东浙碑材不能得太湖石,次之梅园,质颇近腻。今石孔久闭,佳者亦不易求矣。"②《四明谈助》卷三十五《西副脉》转引《四明山志》原文,并补云:"有梅园寺。"③梅园石以产地宁波鄞西梅园山而得名,主要石场分布于今宁波海曙区鄞江镇(原属鄞州区)东北的梅园村和梅锡村一带,该地的华兴宕石场直至数年前还在开采,2010年华兴宕石场被列入宁波市鄞州区区级文物保护单位④,石料开采活动不再持续。此外,位于鄞江镇之西的上化山一带还出产一种与梅园石的材质特征、石色均相似的石材——小溪石,上化山即《四明山志》和《四明谈助》提到的"西石山"。《四明谈助》曰:"(西石)山以产石名。石宕甲于一郡,凡造作大石俱此出。"⑤上化山留有采石场遗迹的山宕位于梅园石采石场遗迹西南约5公里处,两者都处于方岩组地层(K1f)之中。小溪石与梅园石石表特征相似,呈灰褐色或灰紫色,有研究者将其列为"广义梅园石"。⑥ 小溪石属于凝灰质砂岩,石质颗粒较之梅园石略粗,层理明显,更适合加工为长条石、石板之类的建筑构件。

梅园石和小溪石的开采历史至少可以上溯到唐代。始建于唐代大和七年(833)的明州鄞江它山堰就利用了附近的小溪石,同时期梅园石也被用于制作石雕。现存保国寺山门前的唐开成四年(839)石经幢和唐大中八年

---

① 福冈大学桃崎祐辅等人认为,平户下寺观音堂一尊萨摩塔的石材可能为花岗岩材质。参见:桃崎祐辅、山内亮平、阿部悠理《九州発見中国製石塔の基礎的研究——所謂「薩摩塔」と「梅園石」製石塔について》,《福岡大学考古資料集成 4》,福冈大学人文学部考古学研究室,2011年,第70、83页。
② 黄宗羲:《四明山志》,沈善洪主编《黄宗羲全集》第2册,浙江古籍出版社2005年,第323页。
③ 徐兆昺:《四明谈助》,宁波出版社,2003年,第1153页。
④ 华兴宕石场现为海曙区区级文物保护单位。
⑤ 徐兆昺:《四明谈助》,宁波出版社,2003年,第1150页。
⑥ 宁波保国寺古建筑博物馆、上海保文建筑工程咨询有限公司:《宁波保国寺石材材质定性评估研究报告》,2016年,第5页。

(854)石经幢,经鉴定其石材都是梅园石,而保国寺大殿内北宋崇宁元年(1102)所造佛坛兼用了梅园石和小溪石。① 宁波文物工作者曾在上化山毛家宕发现5尊南宋石雕毛坯,这些石雕分别为文臣、武将、石虎和龟趺形象,毛坯材质为当地小溪石。② 东钱湖南宋史氏家族墓群的墓前石刻也多以梅园石雕成。之后,宁波地区元明清历代都以梅园石和小溪石作为石刻材料,梅园石主要用于制作立体石刻,小溪石多用于加工长条石、石板等建筑构件。

可以推断,自12世纪晚期起,梅园石就已输出到日本。12世纪末,奈良东大寺于再建之际专门从中国输入石材来雕制佛教造像和石狮。根据东大寺南门现存两尊石狮的石材来看,当时自中国舶来的石料极可能是梅园石。③ 与东大寺南门石狮用舶来梅园石在日雕造的情况不同,萨摩塔应是输出日本的梅园石石刻成品。关于这一点,笔者将在下节详细讨论。与梅园石及梅园石制品输出日本同时,宁波小溪石制品也沿着宋元海商的航迹流出至日本九州沿海及琉球列岛各地,根据大木公彦和高津孝课题组对本州山口,九州福冈、佐贺、长崎以及冲绳各地所存宋元碇石的岩石学分析,其中有十几件碇石的石材被认定为浙江方岩组地层的凝灰质砂岩,岩相学特征和矿物质成分与小溪石相同。④ 这一结果揭示出以小溪石所制石碇随宋元明州(庆元)港出航商舶外流的可能性。

那么,作为一种地方石材的梅园石、小溪石及其石刻制品,何以能够跨

---

① 宁波保国寺古建筑博物馆、上海保文建筑工程咨询有限公司:《宁波保国寺石材材质定性评估研究报告》,2016年,第22页。
② 陈朝霞:《毛坯石雕惊现光溪村 东钱湖石刻找到出产地》,《宁波日报》2010年4月8日;梅子满:《这些石雕为何是毛坯?——我市专家揭开毛家宕毛坯石雕"身世"之谜》,《宁波晚报》2010年4月8日。
③ 日本史料《东大寺造立供养记》(《新校群书类丛》卷第四百卅五)记载:"建久七年,中门石狮子、堂内石胁士,同四天像,宋人字六郎等四人造之。若日本国石难造,遣价直于大唐所买来也。运货杂用等凡三千余石也。"另参见:山川均《石造物が語る中世職能集団》,山川出版社,2006年,第8—9页;刘恒武《宁波古代对外文化交流——以历史文化遗存为中心》,海洋出版社,2009年,第139—141页。
④ 高津孝、橘口亘、松本信光、大木公彦:《南西諸島現存碇石の産地に関する一考察》,《鹿児島大学法文学部紀要〈人文学科論集〉》第72号,2010年;高津孝、大木公彦、橘口亘:《日本現存碇石石材調查報告》,《鹿大史学》第60号,2013年。

海流布到日本？这与梅园石、小溪石产地——明州（庆元）港城宋元时期发达的内河交通及海上航运有关。以石材质量而论，梅园石并非极品，但以远距离运输条件而论，梅园石拥有无可比拟的优势。梅园村—梅锡村一带的梅园石采石场地近鄞江，可以利用周边水路进入鄞江，再从鄞江入奉化江，从而借助奉化江河道直达宁波三江口。石材运至三江口之后，近可满足宁波城内外的石作需求，远可顺甬江航道输出海外。宁波港城发达的港航交通为宁波地方石材的远程扩散提供了可能性。

（三）制作地

关于萨摩塔的制作中心地，理论上存在三种可能性：（1）日本工匠在日本（主要是九州）以宁波石材制成；（2）赴日中国工匠在日本以宁波石材制成；（3）中国工匠以宁波石材在宁波制成。笔者曾撰文指出，中国匠人在宁波以当地梅园石雕刻完成后输入日本的可能性最大。[①] 理由如下：

首先，就第一种可能性而言，假设萨摩塔系日本本土匠人在日本雕制的，那么，萨摩塔石材的选择就不会局限于舶来石材——宁波梅园石，日本匠人自然会同时选用自己熟悉的本土石材制成与萨摩塔相同形制的遗物，且将制作活动扩大到九州全境甚至其他各地。然而，萨摩塔的文物调查结果并不支持这一假设，事实上，迄今发现的萨摩塔集中于九州北部、西北部和西南部的沿海地区，且石材均为梅园石（至少可以肯定是浙东石材）。本州大阪堺市博物馆所藏小型萨摩塔属于孤例，亦不排除自九州二次搬移至本州的可能。

其次，再考虑萨摩塔系渡日中国工匠在日本制作的可能性。在这种假设之下，或许渡日工匠倾向于使用他们所熟悉的中国石材，但考虑到工匠、工匠弟子及其石刻技艺的流动性，从逻辑上来讲，九州东部地区以及本州也应出现多例与萨摩塔同形制的石塔。但萨摩塔实际的分布规律并非如此。而且，渡日宋人工匠在日制作宋风石刻之际不可能只选用宁波石材。

最后，我们会发现，唯有第三种可能性成立：萨摩塔系中国工匠以宁波

[①] 刘恒武、陈竞翘：《萨摩塔与宋日海上丝绸之路》，《日语学习与研究》2015年第5期。

石材在宁波制成。萨摩塔的特殊性表明，其雕制地即宋代明州（宁波）。萨摩塔具有三大特殊性：(1) 主要石材来源地基本明确，为宁波梅园石；(2) 所属时段短暂，仅一百余年，在日本本土找不到其源流与后续的遗物；(3) 分布地域集中，在九州北部、西北部和西南部的沿海地区。概言之，萨摩塔一律为宁波石材，且在日本无传承脉络，仅存续于特定历史时段，而萨摩塔集中分布的区域均是宋商足迹覆盖之地、宋舶帆影经行之所，在鲜有宋商、宋舶活动记录的九州东部和中部则未发现萨摩塔。特定的石材、特定的在日存续时间、特定的在日分布空间，表明了萨摩塔的舶来性质，据此可以推断，萨摩塔应是从明州（庆元）港舶往九州的石刻成品，其制作地即宁波，制作者应是宁波或浙东本地工匠。

第二章

其他类别的日藏宋代输日佛教石刻遗存

日藏宋代输日佛教石刻，除了萨摩塔，还有宋风石狮、层塔、阿弥陀经石、佛造像、菩萨造像、香炉等石质遗物以及一些零散的石刻构件。① 由于相关石刻大都是以往陆续发现或确认的，而历年撰发的论文与报告，则主要针对即时刊布的遗物资料，同时结合部分已发材料展开探讨，因此成果存在碎片化的缺陷。事实上，这些不同类别的石刻舶载输日的历史文脉相同，它们都是宋式佛教设施与场域的有机构成元素。因此，有必要将各类宋代输日佛教石刻视为一个彼此相关的石刻组群，对之进行综合考察。

---

① 井形進：《宗像大社の宋風獅子とその周辺》，《佛教藝術》第283号，2005年；井形進：《首羅山遺跡の宋風獅子と薩摩塔》，久山町白山遺跡調査指導委員会、久山町教育委員会編《首羅山遺跡——福岡平野周縁の山岳寺院》，久山町教育委員会，2008年；原田大六：《阿弥陀仏経碑の謎——浄土門と宗像大宮司家》，六興出版，1984年；末吉武史：《福岡・恵光院燈籠堂の石造十一面観音像——南宋彫刻の可能性と図像の検討》，《福岡市博物館研究紀要》第22号，2012年；橋口亘、松田朝由：《南さつま市金峰町宮崎字持躰松の上宮寺跡の中国製石仏——万之瀬川下流域の上宮寺跡で発見された宋風石仏と周辺の宗教遺物・遺構》，《南日本文化財研究》第25号，2015年；江上智恵：《太祖神社所藏の大陸系石製香炉》，《九州大学学術情報リポジトリ》，九州大学大学院比較社会文化研究院，2015年。

一　舶载输日宋风石狮

本章所讨论的日本现存"宋风石狮",专指宋代舶载输日的石狮子,并不包含诸如奈良东大寺南门所存宋人工匠赴日造刻的石狮作品①,也不包括可以确定属于14世纪、仍具有宋代造型遗风的石狮②。宋风石狮一般成对列置,狮像为蹲坐姿势,下有台座,像体与台座总高大多在50—60厘米,个别小型作品高度为30—40厘米。

舶载输日宋风石狮主要分布于九州,其存置区域大致与萨摩塔重合,其中包括九州北部的福冈县宗像市、福冈县糟屋郡、福冈县太宰府市,九州西北的长崎县平户市,九州西南的鹿儿岛县南萨摩市、南九州市。九州北部福冈地区是舶载输日宋风石刻种类最丰富的地区,这一地区所存造型特征鲜明、时代相对明确的宋风石狮有8尊。九州西北现存萨摩塔及其疑似石构数量最多,这一带的长崎平户已确认2尊宋风石狮,同地点均发现了萨摩塔。九州西南迄今发现了2尊宋风石狮的遗物残块。

在日本本州也有零星的中国舶来石狮。其中,京都府所存2尊、山口县所存2尊、冈山县所存1尊属性相对明确,不过,本州现存的这几尊中国石狮,虽然造型样式仍有宋风,但多数时代应晚至14世纪,只有原存于京都由岐神社的一对石狮应为13世纪遗物。

(一)日本各地所存舶载宋风石狮

1. 九州北部

九州北部福冈平原及其周边是宋风石狮最为集中的地区,迄今发现的宋风石狮包括:福冈县宗像市宗像大社神宝馆所藏1对(2尊)宋风石狮、福

---

① 山川均:《石造物が語る中世職能集団》,山川出版社,2006年,第6—9页。
② 一些日本学者将14世纪中国风石狮也称为"宋风石狮",这里的"宋风"旨在强调宋式石狮造型的传承,已无时代意味。

冈县糟屋郡篠栗町太祖神社所藏1对宋风石狮、福冈县太宰府市观世音寺所藏1对宋风石狮、福冈县糟屋郡久山町大字久原首罗山山顶现存1对宋风石狮。这些石狮均成对留存，前三组归属明确，保存状况完好，首罗山石狮则系山岳宗教设施遗物，因长期露天列置，有局部破损。具体状况依次介绍如下。

宗像大社宋风石狮（1对）[①]

宗像大社位于福冈县宗像市，大社神宝馆珍藏了1对宋风石狮。两尊石狮均带台座，做蹲坐状，材质相同，均为石灰岩质。[②] 其中，雄狮像[③]高47.4厘米，连座总高60.7厘米。从狮像本体而言，狮身微微左倾，狮头略向右转，两个前足捧一绣球。狮面的雕刻十分夸张，圆睛、隆眉、阔鼻、宽口，眼睛以双重阴线圆圈表现，鼻梁高挺，鼻翼开张，嘴巴紧闭，露出6颗方形门齿和2颗尖锐犬齿，嘴衔绣球飘带，嘴下有阴线刻的髭须，分向两边。狮耳不大，紧贴狮头两侧。狮头的鬃毛合计11束，头颈后侧中间1束为轴，其左右对分各3束，头颈左右侧面还各有2束。另外，狮面左右两颊各有3撮卷毛。颈有项圈，项圈饰有阴刻平行弦线，正中有兽面浮雕，项圈上系有3个铃铛。狮尾由3束毛组成，向前搭在右后腿上。台座为方形，四角底端有挑空如意足，局部有剥损，饰阴线刻涡纹。台座各边壁上部饰阴线卷草纹，正立面还有绣球飘带垂于台座的雕刻表现。（图2-1）

雌狮像[④]高46.8厘米，连座总高60.3厘米。狮像呈现的姿态为：狮身微微右倾，狮头略向左转，怀中抱有一只幼狮，雌狮左前足拥住幼狮右肩，右前足抚在幼狮的背部。幼狮左前足搭在雌狮左前足上，其余三足立地，举头仰望雌狮，其尾竖起抵住雌狮右前足，姿态顽皮可爱。雌狮狮头细部雕刻大致同于雄狮，唯嘴巴开张，上颌两颗犬齿之间有4颗方形门齿，下颌两颗小犬齿之间有5颗方形门齿。狮鬃、项圈等特点与雄狮基本相同。狮尾向前搭在左后腿上。台座形制亦同于雄狮台座。（图2-2）

---

① 井形进：《宗像大社の宋風獅子とその周辺》，《佛教藝術》第283号，2005年。
② 朽津信明：《いわゆる「宋風獅子」の岩質について》，《考古学と自然科学》第58号，2009年。
③ 由于雄狮像狮口闭合，故日本研究者称之为"吽形狮"。
④ 雌狮像狮口张开，日本研究者称之为"阿形狮"。

图 2-1　宗像大社石雄狮（自摄）　　图 2-2　宗像大社石雌狮（自摄）

两尊石狮背上都有铭文，内容相同，雄狮铭文保存较为完好，铭文分为 3 行，由右至左依次为"奉施入宗像宫弟/三御前宝前建仁/元年辛酉藤原支房"。"建仁元年"是 1201 年，"藤原支房"是石狮的施入者，施入场所"宗像宫弟三御前"指的是宗像大社边津宫三社之一的"第三宫"。据此来看，这两尊石狮的雕制时间应为 12 世纪末或 13 世纪初始。两尊石狮气韵十足，富于动感，细节处理一丝不苟，堪称佳作。因其带有纪年铭，年代相对明确，故可作为同类石狮年代审定的标尺。

太祖神社宋风石狮（1 对）[①]

这对宋风石狮为福冈县糟屋郡篠栗町太祖神社藏品，现寄存于九州历史资料馆。两尊石狮均有台座，做蹲坐状，但雄狮台座破损较甚，两像石材均为石灰岩质。[②] 雄狮像总高约 37 厘米，狮身左倾，狮头略向右转，狮口闭合，两前足捧一绣球。狮头占比较大，接近像体的 1/3，狮面细部与宗像大社石狮近似，但也有若干区别：眼睛为方形"臣"字目，上眼

---

① 井形進：《薩摩塔の時空——異形の石塔をさぐる》，花乱社，2012 年，第 70—71 页；井形進：《宗像大社の宋風獅子とその周辺》，《佛教藝術》第 283 号，2005 年，第 86—88 页。
② 朽津信明：《いわゆる「宋風獅子」の岩質について》，《考古学と自然科学》第 58 号，2009 年。

第二章　其他类别的日藏宋代输日佛教石刻遗存

角微上挑。头颈毛发以线刻表现,分为若干束,比较贴附平整。髭须分为两绺,向左右横飘。狮颈极短,项圈悬一铃,项圈和铃铛均饰以阴刻平行弦线,装饰特征与宗像大社石狮相似。托座残损,具体形制不详,推测与雌狮像台座一致。

雌狮像总高36.5厘米,狮身略向右倾,狮头向左下转,狮口张开,怀中抱一幼狮,以左前爪托住幼狮右肩,以右前爪抚在幼狮背部。幼狮两后足立地,前爪搭在雌狮左前腿上,仰视雌狮,雌狮亦低头与幼狮对视。狮头与狮身雕刻细节与雄狮相同。雌狮像的台座保存较为完好,形制与宗像大社石狮台座形制相同,且纹饰相似,四角有挑空如意足,足部饰线刻涡纹,台座上部饰阴线卷草纹。(图2-3)

另外,九州国立博物馆还藏有1尊太祖神社的石狮,尺寸不详,为戏球雄狮形象,像体风格与上述九州历史资料馆藏太祖神社雄狮基本一致。狮头向右略倾,狮口闭合,右前足按一绣球。狮头硕大,粗颈短躯,髭须向左右横飘,项圈悬一铃。台座有残缺,根据图像资料来看,原为四角带如意足的方形台座。值得注意的是,台座底部有阴刻铭文"□食天仓不食人家/一粒粮急急如律令"①。(图2-4)

图2-3　九州历史资料馆藏太祖神社宋风石狮(自摄)　　图2-4　九州国立博物馆藏太祖神社宋风石狮(引自井形进2005年论文)

---

① 井形进:《宗像大社の宋風獅子とその周辺》,《佛教藝術》第283号,2005年,第95—96页。

太祖神社宋风石狮与宗像大社石狮在造型特征上表现出较多相似之处：狮头占比较大；狮颈粗短；狮身粗壮；雄狮闭口，雌狮张口；幼狮动作姿势以及母狮怀抱幼狮的姿态基本一致；台座形制一致，四角底端均有如意足。

观世音寺宋风石狮（1对）[1]

福冈县太宰府市观世音寺收藏有1对宋风石狮。两尊石狮做蹲坐状，均有台板，狮像及其台板保存完好，其石材有可能是凝灰质砂岩或凝灰岩[2]。其中，雄狮像总高60.6厘米，狮头向右转，狮口张开，左前足张爪支地，右前足踏一绣球。狮头硕大，狮眼为杏核形，头颈毛发做卷涡状，起伏有致。颈部粗短，项圈上饰连续回形纹，系有一铃和两个缨穗。狮身背部脊梁凸显。狮尾卷在右后腿一侧。台板为方形。（图2-5）

雌狮像总高62.1厘米，头向左转，狮口闭合。右前足张爪支地，左前足拥一幼狮，幼狮前爪搭在雌狮左胸。头颈毛发分作若干绺束，狮尾卷在左后腿一侧，其余细部大体同于雄狮。台板也为方形。（图2-6）

图2-5　观世音寺石雄狮（自摄）　　图2-6　观世音寺石雌狮（自摄）

[1] 井形進：《薩摩塔の時空——異形の石塔をさぐる》，花乱社，2012年，第15、71—72页；井形進：《首羅山遺跡の宋風獅子と薩摩塔》，久山町白山遺跡調査指導委員会、久山町教育委員会編《首羅山遺跡——福岡平野周縁の山岳寺院》，久山町教育委員会，2008年，第69—71页。

[2] 朽津信明：《いわゆる「宋風獅子」の岩質について》，《考古学と自然科学》第58号，2009年。

第二章　其他类别的日藏宋代输日佛教石刻遗存

首罗山宋风石狮（1 对）①

　　福冈县糟屋郡久山町大字久原首罗山山顶，除了萨摩塔，还留存有1对宋风石狮，石狮与萨摩塔并置于山顶小型石祠之前。两尊石狮做相对蹲坐姿态，下置台板，石材应为凝灰岩②。其中，西侧石狮总高53厘米，狮像高45.2厘米，头部微向右转，狮面和两前足破损严重，仅具轮廓，躯体较为直正。根据石狮右前足下以及台板右前角上残存的飘带局部雕刻来看，右前足原抱有绣球，因此，这尊石狮为雄狮。头颈毛发主要以线刻手法表现，缺乏立体感，头顶2个发卷，脑后2个发卷，左右对称，头部右侧4个发卷，左侧残存3个发卷，左右两侧排列方式也基本对称。狮背有脊棱。狮尾卷在狮身右侧。台板残损，原应为方形。（图2-7）

　　东侧石狮总高50.4厘米，狮像高41.7厘米，头部略左转，狮头、狮身左前部缺损较甚。石狮右前足张爪支地，左前足做平抬状，其前部雕刻残损，但根据轮廓观察，似一幼狮直立上扑。鉴此，该狮应为雌狮。毛发雕刻处理手法与西侧石狮相同，但头颈毛发（除两颊外）为分束直鬃。狮尾向左卷。台板为方形，局部残缺。（图2-8）

图2-7　首罗山石雄狮（自摄）　　图2-8　首罗山石雌狮（自摄）

---

① 井形進:《首羅山遺跡の宋風獅子と薩摩塔》，久山町白山遺跡調査指導委員会、久山町教育委員会編《首羅山遺跡——福岡平野周縁の山岳寺院》，久山町教育委員会，2008 年，第 65—72 页。
② 高津孝、橋口亘、大木公彦:《薩摩塔研究——中国産石材による中国系石造物という視点から》，《鹿大史学》第 57 号，2010 年，第 28 页。

首罗山两尊石狮,在造型特征上与观世音寺石狮最为接近。二者共通点包括:体型壮硕,颈部粗短,狮腹与后胯贴附于台板,形成一种较强的安定感;雄狮均为卷毛,雌狮均为直鬃;雌狮右前足张爪支地,左前足拥幼狮;台板为方形。

2. 九州西北部

九州西北长崎县平户市现存2尊石狮系寺社故物,目前仅留单体,推测最初成对配组列置。

海寺迹宋风石狮(2尊)①

海寺迹宋风石狮原存于长崎县平户市田平町海寺遗址,与该遗址的萨摩塔并置,现藏于平户市田平町的里田原历史民俗资料馆。其中一尊石狮为蹲坐姿态,下置台座,石材属凝灰岩质②。石狮残损较甚,仅存狮头局部、后背、后胯以及台座局部。狮面已不存,狮头局部发卷依稀可辨,左前足支地,狮尾卷向右后腿一侧。台座为方形,较厚。虽然石狮造型特点已难以确知,但可以看出这尊石狮与首罗山石狮的相似之处:体型壮硕;躯体后部贴附于台座;台座/台板均为方形。(图2-9)另一尊石狮仅余局部残块,像体原状已无法推知。

图 2-9 海寺迹宋风石狮(自摄)

---

① 井形進:《薩摩塔の時空——異形の石塔をさぐる》,花乱社,2012年,第15、34—35页。
② 髙津孝、橋口亘、大木公彦:《薩摩塔研究——中国産石材による中国系石造物という視点から》,《鹿大史学》第57号,2010年,第28页。

志々伎神社冲之宫宋风石狮(1 尊)①

长崎县平户市野子町志々伎神社冲之宫存有 1 尊宋风石狮,这尊石狮位于冲之宫社殿前。石狮为雌狮,总高 54.2 厘米,为蹲坐状,下有方形台板。狮头硕大,略向左转,狮口闭合,右前足竖直支地,左前足平抬,拥一幼狮,幼狮直立扑在雌狮左胸前。狮头和狮身表面均有风化剥损,但一些细部依然可以辨明:狮眼为杏核形;头颈毛发分作若干绺束,尽管受到一定程度的风蚀,但仍保留了雕成之初的立体感;项圈上系有一铃,项圈和铃铛上均饰阴刻平行弦线;狮尾卷在左后腿一侧。(图 2-10)

图 2-10 志々伎神社冲之宫宋风石狮(自摄)

志々伎神社冲之宫石狮与观世音寺雌狮表现出诸多相似点:在动作姿态上,均为狮头左转,右前足立地,左前足拥幼狮;在造型特征上,两者均是颈部粗短,狮腹与后胯贴于方形台板;在细部雕刻上,两者头颈毛发均为颇具立体感的梭形绺束。

3. 九州西南部

九州西南鹿儿岛县 2 尊石狮的残块均是近年文物调查新见遗物。

---

① 井形进:《薩摩塔の時空——異形の石塔をさぐる》,花乱社,2012 年,第 15、83—84 页。

益山八幡神社宋风石狮（残块）①

鹿儿岛县南萨摩市加世田益山八幡神社存有3件宋风石狮残块。桥口亘在简报中将这3件残块分别记作A、B、C。其中，残块A发现于社域北部，是一件石狮头胸的局部残块，其狮面残缺，正面仅存右颊以及颈部，右颊线刻三束毛发和一绺髭须，胸前项圈雕刻清晰可辨，项圈饰阴刻平行弦线，前系一铃。背面有阴线刻分束毛发。（图2-11）残块B与A的发现地点相同，是一件石狮胸部残块，残块上可见项圈雕刻，阴刻平行弦线、系一单铃等特征与残块A一致。残块C位于神社入口南侧附近，是一尊石狮的躯干残件，为蹲坐姿态，后颈部位还能看到一束阴线刻的卷毛。（图2-12）

根据桥口亘的推断，3件残块来自2尊对置的石狮，其中残块B和C应系同一个体，残块A属于另一个体。这是因为：残块A和B的胸部项圈雕刻重合（正中均有悬铃），应属两个个体；而残块A的头颈毛发为分束直鬃，残块C的狮鬃为卷毛，也是两个个体；残块B与C无违和之处，有拼合的可能。

此外，益山八幡神社石狮虽为残块，但仍可看到其造型特点及细部处理与首罗山石狮的相似之处：体态壮硕，躯体直正；一狮为卷毛，一狮为分束直鬃，主要以线刻手法表现，表面平贴，缺乏观世音寺石狮头颈毛发那种凹凸起伏的立体感。

图2-11　益山八幡神社
宋风石狮残块A
（引自桥口亘2013年论文）

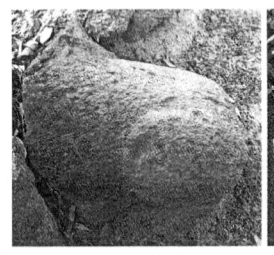

图2-12　益山八幡神社
宋风石狮残块C
（引自桥口亘2013年论文）

---

① 橋口亘：《南さつま市加世田益山の八幡神社現存の宋風獅子——中世万之瀬川下流域にもたらされた中国系石獅子》，《南日本文化財研究》第18号，2013年。

水元神社宋风石狮（残块）①

该残块发现于鹿儿岛县南九州市川边町水元神社萨摩塔附近，为石狮臀部和台板残块，残存部分狮尾雕刻。台板为方形。经鹿儿岛大学大木公彦等人的采样分析，其石材与坊津萨摩塔石材一致，应系来自中国浙东地区的梅园石。（图 2-13）

图 2-13　水元神社宋风石狮残块
（引自大木公彦等 2013 年论文）

饭仓神社宋风石狮（1 对）②

这对石狮现存于南九州市川边町宫饭仓神社，列置于饭仓神社拜殿入口左右两侧。调查报告中的石狮资料 I 连台座高 52 厘米，石狮资料 II 连座高 55 厘米，两狮做相对蹲坐状，台座为方形板状，但侧面雕凿得凹凸不平，似特意模仿山岩形态。

石狮 I 头部占比较大，头向右转，鬃毛曲卷，狮尾也卷于右后腿一侧，狮像颈前有飘带局部雕刻痕迹，但胸前绣球已残缺。根据雕刻特征可以推断，

---

① 目前尚无专文介绍水元神社宋风石狮残块，相关遗物图片及石材鉴定情况参见：大木公彦、古澤明、高津孝、橋口亘、大石一久、市村高男《薩摩塔石材と中国寧波市の下部白亜系方岩組地層との対比》，《鹿兒島大学理学部紀要》第 46 号，2013 年，第 9—24 页。

② 橋口亘：《南九州市川辺町宮の飯倉神社現存の宋風獅子》，《南日本文化財研究》第 19 号，2013 年。

石狮Ⅰ系雄狮。（图 2-14）

石狮Ⅱ头向左转，头颈鬃发分束，狮尾卷于左后腿一侧，石狮胸前部位风化较甚，两前足所拥之物不明，推测应为幼狮。（图 2-15）

图 2-14　饭仓神社宋风石狮Ⅰ
（引自桥口亘 2013 年论文）

图 2-15　饭仓神社宋风石狮Ⅱ
（引自桥口亘 2013 年论文）

4. 本州地区

上文介绍的是九州各地所存舶载宋风石狮的基本情况。如前所述，本州地区现存中国石狮，仅有寥寥几尊，而且多数被认为是 14 世纪遗物。其中，冈山县赤磐市熊野神社宋风石狮与九州福冈饭盛神社宋风石狮造型相似、年代相近，大约属于 14 世纪上半叶的作品。① 山口县长门三隅熊野权现社石狮年代则晚至 14 世纪末。② 只有京都由岐神社的石狮，被认为与福冈太祖神社的宋风石狮风格一致，略晚于宗像大社石狮，早于太宰府市观世音寺石狮。③

由岐神社宋风石狮（1 对）

这对石狮原存于京都市左京区鞍马本町的由岐神社，现寄存于京都国立博物馆。目前社内列置的是以原物放大的复制品。有关这对石狮的资料尚未公开发表，东京文化财研究所的朽津信明曾对其做过石材鉴定，结果显

---

① 井形进：《薩摩塔の時空——異形の石塔をさぐる》，花乱社，2012 年，第 70—71 页。关于冈山熊野神社石狮的简要资料，参见：冈本芳明《万富東大寺瓦窯跡と宋風石獅子》，冈山市埋蔵文化財講座，2017 年。

② 井形进：《長門三隅の熊野権現社の宋風獅子》，《九州歷史資料館研究論集（42）》，2017 年。

③ 井形进：《宗像大社の宋風獅子とその周辺》，《佛教藝術》第 283 号，2005 年，第 88 页。

示,由岐神社石狮与九州地区宗像大社石狮和太祖神社石狮一样,也是石灰岩质地。① 就造型特点而言,两狮均为蹲坐姿态,其中,闭口石狮为雄狮,头向右略转,两前爪抱球;雌狮张嘴,头向左微转,两前爪拥一幼狮。两石狮头部硕大、颈部粗短、项圈悬单铃等特征均与太祖神社石狮一致;雌狮右前爪抚住幼狮背部的动作也与太祖神社雌狮相似。

(二)造型特征

比较观察以上舶载宋风石狮实物可知,舶载宋风石狮的雕造遵循了统一的造型模式:雌雄成对列置,做蹲坐姿态,狮像下有台座。雄狮的基本姿态为:两前足抱绣球或一前足踏绣球,狮头略向右转,狮尾卷在右后腿一侧。雌狮的基本姿态为:两前足或单前足拥抚幼狮,狮头略向左转,狮尾卷在左后腿一侧。就狮像细节而言,一对石狮中一尊做闭口状,另一尊则做开口状。狮鬃分为两种,一种以卷毛为主,另一种以分束或分绺直鬃为主(除两颊外)。

宋风石狮台座形制分为三种:(1)四角带挑空如意足的方形台座,这种台座较为厚高,挑空如意足与须弥座圭角相似,且台座侧面有线刻纹饰;(2)方形板状台座,造型简单,且无装饰纹样,似方形石板;(3)凿石状台座,这种台座应模仿自然山岩或太湖石形态,表面雕凿得凹凸起伏。

(三)制作年代

与萨摩塔相比,日本现存舶载中国系石狮拥有刻度清晰的年代标尺,位于年代标尺两端的分别是福冈宗像大社宋风石狮和长门三隅熊野权现社中国明代石狮。宗像大社宋风石狮自带纪年刻铭,两尊石狮背部有相同铭文:"奉施入宗像宫弟/三御前宝前建仁/元年辛酉藤原支房"。(图2-16)②"建仁

---

① 朽津信明:《いわゆる「宋風獅子」の岩質について》,《考古学と自然科学》第58号,2009年。
② 井形進:《宗像大社の宋風獅子とその周辺》,《佛教藝術》第283号,2005年。

元年"是 1201 年,据此可知,石狮雕制时间应为 12 世纪末或 13 世纪初始。熊野权现社中国石狮系宽文年间社内出土之物,根据该社相关文书记载,两尊石狮是日本应永年间(1394—1428)中国温州人庆载的献纳品。①(图 2-17)这就意味着,宗像大社石狮反映出舶载输日宋风石狮的早期造型风格,而熊野权现社石狮则展示了输日中国系石狮后来(元明时期)的形态演变方向。除此之外,12 世纪末(1196 年)宋人工匠在奈良东大寺雕造的两尊石狮,属大型门仪石狮②,且在造型上折中了日本寺方规制要求,与纯宋风的小型持球、抱子石狮大相径庭,但因出自宋匠之手,亦具有一定的参考意义。

图 2-16　宗像大社石狮背部铭文　　图 2-17　熊野权现社石狮
（引自井形进 2005 年论文）　　　　（引自井形进 2017 年论文）

在日藏舶载中国系石狮的谱系上,宗像大社石狮和熊野权现社石狮分别位于早、晚两个端点,比较二者之间的造型差异,可以大致把握 12 世纪末至 14 世纪末舶载输日中国石狮造型变化的趋势。事实上,在熊野权现社石狮年代明确之前,井形进就已对代表性舶载中国宋元石狮的谱系进行了梳理:宗像大社石狮→太祖神社宋风石狮/由岐神社石狮→观世音寺石狮→饭

---

① 井形進:《長門三隅の熊野権現社の宋風獅子》,《九州歷史資料館研究論集(42)》,2017 年。有关石狮献纳年代和献纳人的信息来自长门市教育委员会所藏文物调查笔记,井形进认为,笔记作者是原三隅町文化财保护审议会委员山田恭辅,而山田笔记的依据很可能是《元中村权现神主中村古屋家文书》。
② 奈良东大寺南大门东侧狮像高 180 厘米,西侧狮像高 160 厘米,两尊狮像的须弥台座高度均为 140 厘米。

盛神社石狮(福冈)/熊野神社石狮(冈山)。① 在这一传承谱系中,宗像大社石狮的纪年铭提供了一个明确的时间参数,而福冈饭盛神社中国石狮的年代一般认为是 14 世纪前半叶②,但其形态轮廓仍保留着宋风。(图 2-18)这样,谱系的年代跨度也大致明了了。之后,井形

图 2-18　饭盛神社石狮(自摄)

进结合首罗山宋风石狮的形态观察,认为观世音寺石狮与首罗山石狮同属于 13 世纪中叶的作品③,使这一谱系的时间刻度更为清晰。就石狮造型演变的趋势而言,井形进指出,以宗像大社石狮为原点的早期舶来宋风石狮轮廓比较刚直,石作棱角分明,造像整体显得壮硕,像体表面处理得较为光滑;之后,随着年代的推移,宋风石狮造型轮廓趋于柔和,狮身由粗短变得细瘦,而像体表面处理追求一种糙面的质感。此外,早期石狮的台座四角有挑空如意足,之后发展为方形板状,进而演变为模仿自然山岩的不规则形态。饭盛神社石狮在造型特点上接近长门熊野权现社石狮,后者相对确定的相关年代资料为井形进勾勒的舶载中国石狮谱系之下限时段研究提供了支持。

笔者以为,井形进提出的谱系基本反映了日藏舶载中国石狮的造型演变轨迹,但他对于石狮造型特点具体变化的描述尚待丰富,另外,关于饭仓神社石狮的年代定位还有进一步探讨的空间。就舶载宋元石狮而言,结合前述实物观察结果,笔者得出如下观点。

首先,日藏舶载宋元石狮基本造型可分为 A、B 两型:A 型为持球雄狮,B 型为抱子雌狮。二者成对出现,彼此侧首相顾,这种基本形态贯穿整条谱

---

① 井形进:《宗像大社の宋風獅子とその周辺》,《佛教藝術》283 号,2005 年,第 86—88 页。井形进将宋元舶载输日狮均称为"宋风石狮",与本章将时代范围设定于宋代的"宋风石狮"概念有所不同。
② 井形进:《薩摩塔の時空——異形の石塔をさぐる》,花乱社,2012 年,第 71 页。
③ 井形进:《首羅山遺跡の宋風獅子と薩摩塔》,久山町白山遺跡調査指導委員会、久山町教育委員会編《首羅山遺跡——福岡平野周縁の山岳寺院》,久山町教育委員会,2008 年,第 71—72 页。

系,并无鲜明的时段性。在舶载宋元石狮谱系中,未见奈良东大寺南门那种正视前方、昂首蹲坐且无绣球和子狮的类型。

其次,根据造像表现风格和雕刻细节,日藏舶载宋元石狮可以归为内含承启关系、反映时段特征的三式:"宗像大社式"石狮、"观世音寺式"石狮、"饭盛神社式"石狮。

"宗像大社式"石狮代表遗物包括:宗像大社石狮、太祖神社宋风石狮、由岐神社石狮。该式石刻遗物造像风格刚健,狮头硕大,狮颈短粗,狮头造型以方形块面为基底;狮鬃雄雌一致;方形台座四角有挑空如意足。奈良东大寺南门石狮虽不在此列,但其年代与宗像大社舶载石狮接近,力感饱满的躯体、轮廓方正的狮头,是两者共有的特点,或为一种时代气韵。此式舶载石狮的制作及输日年代在12世纪末至13世纪早期。

"观世音寺式"石狮代表遗物包括:观世音寺石狮、首罗山石狮、志々伎神社冲之宫宋风石狮。该式石狮体态壮硕,颈部粗短,狮腹与后胯贴附于台板,表现出较强的稳定感,狮头造型轮廓趋于圆和,已不复见刚硬的棱角;狮鬃雄雌有别,雄狮均为卷毛,雌狮均为分束或分绺直鬃(两颊部位除外);台座为方形板状。从形态细节来看,海寺迹宋风石狮、益山八幡神社宋风石狮应也属于"观世音寺式"。"观世音寺式"石狮的年代应在13世纪中期前后。

"饭盛神社式"石狮代表遗物包括:福冈市饭盛神社石狮、冈山县赤磐市熊野神社石狮,以及年代更晚(明代)的长门三隅熊野权现社石狮。相比于前两式石狮,该式石狮躯体相对修长,头部轮廓较圆,颈部较细,挺胸抬腹,两后腿支地,形体轻盈;狮鬃均为卷毛,无雌雄区别;台座做自然山岩状,表面处理凹凸有致,饭盛神社石狮台座还特意凿出岩石层理视效。上述3尊"饭盛神社式"石狮大致都处在14世纪这一时段,如果将饭盛神社石狮和熊野神社石狮视为14世纪上半叶的标型,而将熊野权现社石狮看做14世纪晚段的代表,那么,我们很容易得出14世纪石狮造型缺乏明显变化的结论。不过,若细致观察可以发现,熊野权现社石狮台座较厚,像体轮廓更为圆柔,雕作处理上呈现出模板化倾向,少了饭盛神社石狮的那种灵动与活力。

在时间序列上,"宗像大社式"石狮→"观世音寺式"石狮→"饭盛神社式"石狮这一递进关系是毫无疑问的,但从类型学上看,"观世音寺式"和"饭盛神社式"之间的造型演变显得太过截然,或会令人质疑二者之间的传承关系。依笔者之见,13世纪晚期应存在一种由"观世音寺式"到"饭盛神社式"过渡的石狮,而南九州市饭仓神社宋风石狮即处在这一过渡环节上。关于饭仓神社石狮的年代,桥口亘指出,饭仓神社石狮的舶来背景和年代与南九州萨摩塔一样,是日本中世纪前期(13世纪至14世纪上半叶)中国商人的舶来遗物。[①] 井形进则认为,饭仓神社石狮与熊野权现社石狮的狮像造型和台座形状都非常相似,可以推定为明代作品。[②] 若接受井形进的意见,饭仓神社石狮可以归入"饭盛神社式"之列,然而,事实上,饭仓神社石狮虽与"饭盛神社式"石狮基本造型特点近似,但依然保留了"观世音寺式"石狮的若干特征。其具体表现为:(1)饭仓神社石狮的狮头硕大、颈部粗短,躯体也不似"饭盛神社式"石狮细长;(2)饭仓神社雄狮鬃毛曲卷、雌狮鬃发分束的特点,与"观世音寺式"石狮一致;(3)饭仓神社石狮的台座,虽然雕凿为凹凸起伏的自然岩石状,但仍然保持着早期方形台板的基本轮廓,有别于"饭盛神社式"石狮那种形状不规则的厚高台座。鉴此,笔者认为,饭仓神社石狮年代应在13世纪晚期,上承"观世音寺式"石狮,下启"饭盛神社式"石狮。对于饭仓神社石狮的形态观察,有助于我们理解13—14世纪日藏宋元石狮的造型演变脉络。

(四)石材与制作地

东京文化财研究所朽津信明、鹿儿岛大学大木公彦等人曾分别对部分日藏宋元石狮做过石材鉴定,其结果已在前文有所提及。根据宋风石狮石材研究结果,我们可以注意到如下两个特点:

第一,以"宗像大社式"石狮为代表的早期日藏宋代石狮,主要选用石灰岩石材。朽津信明曾以显微镜观察、荧光X线元素分析等方法对一批日藏宋元石狮进行石材鉴定,鉴定对象包括宗像大社石狮、由岐神社石狮、太祖神社宋风石狮、观世音寺石狮、饭盛神社石狮、熊野神社石狮等,鉴定结果表

[①] 橘口亘:《南九州市川辺町宮の飯倉神社現存の宋風獅子》,《南日本文化財研究》第19号,2013年,第9—10页。
[②] 井形進:《長門三隅の熊野権現社の宋風獅子》,《九州歴史資料館研究論集(42)》,2017年,第38页。

明，宗像大社石狮、由岐神社石狮、太祖神社宋风石狮均为石灰岩石质，而观世音寺石狮、饭盛神社石狮等为含细粒砂、微粒砂的"非石灰岩"材质。① 据此，可以得到这样一个推论：13世纪中期舶载输日中国石狮的主流石材由石灰岩转变为非石灰岩。作为这一推论的补证，现存日藏中国石狮中年代最晚的熊野权现社石狮也是以一种含均质砂状粒子的凝灰岩系石材（非石灰岩）制成的。另外，13世纪中期以降，日藏宋风石狮像体表面不再做光滑处理，这应与石材变化有关。

第二，与萨摩塔同地列置的宋风石狮，大都与萨摩塔一样采用浙江凝灰岩石材制成，首罗山遗址宋风石狮、海寺迹宋风石狮、志々伎神社冲之宫宋风石狮均属于这种情况。根据鹿儿岛大学大木公彦等人的肉眼鉴定结果，这数尊石狮的石材都应是梅园石。② 另外，益山八幡神社石狮的石表特征也与梅园石近似。③ 饭仓神社宋风石狮的石材色调和砂粒粒径虽与坊津萨摩塔石材略有区别，但也不排除来自浙江的可能性。④ 如前文所述，水元神社宋风石狮残块已经过岩石学分析，分析结果表明，其石材与坊津萨摩塔石材一致。需要补充指出的是，这批与萨摩塔同地列置且石材一致的宋风石狮大多应属于13世纪中期前后的作品。

关于上文列举的日藏宋风石狮的制作地，其来自中国这一点是基本可以肯定的。首先，上述宋风石狮的造型特征表现出鲜明的宋代中国风格，与日本中世的所谓狮子、"狛犬"⑤石刻造像迥然相异。这些宋风石狮往往保存于寺社，一方面与其他佛教造像、石构、器物等一同列置，其佛教意蕴不言而

---

① 朽津信明：《いわゆる「宋風獅子」の岩質について》，《考古学と自然科学》第58号，2009年。
② 高津孝、橋口亘、大木公彦：《薩摩塔研究——中国産石材による中国系石造物という視点から》，《鹿大史学》第57号，2010年，第28页；高津孝、橋口亘、大木公彦：《薩摩塔研究（続）——その現状と問題点》，《鹿大史学》第59号，2012年，第30页。
③ 橋口亘：《南さつま市加世田益山の八幡神社現存の宋風獅子——中世万之瀬川下流域にもたらされた中国系石獅子》，《南日本文化財研究》第18号，2013年，第2页。
④ 橋口亘：《南九州市川辺町宮の飯倉神社現存の宋風獅子》，《南日本文化財研究》第19号，2013年，第9—10页。
⑤ 狛犬石像一般列置于日本寺社建筑之前，初见于平安中期，早期造型似犬，平安末期以后更接近狮子形象。狛犬石像成对列置，一尊开口（阿形），一尊闭口（哞形）。由于被赋予除魔辟邪的寓意，雕刻造型威严刚猛。

喻,另一方面,持绣球、拥幼狮的形象又洋溢着宋式民俗气息和审美趣味。其中,狮子戏球形象自宋代开始流行,绣球又被称为"转官球",寓意仕途显达。① 早期舶载宋风石狮的方形如意足台座、晚期石狮的山岩状台座亦体现出一种纯粹的中国匠意。就石狮细节雕饰而言,项圈、悬铃等狮身佩件都是宋狮的常见标识②,类似圆形方孔钱状的绣球装饰也属于典型的宋式吉祥图案。这种自整体到细节都浸透着浓浓中国意趣的石狮造像,不见丝毫对日本同类造像元素的吸纳与折中,基本上隔离于日本石狮造型谱系之外,对此合乎逻辑的解释,只能是上述宋风石狮制作完成于中国。其次,在分布地域上,以上日藏宋风石狮表现出明显的偏在性,其绝大多数位于九州北部、西北和西南等宋日跨海交流频繁的地区,分布空间与萨摩塔高度重合,而且同样在九州中部和东部留白不存。更为值得注意的是,几尊与萨摩塔并置的石狮已被鉴定为梅园石质地。由此可见,九州宋风石狮与萨摩塔拥有相似甚或相同的舶入背景。最后,宋风石狮的中国舶入性质也被其个别典型遗物刻铭及相关文献印证。例如,现藏九州国立博物馆的太祖神社石狮,台座底部有阴刻铭文"□食天仓不食人家/一粒粮急急如律令"。③ 铭文带有鲜明的中国道教色彩,足以证明这尊石狮来自中国,这也从侧面支持了"宗像大社式"早期宋风石狮的舶入属性。同样,有文献证明熊野权现社宋风石狮来自中国温州,实际上这也是对"饭盛神社式"石狮出处的旁注。

接下来的问题是:日藏舶载宋风石狮究竟雕制完成于中国何地？首罗山遗址、海寺迹、志々伎神社冲之宫等地被鉴定为梅园石质地的宋风石狮,应与萨摩塔一样是在明州当地取材、雕制,再从明州港装船运至日本九州的。其他石灰石材质和非石灰石材质的宋风石狮,具体制作地点难以考证。就浙闽东南沿海一带古代石刻所用石材而论,根据目前调查结果可知,浙东沿海(包括宁波、台州等地在内)主要出产凝灰岩石材和凝灰岩质砂岩,其古代石刻的石材也以这两类为主流;浙南(以温州地区为主)的古代石刻所用青灰色凝灰岩石材引人注目,不过,浙南温州地区南宋石刻及构件亦有以花

---

① 尚永琪:《莲花上的狮子——内陆欧亚的物种、图像与传说》,商务印书馆,2014年,第48—49页。
② 贾璞:《中国历代石狮造型艺术的演变及文化内涵》,《河南社会科学》2017年第9期。
③ 井形进:《宗像大社の宋風獅子とその周辺》,《佛教藝術》第283号,2005年,第95—96页。

岗岩石材制成的,例如,平阳栖真寺宋代五佛塔的土衬石即花岗岩质地①;浙北(杭州地区及其周边)的石材则较为多样,其中石灰岩质地的石刻比较常见;福建闽南(泉州及其附近地区)石刻主要采用花岗岩和辉绿岩②;有关江苏沿海地区宋代石刻所用石材的既有资料较少,具体情况不得而知,但根据现存太湖石质地石刻的状况来看,太湖石应是这一地区古代石刻的重要石材之一。因此,可以推断,其他诸如观世音寺石狮、益山八幡神社石狮、饭仓神社石狮等质地可能为凝灰岩或凝灰岩系砂岩,但尚无法确认是否为宁波石材所制的石刻遗物,其制作地大致在浙东、浙南沿海一带。宗像大社石狮等石灰岩材质的遗物,则很可能来自浙北、苏南一带。

二　阿弥陀经石、佛菩萨造像及其他石刻

日本现存宋代舶载输日石刻,除了数量最多的萨摩塔和宋风石狮之外,还有阿弥陀经石、佛菩萨造像、层塔、香炉,等等。这些不同类别的宋代石刻,主要分布于九州北部福冈地区,九州南部仅见一尊佛造像,在九州以外的地区,仅有京都泉涌寺的俊芿大师无缝塔被认为可能是南宋舶载输日石刻作品。

(一)各类宋代舶载输日石刻

宗像大社阿弥陀经石

宗像大社阿弥陀经石,亦被称为阿弥陀经碑,现藏于福冈县宗像市宗像大社神宝馆。早在江户时代,阿弥陀经石的历史价值就已受到广泛关注,经石上的阿弥陀佛造像和经文得到详细描述与记录。作为镰仓初期珍贵的舶来石刻遗物,阿弥陀经石已被登记为日本国家级文物(国家指定重要文化财)。

---

① 苏义惠:《平阳栖真寺宋代五佛塔》,《东方博物》第 48 辑,浙江大学出版社,2013 年。
② 佐藤亜聖:《日中韓における石造物文化と採石加工技術の交流》,《第 3 回中世採石・加工技術研究会発表資料集》,中世採石・加工技術研究会,2016 年,第 63—74 頁。

阿弥陀经石通体高约 168 厘米，自下而上由座、身、顶三部分组成。经石台座分为两重，均为长方体，上重台座顶部浮雕覆莲纹；经石本体为方碑状，高 106.3 厘米，宽 72.3 厘米，厚 22.8 厘米。① 正面有高浮雕阿弥陀佛坐像，阿弥陀佛结跏趺坐，坐于莲台之上，双手结定印。坐像上方横刻"南无阿弥陀佛"，再上纵刻阿弥陀如来四十八愿文中的第十八、十九、二十愿文。正面左侧下方有"大宋□□六年"刻铭，据日本学者研究，原铭是"大宋绍熙六年"。② 经石正面左右两缘，还刻有阴线卷草纹。经石左侧面有追刻铭，内容是宗像大宫司夫人张氏以假名撰写的捐施文。经石背面刻有《佛说阿弥陀经》经文全文。经文由上至下分为 4 个区段，每段有 33 竖行，每行 15 字，铭文均为端谨工整的楷体。经石碑身上覆歇山式屋檐顶，屋檐顶部雕刻出正脊，两侧有垂脊和戗脊，斜坡顶面的瓦楞也有清晰的表现。（图 2-19）

图 2-19　宗像大社阿弥陀经石（自摄）

---

① 经石本体测量数据来自：井形进《宗像大社の宋风狮子とその周边》，《佛教艺术》第 283 号，2005 年，第 88 页。
② 梶原天均：《田岛石経記》，日本国立国会图书馆藏明治十八年（1885）写本。另参见：川添昭二《宗像氏の対外貿易と志賀島の海人》，宫田登编《玄界灘の島々》（海と列島文化 3），小学馆，1990 年，第 287 页。事实上，绍熙六年并不存在，根据《宋史·宁宗本纪》记载，绍熙五年（1194）闰十月壬午"诏改明年为庆元元年"。我们推测，阿弥陀经石应制成于绍熙五年闰十月发诏更改年号之前，而"绍熙六年"铭则很可能是石刻基本雕造完成之际镌刻的记录预定交付时间的预刻铭。

上宫寺迹佛像龛

上宫寺遗址位于鹿儿岛县南萨摩市金峰町宫崎字持躰，这里发现了一件小型石质佛像龛，像龛高约34.7厘米，宽约16.4厘米，厚约10.3厘米。像龛顶部为荷叶状，刻工简质，龛身为长方体，正面设尖顶弧拱状龛，龛内有浮雕佛像。佛像坐于莲台之上，双掌合于胸前，广袖垂于膝上。龛形、佛像的特征均为宋式，像龛表面粗糙的处理方式与萨摩塔、宋风石狮相同。① （图2-20）

（正面）　（左侧面）

图2-20　上宫寺迹佛像龛
（引自桥口亘等2015年论文）

惠光院灯笼堂十一面观音石像

惠光院灯笼堂位于福冈市东区筥崎宫的正门前，这里供奉的十一面观音石像原本供置于筥崎宫内的慈眼院灯笼堂，明治三年（1870）与灯笼堂建筑本身一起被迁至惠光院今址。

十一面观音像总高98.7厘米，坐像高71.5厘米。观音像为端坐姿态，双手持莲，右手于膝上执莲茎，左手轻托莲苞。头部覆巾，顶上另有十面，上三下七。像身着圆襟袍服，颈下以璎珞为饰，裙裾垂至须弥座上部，褶皱呈波状，下缘起伏为M形。台座为须弥座式，底端有如意云头圭角，上下枋和

---

① 桥口亘、松田朝由：《南さつま市金峰町宫崎字持躰松の上宫寺跡の中国製石仏——万之瀬川下流域の上宫寺跡で発見された宋風石仏と周辺の宗教遺物・遺構》，《南日本文化財研究》第25号，2015年，第1—11页。

上下枭均素面无纹，须弥座正面束腰的正中雕有菱形框，其左右两端饰如意云头。观音像从整体到细部都表现出浓郁的宋风，须弥座的形制和装饰纹样与萨摩塔台座十分相似。（图2-21）

总之，根据造型风格、装饰特征、体量以及制作工法来看，灯笼堂十一面观音石像应是从中国舶载输入日本的。观音像最初供置地——筥崎宫地近博多湾海滨，是宋朝舶货的易达之所。[1]

图 2-21　惠光院灯笼堂十一面观音石像（自摄）

惠光院层塔

惠光院层塔位于惠光院南门入口边侧，原置于筥崎宫龙王社，与灯笼堂十一面观音石像一样是在明治初期迁移到今址的。层塔现高约200厘米，推测原高应达400厘米以上，现有5层，其中下部第一层和顶层以及塔刹是后补的，第二、三、四层和基座为原塔遗构。（图2-22）

层塔平面为四方形，基座做出圭角、下枋和下枭，素平无纹。第二层四面设龛，龛内浮雕四天王像，风格与萨摩塔天王像近似。第三、四层亦四面有龛，龛内浮雕坐姿佛像。每层之间以檐

图 2-22　惠光院层塔（自摄）

---

[1] 末吉武史：《福冈·惠光院燈籠堂の石造十一面観音像——南宋彫刻の可能性と図像の検討》，《福冈市博物館研究紀要》第22号，2012年；井形進：《薩摩塔の時空——異形の石塔をさぐる》，花乱社，2012年，第93—95页。

石相隔。惠光院层塔的整体造型不同于日式层塔,而与宁波东钱湖二灵塔颇为相近,但惠光院层塔的塔檐比较平正,不似二灵塔塔檐四角微微上翘。①

乙犬小堂石塔残件

乙犬小堂石塔现存于福冈县糟屋郡篠栗町乙犬,残损甚重,推测原物应为四方形,目前仅存两个侧面的局部。② 其中一个侧面有尖顶弧拱的火焰形龛,龛内雕有一尊佛坐像,龛两侧有浮雕云气纹和格扇门;另一侧面的龛及龛像残损大半,浮雕格扇门保存较好,格扇门上部为菱形格心,下部为裙板,格心和裙板外框的抹头(横向)、边梃(竖向)均雕刻得规整细致。乙犬小堂石塔的龛像与萨摩塔塔身龛像特征一致,浮雕格扇门与宋代石刻和砖雕所见格扇门样式全无殊异。(图 2-23)

图 2-23 乙犬小堂石塔残件(自摄)

耕月院石塔构件

耕月院是一座位于福冈市博多区坚粕的真言宗寺院,这里存置的石塔构件为四方体,残高 29.3 厘米,推测应为小型层塔塔身之一层。石塔构件四

---

① 桃崎祐輔、山内亮平、阿部悠理:《九州発見中国製石塔の基礎的研究——所謂「薩摩塔」と「梅園石」製石塔について》,《福岡大学考古資料集成 4》,福岡大学人文学部考古学研究室,2011 年,第 76 页;井形進:《薩摩塔の時空——異形の石塔をさぐる》,花乱社,2012 年,第 91—92 页。

② 桃崎祐輔、山内亮平、阿部悠理:《九州発見中国製石塔の基礎的研究——所謂「薩摩塔」と「梅園石」製石塔について》,《福岡大学考古資料集成 4》,福岡大学人文学部考古学研究室,2011 年,第 73—74 页;井形進:《薩摩塔の時空——異形の石塔をさぐる》,花乱社,2012 年,第 97—98 页。

面皆开火焰形龛,龛内有高浮雕坐佛,龛式及佛造像的特点与萨摩塔塔身极为相似。① 这种四方体塔身构件亦见于宁波南宋石刻公园所存延寿王石塔,延寿王石塔也属于小型供养塔,塔身刻有绍兴三年(1133)纪年铭,其上段塔身为四方体,四面均有佛龛像,与耕月院石塔构件样式一致。(图2-24)

图 2-24　耕月院石塔构件(自摄)

太祖神社石制香炉

该石制香炉现藏于福冈县糟屋郡篠栗町若杉山山顶太祖神社上宫。香炉通高25.2厘米,器口平面圆形,已残,残径22.4厘米。器底亦为圆形,底径18.6厘米。香炉底座上下分为三段,底部雕出类似须弥座圭角的如意云纹样,再上两段则处理为须弥座枋、枭的近似样式。再上为瓜棱状束腰,表面横勾S形曲线,这种雕饰常见于南宋塔刹宝珠。束腰之上浮雕三层仰莲纹。炉身呈花瓣状,合计六瓣。② 香炉的整体设计以及细部雕刻均洋溢宋风,与日本本地器物的匠意截然不同。(图2-25)

图 2-25　太祖神社石制香炉
　　　(自摄)

---

① 桃崎祐辅、山内亮平、阿部悠理:《九州発見中国製石塔の基礎的研究——所謂「薩摩塔」と「梅園石」製石塔について》,《福岡大学考古資料集成4》,福冈大学人文学部考古学研究室,2011年,第77页;井形進:《薩摩塔の時空——異形の石塔をさぐる》,花乱社,2012年,第95—97页。
② 江上智惠:《太祖神社所蔵の大陸系石製香炉》,《九州大学学術情報リポジトリ》,九州大学大学院比較社会文化研究院,2015年,第47—55页。

泉涌寺俊芿大师无缝塔

泉涌寺位于京都东山区，俊芿大师无缝塔（墓塔）立于寺内东部，是日本最古老的无缝塔，不过，关于该塔是否为宋朝舶载输入之物，仍有探讨的余地。该塔通高约159.3厘米。塔下部为平面八边形须弥座，座底为如意云头圭角，其上依次为下枋、下枭，下枭为一周覆莲纹浮雕。须弥座束腰各面均有一朵高浮雕仰莲。束腰之上为上枭、上枋。下枭与束腰、上枭和束腰之间都做过渡层，上枋则有两重。须弥座之上置仰莲台座，仰莲莲瓣为三重。莲座之上安置塔身，塔身为平底椭圆形，其正面竖向刻有"开山不可弃和尚塔"八字铭，线刻铭框上端为屋顶状，下端为莲花纹。① （图 2-26）

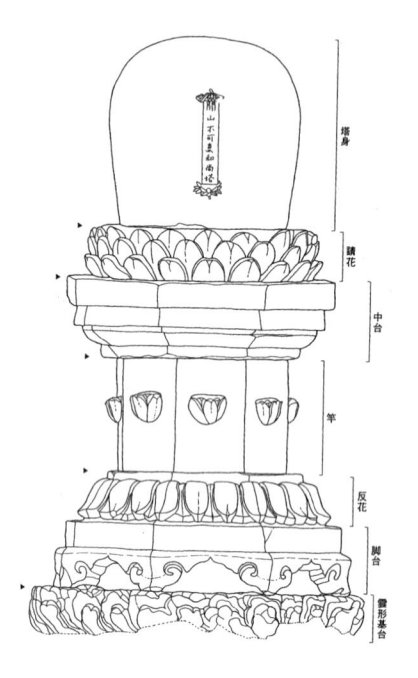

图 2-26　泉涌寺俊芿大师无缝塔
（引自大江绫子 2012 年论文）

---

① 大江綾子:《泉涌寺開山無縫塔》，山川均編《寧波と宋風石造文化》，汲古書院，2012年，第 55—62 页；桃崎祐輔、山内亮平、阿部恵理:《九州発見中国製石塔の基礎的研究——所謂「薩摩塔」と「梅園石」製石塔について》，《福岡大学考古資料集成 4》，福岡大学人文学部考古学研究室，2011 年，第 107—108 页；佐藤亜聖:《日中韓における石造物文化と採石加工技術の交流》，《第 3 回中世採石・加工技術研究会発表資料集》，中世採石・加工技術研究会，2016 年，第 68—69 页。

(二)制作年代

关于宗像大社阿弥陀经石的年代,正如前文注释所言,阿弥陀经石应制成于南宋绍熙五年(1194)闰十月发诏更改年号之前,其制作年代处于12世纪末期,与宗像大社宋风石狮的时间段非常接近。

惠光院灯笼堂十一面观音石像表现出鲜明的宋代雕刻风格。根据末吉武史的比较观察,石像面部细节的造型特征与兵库法恩寺菩萨坐像相似,而该坐像是日本嘉祯三年(1237)建仁寺僧觉心二次入宋之际委托明州佛像师沈一郎所作。[1] 京都泉涌寺的杨贵妃观音像亦可作为参比对象。杨贵妃观音像是泉涌寺僧湛海(俊芿法嗣)于日本宽喜二年(1230)自南宋带回日本的,其面部侧面轮廓、肩背状貌与惠光院十一面观音像有相近之处。此外,须弥座的样式与萨摩塔须弥座基本相同,其圭角如意云造型以及圭角表面的勾刻阴线对开双卷涡纹亦见于萨摩塔。尽管目前尚无法对这尊十一面观音石像的具体年代做出判断,但我们可以推定,其年代范围大致在13世纪前中叶。

惠光院层塔,如前文所说,其整体造型与宁波东钱湖二灵塔相近,二灵塔有北宋政和(1111—1118)铭。就其塔身造像而言,第二层四天王立像、第三层和第四层佛坐像以及龛形,均与萨摩塔的像、龛一样呈现出南宋雕刻的意趣。基本上可以肯定,惠光院层塔应属于12—13世纪的石刻遗存。

乙犬小堂石塔、耕月院石塔构件、上宫寺迹佛像龛均表现出南宋石刻的特征,可以与萨摩塔互相参比。它们在像龛形制、雕刻工艺以及石材等方面皆与萨摩塔一致,其年代范围亦当在12—13世纪。太祖神社石制香炉底座的如意云纹、炉身的仰莲纹都是宋式雕刻图案,其舶来时间极可能与同地所存宋风石狮接近。

泉涌寺俊芿大师无缝塔,以不可弃俊芿大师圆寂时间推之,雕造年代应在日本嘉禄三年(1227)或稍后。按照日本学者桃崎祐辅的推说,这尊无缝

---

[1] 末吉武史:《福岡・惠光院燈籠堂の石造十一面観音像——南宋彫刻の可能性と図像の検討》,《福岡市博物館研究紀要》第22号,2012年,第11页。

塔是泉涌寺僧湛海旅宋期间特意为俊芿雕造，在俊芿逝后三年（1230）之际连同杨贵妃观音像等宋制文物一起带回日本的。①

（三）石材与制作地

宗像大社阿弥陀经石的石材，经鹿儿岛大学高津孝课题组观察确认，其台座和顶部的石材与坊津萨摩塔一致，即宁波产凝灰岩，而碑身部分由于表面经过历代墨拓，石材特征已难以观察辨识。②

惠光院灯笼堂十一面观音石像通体呈灰白色，略泛青绿，疑似凝灰岩，尚未鉴定。③惠光院层塔的石材，极可能与宁波东钱湖二灵塔同属一种石材（凝灰岩）。④根据笔者对惠光院层塔的实物观察，该塔基座和第二、三、四层泛灰紫色，近似宁波梅园石，但石质结理略粗。

乙犬小堂石塔和耕月院均未经过专家鉴定，据笔者现场实物观察，这两件石刻遗物均呈灰紫色，石材结理与萨摩塔相似，很可能也是宁波梅园石制品。

太祖神社石制香炉，器物表面呈灰白色，江上智惠推测其石材可能是凝灰岩。⑤

关于上宫寺迹佛像龛的石材，根据放大镜表面观察的结果，鹿儿岛大学

---

① 桃崎祐輔、山内亮平、阿部悠理：《九州発見中国製石塔の基礎的研究——所謂「薩摩塔」と「梅園石」製石塔について》，《福岡大学考古資料集成4》，福岡大学人文学部考古学研究室，2011年，第107—108页。

② 高津孝、橘口亘、大木公彦：《薩摩塔研究——中国産石材による中国系石造物という視点から》，《鹿大史学》第57号，2010年，第28页。

③ 末吉武史：《福岡・惠光院燈籠堂の石造十一面観音像——南宋彫刻の可能性と図像の検討》，《福岡市博物館研究紀要》第22号，2012年，第2页。

④ 桃崎祐輔、山内亮平、阿部悠理：《九州発見中国製石塔の基礎的研究——所謂「薩摩塔」と「梅園石」製石塔について》，《福岡大学考古資料集成4》，福岡大学人文学部考古学研究室，2011年，第76、110页。

⑤ 江上智惠：《太祖神社所蔵の大陸系石製香炉》，《九州大学学術情報リポジトリ》，九州大学大学院比較社会文化研究院，2015年，第49页。

大木公彦将之推断为浙江产方岩组地层石材,其特征与萨摩塔所用石材相同。①

泉涌寺俊芿大师无缝塔,依桃崎祐辅之说,应系来自中国的舶载石塔,其石材表面特征也与宁波梅园石接近。② 但佐藤亚圣指出,从石材的岩石成分来看,泉涌寺无缝塔并非浙江沿海石材,这尊石塔有可能是宋人石工使用日本石材雕制而成的。③

就以上石刻遗物的制作地而论,宗像大社阿弥陀经石、惠光院灯笼堂十一面观音石像、上宫寺迹佛像龛、乙犬小堂石塔和耕月院石塔构件,造型风格表现出鲜明的宋风,而且所用石材与萨摩塔石材接近,因此,推测应是在浙东明州雕制完成之后,就近由明州港装载出海运至日本的。泉涌寺俊芿大师无缝塔和太祖神社石制香炉亦有在中国雕造的可能性,但仍留有较大的探讨余地。

---

① 橋口亘、松田朝由:《南さつま市金峰町宮崎字持躰松の上宫寺跡の中国製石仏——万之瀬川下流域の上宫寺跡で発見された宋風石仏と周辺の宗教遺物・遺構》,《南日本文化財研究》第 25 号,2015 年,第 1 页。
② 桃崎祐輔、山内亮平、阿部悠理:《九州発見中国製石塔の基礎的研究——所謂「薩摩塔」と「梅園石」製石塔について》,《福岡大学考古資料集成 4》,福岡大学人文学部考古学研究室,2011 年,第 107—108 页。
③ 佐藤亜聖:《日中韓における石造物文化と採石加工技術の交流》,《第 3 回中世採石・加工技術研究会発表資料集》,中世採石・加工技術研究会,2016 年,第 68 页。

第三章

宋代输日佛教石刻探源

在前章有关宋代输日石刻的石材及制作地的分析中,我们已经提到,日本现存宋朝舶来佛教石刻大多以浙江石材制成,其中,萨摩塔及其配组的宋风石狮的石材,更被推定为宁波梅园石。综合考虑石材产地、工艺源流以及舶出条件等诸种因素,基本上可以认为,这些石刻主要来自以浙江为中心的中国东南沿海。为了弄清宋代输日佛教石刻的来源地,自2015年起,笔者对浙闽苏地区的宋代石刻文物进行了调查,根据实地考察结果,结合既刊石刻文物报告及论文来看,浙东、浙南和闽南三个区域的宋代佛教石刻文物拥有非常密切的渊源关系。

一 窣堵波式石塔——萨摩塔的祖型

窣堵波原本是 Stupa 的汉字表记,意即佛塔。在浙江考古文物学著述中,所谓"窣堵波式石塔"则专指一种卵形或壶形塔身的中小型供养塔。窣堵波式石塔一般置立于佛教寺院内外,2 尊、5 尊或 7 尊成组排成一列,浙江和福建地区的部分文物研究者也将这种石塔称为"多宝塔"。① 现存宋元时代的窣堵波式石塔主要见于我国东南沿海浙闽地区,其基本形制是"须弥座+壶形(或卵形、瓜腹状)塔身+屋顶状塔顶",与萨摩塔十分相似。就石塔体量而言,窣堵波式石塔高度普遍在280厘米以上,几乎不见萨摩塔那种70厘米高度的小型个体。鉴于窣堵波式石塔和萨摩塔在形制上的近缘性,窣堵波式石塔值得特别关注,其研究有助于弄清萨摩塔的传承谱系。

(一)窣堵波式塔形制溯源

就我国东南沿海现存窣堵波式石塔的形制而言,其突出的特征是塔身呈圆形或椭圆形轮廓,近似卵、壶、瓜腹或圆鼓等形状,在一定程度上模效了印度窣堵波的造型,这即是研究者将其称为窣堵波式塔的缘由。(图3-1)然而,须弥座和汉式大覆顶的做法与纯粹的印度式窣堵波迥然有别,那么,"须弥座+壶形(或卵形、瓜腹状)塔身+屋顶状塔顶"这种所谓"窣堵波式塔"的特定形制源于何处?闫爱宾指出,卵形(圆形)塔身加上攒尖屋顶的佛塔形象最早见于唐至五代的敦煌壁画,莫高窟中唐第361窟、莫高窟五代第72窟的壁画中都有这种佛塔的图像,这种在闽南泉州被称为"多宝塔"的佛塔,其形制体现出一种窣堵波意象,是密教的窣堵波式塔。②

值得注意的是,莫高窟中唐第361窟和五代第72窟壁画中的窣堵波式佛塔都有须弥座,前者须弥座平面为圆形,后者平面为方形,且须弥座上部设有栏杆。(图3-2)浙闽地区现存的窣堵波式石塔须弥座一般不见栏杆雕作,而日本九州现存的萨摩塔须弥座上部则有浮雕栏杆平座,与莫高窟壁画唐五代窣堵波式塔的图像可以相互照合。这一现象耐人寻味。另外,莫高窟壁画两窣堵波式塔的塔身,只在上部内收为拱状,与其说是卵形,不如说是覆钵或覆钟状,其形状与浙闽窣堵波式石塔和九州萨摩塔的壶形和卵形

---

① 黄培量:《浙南砖石多宝塔的调查研究》,《东方博物》第48辑,浙江大学出版社,2013年;闫爱宾:《密教传播与宋元泉州石造多宝塔》,《中国文物科学研究》2012年第3期。
② 闫爱宾:《密教传播与宋元泉州石造多宝塔》,《中国文物科学研究》2012年第3期。

塔身之间存在区别,这或可归因于区域性差异或时代性变异。①

图 3-1　泉州开元寺大雄宝殿北庭窣堵波式石塔(自摄)

图 3-2　莫高窟五代第 72 窟窣堵波式塔（引自闫爱宾 2012 年论文）

2018 年 8 月,笔者在西安青龙寺遗址博物馆见到一尊小陶塔,这尊陶塔仅残存一个侧面,未标明尺寸,目测高 10 厘米左右,底座平面为圆形,两重,自下而上收束。塔身为圆鼓状,平面为圆形,上端和下端内收,正中有两个尖顶弧拱形龛,龛内浮雕坐佛。顶部为屋顶状,残损较甚。尽管台座形制简单,但这尊小陶塔亦应属于窣堵波式塔,其塔身两龛并列的做法以及塔顶的盔形轮廓与莫高窟中唐第 361 窟窣堵波式塔的图像如出一辙。这尊小陶塔系 1973 年青龙寺遗址出土的唐代遗物,青龙寺是密宗寺院,窣堵波式塔见于唐代密宗寺院,印证了窣堵波式塔属于密教塔的观点。（图 3-3）

此外,张十庆在其论文中提及,临济祖庭黄檗山所存唐代运祖塔（建于 857 年）为卵形塔身。② 实际上,运祖塔塔身更近石鼓状,上径宽,下径窄,塔基为方形须弥座,塔身之上覆有六角攒尖顶,疑为后加。该塔应

---

① 孙儒僩曾在其论文中列举了唐代敦煌壁画中的"窣堵婆式塔"（多宝塔）塔例,其中初唐和盛唐的 3 个塔例,其基座为简单的方形,并非须弥座,塔身为覆钟或覆钵状,塔顶无汉式屋顶的广檐,座和顶均不同于中唐同类塔例。这或许反映出此类佛塔早期样式上的时代变化。参见:孙儒僩《敦煌壁画中塔的形象》,《敦煌研究》1996 年第 2 期。
② 张十庆:《关于卵塔、无缝塔及普同塔》,《中国建筑史论汇刊》第 13 辑,中国建筑工业出版社,2016 年。

是后世无缝塔的祖型,与窣堵波式塔分属两个不同谱系,但在塔身造型上互有影响。

我国东南沿海现存窣堵波式塔(包括石塔和砖塔)中,年代最早的为北宋时期的遗存。有学者将浙江台州路桥普福寺的唐代石塔(原为5尊,现存4尊)与其他窣堵波式塔归为一类①,但实际上普福寺石塔塔座为方形,塔身为三球体竖叠,状若葫芦,上覆屋顶式塔顶,形制与一般窣堵波式石塔不同,不应算作严格意义上的窣堵波式石塔。

泉州洛阳桥南端石塔,据推测年代与洛阳桥相同,雕造于北宋嘉祐四年(1059)前后。其形制为:双重须弥座,下层平面为六边形,上层平面为圆形;塔身呈圆柱状上下抹弧;塔顶为六角攒尖顶式。(图3-4)这座石塔的塔身上下收弧的做法与西安青龙寺遗址博物馆藏小陶塔的做法一致,塔身整体轮廓也很相似,但相比之下,青龙寺小陶塔的塔身中部微微外凸,更近鼓状。泉州洛阳桥南端石塔被福建地区的文物研究者视为窣堵波式石塔②,如果将该塔归入窣堵波式塔,那么,这尊石塔即是浙闽沿海地区可以确认的年代最早的窣堵波式石塔,塔身取圆柱状或为窣堵波式石塔的一种早期型式。

图3-3 西安青龙寺遗址博物馆藏小陶塔(自摄)

图3-4 泉州洛阳桥南端石塔(自摄)

---

① 黄培量:《浙南砖石多宝塔的调查研究》,《东方博物》第48辑,浙江大学出版社,2013年。黄培量在论文中将路桥普福寺石塔与其他浙南窣堵波式塔列为一类,统称为"多宝塔"。
② 方拥:《闽东南沿海小型石塔幢》,《华侨大学学报》(自然科学版)1993年第2期;方拥、杨昌鸣:《闽南小型石构佛塔与经幢》,《古建园林技术》1993年第4期。

(二)地域分布

根据目前调查状况来看,我国东南沿海窣堵波式塔主要分布于浙闽各地,但就与萨摩塔具有共时关系的宋元窣堵波式塔而言,现存遗物的主要分布地为浙南和闽南。

浙南地区窣堵波式塔的存置地包括:温州区域的乐清、永嘉、瓯海、瑞安、平阳、苍南、泰顺等县市,以及丽水区域的丽水市莲都区。其中,温州苍南的两处窣堵波式组塔遗存为砖塔,其余各地遗存均为石塔。温州、丽水两地相比,丽水位置偏西,处于浙江内陆。

闽南地区现已确认的窣堵波式塔,均位于泉州大市范围,分布在鲤城区、洛江区、丰泽区和南安市。闽南窣堵波式塔以石塔为主。

那么,浙东地区窣堵波式塔遗存状况如何?浙东是对日航海交流门户——宁波港的所在区域,前章已经提及,浙东宁波应是萨摩塔的制作地及其石材出产地。(图3-5)因此,从逻辑上讲,浙东地区宋元时代应分布有萨摩塔及其近缘石塔——窣堵波

图 3-5 宁波三江口港区(自摄)

式石塔。从目前考察的情况来看,浙东地区现存较为完整的窣堵波式塔多为明清遗存或晚近修复之物。在台州玉环和宁波象山、慈溪、奉化、鄞州(原江东区块),也发现了为数不多的宋元瓜棱状、卵形、圆筒状塔身及附属构件,疑为窣堵波式石塔遗物。

（三）浙闽各地窣堵波式石塔

我国东南沿海浙闽地区的窣堵波式塔分布较散，相关文物管理、保护工作由不同县（市、区）负责，针对窣堵波式塔的大区域系统调查与研究尚未深入开展，有关窣堵波式石塔的数据采集、整理和分析工作有待推进。相比之下，关于浙南窣堵波式石塔已有更详细的资料发表，温州文物保护考古所黄培量曾对浙南窣堵波式石塔和砖塔的分布状况、形制特征做过较为全面的考察和探讨。[1] 苏义惠、叶挺铸、吴志标等人则分别发表了平阳栖真寺、瑞安兴福寺、丽水灵鹫寺窣堵波式石塔的调查报告。[2] 此外，占翀在分析乐清真如寺、丽水灵鹫寺、瑞安兴福寺等地窣堵波式塔的基础上，对浙江宋代七佛塔进行了综合研究。[3] 关于闽南窣堵波式石塔，20世纪90年代，方拥、杨昌鸣等学者的论文对相关资料有过介绍与论述。[4] 21世纪以来，闫爱宾、孙群、蔡惠容、曾文国等研究者对闽南窣堵波式石塔做了更细致的考察。[5] 然而，这些论文大多注重石塔建造形制的观察，相关文物数据有待补足。

---

[1] 黄培量：《浙南砖石多宝塔的调查研究》，《东方博物》第48辑，浙江大学出版社，2013年。
[2] 苏义惠：《平阳栖真寺宋代五佛塔》，《东方博物》第48辑，浙江大学出版社，2013年；叶挺铸：《宋兴福寺七佛塔考略》，《东方博物》第38辑，浙江大学出版社，2011年；吴志标：《浙江丽水灵鹫寺石塔》，《东方博物》第30辑，浙江大学出版社，2009年。
[3] 占翀：《宋代七佛塔研究——以浙江地区为中心》，浙江大学硕士学位论文，2014年。
[4] 方拥：《闽东南沿海小型石塔幢》，《华侨大学学报》（自然科学版）1993年第2期；方拥、杨昌鸣：《闽南小型石构佛塔与经幢》，《古建园林技术》1993年第4期。
[5] 闫爱宾：《密教传播与宋元泉州石造多宝塔》，《中国文物科学研究》2012年第3期；孙群：《泉州古塔的类型与建筑特色研究》，《福建工程学院学报》2013年第4期；蔡惠容：《浅谈福建石塔的类别与功能》，《福建文博》2015年第3期；曾文国：《泉州宋代五塔岩佛教遗存探析》，《福建文博》2016年第2期。

1. 浙南

浙南丽水区域,目前仅存丽水灵鹫寺窣堵波式石塔 4 座。① 浙南温州各县(市、区)现存窣堵波式石塔数量较多,其中,相对完整的宋代窣堵波式石塔主要包括:瑞安兴福寺塔,5 座(原为 7 座);平阳栖真寺塔,4 座(原为 5 座);瓯海宝严寺塔,4 座;乐清真如寺塔,4 座(原为 7 座)。另外,永嘉净心寺现存塔残件 2 块,永嘉妙胜寺现存卵形塔身 1 件,永嘉宝胜寺现存塔构件若干,永嘉霄梵寺现存塔残件 1 块。作为参照资料值得列举的还有两处窣堵波式砖塔遗存:苍南护法寺砖塔,1 座(原为 9 座);苍南灵鹫寺砖塔,2 座。以下对浙南窣堵波式石塔的具体情况做一介绍。

丽水灵鹫寺石塔

丽水灵鹫寺石塔,原建造在丽水市城区东北郊的灵鹫山灵鹫寺前,现已搬移至丽水城区万象山西南麓。关于丽水灵鹫寺的历史沿革,据史料记载,该寺始建于东晋,后历经南朝至明代各个时期,几经毁弃、重建及扩建。灵鹫寺石塔原有 7 座,为七佛塔组合,原列于灵鹫寺山门之前,至今仅存 4 座。20 世纪 50 年代,为配合水库工程计划,灵鹫寺石塔一度被迁往云和县,1980 年回迁至丽水万象山西南岩坡。灵鹫寺 4 座石塔的年代十分明确,建造于南宋嘉定年间,作为研究宋代窣堵波式石塔的标型物,其文物价值不言而喻,1989 年被列为浙江省省级文物保护单位。②

据吴志标调查报告介绍,目前存置于万象山的灵鹫寺石塔自西向东排为一列,依次编为 1—4 号。(图 3-6 至图 3-9)由于是组塔,各塔体量、形制大体一致,四塔高度均为 400 厘米余(含塔刹),塔的须弥座、塔身、塔顶(含塔刹)的比例为 1∶1∶2。具体状况以 3 号塔为例介绍如下③。

---

① 黄培量:《浙南砖石多宝塔的调查研究》,《东方博物》第 48 辑,浙江大学出版社,2013 年。
② 吴志标:《浙江丽水灵鹫寺石塔》,《东方博物》第 30 辑,浙江大学出版社,2009 年。
③ 丽水灵鹫寺 3 号塔的主要测量数据参见吴志标 2009 年调查报告,少量数据根据黄培量 2013 年论文补入。

塔基　三重须弥座,平面呈六边形。① 塔基最下垫有土衬石,土衬石高约 23 厘米,宽约 155 厘米,浮雕纹饰分为两层,下为海浪纹,上为覆莲纹。土衬之上为第一重(最下重)须弥座圭角,高约 15 厘米,浮雕如意云纹。再上为第一重须弥座下枋,高约 8.7 厘米,浮雕卷草纹。其上束腰高 11.5 厘米,六面雕刻开光如意纹。第一重须弥座的上枋亦为第二重(中重)须弥座的下枋,素面无纹。第二重须弥座的下枋之上、上枋之下,有下枭和上枭,分别为覆莲纹和仰莲纹。第二重束腰高约 23 厘米,六面雕刻狮子、花卉等图案。6 个转角雕三枝一束的竹节柱。第三重须弥座素枋无纹,束腰高 26 厘米,束腰一面为题记刻铭,其他几面浮雕图像为披甲执剑的天王像。三重须弥座自下而上层层收分。

　　塔身　塔身在第三重须弥座之上,呈椭圆形,下设覆莲承托,椭圆形塔身与承托合高约 76 厘米,塔身最大径 69 厘米,塔身开火焰形龛,中空,原应供置佛像,现已不存。塔身外壁雕刻菩萨、罗汉各二,两菩萨为站立姿态,高髻广袖,双手捧物,两侧祥云缭绕;两罗汉抱持禅杖,端坐于祥云之上。

　　塔顶　仿木构六角攒尖顶,最上端置塔刹,总高约 210 厘米,其中,仿木构攒尖顶高 75 厘米。木构攒尖顶自下而上依次为额枋(阑额)、斗拱、顶檐、顶面。额枋置于椭圆塔身之上,6 个转角处各设铺作一朵,每面正中再加补间铺作一朵,计 12 攒斗拱,每攒出华拱一跳,为单杪四铺作。再上为方椽、角梁,顶面雕有垂脊、瓦垄,垂脊 6 条,下端部微微上挑。每两条垂脊之间有 6 条瓦垄,每条瓦垄檐口都刻出圆形瓦当(勾头),瓦当表面装饰浮雕宝相花。仿木构攒尖顶上为塔刹,塔刹最顶端有残损,高约 135 厘米,其结构自下而上依次为:刹座、覆莲、宝珠、仰莲、相轮、宝盖。刹座为下宽上窄六面覆斗形,表面浮雕如意图案。刹座与宝珠之间以双层覆莲过渡,宝珠为扁圆体,宝珠之上为双层仰莲,上承 5 层相轮,顶部为六边形宝盖。

---

① 与本书不同,在吴志标 2009 年调查报告中,丽水灵鹫寺塔须弥座记为两重,这是因为,该报告将本书所说的须弥座最上重(第三重)视作塔身的组成部分。

1号、2号、4号塔,与3号塔基本形制相似、大体尺寸相近,但细部雕饰有所区别。

3号塔的两层土衬石,下为浮雕波浪,上为覆莲纹,与此不同,1号、2号、4号塔的两层土衬石,均饰海浪纹,下层简,上层繁。1号塔和3号塔的须弥座第二重束腰纹饰为戏球狮子与花卉,2号塔第二重束腰各面纹饰一律为卷草,且转角处无竹节柱,4号塔第二重束腰各面纹饰均为狮子。各塔塔身雕饰也不相同,如前所述,3号塔塔身图像为菩萨、罗汉配置,而1号塔塔身外壁雕佛坐像两尊、罗汉像两尊,两佛合掌于胸前,端坐莲台,两罗汉双手合于胸前,站立云端。2号塔身外壁雕菩萨、弟子各二,两菩萨在壸门两侧,一菩萨骑狮,一菩萨骑象,分别为文殊、普贤,两弟子一少一老,少者持经书,老者双手合于胸前,应为阿难、迦叶。4号塔塔身外壁雕有两条龙、一天人、一护法,两龙均为四爪龙,位于龛门两侧,一龙上腾,一龙下跃,天人双手捧物,做回身顾盼状,护法手持斧钺,做仰首瞻望状。3号塔的仿木构攒尖顶斗拱出华拱一跳(单层),为单杪四铺作,1号、2号、4号塔的攒尖顶重拱(两层)出两跳,为双杪五铺作。

图 3-6　丽水灵鹫寺 1 号塔(自摄)　　图 3-7　丽水灵鹫寺 2 号塔(自摄)

第三章　宋代输日佛教石刻探源

图 3-8　丽水灵鹫寺 3 号塔（自摄）　　图 3-9　丽水灵鹫寺 4 号塔（自摄）

灵鹫寺石塔的建造，采用了分块雕造、构件拼合、层层垒叠的工艺，石材选用浙南地区的青灰石①。由于石塔体量庞大，自土衬、多重须弥座、塔身至塔顶，各部件分别雕造，然后以垂直叠合、水平拼合的方式完成全塔。各塔具体构件的叠合、拼合方式有所区别。以塔身为例，1 号、2 号、4 号塔椭圆塔身采用左右分雕、水平拼合的办法完成；3 号塔椭圆塔身则采取上下分制、垂直叠合的工艺成型。考虑到 3 号塔的土衬石纹饰、斗拱样式也不同于其他三塔，可以推测，3 号塔的建造师叶成拥有自己独特的工艺风格。

4 座石塔均有题记，铭文为阴刻，都位于椭圆形塔身之下的第三重须弥座束腰上。内容分别如下：

> 当院徒弟、住持东山多福院比丘师倬，抽施长财，建造七佛宝塔一所。祈福答报四恩，利资三有。嘉定九年岁次丙子十一月朔日谨题。匠者陈喜。
>
> ——1 号塔题记

> 处州府郭内住印庵比丘□□住持施财，命工镌造宝塔一座。祈福乞荐先考□承郎□公、先妣□安人陈氏，□□□界。仍报四恩，一切□

---

① 类似的青灰石亦为温州地区古代石刻的常用石材，其特点是有微隙和白色颗粒，结理不如宁波梅园石细腻。

者。时嘉定十一年戊寅岁。□记。

——2号塔题记

当院徒弟、比丘师枏施长财建塔一座。祈福追悼先考汝南应六承事、先妣□君吴氏,同生净界,永脱轮迴。四恩普报,三有齐资。一切□亲咸成佛道。时太岁丙子嘉定九年四月十五日谨题。石匠叶成。

——3号塔题记

都□上□□李□□□比丘□□□□一座。福报四恩。□□□□□。峕①□□嘉定九年岁次丙子正月日谨题。□□。

——4号塔题记

题记明确记载了4座石塔的年代,1号、3号、4号塔建造于南宋嘉定九年(1216),2号塔建于嘉定十一年(1218)。根据题记可知,1号塔的建造者为陈喜,3号塔的匠师为叶成。(图3-10)题记格式统一为:某寺比丘施财造塔＋愿辞＋年代＋(工匠名)。丽水灵鹫寺塔年代明确,塔体保存基本完好,现存石构大都为南宋遗物,是研究南宋窣堵波式石塔和输日萨摩塔的极佳样本。

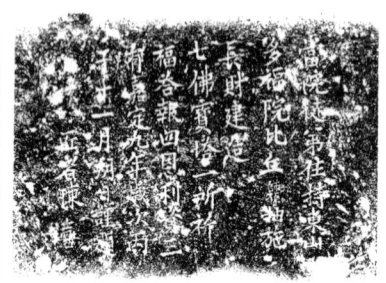

图3-10 丽水灵鹫寺1号塔和3号塔题记(引自吴志标2009年论文)

瑞安兴福寺石塔

兴福寺位于瑞安市高楼乡上泽村,地处飞云江中游瑞安西部低山丘陵

---

① "峕"同"时",宋代浙南窣堵波式石塔纪年题记一般用此写法。

地带,佛寺所在的上泽村西临高楼溪(飞云江支流),沿高楼溪向南大约 2.5 公里可达飞云江北岸,村内及其周边保留了丰富的文物古迹。兴福寺建在上泽村东北的龟背山南山坪,龟背山是一座海拔约 50 余米的小山岗,东、南、北三面有其他更高的山岭环绕,宛如处在莲花芯中。

关于兴福寺的沿革,当地所藏乾隆《三港曹氏宗谱》记为宋代初建,光绪《瑞安县志稿》则将兴福寺历史追溯至明代。寺址石塔题记和铭文有"宝祐""景定"等南宋年号,据此可证《三港曹氏宗谱》所记为实,至少可以肯定,兴福寺石塔建造于南宋。[1]

兴福寺石塔合计 7 座,2009 年 4 月瑞安市第三次全国文物普查队对之进行了调查记录。当时石塔已经拆散,构件被弃置于寺址及周边,普查队对石构进行了收集归置,并拼叠复原了一座石塔。2016 年 10 月笔者赴兴福寺调查时,石塔均以构件散置的形式,存放于佛殿前两侧边廊。目前已收集到的构件情况是:基座构件 14 个、塔身 5 个、塔檐 7 个、塔顶 7 个、束腰及其他零星构件 40 余个。根据这些构件可以推知,石塔均为平面六边形的窣堵波式塔,由双重须弥座、塔身、塔顶组成,不计入塔刹的话,通高在 270—290 厘米。下文以 2009 年复原的石塔为例对基本形制做一介绍[2]。

基座 双重须弥座式,平面呈六边形,高约 100 厘米,最下部为第一重(下重)须弥座,须弥座高约 30 厘米,底部为如意纹圭角,其上依次为下枋、束腰和上枋,上下枋各厚约 6 厘米,素面无纹,束腰高 11 厘米,六面雕饰花卉纹、云气纹等。(图 3-11)第二重(上重)须弥座以底重须弥座的上枋为其下枋,下枋之上为下枭,下枭分两层,下层为线刻并联的覆莲瓣,上层为内收弧面,下枭高约 25 厘米,最大径 68 厘米。第二重须弥座束腰高约 25 厘米,最大径 44 厘米,6 个壁面刻有四爪跃龙、如意祥云、狮子戏球、祥云皓月、宝相花等图案。束腰之上的上枭为双层仰莲,上枋素面,上枋下窄上宽,外轮廓与上枭连为一体,造型上近似托盆,枋上正中还雕有覆莲,作为塔身的托垫,上枭上枋合高约 28 厘米,最大径约 80 厘米。

---

[1] 叶挺铸:《宋兴福寺七佛塔考略》,《东方博物》第 38 辑,浙江大学出版社,2011 年。
[2] 主要尺寸数据来自叶挺铸 2011 年调查报告,少量数据根据黄培量 2013 年论文补入。

塔身 塔身置于须弥座上,呈六棱瓜腹状,塔身高约 59 厘米,最大腹径在塔身偏上 1/3 处,宽约 62 厘米。塔身内部凿空,正中开火焰形龛,龛内原本奉置佛像,现已不存。龛门外壁顶部正中刻金翅鸟(迦楼罗)鸟首,其形象凸睛尖喙,衔两枝荷花,喙下为荷叶,荷花花朵分在龛门顶部两端。塔身背面外壁铭刻题记,内容为发愿造塔者姓名、造塔时间以及愿文等。塔身其余四面外壁雕如意边框,中饰垂珠流苏图案。(图 3-12)

图 3-11 瑞安兴福寺石塔下重须弥座石构(自摄)   图 3-12 瑞安兴福寺石塔塔身(自摄)

塔顶 塔顶为仿木构六角攒尖顶,总高 104 厘米,角檐对角径长 112 厘米,自下而上依次为:承托层、额枋(阑额)、斗拱＋匾额、重层撩檐枋、方头椽、垂脊＋瓦垄、刹座、宝珠。额枋之下与塔身上端接合部的承托层,表面线刻垂幔状褶纹。额枋素面,正面额枋上有方形匾额,其四角雕饰如意云头,匾上阴刻"南无释迦摩尼尊佛"。额枋之上 6 个转角各设铺作一朵,补间铺作一朵,计斗拱 11 攒(匾额部无斗拱),各攒斗拱出华拱一跳,为单杪四铺作。斗拱上托重层撩檐枋,撩檐枋 3 层,其间夹有 2 层菱角牙子,合计 5 层,层层叠涩,向外伸出。檐下 6 个转角各有一根方形角梁,角梁之间六面檐下各刻 8 根方椽。顶面有 6 条垂脊,垂脊檐口刻有圆形瓦当。垂脊之间六面屋顶各有 7 道瓦垄。顶端为刹座,刹座上部饰覆莲纹,两重莲瓣,其上为六棱瓜状宝珠,塔刹其余部分缺失。根据周边零星发现的塔刹构件来看,宝珠之上依次应为仰莲纹、相轮。(图 3-13、图 3-14)

图 3-13　瑞安兴福寺石塔六角
攒尖塔顶（自摄）

图 3-14　瑞安兴福寺石塔顶部
檐枋斗拱层（自摄）

其他 6 座石塔，形制、雕刻图案、体量、尺寸大体与前述石塔一致，唯纹饰细部略有不同。石塔匾额文字，可辨识的还有"南无过去毗婆尸佛""南无尸弃尊佛""南无迦叶尊佛"。据此可以推知，这组石塔为"七佛塔"，另三塔匾额应为"南无毗舍浮尊佛""南无拘留孙尊佛""南无拘那含牟尼佛"。

兴福寺石塔的塔体分成若干构件分别雕制，然后组装叠筑。须弥座一般分为 4—5 个构件，"圭角＋下重须弥座下枋＋下重须弥座束腰"合为一个构件（也有下重须弥座束腰另作者），"下重须弥座上枋（即上重须弥座下枋）＋上重须弥座下枭"合为一个构件，上重须弥座束腰独立雕成，"上重须弥座上枭＋上重须弥座上枋＋塔身覆莲垫托"合为一个构件；六棱瓜腹状塔身独立雕成；塔顶（不含塔刹主体）由两个构件组成，"承托层＋额枋＋斗拱层＋底层撩檐枋"合为一个构件，"重层撩檐枋＋攒尖顶＋刹座＋宝珠"合为一个构件。（图 3-15）

就塔体表面的雕刻文字而言，除了上述匾额题镌之外，石塔的塔身、束腰还发现有题记。目前发现的 4 件瓜腹状塔身背面均刻有题记，题记文字外镌出边框，边框上端为荷叶额，做下覆状，下端雕饰重瓣仰莲，内里文字竖写，由右向左合计 5 行，题记正文行一般每行 7 字或 9 字，结尾纪年行文字增减有异，均为阴刻。其中 3 件塔身题记尚可辨析，内容识读如下：

　　将仕郎曹肖嵓妻连氏，法名淑涓，施财建造宝塔，祈福乞忏罪愆，庄严禄寿，求证菩提。旹宋宝祐六年十月朔日谨志。（图 3-16）

　　大金保弟子卓十八、卓才孙、卓七三仝妻张六三娘，谨发心各抽己财□□，命工造此宝塔，祈福□罪除愆，增延寿□。景定癸亥中春吉日谨题者。

信女蔡氏六八娘仝男陈起宗、元善,发心施财,建造宝塔,祈忏罪愆,增延福寿者。宋景定二年二月日立。

题记中的古字"嵓"同"岩","旹"同"时","仝"同"同"。"宝祐六年"为1258年;"景定癸亥"即景定四年,为1263年;"景定二年"为1261年。

图 3-15　瑞安兴福寺石塔塔体结构
（引自叶挺铸 2011 年论文）

图 3-16　瑞安兴福寺石塔塔身题记一
（自摄）

另外,清光绪《瑞安县志稿》载录了兴福寺七佛塔中的两段题记,应出自另外两个塔身个体,文字如下①:

高楼里林元同妻吴九娘、前湖杨安、存凤陈□□□□彭永□,发心造此宝塔,祈忏罪□,庄严福寿,□证菩提音。宋宝祐六年十月朔日谨志。

高楼里信士陈庆国妻□、屿后保陈氏宜映、大金保信女赵十八娘,同心造此宝塔,庄严福□□咸就菩提者。

题记格式一致,均为:(地名)＋弟子/信士/信女某发心造塔＋愿辞＋年代。塔身题记外框的荷叶额、莲花座的装饰形式,亦见于天童寺晦岩光禅师塔的卵形塔身。② 宁波现存宋代博多华侨刻石上的镌文以阴线勒出方框,下

---

① 《瑞安县志稿》所载题记文字参见:叶挺铸《宋兴福寺七佛塔考略》,《东方博物》第 38 辑,浙江大学出版社,2011 年。
② 张十庆:《关于卵塔、无缝塔及普同塔》,《中国建筑史论汇刊》第 13 辑,中国建筑工业出版社,2016 年。

端镌刻莲花,这种装饰方法与兴福寺塔身题记也有相似之处。①

另外,两件须弥座束腰上也发现了题记,两方题记文字皆为竖写5行,由右至左顺读。其一为"幹首/卓七三陈信/彭环林元/当山住持僧/师艺建",其二为"幹首/卓七三彭环/陈信林元周石/住山僧师艺建/岢宋宝祐六年志"。"幹首"意为首领,题记所书人名应为石塔建造工程的主持者姓名。兴福寺僧师艺应参与了石塔样式设计和置立策划。

塔身题记与束腰刻铭的最早纪年为南宋宝祐六年(1258),是年十月,曹肖嵩之妻连氏施财建造了石塔一座,但七佛塔并非都在同年造立,据前录题记,其中二塔完成于景定年间。石塔最初供置于寺内庭中。

兴福寺窣堵波式石塔年代明确,可以被视作13世纪中期浙南窣堵波式石塔的标型,与13世纪早期的丽水灵鹫寺塔共同构成一个读数清晰的时间坐标。

平阳栖真寺石塔

栖真寺位于浙江平阳县鳌江镇塘川罗垟村罗垟山,由于栖真寺位于罗垟山海拔高处,交通可达性差,寺前一列窣堵波式石塔保存较好,当地称之为"五佛塔"。近年,平阳文物保护管理所苏义惠曾对平阳栖真寺石塔进行了实地调查,并发表了调查报告。② 2016年,笔者赴罗垟山做了文物观察。

栖真寺遗址出土了明天顺壬午年(1462)《重建塔志》碑,该碑是塘川周氏族人周以端刻立的,目前置于五塔之旁。其碑文曰:"凤林栖真寺建自周广顺年间,以石琢五佛塔于放生池旁,塔成而寺不利,遂坏之。"据此推断,栖真寺及其五佛塔应始建于五代后周时期,后周广顺年间即公元951—953年。不过,乾隆《平阳县志》记载"栖真寺始建于宋嘉定年间"③,与明代周以端刻立的《重建塔志》相互抵牾。笔者以为,乾隆志系官修志书,有关栖真寺始建年代的说法亦不会凭空推出。最大的可能性是,栖真寺初建于五代,后经毁废,南宋嘉定年间(1208—1224)再建。据苏义惠调查报告介绍,栖真寺遗址

---

① 刘恒武:《宁波古代对外文化交流——以历史文化遗存为中心》,海洋出版社,2009年,第118—121页。
② 苏义惠:《平阳栖真寺宋代五佛塔》,《东方博物》第48辑,浙江大学出版社,2013年。
③ 乾隆《平阳县志》卷之九《寺观》。

发现了嘉定元年(1208)铭石马槽、宋式覆莲纹柱础。这表明宋代此处曾有过土石营造工程。

既然栖真寺曾历经毁弃和重建,那么,现存栖真寺窣堵波式石塔是哪个时代的遗存?根据明《重建塔志》所载,五代后周的可能性基本可以排除。实际上,《重建塔志》碑是天顺六年(1462)重建五佛塔之际造立的纪念性石碑,碑记文字漫漶,仍可辨识出右起第4行刻有"别筑基址,命良工琢石筑"等文字,记述当时重建石塔的情形。无疑,栖真寺五佛塔在明代被重建或整修,不过,这并不意味着现存五佛塔全系明代重新雕造之物。这是因为,栖真寺五佛塔是各构件分雕,然后叠合而成的。重建之际,可以利用前代故物、再补造缺失构件,修整塔基,叠筑塔身,考究石塔列置顺序,使组塔恢复旧貌。而补造新构件之际,亦需参仿前代遗构的形制纹饰,借此保持新旧构件风格上的统一。可以推测,现存栖真寺五佛塔很可能存旧纳新,兼收了明以前和明代的元素。关于具体状况,需要对石塔形制进行考察。

栖真寺窣堵波式石塔现存4座,另一座还留有塔顶构件。5座佛塔体量、形制基本一致,只是在局部装饰纹饰上略有区别。(图3-17)塔体平面为六边形,塔刹缺失,自塔基至塔顶一律高约268厘米,塔体各部位造型特点如下:

基座 基座均为双重须弥座,平面呈六边形,须弥座底部有土衬,外露厚度为17厘米,宽约100厘米。土衬之上为如意云头圭角,厚13.5厘米。再上依次为第一重(下部)须弥座的下枋、束腰、上枋,向上逐层收分,下枋高7厘米,线刻卷草图案,束腰高7厘米,各面开光雕饰如意图案,上枋与下枋尺度一致,素面无纹。上枋亦为上重须弥座的下枋,上重须弥座枋枭俱全,枭分两层,下枭下层为覆莲纹,上层素面,上下层合高约20厘米,再上为上重束腰,高23厘米,表面装饰有高浮雕狮子、麒麟、花卉、如意等图案,上枭也分两层,下素面,上饰仰莲,再上为上重上枋,下窄上宽,承托塔身,上枭和上枋合计约17厘米。须弥座本体最大径略小于土衬,约为94厘米。

塔身 塔身为六棱瓜腹状,高约62厘米,腹径最大处在中央略偏上部位,宽约72厘米。塔身正面开火焰形龛(壸门),内有高浮雕坐佛,尊像坐于莲台之上,双手结印于胸前,广袖垂至膝上。龛门两侧为减地剔雕垂珠流苏纹。塔身之下还设有覆盆莲纹托座,高9厘米。

塔顶 塔顶为仿木构六角攒尖屋顶样式，塔刹均已不存。攒尖顶的雕刻非常复杂，基本照搬了木构攒尖屋顶的结构，自下而上依次为承托层、额枋（阑额）、匾额与斗栱、椽子与角梁，再上为顶面瓦垄、垂脊。塔身上端与塔顶之间的承托层表面雕刻垂幔状褶纹。额枋正中雕有一块方形匾额，四角雕饰如意云头，内无刻铭。塔顶与塔身之间的斗栱分置于6个转角，其形制均为方形讹角斗，单杪四铺作。每面檐下一般有9根方椽，每侧檐面有7条瓦垄，檐口雕饰圆形素面瓦当，各条垂脊至檐缘微微上翘。

整个塔体由若干构件合成，其组构方式既有上下叠合，也有左右拼合。一般而言，塔顶檐面为一块整石制成，斗栱层为一个独立构件，瓜腹状塔身由左右两个构件拼合而成，塔身覆莲托座为一个单独构件，上重须弥座的上枭和上枋由两个构件左右拼合，上重须弥座束腰为单独石材制成，上重须弥座的下枭和下枋由两个构件左右拼合，下重须弥座束腰至圭角也见左右两构件拼合的做法。（图3-18）

图3-17 平阳栖真寺五佛塔（自摄）　　图3-18 平阳栖真寺石塔塔体结构（自摄）

苏义惠指出，栖真寺窣堵波式石塔的塔身浮雕造像、攒尖塔顶、须弥座以及装饰性雕刻的样式，大都具有宋代特征，仅有个别覆盆托座莲纹的莲瓣瓣形为明代风格。笔者以为，栖真寺石塔的构件大都为宋代形制，造型及刻饰与瑞安兴福寺窣堵波式石塔非常相似。具体而言，一方面，兴福寺石塔与栖真寺石塔须弥座形制表现出很高的一致性，两者均为两重须弥座，上重须弥座的下枭皆为"下覆莲+上弧面"组合，束腰都有戏狮浮雕。兴福寺石塔上

重须弥座的上枭为仰莲纹,上枋下窄上宽,其外轮廓仰角与上枭仰角一致,这种做法也见于栖真寺石塔。另一方面,两者塔身皆为六棱瓜腹状,最大腹径在塔身偏上 1/3 处,塔身龛门两侧的主要纹饰都是减地剔雕的垂珠流苏纹。另外,兴福寺石塔与栖真寺石塔塔顶与塔身的接合层,均有垂幔状褶纹。因此,栖真寺石塔现存主体石构与兴福寺石塔年代相近,亦属于 13 世纪中期遗物。

乐清真如寺石塔

乐清真如寺位于乐清市磐石镇重石村芝山南麓,南侧濒临瓯江入海口。据明永乐《乐清县志》卷第五《寺院》记载,乐清真如寺始建于唐文德元年(888),初名"重臻院",开山祖师为僧肇法师。[①] 宋明道二年(1033),建如来石塔七座。宋乾道二年(1166),温州海溢,瓯江沿岸民众受灾,真如寺亦遭毁坏。寺院内出土了唐代重臻院覆盆式石柱础,可证真如寺在唐代确已建成。

乐清真如寺石塔为七佛塔,自北向南列置于寺院山门之前,目前留存下来的古塔有 4 座,1999 年依照原塔形制修复了其余 3 座石塔。(图 3-19)真如寺石塔形制统一,均为窣堵波式塔,通高 5 米余,由下至上依次为两重须弥座、六棱瓜腹状塔身、仿木构六角攒尖顶、塔刹。塔体各部位具体特征如下:

基座 基座由土衬和两重须弥座构成,平面呈六边形。最底端的土衬石高约 30 厘米,最大径宽约 140 厘米,分三层,有上下枋,中为束腰,上下枋为素面,束腰六角各有一高浮雕力士,六面开光,内雕合束花叶状纹饰;土衬之上的圭角微微收分,最大径宽约 137 厘米,高约 17 厘米,饰剔地浮雕如意云头;下起第一重须弥座有下枋、下枭、束腰和上枋,高约 20 厘米,最大径宽约 135 厘米,枭和枋素面,束腰六面饰开光卷草纹;上重须弥座自下而上依次有下枋、下枭、束腰、上枭、上枋,高约 70 厘米,最大径约 135 厘米,下枋素平,下枭分三层,向上逐层收分,下层为覆莲,再上素平,最上为弧面。束腰六面雕刻狮子、如意、牡丹、菊花等图案,六角雕出竹节状柱,其下端饰仰莲,上端饰仰覆莲。上枭分两层,下为弧面,上为仰莲,上枋素面,中勒阴线。

塔身 塔身为六棱瓜腹状,下为覆莲承托,覆莲托座高约 20 厘米,直径

[①] 永乐《乐清县志》卷第五《寺院》。

约75厘米,塔身高约122厘米,最大腹径约为100厘米,最大腹径在塔身偏上1/3部位。塔身中部凿火焰形龛,中空,内供佛像。龛门以外的5块壁面各以剔地隐起的手法雕出弧边花框,其上下端为花朵纹饰。

塔顶 现存4座古塔之中,只有1座古塔的塔顶保存完好,其余均为新补。塔顶为仿木构六角攒尖顶,含塔刹高约225厘米,檐面宽约175厘米。塔顶最下端与塔身接合处设承托层,表面雕刻垂幔状褶纹,其上为两层额枋,额枋之上6个转角各置铺作一朵,计斗拱6攒,每攒出华拱一跳,单杪四铺作。斗拱上托撩檐枋,再上则为檐下的角梁、方椽,六角各有角梁,角梁之间每面有11根方椽。顶面有6条垂脊,垂脊之间每面有9道瓦垄,瓦垄檐口雕出圆形瓦当。塔顶最上端为塔刹,六面各饰如意纹,其上为葫芦状塔刹。

真如寺石塔是分构件拼合叠筑而成的,基座分6层叠垒,自下而上依次为:衬石层、圭角层、下重须弥座的枋梟和束腰层、上重须弥座的下部枋梟层、上重须弥座束腰层、上重须弥座的上部梟枋层,每层均由左右两个构件拼合而成。塔身之下的覆莲托座为单独一块石材制成,塔身由上下4层构件垒叠为一体。塔顶分5层叠合,额枋分为2层,斗拱分为2层,檐面1层,刹座1层,塔刹1层,额枋层、斗拱层和檐面层都为左右拼合。(图3-20)

图3-19 乐清真如寺七佛塔(自摄) 　图3-20 乐清真如寺石塔塔体结构(自摄)

真如寺石塔建造的历史,据传可以上溯到北宋①,但之后很可能遭到过

---

① 也有研究者推定其建造时代为五代至北宋。参见:占翀《宋代七佛塔研究——以浙江地区为中心》,浙江大学硕士学位论文,2014年,第15页。

毁坏,现存的 4 座古塔未必就是初建时的原物。从形制细部来看,真如寺塔在若干方面接近丽水灵鹫寺塔,二者的近似之处包括:衬石高起且有雕饰;上重须弥座束腰转角处雕刻竹节状角柱;上重须弥座上枋边壁无倾角。两处石塔都具有非常高的艺术性,整体修颀,基座层层收分,向上至顶檐六面开张,再至塔刹收束,各部位伸缩适度,富于韵律,外轮廓浑然一体,气势俨然。不过,真如寺塔与兴福寺塔亦有相近之处,例如,塔身最大径偏上,塔身与塔顶接合部位饰垂幔状褶纹。因此,笔者推测,现存 4 座真如寺宋塔应系乾道二年(1166)海溢灾害之后重建之物,在年代上很可能接近甚至略晚于丽水灵鹫寺塔。

其　他

以上丽水灵鹫寺塔、瑞安兴福寺塔、平阳妙真寺塔以及乐清真如寺塔保存状况相对良好,相关报告资料较为详细。此外,温州瓯海宝严寺、永嘉宝胜寺、永嘉妙智寺、永嘉净心寺也保存有窣堵波式石塔的残件。

瓯海宝严寺石塔构件　宝严寺位于温州市瓯海区茶山街道的茶山山中,清光绪《永嘉县志》卷三十六《杂志一·寺观》曰:"宝严院,在德政乡,宋祥符年间建。"宝严寺原存 4 座窣堵波式石塔,列置于寺内。现其构件拆散存放于寺内仓库。现存残件包括:卷云纹土衬石残件、圭角角端残件、下重须弥座素面枭枋构件、下重须弥座束腰残件、上重须弥座下枭和下枋构件、上重须弥座上枭和上枋构件、有棱瓜腹状塔身(带火焰形龛)残件、塔顶斗拱层构件、塔顶檐面构件。

观察这些残件可知,宝严寺窣堵波式石塔底层为土衬石,表面饰浮雕卷云纹。圭角角端为如意云头,两侧有阴线刻双勾卷涡纹。须弥座为两重,平面为六边形,下重须弥座束腰六面开光,转角处雕出棒槌形角柱,上下枋素面。上重须弥座下枋素面,下枭为浮雕覆莲纹,束腰仅存零星残块,纹饰不详,上重须弥座上枭雕饰仰莲纹,上枋素面,上枋外壁下窄上宽,倾角与上枭一致。塔身为六棱瓜腹状,正中开火焰形龛门,中空。(图 3-21)斗拱层最下为额枋,转角处各有铺作一朵,计斗拱 6 攒,每攒出华拱一跳,单杪四铺作,上承撩檐枋。正面额枋上有匾额,其四角雕饰如意云头,可辨识的有"南无迦叶尊佛""南无拘留孙佛""南无尸弃尊佛"等阴刻字样。据此可知,宝严寺石塔原有 7 座,为"七佛塔"。(图 3-22)塔顶为六角攒尖顶,顶面有 6 条垂脊,六面各有 10 道瓦垄。根据残件来看,宝严寺石塔形制接近兴福寺石塔,例如,塔身最大腹径偏上,上重须弥座上枋下窄上宽,有倾角,匾额四角雕饰如意云头,边框做出波状起伏。由此可以推断,宝严寺石塔的雕造年代应为 13 世纪中叶。

图 3-21　瓯海宝严寺石塔塔身构件（自摄）

图 3-22　瓯海宝严寺石塔斗拱层构件（自摄）

永嘉宝胜寺石塔构件　宝胜寺位于温州永嘉县上塘镇立新村西 S223 省道北侧,地方志书仅载"宝胜寺,在永宁乡",未述其沿革。[①] 寺院北、西、东三面环山,东侧还有一条溪流。目前石塔构件大多散置在大雄宝殿和山门之间庭院的西南角。山门外溪边发现一有棱瓜腹状塔身,正面有火焰形龛,塔身内凿空,外壁风化较甚,应为窣堵波式石塔的构件。寺内散置的构件包括:下重须弥座下枋和束腰构件、椭圆形塔身构件(图 3-23)、上重须弥座束腰构件、塔顶斗拱层构件(图 3-24)。

图 3-23　永嘉宝胜寺石塔瓜腹状塔身(左)和椭圆状塔身(右)(自摄)

图 3-24　永嘉宝胜寺石塔斗拱层（自摄）

---

①　光绪《永嘉县志》卷三十六《杂志一·寺观》。

根据构件可知,宝胜寺石塔基座为二重须弥座,平面为六边形,下重须弥座下枋及束腰均素面无纹,束腰六角雕有圆球形隔断。上重须弥座束腰装饰高浮雕戏狮。塔身分两种,一种为六棱瓜腹状,一种为外壁素平的椭圆状。两种塔身与基座接合部修平,塔身上部则做成弧面,上端径宽略大于下端。从遗存状况来看,两种塔身年代不一,瓜腹状塔身年代似早于素平椭圆形塔身。塔顶为仿木构六角攒尖顶,残构仅见斗拱层,雕刻简洁,下端为额枋,6个转角各设铺作一朵,斗拱合计6攒,每攒出华拱一跳,为单杪四铺作。斗拱层的底壁做成圆凹面,用以接合塔身上端的圆凸面。散置构件中,还夹杂有无缝塔(墓塔)的卵形塔身。黄培量论文将宝胜寺石塔年代记为"南宋淳祐四年(1244)",其依据应为塔身题记。[①] 笔者在宝胜寺调查之际,未在石刻构件上发现刻铭,但以石塔形制来看,宝胜寺窣堵波式石塔当为13世纪前半叶的遗物。

永嘉妙智寺石塔构件　　妙智寺坐落于永嘉县上塘镇中西村北的山岙中,永嘉旧志载:"妙智院,在建牙乡,宋开宝年间建。"[②]妙智寺现存卵形塔身1件,疑为宋代窣堵波式石塔构件。寺内还存有宋代圆形抱鼓石1件,鼓面阴刻4道圆圈,最外侧两道阴线圈内刻"弟子徐氏四娘荐夫董三郎"。(图3-25)

永嘉净心寺石塔构件　　净心寺位于永嘉县上塘镇栗一村内,该寺不见载于地方旧志。石塔残件堆放于寺内三圣千佛殿东侧库房。残件包括:须弥座圭角和下枋构件残块、须弥座下枋及覆莲纹下枭残块、平面六边形须弥座束腰残块、须弥座仰莲纹上枭残块、平面圆形双层覆莲纹塔身垫座。笔者在调查中未见塔身构件,但根据平面圆形塔身垫座推测,塔身应为椭圆和卵形。(图3-26)寺内还存有南宋绍兴年间石质井圈。另据黄培量论文,寺内还存有"绍兴乙亥"铭和"元祐"铭的石塔构件。[③] 这均可作为考察该寺历史和石塔残件年代的参考资料。

---

① 黄培量:《浙南砖石多宝塔的调查研究》,《东方博物》第48辑,浙江大学出版社,2013年。
② 光绪《永嘉县志》卷三十六《杂志一·寺观》。
③ 黄培量:《浙南砖石多宝塔的调查研究》,《东方博物》第48辑,浙江大学出版社,2013年。

图 3-25　永嘉妙智寺宋代刻铭抱鼓石（自摄）　　图 3-26　永嘉净心寺石塔构件（自摄）

另外，浙南地区苍南县还存有2组砖构窣堵波式塔，可与窣堵波式石塔相互比照，以下根据实地调查所见做一介绍。

苍南护法寺砖塔　苍南护法寺位于温州苍南县望里社区护法寺村，护法寺窣堵波式砖塔原有7座，建在寺西，现有4座，南北向排为一列，与寺一溪之隔，溪上存有一座三跨梁式宋代石桥，石桥中孔北侧桥板北侧壁上有"时元祐三年（1088）岁次戊辰十二月癸酉朔初二日建"刻铭。这座宋桥将寺宇与砖塔所在区域连接起来，使这片建筑空间浑然一体，意趣横生。现有的4座砖塔中，仅有1座为原构塔，其余均为当代复仿。（图3-27）

原构塔残高4.2米，基座为两重须弥座，平面呈六边形，底部为土衬，其上为圭角层。下重须弥座束腰收分不明显，有枋无枭，束腰六面开光，内饰卷草纹。上重须弥座的下枋、下枭均为重层，一层下枭为覆莲，另一层为灵芝卷草，枋素面无纹。上重须弥座束腰六面饰戏狮、花卉浮雕，六角均设竹节状角柱，角柱上下端雕出仰覆莲纹。上重须弥座上枭饰仰莲浮雕，上枋素面。塔身下置覆莲托座，塔身形态为六棱瓜腹状，最大径偏上部，正面开火焰形龛，内置圆雕佛像。塔身与塔顶接合层雕饰垂幔状褶纹，塔顶斗拱层有斗拱12攒，转角6攒，补间6攒，均为四铺作。斗拱之上有檐下叠涩7层，层层向上外张，其中菱角牙子3层。顶面垂脊6条，垂脊之间六面各有瓦垄7道。攒尖顶顶端为刹座，塔刹不存。苍南护法寺砖塔的最初建造年代已不可考，现存原构塔的形制及装饰与乐清真如寺石塔相似，或可以此作为年代推考的依据。

苍南灵鹫寺砖塔　苍南灵鹫寺砖塔位于苍南县钱库镇桐桥村，砖塔原有

5座,列置于寺东侧山门前,南北向排为一列,目前原构塔仅存 2 座,近年复建了 3 座,同时对 2 座原构塔进行了维修。(图 3-28)根据当地后官村所藏清嘉庆辛酉年《上官氏宗谱》记载,该组砖塔初建于北宋重和年间(1118—1119)。

图 3-27　苍南护法寺窣堵波式砖塔
　　　　　（自摄）

图 3-28　苍南灵鹫寺窣堵波式砖塔
　　　　　（自摄）

目前所见砖塔残高 366 厘米,由基座、塔身和仿木构攒尖塔顶构成。基座为二重须弥座,平面为六边形。最低部为两层土衬,上层雕饰海波纹,其上为如意云头圭角。下重须弥座收分不大,由下枋、束腰、上枋构成,束腰六面开光,中素。上重须弥座下枭下段为覆莲浮雕,上段为弧面,上重须弥座束腰六面开光,内饰高浮雕戏狮,上枭为仰莲纹,枋素面无纹。塔身为六棱瓜腹状,下置覆莲托座,塔身正中开龛,内置佛像,塔身最大径偏上部。塔身与塔顶接合层饰垂幔状褶纹,再上为 2 层额枋,额枋之上为 6 层叠涩,层层向上外张,其中 2 层菱角牙子。塔顶为六角攒尖式,檐面 6 条垂脊,垂脊之间六面各有 4 道瓦垄,垂脊与瓦垄的檐端装有瓦当和滴水。塔顶上端为刹座,座顶饰六面如意双涡,其上为 2 层覆莲,最上为葫芦形塔刹。今存灵鹫寺砖塔在形制上与护法寺砖塔十分接近,推测已非北宋初建之际的故物。

综上所述,丽水灵鹫寺石塔(1216—1218)和瑞安兴福寺石塔(1258—1263)分别位于现存浙南窣堵波式石塔时间轴的两端,乐清真如寺塔应是偏于这一时间轴早端的遗存,而平阳栖真寺塔主体石构则是偏于这一时间轴晚端的遗存。同时,根据上述窣堵波式石塔的实物观察,可以大致梳理出浙南窣堵波式石塔形制的变化趋势。首先,我们可以将丽水灵鹫寺石塔视为 13 世纪初浙南窣堵波式石塔的一种标型,其塔身呈椭球状,最大腹径在塔身中部。然而,根据现存相关石构塔和砖构塔来看,13 世纪前叶至中叶浙南地区居于主流的窣堵波式塔应为最大径偏上的六棱瓜腹状塔身的塔例,乐清真如寺塔、瑞安兴福寺塔、平阳栖真寺塔以及苍南的2组砖塔皆属此类,这类窣堵波式塔的塔身侧轮廓近似有肩壶形。若将几组石塔按时间序列做一观察,能够看到,从13世纪初期到13世纪中期,塔体形态最显著的变化是,塔身高度比值变小,最大径比值增大,塔身上部(肩部)鼓凸幅度趋大。

2. 浙东

本书所说浙东主要指今天狭义上的浙东区域,包括宁波、台州、舟山、绍兴所辖范围。前章已经言及,浙东宁波被推定为萨摩塔的制作地及其石材来源地,因此,从逻辑上讲,宋元时期浙东明州应分布着不少窣堵波式石塔和萨摩塔的同型石塔。然而,事实上,迄今宁波地区可以确认的宋代窣堵波式石塔(包括构件)数量甚少。那么,根据文物调查状况,是否可以就此推断,宋代明州地域社会供置窣堵波式石塔的风习不如浙南兴盛?答案无疑是否定的,因为根据历史图像资料和宁波寺院现存的窣堵波式石塔实物来看,宋代以来宁波地区一直保持着造立窣堵波式石塔的深厚传统。我们从图像资料入手探究浙东窣堵波式塔的源流。

日藏图像资料中的明州窣堵波式塔

可以直接证明宋代明州(宁波)存在窣堵波式塔的图像资料,是明州外流日本的京都大德寺《五百罗汉图》之"卵塔涌出"图。[1] 大德寺所藏《五百罗汉图》原是明州惠安院僧义绍招请林庭珪、周季常自南宋淳熙五年(1178)起历时10年绘成的,画作绘制于明州,"卵塔涌出"图中的"卵塔",描绘的应即宋代浙东地区的窣堵波式塔。[2] 画面中的窣堵波式塔高高耸立,在画幅正中偏上的位置,塔下有五位准备供奉仪式的罗汉、一位捧剑天神、一位端钵侍者。窣堵波式塔的高度大约为人物高度的2倍,塔体由须弥座、仰覆莲承托、卵形塔身、攒尖式塔顶构成。须弥座平面六边形,露出一重,下部被云气环绕,不知其详。须弥座露出部分的下枋六面饰团花图案,其上表面六角各有一个覆铃状饰物,下枭为覆莲状,束腰正面可见花形图案,其上无上枭、有上

---

[1] 奈良国立博物馆等编:《大德寺伝来五百羅漢図 銘文調查報告書》,奈良国立博物館、東京文化財研究所,2011年,第93、240—241页。

[2] 刘恒武:《图像观识与海上丝绸之路史》,《学术月刊》2017年第12期。

枋,上枋正面也见花形图案。须弥座上面置三重瓣仰莲托座,花瓣外张,径宽大于须弥座上枋、小于下枋。莲花芯上为卵形塔身,塔身正中开椭圆形龛,内有坐佛,塔身外壁遍饰祥云纹。塔身之上为塔顶额枋、斗拱、顶面、刹座,斗拱下昂外突,特征鲜明,檐面6条垂脊檐口上翘,各挂悬铃,脊角与塔刹之间系有垂链,檐面瓦垄密排。攒尖顶顶端置六面体刹座,上有仰莲,塔刹为云雾遮覆。(图3-29)

这幅"卵塔涌出"图中的窣堵波式塔经过了图像化处理,未必就是同型塔实物的精确模写,但仍不失为研究12世纪晚期浙东窣堵波式石塔形制的珍贵参考资料。若将其塔体形制与浙南现存窣堵波式石塔进行比较,可以看出,须弥座枭、枋等细部更接近丽水灵鹫寺石塔,塔身外壁多饰祥云纹、整体修长等特征也与丽水灵鹫寺塔相似,塔身整体轮廓呈卵形(椭圆形),外鼓幅度也与灵鹫寺塔相仿,但最大径略偏上,不过,若考虑到图面描绘的塔身是一种仰视效果[①],其实物蓝本的塔身最大径或许仍在塔腹中段。无论这幅图像的作者依凭的窣堵波式塔实物塔身最大径居中抑或偏上,"卵塔涌出"图之浙东窣堵波式塔(1178—1188)[②]/浙南丽水灵鹫寺塔(1216—1218)→乐清真如寺塔→瑞安兴福寺石塔(1258—1263)这一承启序列都是符合塔身形态演变逻辑的。

在20世纪30年代常盘大定和关野贞所编《中国文化史迹》一书中,载有宁波天童寺和奉化岳林寺的窣堵波式佛塔照片,天童寺4尊(图片注记为"门外七塔"),岳林寺3尊。[③](图3-30、图3-31)岳林寺窣堵波式塔现已不存,天童寺窣堵波式古塔也一度圮毁,1979年天童寺整修之际得以复建[④]。今塔为砖构,一列7尊。岳林寺窣堵波式组塔初建年代已不可考,天童寺七塔的历史则可以追溯至宋代。日本石川县大乘寺藏《大宋诸山图》中有"天童寺伽蓝"图,图面下方万工池畔标有一列7处塔址,因该图系平面图,故未绘七

---

① 窣堵波式塔居于画幅上部,画幅下部的罗汉、天神和侍者应为平视描绘的形象。
② 井手誠之輔:《日本の宋元仏画》,至文堂,2001年,第66页。
③ 常盤大定等:《中国文化史跡》图版第4辑,法藏館,1939年,图Ⅳ-99-3、图Ⅳ-105-1。
④ 根据杨古城先生讲述,20世纪70年代末,天童寺七塔仅存塔座,1979年修复天童寺之际重建了七塔。参见:杨古城口述、成庆采访、天童寺口述史团队整理《杨古城:寺庙修缮细节与历史传承》,https://www.thepaper.cn/newsDetail_forward_2617586,2018年11月9日。

塔形状。(图 3-32)大乘寺藏《大宋诸山图》是大乘寺开山、永平寺三世祖师彻通义介在宋朝摹写之后带回日本的,日本学者认为,其原本编纂于南宋淳祐七年(1247)至宝祐四年(1256)这一时间段。① 因此,"天童寺伽蓝"图可证天童寺七塔在南宋时期就已建成,而且位置大致就在现今的塔址(万工池畔)。

图 3-29　大德寺藏"卵塔涌出"图
(引自奈良国立博物馆 2011 年报告)

图 3-30　天童寺"门外七塔"
(引自常盘大定等 1939 年图集)

图 3-31　岳林寺窣堵波式塔
(引自常盘大定等编 1939 年图集)

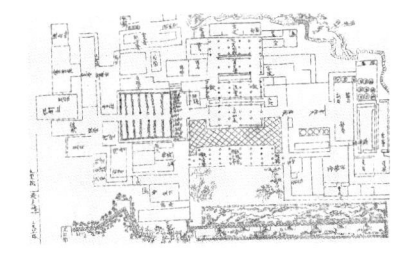

图 3-32　石川县大乘寺藏《大宋诸山图》局部
(引自奈良国立博物馆 2009 年图录)

常盘大定等人所摄天童寺七塔,塔基为三重须弥座,平面呈六边形,向上层层收分,最上重须弥座束腰可见戏狮浮雕,六角有竹节状角柱,塔身下置覆莲托座,塔身为六棱瓜腹状,正面开火焰形龛,最大径偏上。塔顶为六角攒尖顶,塔身与塔顶接合层饰垂幔状褶纹,塔顶斗拱有额枋,分 3 层,转角处设垂花柱,其上转角各设铺作 1 朵,补间加铺作 1 朵,斗拱为单杪四铺作。

---

①　奈良国立博物館编:《聖地寧波》,奈良国立博物館,2009 年,第 201、321 页。

六面檐下露出方椽椽头，顶面有 6 条垂脊，垂脊之间有瓦垄数道。无疑，常盘大定等人所见天童寺七塔未必即是宋代留存下来的故物，随着历代寺院的整修，宋塔也应经历了修理或再建，但比照苍南护法寺砖塔、灵鹫寺砖塔以及乐清真如寺石塔来看，其形制依然保留有宋代窣堵波式塔的基本风貌，只是在塔顶檐下额枋等细部有所变化。

此外，常盘大定著作还收录了一幅雪窦寺"六角石幢"须弥座照片。① 这件"石幢"须弥座平面呈六边形，底部为如意云头圭角，角端两侧各饰阴线双勾卷涡纹。下枋素面，下枭雕饰覆莲瓣。束腰正面镌刻出碑状边框，其上端雕出荷叶状额，下端为浮雕仰莲托座，两侧各雕一龙，内里有刻铭。这种题铭外框的上荷叶额、下莲花座的装饰方式也见于瑞安兴福寺七佛塔塔身。② 束腰铭文左右两个侧面均雕刻戴盔披甲的天王像。须弥座上枭、上枋残损莫辨，"幢身""幢顶"缺失。（图 3-33）该须弥座在雕饰上表现出宋代同类石刻的特征，是否为窣堵波式塔的基座亦未可知。

图 3-33 雪窦寺"六角石幢"须弥座（引自常盘大定等 1939 年图集）

日藏图像资料中的天台山窣堵波式塔

在浙东天台山相关的日藏图像资料中，能够发现窣堵波式塔在天台山寺院群中存在的证据。在日本延历寺藏嘉庆十四年(1809)《天台山图》中可见 4 处窣堵波式塔，其中一处位于画面右下部的国清寺东，即今所谓国清寺七佛塔，一列 7 座（图 3-34）；一处位于画面上部偏左的上方广寺西，一列 7 座；一处在画面上方广寺左侧之万年寺的西北，一列 3 座；另一处在画面中部略偏右的西百丈峰之西北石桥上，仅 1 座。③ 其中，国清寺组塔最易辨识，上

---

① 常盤大定等：《中国文化史跡》图版第 4 辑，法藏馆，1939 年，图 IV-100-2。
② 叶挺铸：《宋兴福寺七佛塔考略》，《东方博物》第 38 辑，浙江大学出版社，2011 年。
③ 延历寺藏清嘉庆十四年(1809)《天台山图》原图图版见：奈良国立博物馆编《聖地寧波》，奈良国立博物馆，2009 年，第 166 页。

方广寺和万年寺附近的组塔图形较小,需仔细查辨。该图证明,清代浙东天台山区域保存着为数甚多的窣堵波式塔,而且,根据既有研究结果,天台山寺院群的窣堵波式塔拥有较长的存续历史。

图 3-34　延历寺藏嘉庆十四年(1809)《天台山图》局部
(引自奈良国立博物馆 2009 年图录)

日本学者坂田邦洋曾对天台山七佛塔做过系统研究,其论文中载有拍摄于 1910 年的国清寺七佛塔照片和上方广寺七佛塔照片,旧照中的两处七佛古塔现已不存,其中国清寺七佛塔于 1973 年新建。坂田论文指出,国清寺山门前的旧七佛塔系明朝天顺年间(1457—1464)复建之物,复建前的原塔应在宋代就已存在,旧塔为窣堵波式石塔,推定高度为 505 厘米,花岗岩质地,基座平面呈六边形,塔身为圆形,设龛凿空,塔身顶部做成三层垒叠状,象征檐枋和斗拱,底层平面为圆形,中、上层平面呈六角形,上承塔顶。塔顶为六角攒尖顶。(图 3-35)1973 年新建的七塔,造立于旧塔原址,形制仿照旧七佛塔,较旧塔略高,石材改用色泽偏白的石灰岩。上方广寺的七佛塔毁于 1974 年,如今仅存一件台座。上方广寺七塔亦为窣堵波式石塔,以花岗岩石材雕造,基本形制为:基座平面呈六边形,为三重须弥座;塔身为椭圆形,正面开浅龛,下有覆莲托座,塔身顶部三层垒叠,底层平面为圆形,中、上层平面为六角形;塔顶为仿木构六角攒尖顶,顶上为塔刹。(图 3-36)上方广寺七塔被推定为宋代石构。坂田论文所记万年寺前七星桥旁石塔,或许并非延历寺藏嘉庆十四年(1809)《天台山图》中的万年寺附近三塔之一,万年寺七星桥石塔毁于 1958 年,残存构件埋筑于附近路坎,石塔为窣堵波式塔,以花岗岩石材建造,基座平面呈六边形,塔身平面为圆形,塔身顶部与塔顶交接部呈短柱状,塔顶为六角攒尖顶,该塔也被推定为宋代遗存。①

图 3-35　国清寺七佛塔
（引自坂田邦洋 1990 年论文）

图 3-36　上方广寺七佛塔
（引自坂田邦洋 1990 年论文）

从坂田论文登载的上方广寺七佛塔旧照片来看,塔体造型与上述浙南宋代窣堵波式石塔非常相似,塔身形状分为两类:一类最大径在塔身中部,近于丽水灵鹫寺塔;另一类最大径在塔身偏上部位,近于乐清真如寺塔,塔体均较为修长。应该说,上方广寺七佛塔的确呈现出宋代窣堵波式石塔的造型风格。万年寺七星桥石塔建于桥旁,或为镇桥塔,与嘉庆十四年(1809)《天台山图》中的西百丈峰西北石桥上的窣堵波式塔性质相近,图中之塔的塔身颀长,呈瓶状,上覆屋檐式塔顶。

浙东地区宋代窣堵波式石塔构件

根据图像资料可知,浙东地区与浙南地区一样,拥有建造窣堵波式塔的悠久传统。就现存宋代窣堵波式石塔实物而言,浙东地区的相关遗存远不如浙南丰富,但现已发现的遗物为今后进一步研究提供了线索。接下来,依次介绍浙东地区已发现的宋代窣堵波式塔构件和其他近型石塔构件。

慈溪定水寺窣堵波式石塔构件②　定水寺位于宁波慈溪观海卫镇,据传寺址原为虞世南故宅,初名清泉寺,南宋改称教忠报德禅寺,后易为今名。定水寺现存窣堵波式石塔构件为有棱瓜腹状塔身上半部残件,残高约 39 厘米,上端残宽约 22 厘米,下端残宽约 30 厘米。(图 3-37)塔身残件左侧表面尚存题记 8 行,每行 8—10 字不等,从右至左各行文字依次为:

---

① 坂田邦洋:《论国东塔与中国天台山宝塔的关系》,丁琦娅译,《东南文化》1990 年第 6 期。坂田邦洋将天台山窣堵波式石塔称为"宝塔"。
② 定水寺窣堵波式石塔构件系天一阁博物馆原副馆长章国庆于 2022 年 2 月前往定水寺调查之际确认,遗物相关信息和图片均为章国庆老师提供。

（第一行）小比丘法演专发志心舍……

（第二行）帝基永固四海晏清报……

（第三行）四恩熏修三有然愿……

（第四行）不断更愿比丘法演转报……

（第五行）早成僧相速学妙教……

（第六行）佛法之栋梁此身不……

（第七行）小比丘　法演……

（第八行）时大宋绍兴三年……

根据残件可以推知，原塔身应为六棱瓜腹状，塔身原高度超过 80 厘米，最大径在塔身中部。根据残件的上下径宽比例来看，塔身整体轮廓呈颀长的椭圆形。该窣堵波式石塔残件有绍兴三年（1133）纪年铭，其制作年代早于浙南现存宋代同类石塔。（图 3-38）这件塔身残件的石材呈紫灰色，似为梅园石。

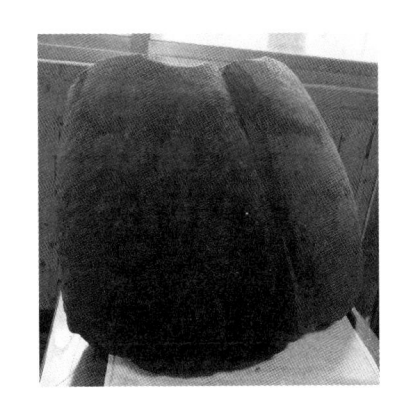

图 3-37　慈溪定水寺窣堵波式石塔残件
（章国庆惠赠）

象山仙岩寺窣堵波式石塔构件[①]　仙岩寺位于象山贤庠镇马岙村，寺内现存一件窣堵波式石塔塔身，现为倒置状态，塔身为有棱瓜腹状，带莲纹托座，塔身与托座合高约 70 厘米，托座一侧径宽约 36 厘米，最大径偏上约 60 厘米。因塔身一个侧面残损，无法查知是否雕有像龛，塔身存有题记，"乙丑岁"三字依稀可辨。根据塔身形态，笔者推测，该塔应属于南宋遗物，时代大

---

① 象山仙岩寺窣堵波式石塔构件系天一阁博物馆原副馆长章国庆于 2021 年 12 月赴仙岩寺调查之际发现，遗物相关信息和图片均为章国庆老师提供。

致在 13 世纪上半叶,题记干支纪年或为宁宗开禧元年(1205)。(图 3-39)

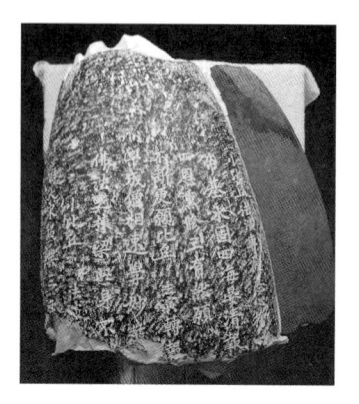

图 3-38　慈溪定水寺窣堵波式石塔残件(章国庆惠赠)

图 3-39　象山仙岩寺窣堵波式石塔塔身(章国庆惠赠)

台州玉环灵山寺"七枝塔"　　灵山寺"七枝塔"即是一组窣堵波式石塔。灵山寺位于台州玉环市楚门镇东西村,明永乐《乐清县志》卷第五《寺院》记载:"灵山寺,去县东二百三十里,在玉环乡比社。石晋天福二年,有僧启爽于筠冈结庵……宋熙宁元年,赐额灵山寺。"[①]由此可知,玉环灵山寺创建于五代后晋时期,是当地一座颇具声名的古刹。灵山寺所在地——玉环楚门镇位于台州地区东南海滨,与温州地区的乐清只有一湾之隔,处于浙南与浙东的交界地带,因此黄培量论文将之归入浙南多宝塔[②]。

灵山寺窣堵波式石塔原应有 7 座,为七佛塔,故当地称之为"七枝塔"。石塔现存 2 尊塔体的构件,目前存置于灵山寺佛殿前,其中一尊由 1 件须弥座底部、2 件须弥座束腰和 1 件塔顶垒叠,两件须弥座束腰中的一件应为其他塔体的构件,就其形制而言,须弥座平面呈六边形,底端为如意云头圭角,雕刻处理较为简洁粗朴,下枋和下枭素面无纹,束腰正背两面饰戏狮、花卉图案,其余四面素面。须弥座上枭上枋、塔身均缺失。塔顶为仿木构六角攒尖顶,斗拱层缺失,檐顶构件雕有方椽、垂脊、瓦垄,塔刹亦已不存。另一尊残塔留有塔身和塔顶,塔身呈六棱圆柱状,上下端抹弧,正面开火焰形龛,内里凿空,这种塔身形制与兴福寺、栖真寺等处窣堵波式有所区别。塔顶为仿

---

① 永乐《乐清县志》卷第五《寺院》。
② 黄培量:《浙南砖石多宝塔的调查研究》,《东方博物》第 48 辑,浙江大学出版社,2013 年。

木构六角攒尖顶,缺斗拱层,檐面雕有垂脊、瓦垄,顶端为刹座,刹座上置一件覆莲雕件,疑为塔刹的组件。黄培量将灵山寺窣堵波式石塔的年代推定为宋末元初,这一判断尚有商榷的余地。

其他近型石塔及无缝塔构件

宁波庆安会馆小型石塔构件　宁波庆安会馆现存一件小型六面塔构件,其表面风化剥落甚严重,高约60厘米,径宽约50厘米,塔身轮廓接近六面柱状,但上端微微抹弧,又有近于六棱瓜腹状塔身的匠意。其六面开龛,龛内上部为浮雕佛像,其下方左右有胁侍菩萨,雕刻细节已难以辨识。(图3-40)塔身之上叠置一件仿木构六角攒尖塔顶,檐面、檐口均平素,不雕椽子、瓦垄等细部,这件塔顶应当并非塔身本来的塔顶。根据塔身龛内造像特征来看,笔者认为,该塔年代下限为北宋,可以被视作窣堵波式石塔的早期近型石塔。[①]

宁波南宋石刻公园小型石塔塔身　笔者在南宋石刻公园塔林调查之际,留意到一件与其他晚近石雕构件叠砌在一起的小型塔身构件,其形态为圆柱体,中部微鼓,壁面凿有4个拱顶龛,每龛均有浮雕坐佛,像首残损,石材似为石灰岩质地,从造像风格和雕制工艺来看,年代应当不晚于宋。这件塔身或可算是一件窣堵波式石塔的近型石塔构件,但与常见的宋代窣堵波式石塔相比,缺乏明显外鼓的塔肚。(图3-41)

图 3-40　庆安会馆小型石塔塔身构件(自摄)

图 3-41　南宋石刻公园小型石塔圆柱形塔身(自摄)

---

① 杨古城先生认为,宁波庆安会馆所存这件石塔构件年代不晚于唐代,其石材为采自台州三门蛇蟠岛的蛇蟠石。

此外，东南大学张十庆曾在溪口发现一件石质卵形塔身，推测为南宋遗物。① 这件卵形塔身或为无缝塔构件，亦有可能是窣堵波式石塔构件，但其上下端收分不明显，与普通窣堵波式石塔的瓜腹状塔身或椭圆形塔身有所不同。

无缝塔，即卵形塔身的祖师塔，与窣堵波式石塔属性不同，传承谱系亦彼此有异。② 尽管如此，两者在造型上有明显的共通之处：塔体下为须弥座，近圆形塔身。唯窣堵波式石塔上覆仿木构塔顶，就塔身形态和基座形制表现出的相似度而言，两者属于近型石塔，在文物学研究上可以相互比照。宁波地区保存着4尊十分珍贵的南宋无缝塔，其中的2尊雕造年代明确，其椭圆形/圆形塔身基本完好，下文做一介绍。

守初禅师塔 现存于阿育王寺东塔院，塔身呈圆形，下端做成平面，其下为一段枭枋构件，枭为重层覆莲，枋素平无纹，但未必是原塔基座构件。塔身正面开梯形顶题记龛，正中镌"第二代守初禅师塔"，右侧刻"师筠州人姓刘天禧五年辛"，左侧铭"酉住庚午年迁化易寺向南"。（图3-42）据此可知，该塔应雕造于北宋仁宗庚午年（1030）。

图 3-42　阿育王寺守初禅师塔塔身（自摄）

密庵咸杰禅师塔 目前存置于天童寺玉佛殿前，塔身呈椭圆形，下底修

---

① 张十庆：《关于卵塔、无缝塔及普同塔》，《中国建筑史论汇刊》第13辑，中国建筑工业出版社，2016年。
② 张十庆指出，"无缝塔"之称初见于唐代，而宋初以"卵塔"代称无缝塔。参见：张十庆《关于卵塔、无缝塔及普同塔》，《中国建筑史论汇刊》第13辑，中国建筑工业出版社，2016年。

为平面,正面刻"宋密庵杰禅师之塔"八字铭,密庵咸杰禅师(1118—1186)曾为天童寺住持①。值得注意的是,此塔之下置一件平面六边形的基座束腰构件,六面分刻天王、牡丹浮雕,天王身披铠甲,飘带上扬至颈首,造像风格与萨摩塔束腰天王像相似。不过,这件束腰与塔身未必属于同一塔体。(图3-43)

晦岩光禅师塔 晦岩光禅师塔与密庵咸杰禅师塔列置在同一地点,塔身为椭圆形,下底修平,塔身正面雕牌状框,上端为荷叶额,下端为仰莲座,与瑞安兴福寺窣堵波式石塔塔身背面题记框形制一致②,自上而下刻"宋晦岩光禅师舍利塔"九字,晦岩光亦曾任天童寺住持③。(图3-44)

图 3-43 密庵咸杰禅师塔(自摄)　　图 3-44 晦岩光禅师塔(自摄)

守初禅师塔、密庵咸杰禅师塔和晦岩光禅师塔均以宁波梅园石雕制而成,采用了与萨摩塔相同的石材。此外,天童寺玉佛殿前还存有一尊宋代无缝塔塔身构件,其形状近于圆柱体,下底修为平面,顶部抹弧,塔身正中刻"宋□为禅师之塔",具体年代待考,其石材亦为梅园石。(图3-45)

天童寺无缝塔,除了上述3尊实物遗存,常盘大定等著作中所收天童寺宏智禅师卵塔旧照也值得关注。(图3-46)此塔下有基座,为两重须弥座,平

---

① 喻静:《密庵咸杰及其禅法研究》,《中国文化》2013年第2期。
② 叶挺铸:《宋兴福寺七佛塔考略》,《东方博物》第38辑,浙江大学出版社,2011年。
③ 晦岩光禅师与释文礼(1167—1250)和虚堂智愚(1185—1269)是同时代人物,释文礼有《送晦岩佛光法师归天竺》诗,虚堂智愚曾作《寄晦岩佛光法师》诗。据此推测,晦岩光可能示寂于13世纪上半叶,其无缝塔的年代应在这一时段。

面呈六边形,底端有圭角。下重须弥座由下枋、束腰、上枋构成,均素面无纹。上重须弥座有下枋、下枭、束腰、上枭、上枋,下枭雕覆莲,上枭饰仰莲,上下枋素平,束腰一面似有戏狮浮雕。须弥座上置塔身覆莲托座,塔身为卵形,下底与托座结合面修平。该塔莲瓣纹瓣形肥厚,由瓣尖向内起脊,极富质感。[1] 宏智禅师于绍兴二十七年(1157)示寂,此塔雕造于是年。

图 3-45　□为禅师塔(自摄)　　图 3-46　宏智禅师塔
　　　　　　　　　　　　　　　　(引自常盘大定等 1939 年图集)

以上宁波宋代无缝塔的塔身虽皆曰"卵塔",但具体轮廓呈现出多样性,阿育王寺守初禅师塔外形更近圆球体。天童寺宏智禅师塔顶部收分较大,最大径在中部,确如卵形。天童寺现存密庵咸杰禅师塔的塔身最大径略偏上,晦岩光禅师塔塔身最大径在中部,但相比于乐清真如寺、瑞安兴福寺等地的窣堵波式石塔,这两尊无缝塔的塔身外鼓幅度微弱、上下径差不大,拥有鲜明的自身形态特征。不过,笔者在永嘉宝胜寺调查所见素平椭圆形塔身构件和瓜腹状塔身构件,外壁鼓突幅度也很小,形态上接近天童寺保存的这两尊无缝塔塔身。值得一提的是,晦岩光禅师塔的塔身壁表带有一定糙度,似特意简省了最后的磨光处理工序,这种塔身壁表特征亦见于首罗山萨摩塔,这样的石作表面容易附生苔藓。

除此之外,阿育王寺舍利殿后壁多闻天王石雕也为我们探讨宁波窣堵波式石塔的谱系变化提供了线索。嵌置于阿育王寺舍利殿后壁外壁面的四天王石雕,是宁波地区现存最珍贵的元代组雕。这组四天王造像为高浮雕,

---

[1]　常盤大定等:《中国文化史跡》图版第 4 辑,法藏馆,1939 年,图 IV-105-2。

多采用精湛的透雕、镂雕技法,富于立体感,接近圆雕,造型劲健峻拔,铠甲、飘带等细部一丝不苟,堪称杰作。这组四天王雕刻原为阿育王寺西塔的塔壁雕刻,石材选用鄞东五乡一带的马岭石①,制作年代同于西塔建造年代(1364—1367),后来移嵌于舍利殿后壁。这组天王雕像中的北方多闻天王右手平抬,掌心端持一塔,该塔即为窣堵波式塔,下有方形须弥座,最下端雕出圭角,束腰平面似四方形,上枭雕仰莲瓣,塔身为圆球状,中开火焰形龛,内有坐佛,塔身顶端与塔顶接合部雕仰莲,塔顶为仿木构攒尖顶。(图3-47)这尊作为多闻天王造像附属雕件的超小型窣堵波式石塔,原型应为14世纪宁波窣堵波式石塔,与迄今所见年代最晚的萨摩塔可能只有几十年的时差。②

图 3-47 阿育王寺浮雕多闻天王所持窣堵波式塔(自摄)

3. 闽南

福建地区现存宋代窣堵波式石塔集中分布于闽南泉州地区,具体存置地点包括:泉州洛阳桥南、开元寺、承天寺、官桥五塔岩。由于一些学者将闽南窣堵波式塔称为"多宝塔",因此,查阅相关资料之际,也应留意以此为主题的调查报告和论文。以下对闽南地区所见窣堵波式石塔做一介绍:

洛阳桥窣堵波式石塔

泉州洛阳桥,又名"万安桥",位于洛阳江水道的江海汇合处附近。洛阳桥为跨梁式石桥,建造于北宋,泉州太守蔡襄主持了修建工程。工程自仁宗皇祐五年(1053)启动,至仁宗嘉祐四年(1059)竣工,历时6年。洛阳桥的南北两端及中段建有镇塔桥,包括楼阁式层塔2座、宝箧印塔2座、窣堵波式塔

---

① 马岭石的采石山宕位于今鄞州区五乡镇石山弄村附近,马岭石石质不如梅园石细腻,其表面常见微小孔隙,间有白色析出物。马岭石的开采历史可以上溯到宋代,部分南宋史氏家族墓前石刻以马岭石雕制。
② 井形进认为,九州现存萨摩塔中包含有个别14世纪的塔例。参见:井形进《薩摩塔の時空——異形の石塔をさぐる》,花乱社,2012年,第87—89页。

1座,均为石质,雕造年代与桥体相同。

洛阳桥窣堵波式石塔位于洛阳桥西南桥头的南侧①,其北侧矗立一座三层楼阁式石塔,两塔相对。窣堵波式石塔通高(含塔刹)约483厘米,石塔基座为两重须弥座,下重须弥座平面呈六边形,由土衬、下枋、束腰、上枭和上枋构成,均素面无纹。其上叠筑第二重须弥座,平面为圆形,束腰为六棱圆鼓状,正面雕有持剑韦陀像,其下端为重瓣覆莲纹下枭,上端为重瓣仰莲纹上枭。须弥座上的塔身呈圆柱状,上下端抹弧,塔身正面开拱顶龛,龛下端正中有如意雕饰,龛内凿空,原置坐佛,龛左右两侧外壁各刻一天王像。(图3-48)塔顶为仿木构六角攒尖顶,塔顶与塔身接合层为六面体,旨在表现檐枋,分为两道,中勒凹槽,由下向上叠涩外张,下段抹弧,六面素平无纹。塔顶的顶面、檐端和檐下均无模仿木构屋顶瓦垄、椽、枋以及斗拱的具体雕作,仅在六面檐口勒有阴线,6个垂脊角端的下端各凿一个小孔,推测建塔之初檐角挂有6个悬铃。塔顶上端装置塔刹,塔刹下部为三重相轮,上部为葫芦状刹顶。

图3-48 洛阳桥窣堵波式石塔(自摄)

洛阳桥窣堵波式石塔以花岗岩石材建造,下重须弥座叠砌方式复杂,由多块大小宽窄不一的方形石材组合而成。上重须弥座覆莲层、束腰、仰莲层各以一块石材雕制。圆柱状塔身单独制成。塔顶的檐枋层、顶盖、塔刹分别雕制。如前文所言,洛阳桥窣堵波式石塔是目前闽浙地区所见年代明确的、最古的窣堵波式石塔,可以被视作11世纪中期此类石塔的标型遗存。② 就塔身形制而言,宁波南宋石刻公园塔林现存圆柱状塔身与洛阳桥窣堵波式石塔相近,唯上下端无明显弧角,两者或为同一时期的石作遗物。

---

① 洛阳桥跨梁的实际走向是西南—东北。
② 方拥认为,洛阳桥窣堵波式石塔是闽南宋明窣堵波式塔的祖型,其造型兼融了印度窣堵波和中国楼阁式塔的特征。参见:方拥《闽东南沿海小型石塔幢》,《华侨大学学报》(自然科学版)1993年第2期。

开元寺窣堵波式石塔

泉州开元寺位于泉州市鲤城区西街,是福建省内现存规模最大的佛寺,寺内保留了丰富的木作和石构遗存,堪称我国佛教历史文化遗产中的瑰宝。该寺创建于唐睿宗垂拱二年(686),唐开元二十六年(738)定名开元寺。

开元寺内保存着多尊窣堵波式石塔,其中,年代明确的是存置于大雄宝殿北庭的一对石塔。这对石塔并非古代开元寺旧有的石构,而是原置泉州打锡巷的移来之物。两尊石塔体量、造型一致,塔体通高约390厘米,由基座、塔身和塔顶组成。基座为两重须弥座。下重须弥座平面呈六边形,最底层为如意云头圭角,下枋和下枭素平,收分明显,束腰亦素面无纹,六角做出方条形边棱,上枭和上枋素平,其中上枋层较薄。上重须弥座平面呈圆形,其下枭和上枭分别为重瓣覆莲和重瓣仰莲,束腰为六棱扁鼓状。塔身与基座接合部为六棱覆盆状托座。塔身为六棱椭球状,最大径在塔身中部,上端和下端修平,正面开圆拱顶龛,龛内浮雕佛头像。塔顶为六角攒尖式,顶面和檐下均素平,六侧檐缘雕刻处理为两层,无斗拱、椽、枋、瓦垄等细部雕刻表现。塔刹的刹座为壶形,刹身为五重相轮,上覆小型六角攒尖顶,装置葫芦形刹顶。东侧窣堵波式石塔的塔身背面刻有4行铭文,由右至左竖行书写,其内容为:"奉三宝信士刘大亨命工建造宝塔二座,用荐□二亲,资超□界。时嘉定辛未正月吉日谨题。""嘉定辛未"为公元1211年。(图3-49)据此可知,这两座石塔雕造于南宋嘉定年间,与浙江丽水灵鹫寺窣堵波式石塔属于同一时期。

图3-49 开元寺大雄宝殿北庭石塔(自摄)

整个塔体由多块石材构件拼合叠筑而成,下重须弥座的圭角、枭、枋、束腰都分别以若干石材拼合而成,再逐层向上垒叠。上重须弥座的覆莲、束腰和仰莲分材制作。椭球形塔身由分别雕成的两个半球左右拼合为一。塔顶的顶盖和塔刹分别雕造。

从形制上来看,开元寺大雄宝殿北庭两座石塔上承洛阳桥窣堵波式石塔的造型样式,又有所变化。具体表现为:塔身由上下抹弧的圆柱状改为有棱椭球状;基座的制作更为精细,下重须弥座加了圭角和上下枭,上重须弥座则加了素平的上下枋。这种变化反映出闽南窣堵波式石塔造型的时代演变。将这两座石塔与丽水灵鹫寺石塔比较,则能看到13世纪初闽南与浙南窣堵波式石塔的地域差异和相通之处。两者之间最大的区别在于:以丽水灵鹫寺石塔为代表的浙南窣堵波式塔的须弥座,由下至上一律为平面六边形,而不采用下六边形、上圆形的重层混搭样式。两者的共通之处是:塔身均为中部鼓凸的椭球状。尽管开元寺石塔塔身也有纵向阴棱,但不似浙南真如寺塔、兴福寺塔那样区隔明显。

开元寺大殿前拜庭中,除了2座南宋宝箧印塔,还有8座明代窣堵波式石塔。[1] 这些石塔建造样式与大殿北庭宋塔相似,只是形态更加简质,上重须弥座的下枭和上枭素平无纹,不见同寺北庭宋塔相应部位的重瓣覆莲和重瓣仰莲。

另外,开元寺东塔(镇国塔)的基座有窣堵波式塔浮雕图像,该图像见于东塔基座束腰的佛教故事系列浮雕中的"玉象剃塔"图。浮雕图面中的窣堵波式塔,其基座为平面六边形的须弥座,座底为如意云头圭角,上下枋和上下枭俱全,束腰转角有柱,枋、枭、束腰素面无纹。须弥座上设覆盆形托座,上承塔身。塔身为圆球状,下底修平,上覆塔顶,塔身正中开火焰形龛,龛内似雕刻一舍利瓶,两侧有放射状焰光。塔顶为六角攒尖式,檐角上翘。塔顶之上的塔刹由下向上依次为宝珠刹座、三重相轮、小型攒尖顶、葫芦形刹顶。窣堵波式塔左右两侧各有一象。(图3-50)与北庭的实体窣堵波式石塔相比,东塔浮雕窣堵波式塔的须弥座只有一重,缺少上重圆鼓状须弥座。不过,两者很多细部都表现出相似性,诸如圭角宽肥的角端、塔刹的小型攒尖顶等均是两者共有的特征。根据东塔石构整体的建造年代,可以推知这方窣堵波式塔浮雕图像的年代。东塔初建于唐咸通六年(865),南宋宝庆三年

---

[1] 方拥将开元寺大殿前窣堵波式石塔的建造年代推定为明代,闫爱宾认为这几尊石塔年代在宋明之间。参见:方拥《闽东南沿海小型石塔幢》,《华侨大学学报》(自然科学版)1993年第2期;闫爱宾《密教传播与宋元泉州石造多宝塔》,《中国文物科学研究》2012年第3期。

(1227)改为砖塔,嘉熙二年(1238)动工以石易砖,淳祐十年(1250)石构塔体竣工。① 窣堵波式塔浮雕位于塔基束腰,应制作完成于工程的前期,即 13 世纪 30 年代末至 40 年代初的这一时间段。

图 3-50　开元寺东塔基座窣堵波式石塔浮雕(自摄)

承天寺窣堵波式石塔

承天寺寺前及寺内存置多座窣堵波式石塔,其中,寺前七塔最为引人注目。承天寺始建于五代后周时期,初名南禅寺,又称月台寺,宋景德四年(1007)赐额"承天寺"。该寺坐北面南,七塔东西向横列于山门外南侧偏西。20 世纪六七十年代,寺前七塔一度毁圮,20 世纪 80 年代承天寺维修之际,修复团队收集遗留的古塔构件,依照修旧如旧的原则新补缺失构件,复原了七塔旧貌。

关于承天寺寺前七塔的初建年代,泉州旧志之"寺观志"记七塔系宋景德中(1004—1007)僧祖珍主持建造。② 但旧志所记的"景德中"并无依据,而且祖珍任承天寺住持的时段实为南宋绍兴年间,承天寺寺前七塔亦应为绍兴期间完成的石构。道光《晋江县志》载有祖珍向傅自得言及七佛塔竣工之事③:

　　祖珍,兴化林氏子,生有异相,后主承天寺。一日,谓漕使傅自得云:"近造七佛石塔于三门之外,今已竣工,法缘尽矣。"遂升堂别众去,居夹岭之白水岩。未几,索笔大书云:"生本无生,死本无死。生死二

---

① 林钊:《泉州开元寺石塔》,《文物参考资料》1958 年第 1 期。
② 乾隆《泉州府志》卷十六《坛庙寺观》;乾隆《晋江县志》卷十五《寺观》。
③ 道光《晋江县志》卷之六十《人物志·仙释》。

途,了无彼此。"跌坐而逝。

据此可知,承天寺寺前七塔竣工之后,祖珍就离开了承天寺,不久后圆寂。与祖珍交往的傅自得(1116—1183),是宣和七年(1125)为金兵所杀的宋吏部员外郎傅察的次子、金石学家赵明诚之甥;建炎四年(1130),赵氏携诸子迁至泉州,自此傅氏逐渐发展为南宋泉州"四府名族"之一;傅自得在高宗绍兴二十一年(1151)至二十五年(1155)以及乾道年间曾任官于泉州。① 据此推断,承天寺寺前七塔很可能建造于12世纪中期。

另外,承天寺大雄宝殿东廊墙壁曾嵌有4块明代天启间张瑞图书王十朋《承天寺十奇诗》石碑②,其中《塔无禽栖》诗描写了承天寺寺前七塔。诗曰:"团团七塔镇瑶台,万古清冷绝尘埃。古佛放光随代起,文殊誓愿下身来。依栖野鸟秽无触,飘泊苍蝇头不抬。自是真如常不灭,檀那永在法门开。"王十朋于乾道四年(1168)至乾道五年(1169)知泉州,此诗作于泉州任上,"团团"二字描绘出了圆形塔身的状貌。

承天寺寺前七塔为七佛塔,形制基本一致,塔体结构为"两重须弥座＋塔身＋塔顶",通高约540厘米,一律以花岗岩石材雕制。下重须弥座平面呈六边形,底部为如意云头圭角,向上依次为下枋、下枭、束腰、上枭、上枋,上下枭和上下枋素平无纹,束腰六角做出方条形边棱,六面雕有花棱形开光,内里雕饰漫漶不清。上重须弥座平面呈圆形,上下枋素面,上下枭分别为重瓣仰莲和重瓣覆莲造型,束腰为六棱扁圆鼓状。上重须弥座与塔身之间以覆盆状托座接合,托座上部雕饰重瓣覆莲。塔身为六棱椭球状,正中开火焰形龛,内有浮雕佛坐像,座下为莲台,塔身下底修平,上端接合塔顶。塔顶为六角攒尖式,顶面和檐下均素平,六侧檐缘雕刻处理为两层,无斗拱、椽、枋、瓦垄等细部雕刻表现。塔刹的刹身为五重相轮,刹顶为葫芦状,下有六棱体承托。(图3-51)

---

① 傅自得曾在赵令衿知泉州期间(1151—1155)任通判,绍兴二十五年(1155)受命"体究"赵令衿州务过失。乾道间,又曾任福建路转运副使参见:林振礼《傅自得与赵令衿案——兼谈泉州清净寺的创建时间》,《泉州师专学报》(社科版)1990年第3期(增刊);林振礼《赵明诚、李清照与傅自得关系小考》,《学术研究》1986年第2期;胡晓伟《宋〈傅察夫人赵氏墓志〉及相关问题》,《福建文博》2016年第4期。
② 石碑现已移至泉州市博物馆保管。

图 3-51　承天寺寺前石塔（自摄）

　　塔体由多块分别雕制的构件左右拼合、上下叠筑而成，需要留意的是，新补造的石塔构件多采用大尺寸石材，上下各层一般各以一块石材完成，而旧构件多以小体量石材加工组装，各层常见左右拼合的情况。换言之，新仿石塔构件形制上仿旧如旧，但分件模式和拼叠方式都简化了许多。

　　就承天寺寺前七塔的形制而言，其两重须弥座、塔顶及塔刹等部位的造型和雕饰与开元寺大殿北庭宋代窣堵波式石塔基本一致，但其塔身形态拥有自身的特征。与开元寺宋塔塔身相比，承天寺寺前七塔除了塔身托座有覆莲雕饰，其塔身轮廓上下较为平直，中部外鼓的幅度较小，形态上表现出一种介于上下抹弧圆柱体与椭球体的意味，这种视觉印象在现存原塔塔身（宋代原塔遗构）上体现得尤为显著。① 可以说，承天寺寺前七塔的塔身形态，介于洛阳桥南窣堵波式石塔和开元寺大殿北庭二塔的塔身形态，具有一种过渡特征。"洛阳桥南窣堵波式石塔（上下抹弧圆柱状塔身）→承天寺寺前七塔（过渡型塔身）→开元寺大殿北庭二塔（椭球状塔身）"反映出"11 世纪中期→12 世纪中期→13 世纪初期"闽南窣堵波式石塔塔身的变化。

　　除了寺前七塔，承天寺天王殿前也立有两尊窣堵波式石塔，塔体形制大

---

① 承天寺寺前七塔之中，自东起第二尊石塔（其南侧墙壁墨书"升无上道，得正法流。善悟无碍，永得大安"十六字），即是以原塔塔身构件修复而成的。从正面观察，可以清楚地看到其塔身中段平直的侧壁。

致同于开元寺大殿北庭窣堵波式石塔,塔身覆盆状托座亦素面无纹。东侧石塔塔身中部略鼓,呈椭球状(带阴刻棱线),正中开圆拱龛,内有浮雕坐佛,坐于莲台之上,这尊浮雕坐佛造型与日本宗像大社阿弥陀经石浮雕阿弥陀佛坐像十分相似,除了头身比例、垂肩曲度一致之外,两者同样右肩披帛,露出右小臂和部分上臂,甚至披帛内缘的曲线也基本相同。(图 3-52)西侧石塔塔身中部鼓凸明显,呈圆球状(带阴刻棱线),正中开尖拱龛,龛缘有破损,内有浮雕坐佛,像容已漫漶。此两塔与承天寺大雄宝殿前窣堵波式石塔以及东院窣堵波式石塔均被视为宋代遗存。① 根据笔者的实物观察,须弥座和塔顶等部分构件系后世新补,但塔身应为古塔原初的构件,造像表现出宋代特征。这两尊石塔体量较小,其基座可见左右拼合的做法,塔身、塔顶、塔刹均以单一石材制作之后叠合而成。

承天寺大雄宝殿前两尊窣堵波式石塔,形制也近于开元寺大殿北庭两塔。这两尊石塔的两重须弥座和塔顶均为闽南窣堵波式石塔的通常雕造手法,塔身均呈椭球状,但其中一塔的龛内为佛头像,另一塔龛内则为立佛,龛缘及塔身底部均有残损,根据造像风格的观察,结合石作保存状况,该塔应为南宋遗物。(图 3-53)石材分作与组合方式同前,基座有左右拼合,塔身、塔顶、塔刹各以单块石材分作、叠合。

图 3-52 承天寺天王殿前东侧石塔(自摄)

图 3-53 承天寺大雄宝殿前石塔(自摄)

---

① 闫爱宾:《密教传播与宋元泉州石造多宝塔》,《中国文物科学研究》2012 年第 3 期。

承天寺东院存置一尊窣堵波式石塔,其下部为方形底座,应非原初构件。底座上置平面呈圆形的须弥座,其下枭饰重瓣覆莲纹,束腰为扁圆鼓形,上枭与塔身覆盆状托座以一块石材雕成,素面无纹。塔身近于圆柱状,带6条竖向凹线上下抹弧,塔身正中开火焰形龛,龛内浮雕为菩萨头像,菩萨头戴花冠。塔顶为六角攒尖式,顶面及檐下均素面,无椽、枋、瓦垄等细节雕刻,六面檐端与其他闽南窣堵波式石塔一样做出两层凹凸梯度,塔刹残损,仍存三重相轮。这尊石塔的塔身形态具有鲜明的特点,具体表现为:(1)其圆柱状塔身近似洛阳桥南端窣堵波式石塔塔身,但该石塔塔身上下端的抹弧十分明显,

图 3-54 承天寺东院石塔(自摄)

且占塔身的比例更大,因此视觉感受更为轻盈。另外,其塔身竖向凹线也不见于洛阳桥南端窣堵波式石塔。(2)塔身龛内浮雕为菩萨头像,这一点不同于普通窣堵波式石塔,菩萨头像雕作风格接近洛阳桥中段外梯平台宝箧印塔向水一面的浮雕菩萨头像。(图 3-54)可以说,承天寺东院石塔的塔身带有一定的时代性。与承天寺寺前七塔相比,承天寺东院石塔的塔身腹部更为平直,中部几无外鼓幅度,形态上更接近洛阳桥南端窣堵波式石塔。鉴此,我们推测,承天寺东院石塔的年代介于洛阳桥南端窣堵波式石塔和承天寺寺前七塔。

五塔岩窣堵波式石塔

五塔岩位于福建泉州地区南安市官桥镇,地处紫帽山西北麓,当地称五塔岩所在山峰为"龙水山"。五塔岩一带的佛寺建筑、石刻等遗存可以追溯到北宋,现存岩寺始建于南宋咸淳六年(1270)。[①] 龙水岩寺附近岩壁上有宋元摩崖石刻数方,其中,宋咸淳庚午年(1270)石刻记录了寺院建成之初信士

---

① 曾文国:《泉州宋代五塔岩佛教遗存探析》,《福建文博》2016年第2期。

捐献田园的史实，刻铭内容为："龙水岩伏承漳州龙溪县中栅保信士高钺、高应溥同发愿心，喜舍梯己田园、海埭、山林，永充常住斋粮、香灯，用资恩有者。皆圣宋咸淳庚午良月日，住山释绍卢谨志。"刻铭中的"梯己"意指"个人拥有的"。由铭文可知，岩寺创建之际，漳州龙溪县信士高钺、高应溥作为檀越向寺院捐施了耕地、山林，用以维持寺院运营。另一方至大戊申年（1308）石刻则记有宋末帝赵昺戊寅年（1278）寺宇毁于兵火之事。

五塔位于岩寺之前，南北向排为一列，塔与塔间距 200 厘米，居中的石塔高约 550 厘米，其余石塔高约 530 厘米。每尊石塔都矗立于方形底座之上，方形底座为当代砌筑物。石塔自身由两重须弥座、塔身和塔顶构成。底重须弥座由下至上依次为如意云头圭角、下枋、下枭、束腰、上枭、上枋。其中，下枭、上枭和上枋素面无纹，下枋饰浮雕缠枝卷草纹，六面束腰有的雕有戏狮、宝相花，有的刻有铭文，一类题铭直接刻在一面束腰的表壁，另一类题铭刻在荷叶额、仰莲座的牌状框之内①。第二重须弥座平面呈圆形，下枭、上枭分别雕覆莲纹和仰莲纹，束腰为六棱扁鼓状。第二重须弥座上放置覆莲托座。托座上为六棱球形塔身，下底和上端修平，下接托座，上承塔顶，塔身正面开火焰形龛，龛内有浮雕坐佛，坐佛分为两式，一式以帛覆右肩，半祖右臂，另一式两臂均有衣袖。塔顶为六角攒尖式，枋、椽、斗拱、瓦垄等细节皆无，顶面素平，有的塔顶檐角雕作如意形，各塔 6 个檐角内面均凿有小孔，用于悬挂风铃。塔顶顶端安置塔刹，刹座为覆盆形，刹身为四重相轮，上承小型六角攒尖顶，刹顶为葫芦形。（图 3-55）

图 3-55　五塔岩窣堵波式石塔（自摄）

5 尊石塔均以花岗岩雕造，塔体自圭角、须弥座以上至塔身、攒尖塔顶等各层均分材制作，然后水平（左右）拼合，再垂直（上下）叠筑。因长期露天置立，各塔塔表都有不同程度的风化和剥损。

---

① 这种浮雕莲荷牌状框亦见于瑞安兴福寺南宋窣堵波式石塔塔身、天童寺南宋晦岩光禅师塔塔身。

如前所述,石塔底重须弥座束腰刻有题记,但文字大都漫漶莫辨。不过5尊石塔中北起第四塔(4号塔),须弥座束腰刻铭较为清晰,自右向左合计纵书8行文字,右起第一、二行已无法辨识,第三行下端可辨"艮二分"三字,再向左五行题记文字依次为:"□□婵李玄吉";"□□奶真济境";"陈小媛(嬛)陈小娘";"王善境郭玄诚";"俱各给艮一分"。每行6字,前数行为人名,每行2个人名,末行为每人捐施份额。题记中"艮"的字义应为"山地",所谓"艮二分""艮一分"当指山地二分、山地一分。① (图3-56)根据文字可知,这方刻铭记录的是捐资者姓名和捐施数额。值得注意的是,其中男性捐施者名字"玄吉""济境""善境""玄诚"可能都是法名,这说明他们均是在家修行的佛教居士。另外,"真济境"之"真"姓属于稀见姓氏,福建真姓原为"慎"姓,南宋时为避孝宗名讳,由"慎"氏改为"真"氏,福建建宁府浦城人真德秀即为福建真姓族系的代表人物。② 日本平户志々伎神社中宫发现的平面六边形萨摩塔须弥座束腰上有"大宝□真高为现世安宁、后生善处奉献志自汝峰也。元□三年□八月□敬白"刻铭,其中"真高"为铭主姓名,日本研究者认为真高是一位中国裔人物。③ 真高系出福建浦城真姓一族亦属可能。宁波藏三方乾道三年(1167)旅日宋人刻石中有一方"张公意刻石",根据铭文,铭主(捐施者)张公意原籍"建州普城县",旅居日本,"建州普城县"即建宁府浦城县。④ 这方刻石证明,南宋时期已有建州(建宁府)浦城县人东渡日本,

---

① 宋代耕地通常以亩、角、步计量,此处"艮"应指山地,并非耕地,故未采用标准的耕地计量单位,"分"或相当于"份","一分""二分"可能是针对山地这种不规则空间的相对模糊的尺度表达。

② 宋孝宗(1127—1194)名赵昚,"昚"字古同"慎",绍兴三十二年(1162),赵昚登基,福建慎氏避皇帝名讳,改为"真"姓。真德秀出生于宋孝宗淳熙五年(1178),庆元五年(1199)登进士第步入仕途。他曾于嘉定九年至十二年(1216—1219)任泉州知州,其间整顿市舶、清剿海盗,促进了海上贸易。

③ 井形進:《薩摩塔研究概観——新資料の紹介と共に》,《古文化談叢》第65集,2011年,第321—330页;井形進:《薩摩塔の時空——異形の石塔をさぐる》,花乱社,2012年,第86—87页。

④ 宁波藏"张公意刻石"铭文为:"建州普城县寄日本国孝男张公意舍钱十贯,明州礼拜路一丈,功德荐亡考张六郎、妣黄氏三娘超升佛界者。"绍兴三十二年(1162)孝宗即位后将建州升为建宁府,该刻石纪年仍沿用了旧称,"普城县"应为"浦城县"的音讹。参见:刘恒武《宁波古代对外文化交流——以历史文化遗存为中心》,海洋出版社,2009年,第118—121页。

图 3-56　五塔岩石塔基座束腰铭文
（自摄）

图 3-57　五塔岩窣堵波式石塔塔身
（自摄）

兼之真德秀曾知泉州,其浦城真姓族人或有赴泉州港从事航海贸易者。即使相关推测根本无从论证,泉州龙水山五塔岩窣堵波式石塔束腰铭文和平户志々伎山萨摩塔束腰铭文都出现"真"姓人名,也可以说是一个值得人们进行合理联想的巧合。①

五塔岩的 5 尊窣堵波式石塔具有鲜明的南宋闽南窣堵波式石塔的特征,雕造时间应大致同于南宋岩寺营建年代,即南宋咸淳六年(1270)。与开元寺大殿北庭两石塔相比,塔身高度相对于腹径的比值变小,更接近圆球形,而非椭球状。(图 3-57)参看开元寺东塔基座束腰"玉象剃塔"浮雕图像中窣堵波式塔的圆球状塔身可以推知,"椭球状塔身→圆球状塔身"应是 13 世纪初期到 13 世纪中晚期的窣堵波式石塔形态演变趋势。

开元寺祖师塔

开元寺祖师塔位于泉州市丰泽区北峰街道,三尊石塔排为一列,塔形为窣堵波式塔,但性质上属于僧侣墓塔,不同于以敬佛祈愿为目的而造立的普通窣堵波式塔。僧侣墓塔分为两类:一类即前文已提及的无缝塔,此类塔一

---

① 五塔岩是我国东南海滨巨埠泉州域内的一处胜迹,山岩耸翠,中多奇洞。志々伎神社中宫萨摩塔所在的志々伎山则是日本九州西北海路要津——平户岛南端的一座灵峰,拥有丰富的山岳信俗遗存。

般是高僧的个人墓塔;另一类是禅僧合葬用的普同塔,也称"众生塔",目前所见宋代普同塔的塔身也为卵形,只是比高僧个人的无缝塔体量更大。① 就这三尊墓塔而言,列于中间的墓塔收纳历代住持灵骨,位于两侧的两尊分纳众僧遗骨,因此,三塔皆为普同塔。

三塔形制一致,高约235厘米,自下而上由须弥座、塔身和塔顶组成。须弥座平面呈六边形,底部为如意云头圭角,下枋、下枭、上枭、上枋皆素平无纹,三塔束腰正面分别阴刻"佛""法""僧"三字。须弥座上置覆盆状托座。其上为圆球状塔身,塔身较为低矮,上下端修平,中开火焰形龛,龛内凿空。塔顶为六角攒尖式,无枋、椽、斗拱、瓦垄等细部表现,顶面和檐端皆简质素平。塔顶装置葫芦形塔刹。

这种有仿木构顶盖、圆形塔身的普同塔,形态上是窣堵波式塔,性质上则属于僧侣墓塔,处在两种不同石塔谱系的交集。一般推测开元寺三尊祖师塔年代为宋末元初,具体时段不可考。江西云居山真如禅寺塔林也保存有两尊宋代普同塔,其中一塔基座为五层六边形,层层向上收分,塔身似覆钟,上端抹弧,下底修平,开圆拱龛,塔顶为仿木构六角攒尖顶,上置葫芦形塔刹;另一塔基座下部为覆莲状,上部平面呈六边形,塔身呈椭球状,上下端修平,开火焰形龛,上覆六角攒尖顶,顶上有葫芦形塔刹。② 这两尊塔基座形制简单,并非须弥座,雕造年代早于泉州开元寺祖师塔。

(四)窣堵波式石塔形制的地域差异

与浙南和浙东相比,宋代闽南窣堵波式石塔的演变脉络更加清晰。根据上述遗存资料,我们可以梳理出带有相对明确时序的闽南窣堵波式石塔谱系:洛阳桥南窣堵波式石塔(1059)→承天寺寺前组塔(12世纪中叶)→开

---

① 张十庆:《关于卵塔、无缝塔及普同塔》,《中国建筑史论汇刊》第13辑,中国建筑工业出版社,2016年。

② 唐健武:《五轮塔的华丽与简素之美——浙江七佛塔与江西云居山宋代僧塔风格的对比解析》,《法音》2018年第5期。唐健武将云居山真如寺现存包括普同塔在内的禅僧墓塔都归为"五轮塔"类属。值得一提的是,云居山真如寺三尊宋代禅僧墓塔的塔身近似浙东宋代无缝塔,但塔身之上安置六角攒尖式顶盖,这证明宋代无缝塔与普通窣堵波式石塔在形态演变脉络上可能存在关联。

元寺大雄宝殿北庭二塔(1211)→五塔岩组塔(1270)。另外,开元寺东塔(镇国塔)基座束腰"玉象剃塔"浮雕图像中的窣堵波式塔(1238—1250),可以补充开元寺大殿北庭窣堵波式石塔和五塔岩组塔之间的中间环节,开元寺祖师塔虽非普通窣堵波式石塔,但其形态可以为我们探讨13世纪晚期窣堵波式石塔的塔身变化趋势提供参考。

就宋代闽南窣堵波式石塔的形制变化规律而言,其基座(二重须弥座)、塔顶形制相对稳定,时代印记集中体现于塔身。以洛阳桥南窣堵波式石塔为代表的11世纪中期闽南窣堵波式塔,塔身形态为上下抹弧的圆柱体。到了12世纪中期,根据承天寺寺前组塔原构塔身和东院石塔的观察结果可以看出,塔身上下抹弧区段增大,表现出向椭球体过渡的特征。至13世纪初,闽南窣堵波式石塔塔身已经定型为中部鼓凸的椭球状,开元寺大雄宝殿北庭二塔即是这一时段窣堵波式塔的标型石作。13世纪中期和晚期,塔身中部鼓凸幅度增大,表现出粗矮化倾向,形态趋于圆球状,该阶段的塔例以五塔岩组塔为代表。

宋代闽南窣堵波式石塔与同时期浙南窣堵波式石塔拥有明显的共通之处:第一,塔身特征相近,尽管具体形态存在一定差异,但塔身平面都呈圆形,浙南窣堵波式石塔相关调查报告所说的"瓜腹状"塔身,实际上外轮廓也近于椭球体。就雕刻细节而言,宋代浙南窣堵波式石塔塔身常见的6条凹线,亦常见于闽南窣堵波式石塔塔身。第二,闽南窣堵波式石塔和浙南窣堵波式石塔的下层须弥座平面均呈六边形,与之对应,塔顶为仿木构六角攒尖式。

同时也应看到,两地窣堵波式石塔之间也存在一些形制差异:第一,根据现存实物遗存来看,宋代浙南窣堵波式石塔以最大径偏上的六棱瓜腹状塔身的塔例为主流,此类石塔的塔身侧视宛如有肩壶,而宋代闽南窣堵波式石塔塔身最大径居中,塔身中部鼓凸。宋代浙南窣堵波式石塔中只有丽水灵鹫寺组塔的塔身为最大径在中部,与闽南窣堵波式石塔相似。第二,闽南窣堵波式石塔第二重须弥座(上承塔身的须弥座)一般为六棱圆鼓状,而浙南窣堵波式石塔重层须弥座上下都是平面六边形,未见闽南的那种圆鼓状须弥座样式。第三,浙南窣堵波式石塔的仿木构六角攒尖塔顶,对于檐枋、斗拱、椽、瓦垄乃至匾额等细部都有精雕细刻的表现,而闽南窣堵波式石塔的六角攒尖塔顶一般十分简质,不做细节刻画,大多檐下无斗拱、顶面素平。

就塔身以上部位的设计而言,浙南窣堵波式石塔较繁,闽南窣堵波式石塔偏简。鉴于这些形制差异的存在,我们可以将这两个地区的宋代窣堵波式石塔视为两个彼此不同但却相互关联的系统——闽南系和浙南系,而丽水灵鹫寺组塔处在两个系统的交集。

就形态演变规律而言,宋代闽南系窣堵波式石塔和浙南系窣堵波式石塔的基座及塔顶形制都基本延续着固有的样貌,缺乏时段性的变化,具有阶段区分意义的演变主要体现在塔身。尽管闽南系窣堵波式石塔与浙南系窣堵波式石塔的塔身形制各具特征,但13世纪的演变趋势是一致的:相对于塔身最大径宽,塔身高度的比值逐渐变小。换言之,由13世纪初至13世纪中晚期,闽南系和浙南系窣堵波式石塔的塔身在视觉印象上都表现出趋宽变矮的倾向。

关于浙东地区窣堵波式石塔的定位,由于宋代实物遗存匮乏,目前仍无法做出推论。根据图像资料和现存构件来看,浙东地区窣堵波式石塔似乎兼容了浙南系和闽南系的特征:其基座一般采用浙南系平面六边形样式;塔身既有最大径偏上的,也有最大径在中部的;部分石塔的六角攒尖塔顶严密地模仿了木构攒尖屋顶,而有些石塔(如天台山七佛塔)的塔身上部与塔顶的接合处则处理得相对简质,不雕刻斗拱。①

(五)窣堵波式石塔与萨摩塔的比较

本节开篇已经提到我国闽浙地区窣堵波式石塔与日本九州现存萨摩塔之间基本形制的相似性,以上又具体论述了窣堵波式石塔造型、造像及纹饰的特征。在此基础上,我们可以对窣堵波式石塔和萨摩塔展开系统比较,进而厘清两者之间的谱系关系。

---

① 根据常盘大定和关野贞的《中国文化史迹》所收天童寺组塔图片来看,天童寺窣堵波式塔的塔身最大径偏上,塔顶斗拱、椽、瓦垄等细节俱全,状貌接近浙南系窣堵波式塔。参见:常盤大定等《中国文化史跡》图版第4辑,法藏馆,1939年,图IV-105-1。与之不同,根据天台山国清寺和上方广寺组塔的旧图,其塔身中部均是外鼓、呈圆球状,而塔顶雕刻处理似乎也不如浙南系窣堵波式塔繁复,坂田邦洋论文仅提到了塔顶檐内侧的椽形雕刻,未言及斗拱等,由此可以推知,天台山窣堵波式石塔或许吸纳了闽南系的元素。参见:坂田邦洋《论国东塔与中国天台山宝塔的关系》,丁琦娅译,《东南文化》1990年第6期。

第一，在尺寸上，窣堵波式石塔大，萨摩塔小。窣堵波式石塔即便不计塔刹，通常高度也在280厘米以上，而萨摩塔以通高60—80厘米者居多，类似南九州水元神社萨摩塔（高约193厘米）以及推测原高在200厘米以上的福冈马头观音堂萨摩塔、平户志々伎神社冲之宫萨摩塔那样的大型塔例属于少数。

第二，就塔体结构与形制而言，窣堵波式石塔和萨摩塔基本样式一致，两者均为：须弥座＋卵形/壶形/瓜腹状塔身＋仿木构塔顶。但窣堵波式石塔繁，萨摩塔简。不少窣堵波式石塔底部设置土衬石，须弥座以两层或三层者居多，而萨摩塔一般无土衬石，以单层须弥座为主，目前可以确认为重层须弥座的萨摩塔只有志々伎神社冲之宫萨摩塔一例[①]。浙闽窣堵波式石塔的塔身之下与须弥座接合的部位，往往设有单做的覆莲纹承台或覆盆状承台，而且，浙南窣堵波式石塔在塔身上部与塔顶接合的部位，往往还雕出仿木构的檐枋层和斗拱层。萨摩塔相应部位一般进行象征性的雕刻处理，一部分萨摩塔（特别是塔身与基座上部合材的塔例）略去了塔身底部承托的雕刻表现；另一部分萨摩塔则将塔身底部做成类似壶底圈足的形态，借此对应窣堵波式石塔的塔身承台，一般萨摩塔塔身与塔顶接合部无檐枋、斗拱等雕刻，其塔身顶部雕成壶口唇沿状，实际上是对檐枋和斗拱层的概括性表现。正因如此，萨摩塔的塔身看起来近似圈足敞口壶的形状。浙闽宋代窣堵波式石塔的塔身常有6道竖向凹线，将塔身分为6个区段，使得塔身近于瓜腹状。在九州现存萨摩塔中，有两例多棱壶状塔身的萨摩塔。其一即太宰府市个人藏宝满山萨摩塔，这尊小型萨摩塔须弥座平面呈四边形，塔顶为六角形，塔身竖向区隔为8个面，8个面的接合处形成脊棱。其二是平户下寺观音堂萨摩塔，其塔身分为4个侧面，连接处可以看到隐起的脊棱。[②] 这类萨摩塔带脊棱的塔身与窣堵波式石塔的有棱瓜腹状塔身之间存在相似性，两者均对塔身进行了竖向区隔。

比较窣堵波式石塔和萨摩塔的塔体结构，人们会产生一种基于印象的

[①] 桃崎祐辅、山内亮平、阿部悠理：《九州発見中国製石塔の基礎的研究——所謂「薩摩塔」と「梅園石」製石塔について》，《福岡大学考古資料集成4》，福岡大学人文学部考古学研究室，2011年，第70、86—87、91、117页。

[②] 井形進：《薩摩塔の研究序説》，井形進編《九州に偏在する中国系彫刻についての基礎的研究》，九州歴史資料館，2018年，第11—12页。

论断:萨摩塔实际上是对窣堵波式石塔形制做减法的结果。然而,这种说法并不完全正确,因为萨摩塔须弥座上部(上枋之上)均有栏杆平座的形制设计,而栏杆平座未见于浙闽现存窣堵波式石塔。栏杆平座通常设在楼阁式塔的塔身,例如,泉州开元寺双塔每层都有栏杆平座①。栏杆平座亦见于大型宝箧印塔,位于普陀山普济寺前海印池东南的普陀山多宝塔即是实例,该塔建于元代元统二年(1334),塔基外围和三层塔身都设有平座栏杆。② 浙闽现存宋代窣堵波式石塔和砖塔中,尚未发现一个须弥座上部雕有栏杆平座的塔例。

第三,在塔体造像和细部雕饰上,窣堵波式石塔与萨摩塔有同有异,同大于异。从基座来看,两者须弥座底部圭角,角端都做成如意云头状,装饰阴线对开双卷涡。窣堵波式石塔上层须弥座的下枭和上枭分别雕刻为覆莲纹和仰莲纹,这是一种常见做法。萨摩塔须弥座的上下枭和上下枋一般素面无纹,仅有志々伎神社沖之宫萨摩塔、马头观音堂萨摩塔这样的大型萨摩塔的须弥座枭部才有莲瓣纹雕饰,其中,志々伎神社沖之宫萨摩塔上层须弥座上枭为仰莲浮雕,马头观音堂萨摩塔须弥座残底的下枭为覆莲浮雕。

事实上,论及窣堵波式石塔和萨摩塔的须弥座细部雕饰,最值得关注的是须弥座束腰图像。萨摩塔须弥座束腰通常雕有四天王像,这也是萨摩塔有别于同时代日系石塔的特征之一,然而,这种固定的浮雕造像配置在现存窣堵波式石塔中却属于少数,目前仅见于丽水灵鹫寺窣堵波式组塔,四天王浮雕被安排于第三层(最上层)须弥座束腰。另外,洛阳桥南窣堵波式石塔上层须弥座的六棱圆鼓状束腰的正面雕刻韦陀像,塔身佛龛两侧则有线刻两天王像。不过,在浙闽一带发现的层塔和经幢的须弥座以及一些零散的须弥座束腰构件上,四天王浮雕却是常见的造像配置,因此,我们还不能仅仅以浙闽现存窣堵波式石塔的状况为论据,来断定窣堵波式石塔须弥座束腰通常不采用四天王浮雕。同时,萨摩塔须弥座束腰四天王像的姿势、甲胄以及所持兵器的特征需要着重关注,可以肯定地说,所有这些特征在浙闽现

---

① 相关论文也将之称为"平座勾栏"。参见:林钊《泉州开元寺石塔》,《文物参考资料》1958年第1期。

② 陈舟跃:《普陀山多宝塔》,《四川文物》2007年第6期。

存天王和武士石雕作品中均能找到。浙闽地区现存宋代窣堵波式石塔须弥座束腰上，通常的雕刻图式是狮子戏球和各种花卉纹饰、吉祥图案的组合，其中，狮子绣球图像非常普遍。九州现存萨摩塔的塔体表面未见戏狮浮雕，但目前发现3处萨摩塔(首罗山、志々伎神社冲之宫、海寺迹)与圆雕宋风石狮并置在一起，这种配置与窣堵波式石塔须弥座上雕刻戏狮的匠意，可谓异曲同工，虽然两者狮子雕像表现形式不同(一为圆雕，一为浮雕)，狮子与石塔的结合形态有异(一为剥离，一为附连)，但其观念内涵是一致的。

另外，福冈首罗山东侧萨摩塔、平户下寺观音堂萨摩塔和平户誓愿寺萨摩塔的塔身装饰浮雕祥云纹。其中，首罗山萨摩塔塔身祥云纹位于像龛背面，由多个涡状云朵组成，呈团云状；下寺观音堂萨摩塔塔身云纹雕在像龛边侧，由3个涡状云朵和2个带尖尾的如意云朵组成；平户誓愿寺萨摩塔塔身云纹在像龛上侧，也是如意云朵状。① 同样形态的团云和朵云，亦见于浙南丽水灵鹫寺的塔身，但灵鹫寺塔塔身的祥云纹是作为佛、菩萨、佛弟子、天人、龙等塔身浮雕图像的搭配纹饰加施的。在塔顶的细部雕刻处理上，浙南窣堵波式石塔的塔顶大都雕刻出一道道瓦垄，而大部分萨摩塔的塔顶顶面素平，只有首罗山萨摩塔、平户志々伎神社冲之宫萨摩塔、下寺观音堂萨摩塔等少数塔例的塔顶雕刻瓦垄。②

第四，就石材而论，九州现存萨摩塔中，除了平户下寺观音堂萨摩塔为花岗岩材质以外③，其他均以浙东地区凝灰岩石材制成。根据鉴定结果，其石材结理和矿物成分与宁波梅园石一致。浙南地区宋代窣堵波式石塔的塔体多采用当地的青灰石，土衬石等基础部位也有兼用花岗岩的。这类石材呈青灰色，质地为凝灰岩，有微隙和夹杂白色颗粒，不如宁波梅园石细腻。闽南地区现存宋代窣堵波式石塔大都为花岗岩材质，用材较为统一。浙东

---

① 井形進:《薩摩塔の時空——異形の石塔をさぐる》,花乱社,2012年,第49、49—50页;井形進:《薩摩塔の研究序説》,井形進編《九州に偏在する中国系彫刻についての基礎的研究》,九州歷史資料館,2018年,第10—12页。
② 井形進:《薩摩塔の研究序説》,井形進編《九州に偏在する中国系彫刻についての基礎的研究》,九州歷史資料館,2018年,第12—13页。
③ 井形進:《薩摩塔の研究序説》,井形進編《九州に偏在する中国系彫刻についての基礎的研究》,九州歷史資料館,2018年,第14页。

地区虽然缺乏足够的实物资料可资研判,但根据现存宋代窣堵波式石塔构件以及无缝塔的用材来看,浙东宁波地区宋代窣堵波式石塔应主要以宁波梅园石等当地凝灰岩制成,与萨摩塔一致。

以上从尺寸、塔体结构、图像雕饰以及石材等方面对窣堵波式石塔与萨摩塔做了一番整体比较。事实上,窣堵波式石塔之间也存在着地区差异,这种比较研究仍有细化的余地。如果将萨摩塔与浙南窣堵波式石塔和闽南窣堵波式石塔分别进行对比,我们可以看到,闽南窣堵波式石塔基座上部的圆鼓形须弥座,既不见于萨摩塔,也不见于浙南窣堵波式石塔。然而,论及塔身以上部位的处理方式,萨摩塔和闽南窣堵波式石塔又表现出共通性:两者塔顶的形态都比较简约,顶面素平者为主,无斗拱构件等细节的雕刻。这与浙南窣堵波式石塔相应部位的复杂雕刻大相径庭。若将观察的焦点置于塔身形态,萨摩塔的塔身既有最大径偏上的(浙南窣堵波式塔常见),也有最大径在中部的(闽南窣堵波式石塔常见)。在某种程度上可以说,萨摩塔以简约的形式集纳了浙南窣堵波式石塔和闽南窣堵波式石塔的特征,同时又拥有不同于窣堵波式石塔的独特匠意。浙南窣堵波式石塔和闽南窣堵波式石塔是同类石构因地域文化差异而产生的两个亚型,萨摩塔则在一种朴素简质的统一样式之下兼容了窣堵波式石塔的若干地域性特征。上文提到,浙东窣堵波式石塔似乎也表现出介于浙南系和闽南系的特征,那么,浙东窣堵波式塔与萨摩塔之间的关系如何? 这一问题耐人寻味,因为浙东宁波应即是萨摩塔的制作地和舶出地。如果在未来浙闽地区宋代石刻遗物的调查中仍无法找到萨摩塔的同型石塔,我们或许能够推断,萨摩塔是应对浙闽地区之彼岸——九州沿海的需求以及为了便于跨海舶运而创生的一个特殊石塔类型。

由于浙闽现存宋代窣堵波式石塔中存在若干带有纪年铭的塔例,故该形制的演变脉络较为清晰,前文对此已做过论述。理论上讲,作为窣堵波式塔之近型石塔的萨摩塔,在形制演变的趋势上应是一致的,如前所述,13世纪浙闽窣堵波式石塔的变化主要体现于塔身的演变:相对于塔身最大径,塔身高度的比值逐渐减小。具体而言,浙南窣堵波式石塔的塔身肩部(上部)变宽,而闽南窣堵波式石塔的塔身中腹鼓凸幅度趋大,由椭球状转变为圆球状。我们认为,这一形态演变规律亦可以用来明确九州现存萨摩塔的年代序列。

迄今为止,囿于材料,日本学界对于萨摩塔的年代论述甚少。第一章提到,井形进曾以并置石狮的推定年代为据,指出首罗山萨摩塔可能是13世纪中期的遗物。① 江上智惠论文指出,九州现存萨摩塔大部分属于13世纪遗物,志々伎神社中宫萨摩塔等少数塔例的雕造时间晚至14世纪。她还对萨摩塔的年代关系进行了探讨,认为现存萨摩塔之中,志々伎神社冲之宫萨摩塔年代最早,雕造时间接近丽水灵鹫寺塔(1216—1218),首罗山萨摩塔和下寺观音堂萨摩塔次之,属于13世纪前中期的石作,以南九州水元神社萨摩塔为代表的一批萨摩塔则晚至13世纪中叶以后。萨摩塔形制的演变趋势是:塔顶由仿木构带瓦垄雕刻的屋顶状简化为顶面素平的斗笠状;塔身由卵形转变为一种肩部外鼓的形体;须弥座下枋和下枭由薄变厚。②

若比照窣堵波式石塔形制的演变规律,我们就会发现江上论文存在的问题。首先,根据浙闽宋代窣堵波式石塔来看,顶面带瓦垄雕刻的塔顶与顶面素平的塔顶并无年代早晚关系,只反映一种地域差异。13世纪浙南窣堵波式石塔塔顶一般都有瓦垄雕刻,而13世纪闽南窣堵波式石塔塔顶通常不表现瓦垄,这种地域特征不分年代早晚。其次,卵形塔身和凸肩塔身之间也无时间先后关系,同样是地域区别,卵形和球状塔身的窣堵波式石塔常见于闽南,而凸肩塔身的窣堵波式石塔多见于浙南和浙东。真正体现年代关系的是塔身高度相对于塔身最大径宽的比值,13世纪早期塔例的塔身高度比值大,轮廓较为细高,之后塔身高度比值变小,塔身轮廓趋于矮宽。最后,具体到志々伎神社冲之宫萨摩塔,由于作为年代判断要项的塔身残损甚严重,轮廓不详,因此,江上有关其年代的推论只是一种可能性。

如果承认窣堵波式石塔与萨摩塔拥有共时并进的发展脉络,那么就需要对江上推导的萨摩塔年代序列做一调整。鉴于首罗山萨摩塔塔身的修长轮廓,推测其年代大致在13世纪前半叶,不应晚至13世纪中期;下寺观音堂萨摩塔塔身形似铜钫,但无凸肩,也应属于13世纪前半叶的遗物;江上论文

---

① 井形進:《首羅山遺跡の宋風獅子と薩摩塔》,久山町白山遺跡調查指導委員会、久山町教育委員会編《首羅山遺跡——福岡平野周縁の山岳寺院》,久山町教育委員会,2008年,第77—79頁。
② 江上智惠:《薩摩塔の編年試論——考古学の見地から》,井形進《薩摩塔の研究序説》,《九州に偏在する中国系彫刻についての基礎的研究》,九州歷史資料館,2018年,第101—122頁。

将福冈马头观音堂萨摩塔归于13世纪后期遗物之列,但从其出肩幅度来看,这尊萨摩塔很可能是13世纪中期甚至更早的石作。南萨摩坊津萨摩塔的塔身中部鼓凸,似球形壶。南九州水元神社萨摩塔的塔身肩部外鼓,如有肩壶,出肩比马头观音堂萨摩塔更宽。江上将这两尊塔例归为13世纪后期遗物,笔者赞同这一推断。

二 宋风石狮、层塔等舶载输日石刻的源流

前章已经提到,日本现存舶来宋风佛教石刻中,除了留存数量最多的萨摩塔之外,还有宋风石狮、层塔、阿弥陀经石、香炉以及佛、菩萨造像。其中,除了石狮和层塔之外,其他种类的石刻在中国难以找到形制相似的对应宋代遗存进行对比研究,只能通过宋代佛教石刻上的类似主题造像、雕件和相关纹饰的比照来做探讨。

(一)宋代石狮与舶载输日石狮

自公元1世纪起,狮子被西域各国作为贡品带入中国,东汉时期的墓前石雕中已经出现了狮子的形象。东晋以后,我国佛教石刻中越来越多地引入印度风格的狮子造像,这种带有佛教意蕴的狮子造像一般被作为护法灵兽安排在佛座的两侧。[①] 之后,狮子的形象逐渐成为我国绘画和雕刻图像中的一个重要元素。狮子石刻,既有圆雕,也有浮雕,既有彰显威仪的门狮,也有寓意吉祥的戏狮。在我国狮子造像的演变史上,作为佛教护法的神狮和世俗民间灵狮在造型上并无严格的区分,可以说,普通民众在接纳狮子图像的同时,也接受了狮像的佛教内涵。

我国现存可以确认为宋代的单体圆雕石狮数量有限,以下首先选取形制变化脉络清晰的巩义宋陵石狮做一考察,进而聚焦对日海域交流密切的浙闽地区的现存南宋石狮雕刻,借此检证日本研究者业已梳理出来的日藏宋代舶载输日石狮的谱系。

[①] 尚永琪:《莲花上的狮子——内陆欧亚的物种、图像与传说》,商务印书馆,2014年,第1—6页。

1. 宋陵石狮

在与日本列岛存在海域交流关系的浙闽地区,现存圆雕与浮雕石狮实物数量有限,无法让我们了解宋代石狮的全貌。鉴此,有必要将考察范围扩大到宋代北方石狮遗物资料,而北方宋狮遗存最为集中的地点则是巩义宋陵。

河南巩义位于洛阳和开封之间,这里是北宋帝后的陵区所在地。巩义宋陵包括:永安陵(宋太祖之父赵弘殷陵寝)、永昌陵(宋太祖赵匡胤陵寝)、永熙陵(宋太宗赵光义陵寝)、永定陵(宋真宗赵恒之墓)、永昭陵(宋仁宗赵祯之墓)、永厚陵(宋英宗赵曙之墓)、永裕陵(宋神宗赵顼之墓)、永泰陵(宋哲宗赵煦之墓)。每个陵都有祔葬后陵,主陵和祔葬陵墓共同构成一个陵域系统。各陵陵前石狮数量较多,具体资料在《北宋皇陵》文物调查报告中有详细介绍,以下依次对各陵陵前石狮特点进行概况分析。

永安陵祔葬孝惠贺皇后陵石狮

永安陵上宫和下宫地面均未发现石狮雕像,唯祔葬孝惠贺皇后陵东门南侧存有1尊门狮,体量较小,高约103厘米,张口披鬃,鼓胸弓背,雕作工艺粗糙。[1]

宋太祖永昌陵石狮

永昌陵上宫有门狮8尊。其中,南门2尊石狮为走姿,其余三门6尊石狮均为蹲姿。走姿石狮下有两重方形台座,狮身高194厘米,一张口,一闭口,颈挂项圈,项圈上还有锁链,锁链绕于背上。蹲姿石狮蹲坐于两重方形石板叠成的台座之上,狮身高170—182厘米不等,5尊闭口,1尊张口,雄狮狮鬃卷起,雌狮狮鬃分束下披,身无项圈、锁链。走狮和蹲狮全身最大的块面都在头颈胸部位,四肢形态矫健。[2](图3-58)陵区内的章怀潘皇后陵有门狮3尊,其中南门两狮大部埋于地下,北门一狮高144厘米,闭口卷鬃,颈挂项圈和锁链。[3] 永昌陵下宫南门现存一对蹲狮,东侧狮高144厘米,西侧狮

---

[1] 河南省文物考古研究所编:《北宋皇陵》,中州古籍出版社,1997年,第26页。
[2] 河南省文物考古研究所编:《北宋皇陵》,中州古籍出版社,1997年,第47、51页。
[3] 河南省文物考古研究所编:《北宋皇陵》,中州古籍出版社,1997年,第53页。

高146厘米,两狮皆闭口,颈无项圈,东狮披鬃,西狮卷鬃,下置方形踏板。两狮造型特征同于同陵域上宫门狮。①

图 3-58　永昌陵上宫石狮
(引自河南省文物考古研究所 1997 年报告)

宋太宗永熙陵石狮

永熙陵上宫东、西、南、北四个神门各置一对门狮,东、西、北三门六狮为蹲姿,狮身高 186—232 厘米不等,下置两重方形台板。其中,东门石狮卷鬃、张口。(图 3-59)西门石狮卷鬃、闭口。北门两狮皆为披鬃,一开口、一闭口。这些蹲狮之中,除了西门北狮无项圈之外,其余石狮皆颈佩绳状项圈,悬一铃铛。南门两走狮,立于两重方形台板之上。东狮卷鬃开口,高 210 厘米,西狮披鬃闭口,高 224 厘米。两狮皆颈佩项圈、身搭锁链,项圈上有铃铛、缨穗。永熙陵石狮狮首威势外张,胸颈造型饱满,蹲狮项圈形制简素,形似系绳。②祔葬元德李皇后陵四神门各置石狮一对,皆为蹲狮,狮身高 185—195 厘米不等,下置方形台板。南门两狮闭口,一狮卷鬃,一狮披鬃。北门两狮皆卷鬃开口。东门两狮,其一闭口卷鬃,另一开口披鬃。西门两狮皆开口,一披鬃,一卷鬃。8 尊石狮皆佩戴系挂单铃的项圈,项圈为绳状或带状,有的石狮狮首偏向一侧,做顾盼状。③祔葬明德李皇后陵现存 7 尊门狮,狮身高 133—

---

① 河南省文物考古研究所编:《北宋皇陵》,中州古籍出版社,1997 年,第 56 页。
② 河南省文物考古研究所编:《北宋皇陵》,中州古籍出版社,1997 年,第 83—84、88—89 页。
③ 河南省文物考古研究所编:《北宋皇陵》,中州古籍出版社,1997 年,第 91、97 页。

145 厘米不等，造型与同陵域其他石狮相仿，颈挂绳索，上系铃铛。① 祔葬章穆郭皇后陵留有门狮 3 尊，南门两狮，东门一狮，颈系绳索或佩项圈，东门狮高约 164 厘米，造型特征与同陵域其他石狮一致。② 永熙陵下宫南门尚存蹲狮 2 尊，东狮闭口披鬃，高约 188 厘米，西狮开口卷鬃，高约 172 厘米，颈挂绳状项圈，中系一铃铛。③

图 3-59　永熙陵东门石狮
（引自河南省文物考古研究所 1997 年报告）

宋真宗永定陵石狮

永定陵上宫有门狮 4 对。其中，南门一对走狮和西门一对蹲狮保存状况较好。南门走狮高约 224 厘米，均为卷鬃，东狮开口，西狮闭口，狮首偏向一侧，做顾盼状，颈佩项圈，身搭锁链，项圈上系挂铃铛、缨穗。狮身下置方形踏板。西门两狮为蹲姿，高约 220 厘米，南狮披鬃合嘴，北狮卷鬃开口，颈佩项圈，上系铃铛、缨穗。狮身下置四重方形台板。永定陵上宫石狮的狮鬃、髭须、项圈、趾爪等细部雕刻得一丝不苟，前腿侧鬃雕做卷涡状，极具装饰性。体态匀称周正，狮首、身躯、四肢比例合理。④ 祔葬章献明肃刘皇后陵、章懿李皇后陵、章惠杨皇后陵，各有门狮 8 尊，风格同于同陵域上宫石狮，但雕刻精细度略有逊色。⑤ 永定陵下宫南门现存一对蹲狮，高约 210 厘米，皆

---

① 河南省文物考古研究所编：《北宋皇陵》，中州古籍出版社，1997 年，第 99 页。
② 河南省文物考古研究所编：《北宋皇陵》，中州古籍出版社，1997 年，第 104 页。
③ 河南省文物考古研究所编：《北宋皇陵》，中州古籍出版社，1997 年，第 104—105 页。
④ 河南省文物考古研究所编：《北宋皇陵》，中州古籍出版社，1997 年，第 123、126 页。
⑤ 河南省文物考古研究所编：《北宋皇陵》，中州古籍出版社，1997 年，第 130、132、133 页。

卷鬃张嘴,颈佩项圈,狮头偏向内侧,狮鬃、趾爪等细节处理的精细程度与同陵上宫石狮相仿。①（图 3-60）

图 3-60　永定陵下宫石狮
（引自河南省文物考古研究所 1997 年报告）

宋仁宗永昭陵石狮

永昭陵上宫现存门狮 8 尊。其中,南门两狮为走狮,高 200—210 厘米,其余皆为蹲狮,高 194—228 厘米。雄狮卷鬃居左,雌狮披鬃居右,颈佩项圈,上系铃铛、缨穗,背披花结帛带。（图 3-61）南北二门的西狮张口,东狮闭口。东西两门的南狮张口,北狮闭口。就造型而言,狮身佩项圈、披帛带,鬃发、髭须雕刻规整细致,细部处理富于装饰性。然而,注重细节的同时,却未能兼顾整体美感的把握,石狮前腿变细,上下腿径基本一致,呈柱状,前腿与胸部连接部位的处理呆板,缺乏力度。② 祔葬慈圣光献曹皇后陵现存门狮 4 对、下宫南门现存门狮 1 对,高 194—200 厘米,造型特征同于同陵域上宫石狮。③

图 3-61　永昭陵上宫石狮
（引自河南省文物考古研究所 1997 年报告）

---

① 河南省文物考古研究所编:《北宋皇陵》,中州古籍出版社,1997 年,第 133—134 页。
② 河南省文物考古研究所编:《北宋皇陵》,中州古籍出版社,1997 年,第 159—160 页。
③ 河南省文物考古研究所编:《北宋皇陵》,中州古籍出版社,1997 年,第 168 页。

宋英宗永厚陵石狮

永厚陵上宫现存门狮 8 尊。其中,部分石狮大半埋在地下,莫辨其详,东、北、西三门石狮高度为 174—188 厘米,雄狮卷鬓,位于左侧,雌狮披鬓,位于右侧。胸颈上都佩戴项圈,项圈上系挂一铃铛、两缨穗,身披花结帛带,下置两重方形台板。[①] 狮像体态匀称,造型端整,雕刻细腻。前腿和后胯偏细瘦,与永昭陵石狮相似。(图 3-62)袝葬宣仁圣烈高皇后陵现存门狮 8 尊,均为蹲狮,除北门西狮之外,余皆保存完好。狮像高度为 168—170 厘米。西、北两门石狮为左雄右雌,南、东两门石狮为左雌右雄。狮像安置于方形台板之上。高皇后陵石狮雕作工艺精致,造型特征与同陵域上宫石狮一致。[②] 永厚陵下宫仅存一对南门狮,下半身埋于地下,东狮披鬓闭口,西狮卷鬓开口。[③]

图 3-62　永厚陵上宫石狮
(引自河南省文物考古研究所 1997 年报告)

宋神宗永裕陵石狮

永裕陵上宫现存门狮 8 尊。其中,南门对狮为走狮,高 212 厘米,狮头偏向内侧,均为卷鬓,颈佩项圈,身搭锁链,项圈上挂一铃、两缨穗,石狮躯干壮硕,后臀微微上翘,四肢劲健,下置三重方形台板。东、西两门的两对石狮均

[①]　河南省文物考古研究所编:《北宋皇陵》,中州古籍出版社,1997 年,第 189 页。
[②]　河南省文物考古研究所编:《北宋皇陵》,中州古籍出版社,1997 年,第 196—197 页。
[③]　河南省文物考古研究所编:《北宋皇陵》,中州古籍出版社,1997 年,第 197 页。

为蹲狮,高 172—190 厘米。雌狮居左,披鬃开口;雄狮居右,卷鬃闭口。(图 3-63)北门两狮头部残损。上宫蹲狮虽然雕作精良,但腿、胯、躯干都显得较瘦,且弓背探首做犬态,缺乏气势。① 祔葬钦圣宪肃向皇后陵现存门狮 6 尊,分别位于北、东、西三门,为蹲姿,高 194—220 厘米。雌狮披鬃居左,雄狮卷鬃居右。造型特征与同陵域上宫蹲狮一致,但相比于上宫蹲狮略显健硕。② 祔葬钦慈陈皇后陵现存门狮 7 尊,做蹲姿,像高 178—187 厘米。南北两门雌狮居左,披鬃闭口。雄狮居右,卷鬃开口。东、西两门雌雄对狮位置与南、北二门雌雄双狮的位置相反。③ 祔葬钦成朱皇后陵现存门狮 6 尊,做蹲姿,左雌右雄,像高 175—185 厘米,形态特征与陈皇后陵石狮近似,头部硕大,前腿做柱状,与胸部的接合显得突兀,后胯缺乏力感。④ 祔葬显恭王皇后陵现存门狮 6 尊,做蹲姿,左雌右雄,像高 162—172 厘米,前腿造型较陈皇后陵和朱皇后陵石狮略显健壮。⑤ 永裕陵下宫南门留有门狮一对,均为蹲狮,身高 220—232 厘米。雌狮居左,披鬃闭口。雄狮居右,卷鬃开口。虽然雕像气势不足,但各部位比例适度,细部雕刻精良。⑥ (图 3-64)

图 3-63　永裕陵上宫石狮
（引自河南省文物考古研究所 1997 年报告）

图 3-64　永裕陵下宫石狮
（引自河南省文物考古研究所 1997 年报告）

① 河南省文物考古研究所编:《北宋皇陵》,中州古籍出版社,1997 年,第 226、231—233 页。
② 河南省文物考古研究所编:《北宋皇陵》,中州古籍出版社,1997 年,第 235、241 页。
③ 河南省文物考古研究所编:《北宋皇陵》,中州古籍出版社,1997 年,第 240 页。
④ 河南省文物考古研究所编:《北宋皇陵》,中州古籍出版社,1997 年,第 244 页。
⑤ 河南省文物考古研究所编:《北宋皇陵》,中州古籍出版社,1997 年,第 244 页。
⑥ 河南省文物考古研究所编:《北宋皇陵》,中州古籍出版社,1997 年,第 245—246 页。

宋哲宗永泰陵石狮

永泰陵上宫现存门狮 8 尊。其中,南门两狮为走姿,高约 229 厘米,左雄右雌,狮头偏向内侧,眼、耳、鼻、嘴、鬃发、项圈等细部雕刻精细,但狮身躯干较短,比例略显失度。(图 3-65)其余三门石狮均为蹲姿,高 173—192 厘米,左雄右雌,颈佩项圈,项圈上系挂铃铛、缨穗,身披花结帛带,前腿雕刻装饰性图案。[①] 祔葬昭怀刘皇后陵现存门狮 8 尊,高 174—181 厘米,造像特征与同陵域上宫石狮相近。[②]

图 3-65　永泰陵上宫石狮
(引自河南省文物考古研究所 1997 年报告)

根据上述石狮遗存资料,可以窥知北宋皇陵石狮造型的演变脉络。北宋初期宣祖永安陵祔葬墓和宋太祖永昌陵的石狮,造型威武,保留着唐风余绪,其中的蹲狮,雕作比较粗犷简质,大多颈下不佩项圈,最大高度约为 182 厘米。宋太宗永熙陵的石狮,风格与永昌陵基本相仿,但已开始注意细部的装饰性处理。蹲狮之中,高度在 185 厘米以上的大体量雕像增多,有些蹲狮高度甚至达到 200 厘米以上。蹲狮一般佩戴项圈,项圈多为绳状,亦有呈带状者,上系单铃,形制简素。到了真宗永定陵,石狮整体造型优美,精雕细刻,细部表现富于装饰性,艺术水准达到一个高点。永定陵蹲狮多见 200 厘米以上的石作,祔葬章惠杨皇后陵石狮体量相对较小,但高度也在 164—181 厘米,项圈多为带状,以多个铃铛和缨穗装饰搭配,细节雕刻一丝不苟,对狮

---

① 河南省文物考古研究所编:《北宋皇陵》,中州古籍出版社,1997 年,第 270、272、277 页。
② 河南省文物考古研究所编:《北宋皇陵》,中州古籍出版社,1997 年,第 272、279 页。

狮尾摆向相反。仁宗和英宗两陵的石狮延续了真宗时期对于细部装饰性雕刻的注重,并且有所加强,例如狮像普遍背披花结帛带。这一时期,雄狮卷鬃、雌狮披鬃成为定则。同时需要注意的是,该时期蹲狮腿部细瘦,且造型呆板。神宗永裕陵走狮中,出现了若干极具艺术性的佳作,与之形成对照,一部分蹲狮(如上宫门狮)伸首弓腰,形象瘦弱。哲宗永泰陵石狮,雕刻工艺精美,腿部处理得到改善,永裕陵蹲狮的那种弓形背也已不复存在,外在形态和内在气质的艺术性均有所回升。总体而言,北宋皇陵石狮(尤其是蹲狮),以真宗永定陵为分界,之前的作品相对简质粗朴,但气势充盈,之后的作品追求细部雕饰、讲求造型规范的同时,多少失却了早期那种刚健豪迈的气质。

北宋皇陵石狮造像年代明确,演变脉络清晰,尽管造像个体的艺术性存在差异,但其中大部分作品出自当时一流工匠之手,雕作工艺精良,代表了北宋全域石雕艺术的顶级水准,兼之同时代同类石作所存寥寥,因此,这批石刻堪称瑰宝。巩义北宋皇陵石刻大都以石灰岩雕制,关于石材的来源,考古人员已在河南偃师大口镇白瑶村一带发现了宋陵采石场,该地点处于偃师南部山区的南横岭南麓,这里发现了废石料、石刻半成品以及7处刻有宋陵采石记事的题记,采石场的石料皆为青色石灰岩。①

2. 东南沿海所存宋代圆雕石狮及浮雕狮子图像

由于日藏舶载宋风石狮主要从我国东南沿海地区经海路输入日本,无疑,东南沿海地区是日藏宋风石狮跨海溯源的对象区域,然而,目前该地区可以确认为宋代的石狮遗存十分有限,以下择其要者做一介绍。

宁海惠德桥石狮首

在浙江地区现存可以确认为宋代遗物的少数圆雕石狮中,首推宁海惠德桥石狮。宁海惠德桥是一座南宋石桥,位于宁海长街镇西岙村村口,因该桥桥上栏板分为三段,桥两端各有一对狮头,故又被称为"三截桥""四狮桥"。惠德桥是一座长约11米、宽约4.3米、净跨度近7米的单拱石桥,桥面两边装有束腰栏板,间设莲花望柱8个,现存4个,狮首石雕位于桥两端的拱

---

① 河南省文物考古研究所编:《北宋皇陵》,中州古籍出版社,1997年,第441—443页。

肩上方,面村一侧的两个狮首闭口,朝外一侧的两个狮首开口。① 桥端 4 个狮首不仅有镇桥辟邪的寓意,而且在工程力学上可以起到稳定拱券的作用。

惠德桥石狮首有一定程度的风化,但雕刻基本轮廓保存尚好。两尊张口狮首中,一尊头顶部位风化较重,鼻孔、狮嘴开张,腮下两侧髭须曲卷,脑后狮鬃下端卷为涡状;另一尊眼、鼻、口保存完好,圆睛鼓凸,鼻孔下有两道阴刻弧线(应为唇上髭须),阔口开张。鼻、口和两颊的部位整体接近方形块面。(图 3-66、图 3-67)两尊闭嘴狮首都比较完整,造型也基本一致,圆睛、阔鼻、鼓腮,鼻下三道阴刻弧线,两腮边侧(耳下)有三朵卷鬃。狮嘴突出,轮廓呈方形块面。(图 3-68、图 3-69)

图 3-66 惠德桥张口石狮首之一
(杨古城先生惠赠)

图 3-67 惠德桥张口石狮首之二
(杨古城先生惠赠)

图 3-68 惠德桥闭口石狮首之一
(杨古城先生惠赠)

图 3-69 惠德桥闭口石狮首之二
(杨古城先生惠赠)

① 章国庆:《关于宁海惠德桥的几点想法》,《浙江省博物馆学会 2006 年学术研讨会文集》,浙江省博物馆学会编印,2006 年,第 86—88 页;冯一伟等:《南宋古韵:西岙村》,《宁波通讯》2014 年第 24 期;陈云松:《宁海西岙:三门湾畔千年古村》,《宁波通讯》2015 年第 6 期。

关于石桥的具体年代,研究者推断为南宋晚期。① 南宋理宗后期至度宗时期,宁海西岙陈、郑、周、王四族贤达辈出,四姓有人入朝为官,再加上度宗时期的右丞相叶梦鼎原籍亦在此,这期间西岙乡里达到鼎盛,推测西岙四姓宗祠和三座宋桥(惠德桥、祠堂桥、寺前桥)②均是这一时期(即13世纪50年代至60年代)完成的。鉴此,惠德桥石狮首的年代应为13世纪中期。

丽水灵鹫寺石塔和瑞安兴福寺石塔的浮雕狮子

由于浙江沿海地区现存年代明确的宋代圆雕石狮数量甚少,需要将相关研究的考察范围扩大至浮雕遗存。如前节所述,浙南地区现存窣堵波式石塔须弥座上大多装饰戏狮浮雕,这些浮雕是探讨宋狮图像与造型的极佳资料。然而,需要指出的是,有些石塔上狮子图像所在部位的构件在塔体修复过程中可能被换新。鉴此,本部分仅择取年代确切且狮子图像为原塔构件雕饰的丽水灵鹫寺石塔和瑞安兴福寺石塔相关资料做一考察。

丽水灵鹫寺窣堵波式石塔所见浮雕狮子图像,配置于第二重须弥座束腰,狮子多做前扑姿势,向一侧探首,口衔绣球飘带,尾端竖起或下垂。狮头占比大,头鬃分为若干束,末端卷起。狮身壮硕,微微弓蜷,蓄力待发。(图3-70)其中一塔的塔身雕有骑狮文殊菩萨图像,座下狮子的特点与须弥座束腰戏狮相似,狮头硕大,偏向左侧,以方形块面为基底精雕耳、眉、眼、鼻、嘴以及头鬃等细部,项圈上饰连续回形纹,系有一铃、一缨穗。狮尾上扬。

瑞安兴福寺窣堵波式石塔浮雕狮子图像,也位于第二重须弥座束腰,狮子或做下扑姿势,或做上腾姿势,狮头占比较小,狮鬃或为卷鬃,或为直鬃。狮身尺度拉长,造型曲转圆柔,富于动感。(图3-71)

---

① 章国庆:《关于宁海惠德桥的几点想法》,《浙江省博物馆学会2006年学术研讨会文集》,浙江省博物馆学会编印,2006年,第87页。
② 西岙三座宋桥中的惠德桥位于村口,祠堂桥位于村中祠堂前,寺前桥位于村后集福寺古道,均是单孔石拱桥,坐落于同一溪流之上,可以被视作一个彼此呼应的石桥群,是村内外交通系统的有机组成部分。相关资料参见:冯一伟等《南宋古韵:西岙村》,《宁波通讯》2014年第24期;冯倩:《浙江宋元时期桥梁研究》,浙江大学硕士学位论文,2011年,第25页。

图 3-70　丽水灵鹫寺石塔浮雕狮子
（自摄）

图 3-71　瑞安兴福寺石塔浮雕狮子
（引自叶挺铸 2011 年论文）

丽水灵鹫寺石塔浮雕狮子图像年代为 13 世纪初期，瑞安兴福寺石塔浮雕狮子图像年代为 13 世纪中期。两者虽为浮雕作品，但演变趋势与同时段的日藏宋代圆雕石狮是一致的：狮头占比缩小，狮身趋长，整体造型轮廓变得舒展柔和。可以说，13 世纪初的石狮雕像，无论是圆雕抑或是浮雕，都有一种劲力内蓄的感觉，狮头与胸颈的部位能量饱满。而到了 13 世纪中期，狮子雕像的力感已经散逸至全身，视觉上的威势逊于前期。

泉州开元寺东塔（镇国塔）浮雕狮子

泉州开元寺东塔须弥座束腰佛教故事系列浮雕中，有两方狮子题材的雕刻图像，一方是"斗勇金毛"，另一方是"云岩狮子"（图 3-72）。这两方狮子题材的浮雕图像，不仅展现了狮子图像丰富的佛教内涵，同时也体现出 13 世纪前半叶闽南狮子浮雕的造型特点。

图 3-72　开元寺东塔"云岩狮子"浮雕
（自摄）

"斗勇金毛"是佛本生故事之一则，故事大致内容是：佛祖前世曾是一只金毛狮子,有个猎人想射杀它,以得其金色毛皮进献国王,于是伪装成僧侣,寻机用毒箭射向金狮。狮子中箭后大怒,欲咬杀猎人,但看到猎人身着佛门袈裟,觉得自己不应对他有恶心,于是宁愿自己丧命也未加害猎人。在开元寺东塔须弥座"斗勇金毛"浮雕图像中,猎人站立于左侧,右边有两只狮子正在缠斗,一狮上扑,张口咬住另一狮的背部,另一狮前冲,咬住上扑之狮的后腿,上攻者志在必得,下袭者分寸不让,画面激烈,富有动感,两狮狮头硕大、四肢劲健。画面右端还有一个绣球。

"云岩狮子"是一则禅僧故事,故事讲的是潭州(今湖南长沙)云岩寺僧昙晟与澧州(今湖南常德澧县)药山寺僧惟俨的禅话。昙晟赴药山寺拜谒惟俨禅师,惟俨禅师问他:听说你能弄狮?昙晟点头答是。惟俨禅师又问:弄得几出?昙晟答:六出。惟俨禅师曰:吾亦能弄。昙晟问:弄得几出?惟俨禅师答:一出。昙晟曰:一即六,六即一。开元寺东塔须弥座"云岩狮子"浮雕图像中也有两只狮子,左侧一狮下扑,右侧一狮仰翻,中间有一绣球。左狮头向右转,眼望绣球,头上狮鬃分束;右狮身躯后仰,狮头探向绣球,狮鬃卷起。两狮以绣球为中心,动作彼此呼应,狮头威势外张,狮身壮硕有力。

前节提到,开元寺东塔须弥座应完成于13世纪30年代末至40年代初,因此须弥座束腰浮雕大致属于这一时间段的作品。与丽水灵鹫寺石塔和瑞安兴福寺石塔的浮雕狮子相比,开元寺东塔浮雕狮子的狮头气势饱满,与丽水灵鹫寺石塔浮雕狮子相近,但其狮身屈转扭摆,富于动感,又与瑞安兴福寺石塔浮雕狮子图像相似。整体造型特征介于两者,呈现出13世纪早期向中期过渡的状貌。

南安五塔岩石塔浮雕狮子

泉州南安五塔岩窣堵波式石塔上亦见浮雕狮子,浮雕狮子位于第一重须弥座束腰,均为狮子戏球图像。图像中的狮子做前扑、侧扑、飞身转头、转身前探等各种姿态,富于动感,散发出一种民间雕刻的谐趣,狮头所占比例缩小,狮身形似虎身。(图3-73)如前节所述,五塔岩窣堵波式石塔系13世纪70年代初的石作,因此浮雕狮子图像年代明确,作为闽南浮雕石狮的典例,上承开元寺东塔浮雕石狮的余韵而又有所变化。

图 3-73　五塔岩石塔须弥座浮雕狮子
（自摄）

3. 从我国现存宋代石狮遗存来看日藏舶载宋风石狮的脉流

若将日本现存舶入宋风石狮与北宋皇陵蹲狮进行比照，可以看出，北宋皇陵蹲狮头部硕大，颈部短粗，口鼻和两颊棱角分明，这些特征在九州北部宗像大社所藏石狮（13世纪初）和太祖神社石狮（13世纪前期）上仍有遗留。这说明，宋陵石狮形成的范式一直影响到13世纪石狮的雕刻制作。

奈良东大寺南门现存一对石狮，系12世纪末渡日宋朝工匠以中国石材在奈良当地雕造的，东侧石狮本体高180厘米，西侧石狮本体高160厘米，两狮台座高度均为140厘米。① 西狮为雌狮，头鬃以分束披鬃为主，也有少部分卷鬃；东狮为雄狮，头鬃为卷鬃。两狮均颈佩项圈，项圈上系挂缨穗。② 东大寺两石狮的狮首和项圈等细部雕作同于宋陵蹲狮，不过，两前腿大跨度前伸，胸颈挺正舒展，狮头重心偏后，有别于宋陵蹲狮粗颈、鼓胸、嘴鼻与前爪大致垂直一线的特征，而与同时代保留着唐代遗风的日本狛犬近似，其修长的背部曲线又与宁波东钱湖南宋史氏家族墓前石虎相仿。③ 东大寺南门石狮并非舶载输日石刻成品，而是渡日宋朝工匠折中了宋狮形态特征和日本

---

① 刘恒武：《宁波古代对外文化交流——以历史文化遗存为中心》，海洋出版社，2009年，第139—140页。
② 目前东大寺南门石狮有铁丝网罩围护，一般调查者只能观察狮像前侧和外侧。详细资料参见：大江绫子《東大寺石獅子》，山川均编《寧波と宋風石造文化》，汲古書院，2012年，第11—54页。
③ 藤泽典彦《从北宋皇帝陵石狮到东大寺石狮》一文曾对宋陵石刻与东大寺宋风石狮进行过对比，该文收于：山川均编《寧波と宋風石造文化》，汲古書院，2012年，第227—272页。

狛犬造型风格而完成的石刻作品，因此游离于宋狮的传承谱系之外。

就惠德桥石狮首的特点而言，由于只是局部圆雕，很难将其置于南宋石狮演变谱系中进行定位。不过，惠德桥石狮首表现出的若干特征仍值得注意。例如，狮头基本轮廓为方形块面，眼、鼻、嘴、耳等细部都是在这一基底上完成的，这一特征与宗像大社所藏石狮近似，但是，狮头吻部突出，侧面及顶面轮廓柔和，这些特征又与日藏13世纪中期宋风石狮相似。此外，惠德桥石狮的石材呈赭红色，应系凝灰岩质地，表面布满绿色苔迹，其顶部和后部轮廓、狮鬃线刻以及风化样貌与平户海寺迹宋风石狮残块①非常相似，可以相互参比。

相比于圆雕石狮，东南沿海现存13世纪浮雕石狮的演变谱系较为清晰，而且在这个谱系之内有若干年代明确的标型雕作：丽水灵鹫寺窣堵波式石塔浮雕石狮（1216—1218）→泉州开元寺东塔须弥座浮雕石狮（13世纪30年代末至40年代初）→瑞安兴福寺窣堵波式石塔浮雕石狮（13世纪50年代至60年代）→泉州南安五塔岩窣堵波式石塔浮雕石狮（13世纪70年代初）。由此可以窥见13世纪浮雕狮子雕刻风格的嬗变规律：狮头占比逐渐缩小，狮身趋长，狮子体态变得舒展柔和。这一变化趋势与日藏舶载输日宋风石狮（宗像大社石狮→太祖神社石狮→观世音寺石狮→饭盛神社石狮）的演变脉络是一致的。因此可以说，浙闽地区现存浮雕石狮从侧面印证了前章有关日藏舶载宋风石狮谱系推论的正确性。

就宋代石刻戏狮造像而言，无论浮雕和圆雕的作品，都力图兼容威慑感和趣味性，在两者之间寻求一个适当尺度。根据以上介绍的浙闽地区和日本列岛所存13世纪相关遗存来看，13世纪前期的作品威慑感大于趣味性，之后，威慑感逐渐消减，趣味性越来越浓，到了13世纪晚期及以后，趣味性已经明显大于威慑感。

（二）浙闽宋代石制层塔、塔幢等石刻与同类舶载输日石刻

石造层塔，是日本古建筑术语，指的是多重檐石塔，其祖型是中国楼阁

---

① 井形进：《薩摩塔の時空——異形の石塔をさぐる》，花乱社，2012年，第34—35页。

式或密檐式石塔。日本石造层塔自公元8世纪起就已成为日本石塔的主流，其造型简质，通常平面呈四边形，自下而上由塔基、塔身、轴（塔心）、笠（重檐）和塔刹组成。① 其形制自成一系，与唐以降造型复杂、雕饰繁缛的我国石塔大异其趣。13世纪上半叶，明州渡日工匠伊行末在奈良主持建造大藏寺层塔和般若寺十三重塔，两塔的塔笠虽有宋塔翘角腰檐的气韵，但仍沿用了日本层塔的基本形制。② 与之不同，福冈惠光院层塔则带有更多的宋代楼阁式石塔的特征，虽然造型简素，但与宁波二灵塔、宁波延寿王寺石塔、泉州洛阳桥三层塔等宋代石塔有相通之处。另外，福冈博多区坚粕耕月院方形石构件、福冈糟屋郡篠栗町乙犬小堂的方形石构件，可能也是层塔或塔幢的残件。③ 为了便于比照，以下对宁波二灵塔、宁波延寿王寺石塔、泉州洛阳桥三层塔、泉州洛阳桥五层塔以及其他塔幢遗物做一介绍。

宁波二灵塔

二灵塔位于宁波鄞州东钱湖东南部的二灵山上，二灵山实为东南—西北向伸入湖中的一个长条山峦状半岛，二灵塔位于半岛山脊北端略偏东南的地点。关于二灵塔的建造年代，宁波地方史家曾有五代吴越说和宋初说，但在塔的东壁底层发现有"政和□年"刻铭，据此可以推知，今塔主要石构应为北宋徽宗政和年间（1111—1118）建造的。二灵塔为平面呈方形的楼阁式石塔，石材为东钱湖周边地区产粗质凝灰岩，颜色呈灰白色。塔体建于方形台基之上，台基为20世纪80年代重建，以条石砌成，总高45厘米，面宽650厘米，纵长750厘米，南北两侧各建有台阶。石塔本体总高998厘米，由须弥座、七层塔身和塔刹组成。④（图3-74）

须弥座为两重，通高约178厘米，最宽边长约247厘米。须弥座第一重（下）的底层为圭角层，每面两组如意云头雕饰，其上依次为下枋、束腰和上

---

① 林辉：《层塔——日本石文化系列介绍（二）》，《石材》2003年第10期。
② 刘恒武：《宁波古代对外文化交流——以历史文化遗存为中心》，海洋出版社，2009年，第141—142页。
③ 井形进：《薩摩塔の時空——異形の石塔をさぐる》，花乱社，2012年，第95—98页。
④ 林浩：《东钱湖石作艺术》，宁波出版社，2012年，第124—134页；杨晓维：《宁波二灵塔的建造艺术及内涵价值》，《浙江建筑》2016年第1期。

图 3-74　宁波二灵塔（自摄）

枋，上下枋素面无纹，束腰条石上有开光花形浮雕图案，但风化较甚。第二重（上）须弥座由下枭、束腰、上枭和上枋组成，枭、枋皆素平，束腰每面边缘都雕有连弧状边饰，中部条石上又有 2—3 个连弧状花框，内里浮雕团花。须弥座北侧（背面）开有方形小门，从小门可进入塔身，观察到塔体内部。

塔基之上为七层塔身，每层自下而上都由平座、塔身、檐枋、腰檐构成。

第一层高约 122 厘米，第一层腰檐之下塔身正面（南壁）正中设龛，龛顶为尖拱状，拱弧之下线刻帘幔纹饰，再下为 3 个圆拱龛，龛内为一佛二弟子浮雕造像。龛两侧条石上线刻天王图像。东侧天王像上方刻有楷书"祝延圣寿"四字，西侧天王像之上刻有楷书"保国安民"四字。第一层塔身其余三面正中都是天王浮雕，西侧天王为执剑形象，北侧天王左手托塔、右手持令旗，应为多闻天王，东侧天王为持斧形象。第一层腰檐四角上挑幅度不大，较为平缓，腰檐之下与塔身接合处装有檐枋，表面处理为弧面。

石塔第二层高约 114 厘米，四壁素平无雕饰，每侧中间下方各开一方窗。第二层腰檐四角翘起，各饰浮雕卷云纹，且凿有系铃小孔。

第三层高约 110 厘米，四壁各凿一龛，龛内浮雕坐佛，龛下开一方窗。该层腰檐形制同于第二层腰檐，但边长缩减。

第四、五、六层分别高约 106 厘米、100 厘米、98 厘米，每侧各设三龛，龛内浮雕坐佛，中央龛下开一方窗。腰檐边长依次递减。

第七层四壁为素面，各面中央开一圆形小窗。

塔刹通高约154厘米，刹座由两层方石叠成，方石四角抹弧，刹身为方柱形，向上收分，最顶部即为刹顶。

二灵塔整体造型端整工致，富于韵律之美，细节处理也颇具匠心，如第一层腰檐在须弥座平正上枋和第二层翘角腰檐之间，其四角起翘平缓的处理方式有助于自下而上的视觉过渡。须弥座背面开门，能使人观瞻塔体内部。另外，塔体细部的浮雕、线刻、刻铭，无不精美细致，体现出高超的艺术性。

宁波延寿王寺石塔

宁波延寿王寺石塔塔身构件现存于宁波南宋石刻公园，与其他石构叠砌为一尊塔幢，存置于石刻公园西南角的一座石砌方池之中。石塔通高约260厘米，自下而上由底座、塔身、仿木构塔顶、塔刹叠砌而成。上置两重瓣仰莲座。（图3-75）

基座并非原塔构件，实为一方柱础，下部平面呈方形，上部为覆盆状。

第一层塔身平面呈四方形，四面开火焰形龛，内有天王浮雕，每边长47厘米，高33厘米。东面天王像为执斧形象，头上戴盔，身上披甲，系巾束带，龛左侧阴刻"石匠吴仁安"五字，右侧刻铭模糊不辨；南面天王像为挂剑形象，戴盔披甲；西面天王像为托塔形象，左手托塔，右手似持令旗，龛右侧阴刻"绍兴三年"铭；北面天王像为横持鞭形象，盔甲同于其他三面天王像。第一层塔身之上为三重瓣仰莲座，系后配构件。根据纪年铭可知，延寿王寺石塔建造于南宋绍兴三年（1133）。

第二层塔身平面也呈四方形，体量较第一层塔身小，每边长41厘米，高31厘米，四面开龛，内雕坐佛，应系四方佛①。坐佛手印和手臂姿势各不相同，坐于仰覆莲座之上。其中，西侧龛内佛像结伏魔印；北侧龛内坐佛左手指天，右手指地，左袖长垂，右袖上扬。（图3-76）第二层塔身为两层檐枋，以一块方形石材雕成。

---

① 据《金刚经》，四方佛为东方阿閦佛、南方宝生佛、西方阿弥陀佛、北方不空成就佛。

第三章　宋代输日佛教石刻探源

图 3-75　宁波延寿王寺石塔（自摄）

图 3-76　宁波延寿王寺石塔第二层塔身北侧龛像（自摄）

塔顶为六角攒尖顶，六角翘起，檐缘雕刻瓦当、滴水，顶面有 6 条垂脊，垂脊之间 6 面各有 3 条瓦垄。不过，该塔顶疑非原塔构件。

塔刹为圆柱形，分为 4 段，最底端的区段雕饰缠枝卷草纹，其上为两重瓣覆莲，再上为两重瓣仰莲，最顶雕做摩尼宝珠。

在塔池西北侧，还有几件塔幢构件垒叠在一起。最下部为一平面呈八边形的基座构件。其上为一倒置的须弥座构件，构件包含束腰、下枭、下枋和圭角，平面呈四边形。顶部为一个六角攒尖塔顶。推测这件须弥座和塔顶可能为延寿王寺石塔原塔构件。

泉州洛阳桥三层塔

洛阳桥三层塔位于泉州洛阳桥南端，与窣堵波式石塔相对而立。该塔为石质，平面为六边形，实心，通高 530 厘米，自下而上由须弥座、三层塔身、塔刹组成。该塔与洛阳桥同时建成，因此，建造年代为嘉祐四年(1059)。[1]（图 3-77）

---

[1]　方拥:《闽东南沿海小型石塔幢》,《华侨大学学报》(自然科学版)1993 年第 2 期。

图 3-77　泉州洛阳桥三层塔（自摄）

须弥座底部为方形石条砌成的土衬，其上依次为下枋、束腰、上枭和上枋，上枭和上枋合材雕制。须弥座各部位都由多块石材拼砌而成。

须弥座上置两层平座，上承第一层塔身、檐枋和腰檐，第一层塔身面桥的两面雕出拱形龛，内有浮雕坐佛。檐枋雕为两层，下窄上宽，上承第一层六角腰檐，腰檐六角翘起，角端阴线刻卷云纹，檐缘施一道阴线装饰，顶面素平。

第二层自下而上依次为单层平座、塔身、檐枋和腰檐。塔身阴刻梵文六字真言，其他部位形制同于第一层，只是体量较第一层略小。

第三层构造与第二层相同，各部位最大径进一步减小。塔身六面雕刻"十方三世一切佛"7个字，"一切"二字上下合刻于塔身同一侧面。

塔顶装置塔刹，刹座为覆莲状，刹身为三重相轮，刹顶为葫芦形。

泉州洛阳桥五层塔

洛阳桥五层塔位于洛阳桥北端。三层塔、五层塔隔桥对峙，形制、体量基本相同。塔为石质，平面为八边形，实心，通高约600厘米。由须弥座、五层塔身和塔刹构成。该塔建造年代亦为嘉祐四年（1059）。[①]（图3-78）

---

①　方拥：《闽东南沿海小型石塔幢》，《华侨大学学报》（自然科学版）1993年第2期。

塔基须弥座造型简质,自下而上构件依次为下枋、束腰和上枋,上下枋素平无纹,束腰8个角雕有力士。

图 3-78　泉州洛阳桥五层塔(自摄)

第一层有两层平座,塔身8个侧面开龛,龛内浮雕佛头或坐佛。檐枋下窄上宽。上承六角腰檐,腰檐顶面雕有瓦垄,檐沿雕出瓦当。

第二、三、四、五层平座为单层,塔身4个侧面雕有龛像,檐枋、腰檐形制同于第一层。各部位尺寸逐层缩小。

塔刹下端为覆盆状刹座,刹身为柱状,无纹,刹顶为葫芦形。

塔体受到风化,细部雕饰已经漫漶。

除了宁波二灵塔和泉州洛阳桥层塔,浙闽地区现存的宋代重檐楼阁式石塔还有多处,例如:泉州崇福寺应庚塔[1]、泉州开元寺东西二塔[2]、湖州飞英塔内塔[3]、温州瑶溪镇国安寺石塔和瑞安垟坑石塔[4],等等。然而,这些宋

---

[1] 方拥、杨昌鸣:《闽南小型石构佛塔与经幢》,《古建园林技术》1993年第4期。
[2] 林钊:《泉州开元寺石塔》,《文物参考资料》1958年第1期。
[3] 湖州飞英塔内塔为石质,八面五层楼阁式,初成于唐乾宁元年(894)。南宋绍兴庚午年(1150)毁于雷火,石塔重建。参见:林星儿《湖州飞英塔建造历史初探》,《湖州师专学报》1988年第3期。
[4] 叶挺铸:《浙江瑞安垟坑石塔的构造和建筑特征》,《东方博物》第18辑,浙江大学出版社,2006年。

代石塔仿照木构楼阁式佛塔建造,不仅基座、塔身、檐顶构造复杂,而且细部造像、图案等雕刻繁缛,与日本平安晚期至镰仓时代的层塔几无谱系关联。相比而言,宁波二灵塔、泉州洛阳桥三层塔与五层塔造型风格简洁洗练,与福冈惠光院层塔有较多共通之处,具体如下:

首先,惠光院石塔下部为须弥座,与宋塔相同,而与日式层塔有别。日式层塔底部一般为方形基座,上承一段较细的塔身。与之不同,惠光院石塔下部应为须弥座,遗存石构仍见圭角、下枋、下枭。宁波二灵塔和泉州洛阳桥3座石塔均有须弥座。

其次,惠光院石塔第一层塔身有四天王浮雕,二灵塔第一层塔身也有两面线刻天王图像和3尊浮雕天王像。惠光院第二、三层塔身四面雕刻龛像,龛内佛像为坐式,下有莲花座。这样的安排与二灵塔第三层一致,二灵塔第四、五、六层每面造刻3个龛像。洛阳桥三层塔和五层塔的各层塔身也雕有龛像。

最后,宁波二灵塔和泉州洛阳桥石塔各层均有以条石制成的檐枋,其特点是下窄上宽,承托腰檐。惠光院层塔的三重檐,各以一块石板雕制而成,形制上分为上下两个层次,上部平正,呈长方板状,下部做出下窄上宽的斜面,呈倒梯形,这一造型无疑是对二灵塔等宋式石塔檐枋的模仿。

福冈坚粕耕月院、福冈篠栗町乙犬小堂所存的方形石刻层塔或塔幢的构件,其石刻整体的原貌不可推知,按照宋代塔幢的一般形制考虑,可能是由基座、数层塔身和塔顶组成。现存构件对应的是宁波延寿王寺石塔的第二层塔身。

(三)其他舶载输日宋风石刻溯源

福冈宗像大社阿弥陀经石[①]、福冈惠光院灯笼堂十一面观音石像[②]、南

[①] 川添昭二:《宗像氏の対外貿易と志賀島の海人》,《玄界灘の島々》(海と列島文化3),小学館,1990年,第285—288页。

[②] 末吉武史:《福岡、惠光院燈籠堂の石造十一面観音像——南宋彫刻の可能性と図像の検討》,《福岡市博物館研究紀要》第22号,2012年。

第三章　宋代输日佛教石刻探源

萨摩市上宫寺迹佛像龛①、福冈太祖神社石制香炉②等石刻遗存，在浙闽沿海地区都难以找到造型相同的宋代石刻，但局部和细部雕刻均可与浙闽宋代石刻进行比照。

宗像大社阿弥陀经石的浮雕佛坐像，与泉州承天寺天王殿前东侧宋代窣堵波式石塔的浮雕坐佛造型非常相似，两者头身比例、垂肩曲度一致，另外，两者同样右肩披帛，露出右小臂和部分上臂，披帛内缘的曲线也基本相同。（图3-79、图3-80）这种以帛覆右肩、半袒右臂的浮雕坐佛亦见于泉州五塔岩窣堵波式石塔。

图3-79　宗像大社阿弥陀经石浮雕佛坐像（自摄）　　图3-80　泉州承天寺天王殿前石塔浮雕佛坐像（自摄）

阿弥陀经石的顶盖为仿木构歇山式屋顶状，与现存于宁波鄞州区五乡镇蝗峰山的横省石牌坊的基本轮廓非常相似，两者屋面均雕有瓦垄，垂脊、戗脊，两侧山面形制相似，檐角翘起的弧度也十分相近。两者不同之处在于，阿弥陀经石的仿木构顶盖檐缘和檐下的雕刻处理比较简质，未雕出瓦当，亦无仿木构的椽、枋以及斗拱等细节。横省石枋是南宋宰相史浩的叔父史师禾墓前牌坊，史师禾逝于绍兴二年（1132），因此，该牌坊为南宋初期石作。③ 12世纪末雕造完成的宗像大社阿弥陀经石比横省石牌坊晚了60余年。相比之下，宁波另一座年代更晚的牌坊——韩岭庙沟后石牌坊，其歇山

---

① 橘口亘、松田朝由：《南さつま市金峰町宮崎字持躰松の上宫寺跡の中国製石仏——万之瀬川下流域の上宫寺跡で発見された宋風石仏と周辺の宗教遺物・遺構》，《南日本文化財研究》第25号，2015年，第1—11页。
② 江上智恵：《太祖神社所蔵の大陸系石製香炉》，《九州大学学術情報リポジトリ》，九州大学大学院比較社会文化研究院，2015年，第47—55页。
③ 林浩：《东钱湖石作艺术》，宁波出版社，2012年，第147—155页。

式屋面呈现出另一种造型轮廓,四个檐尖挑起的弧度明显大于横省石牌坊。① 此外,宁波东钱湖东南翔凤乡凤山史涓墓前的石享亭,属于13世纪初的石作(史涓逝于泰熙六年,即公元1202年),与阿弥陀经石年代大致处于同一时段。② 史涓墓前的石享亭顶部也为仿木构歇山式屋顶状,其屋面坡度以及山面(侧视)夹角与阿弥陀经石顶盖十分接近。

阿弥陀经石基座上层承托碑身的部位,为覆莲纹雕饰,覆莲纹的形态表现出鲜明的宋风。(图3-81)宁波保国寺观音殿的石质莲花覆盆柱础展现了北宋时期石刻覆莲纹的特点。③ 不过,对于阿弥陀经石基座覆莲纹最具参比意义的是丽水灵鹫寺石塔须弥座仰覆莲纹。丽水灵鹫寺石塔为13世纪初期石作④,与阿弥陀经石年代接近。与阿弥陀经石基座覆莲纹一样,丽水灵鹫寺石塔须弥座覆莲纹也是两重莲瓣,两者的莲瓣形态均延续了北宋特征:上层莲瓣呈下扣的样态,瓣尖微翘,以瓣尖为原点形成一条隐隐的脊棱;下层莲瓣呈上挑的状貌,瓣尖同样上翘,由瓣尖带起的脊棱比上层莲瓣明显。(图3-82)阿弥陀经石基座覆莲纹有风化剥落的情况,保存状态不如丽水灵鹫寺石塔须弥座莲瓣纹雕刻。

图3-81　宗像大社阿弥陀经石基座覆莲纹(自摄)

图3-82　丽水灵鹫寺石塔须弥座覆莲纹(自摄)

---

① 关于庙沟后石牌坊的年代,一说推测是南宋至元代,另一说认为是明初之前元晚期。参见:林浩《东钱湖石作艺术》,宁波出版社,2012年,第162—163页;杨新平《宁波东钱湖庙沟后牌坊探析》,《建筑史》2003年第1期。
② 林浩:《东钱湖石作艺术》,宁波出版社,2012年,第21、136—138页。
③ 沈惠耀、徐炯明:《保国寺观音殿的石质莲花覆盆柱础略考》,《宁波保国寺大殿建成1000周年学术研讨会暨中国建筑史学分会2013年会论文集》,中国建筑学会建筑史学分会,2013年,第23—26页。
④ 吴志标:《浙江丽水灵鹫寺石塔》,《东方博物》第30辑,浙江大学出版社,2009年。

关于宋代观音造像，齐庆媛论文曾有较为全面的论述。① 惠光院灯笼堂十一面观音石像，戴巾趺坐，头部微微前探、背部略躬。这些特征亦见于南宋入定观音（趺坐姿势）画像和雕塑。南宋时期，杭州、宁波一带入定观音画作十分流行。惠光院灯笼堂十一面观音石像的面部特征和肩部正面轮廓，与四川安岳石羊场华严洞南宋中晚期入定观音雕像十分相似。齐庆媛指出，南宋时期，很多蜀僧赴江浙习禅，成为杭州径山寺、宁波阿育王寺等五山禅刹的住持，蜀地与江浙禅宗文化的交流是入定观音图像自江浙传入蜀地的原因。② 推测来自浙东沿海的惠光院十一面观音像与蜀地观音像表现出一致的特征，其缘由也正在于此。

南萨摩市上宫寺迹佛像龛，龛顶为荷叶状，佛像座下为莲花雕刻。③（图3-83）这种上为荷叶、下为莲花的雕刻组合，亦见于瑞安兴福寺窣堵波式石塔塔身题记的外框（图3-84）、大童寺晦岩光禅帅尢缝塔塔身题记的外框（图3-85）。这种雕刻装饰图式常见于南宋石刻，日本研究者将其称为"荷叶莲台牌"④。上宫寺迹佛像龛的佛坐像，像容虽已漫漶，但像身轮廓及衣袖线条依然清晰，与宋代窣堵波式石塔的塔身浮雕佛坐像特征一致。

图3-83 上宫寺迹佛像龛　　图3-84 兴福寺塔塔身　　图3-85 天童寺晦岩光禅师塔
（引自桥口亘等2015年论文）　　题记（自摄）　　　　　塔身题记（自摄）

---

① 齐庆媛：《四川宋代石刻菩萨像宝冠造型分析》，《敦煌研究》2014年第2期；齐庆媛：《江南式白衣观音造型分析》，《故宫博物院院刊》2014年第4期；齐庆媛：《论入定观音像的形成与发展》，《敦煌研究》2018年第4期。
② 齐庆媛：《论入定观音像的形成与发展》，《敦煌研究》2018年第4期。
③ 橘口亘、松田朝由：《南さつま市金峰町宮崎字持躰松の上宮寺跡の中国製石仏——万之瀬川下流域の上宮寺跡で発見された宋風石仏と周辺の宗教遺物・遺構》，《南日本文化財研究》第25号，2015年，第1—11页。
④ 大江绫子的《关于荷叶莲台牌》一文收集中日相关资料，对这类雕刻图式进行了系统考察。该文收于：山川均编《寧波と宋風石造文化》，汲古书院，2012年，第177—226页。

福冈太祖神社石制香炉，炉身下部雕饰的重瓣仰莲纹虽然瓣形较长，但莲纹基本特征与南宋石刻莲纹一致：外层莲瓣微向内扣，瓣尖略翘，内层莲瓣露出的部分呈一种微微外隆的样态，瓣尖向内隐起一条脊棱。①（图 3-86）我国现存宋代石香炉为数极少，河南巩义宋太宗永熙陵域内祔葬的明德李皇后陵地宫曾出土一件石香炉，现存置于永熙陵南神门内。这件石香炉的炉身为深腹、圜底，外壁素平，底座为圆形须弥座状，中部为圆形束腰，座底平面呈八棱形，其上与束腰连接的部位刻有两层覆莲纹，束腰之上与炉身连接部位刻有仰莲纹。香炉通高 91 厘米，口径 90 厘米，底座每边长 35 厘米。②（图 3-87）与永熙陵石香炉相比，太祖神社所藏石香炉尺寸要小得多，两者都采用"须弥座式托座＋炉身"的造型样式，且托座部位均有莲瓣纹雕饰。两者不同之处在于：永熙陵石香炉底座的底部为八棱形，外壁素平，其上饰覆莲纹，而太祖神社所藏石香炉的底端有如意云头圭角，分为 6 个区段，圭角之上为素平的枋、枭层；永熙陵石香炉底座束腰平面为圆形，素面无纹，太祖神社石香炉底座束腰为瓜棱状，勒为 6 个区段；永熙陵石香炉底座束腰之上为一层仰莲瓣，太祖神社石香炉相应部位为三层仰莲瓣；永熙陵石香炉炉身平面为圆形，太祖神社石香炉的炉身内腔平面亦为圆形，但外壁雕作六面，如同围合的花瓣，炉腹较浅。

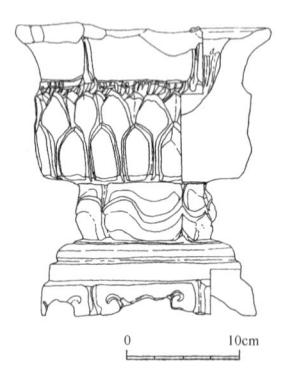

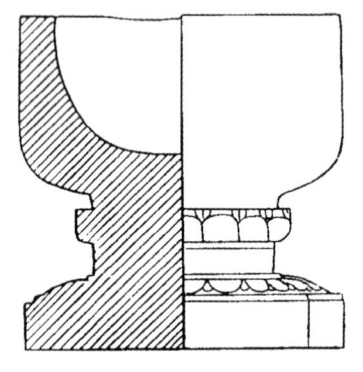

图 3-86　太祖神社石香炉
（引自江上智惠 2015 年论文）

图 3-87　永熙陵石香炉
（引自河南省文物考古研究所 1997 年报告）

---

① 江上智惠：《太祖神社所藏の大陆系石製香炉》，《九州大学学術情報リポジトリ》，九州大学大学院比较社会文化研究院，2015 年，第 47—55 页。
② 河南省文物考古研究所编：《北宋皇陵》，中州古籍出版社，1997 年，第 91、99 页。

第四章

宋代输日佛教石刻的存置地及其海域交流史脉

探讨宋代舶载输日佛教石刻的历史叙事,仅仅关注文物本身是不够的,有必要对其存置的历史环境进行考察。毋庸置疑,宋代舶载输日佛教石刻是宋日海域交流的物证,其存置场所大多在宋日交流的时空坐标上拥有特定的位点,而每个位点的参数萃取于相关文献与文物所载录的信息。

一 筑前博多及其周边

位于日本九州北部的博多有广义和狭义之分:广义的博多泛指环博多湾地带;狭义的博多特指今福冈市域旧博多区域,即那珂川(西南)和御笠川(东北)下游接近博多湾入海口包夹的地段。[①] 广义的博多包括博多湾沿岸的箱崎(筥崎宫所在地)、姪浜等地以及湾北的志贺岛。(图4-1)在广义和狭义的博多区域,都分布有宋代输日佛教石刻遗存。此外,博多东北的宗像大社以及距离岸线

---

① 堀本一繁:《中世博多の変遷》,大庭康時等編《中世都市・博多を掘る》,海鳥社,2008年,第10—29页。

尚有一段里程的若杉山、油山、大宰府、宝满山（大山寺所在地）等地，处在博多港的腹地和近距离物流圈内，与博多之间有着便捷畅达的交通，也发现了宋代输日佛教石刻遗存。博多是日本对宋丽交流的主门户，因此博多及其周边拥有丰富的海域交流记录。下文将展开论述。

图 4-1　博多湾（自摄）

（一）博多唐房

有关博多的文献记录非常丰富，我们将在后面的章节详细探讨，本节以狭义博多的核心区——博多唐房作为考察的焦点。考古研究者在这一区域的博多遗迹群发现了一尊平面四边形萨摩塔的台座和束腰残件，另在同片区的圣福寺发现了一尊平面六边形萨摩塔的台座（也可能是无缝塔台座）。[①]

博多唐房，也记作"博多唐坊"。事实上，明确记载"博多唐房（坊）"的文献史料并不多见，首先必须一提的是滋贺县大津市西教寺所藏《两卷疏知礼记》奥书（卷末附记）的一条记录：

永久四年（1116）岁次丙申五月十一日，筑前国薄多津唐房大山船龔

[①]　井形進：《九州に偏在する中国系彫刻についての基礎的研究》，九州歴史資料館，2018年，第103页。

第四章　宋代输日佛教石刻的存置地及其海域交流史脉

三郎船頭房,以有智山明光房唐本移書畢,已上。①

"薄多津唐房"即博多唐房。另一则记录见于《荣西入唐缘起》,文献记载了荣西于日本仁安二年(1167)赴博多准备渡宋之事:

> 其年冬十二月三日,辞父母赴鎮西,詣宇佐宮七日,遇元三。詣肥後阿素岳,此处是八大龍王所居也。二七日修練祈渡海無難,一々得勝利。二月八日達博多唐房。②

另外,山内晋次关注到 13 世纪前半叶狛近真所撰《教训抄》卷八有关"ハナカタノ唐防"的记载③,认为此处"ハナカタノ唐防"是"ハカタ(博多)ノ唐坊"("ハカタ"是"博多"的日文记音假名)的误记。④ 这段文献内容讲的是源经信在大宰府任上期间(1094—1097),曾造访博多唐房并欣赏琵琶演奏。不过,亦有学者认为,"ハナカタノ唐防"应指宗像唐房,而非博多唐房。关于这一观点,我们将在"宗像大社"小节进行详述。

博多唐房位于狭义博多的核心地段,其左右两侧是那珂川河口和御笠川河口,西侧面对博多湾。博多唐房依凭博多浜这片海滨沙丘渐成规模,根据宋代外销瓷和日式土葬墓的分布状况变化来看,12 世纪上半叶以前,博多唐房范围局限于古博多浜西部,日本人居住区位于唐房东侧之博多浜中部。

---

① 本书所引日本文献之汉字一律采用原文献字形,后文不再一一注明。这条记录收载于:林文理編《〈博多綱首〉関係史料》,《福岡市博物館研究紀要》第 4 号,1994 年,第 76—77 页。
② 《荣西入唐缘起》收于京都建仁寺所藏古本文献集《灵松一枝》。榎本涉认为,《荣西入唐缘起》应出自荣西本人或其亲信之手,大致成书于荣西示寂之年(日本建保三年,1215)。参见:榎本涉《〈栄西入唐縁起〉からみた博多》,五味文彦編《交流・物流・越境》(中世都市研究 11),新人物往来社,2005 年,第 83—102 页。
③ 日本国文学研究资料馆藏《教训抄》古写本(九州大学文学部藏有该写本的影像本)卷八《管弦物语・弦类・琵琶》所载原文为:"抑大宰ノ師経信卿ノ申サレ侍リケルハ、ハナカタノ唐防ニテ引キシヲ聞キシカバ、アブト云フ虫ノ、アカリ障子ニアタルヲト二似タリトゾ、物語リニケル。"东京大学史料编纂所《大日本史料》第三编之四也辑有这段文字,"唐防"的"防"字右侧加有"(坊)",另外,页边注记写道:"唐坊二於ケル琵琶ノ音ヲ評ス。"参见:東京大学史料編纂所編《大日本史料》第三编之四,東京大学,1932 年,第 662 页。
④ 山内晋次:《平安期日本の対外交流と中国海商》,《日本史研究》464 号,2001 年;山内晋次:《奈良平安期の日本とアジア》,吉川弘文館,2003 年,第 232—234 页。

12世纪中叶之后,唐房宋人居住范围向东扩展,博多浜中部的原日本居住区出现了宋人与日本人混住的情况,这一带的旅日宋人社群与日本社区之间的区隔逐渐消失。① 面积扩展之后的博多唐房大致为一个方形空间,东北至圣福寺北侧,东南至承天寺南侧,西南至栉田神社南侧,西北至冷泉町一带。这一区域的博多遗迹群内,不仅发现了大量宋代贸易瓷器,而且还出土了宋式花卉纹轩丸瓦(瓦当)、按压波状纹轩平瓦(板瓦)。这些遗物是博多居留宋人屋舍的遗存。

　　今冷泉町所在地即日本古代—中世时期博多浜港埠冷泉津。冷泉町和店屋町的西北交界处出土了大量弃置的宋代白瓷和青瓷,推测该地应是宋朝贸易陶瓷器的堆货场或仓库。据报道,2019年考古学家在冷泉片区南侧、栉田神社之北约50米处的冷泉小学校址内,调查发现了一处疑为古码头的积石遗迹。该处遗迹长约35米,宽约1.2米,高约0.4米,呈阶梯状构造,很可能是平安时代晚期11世纪后半叶至12世纪前半叶冷泉津的港埠设施遗存。②

　　博多唐房东北的圣福寺(图4-2),是12世纪90年代千光法师荣西在博多纲首的支持下创建的,原为居留宋人"博多百堂"故地。③ 承天寺则是日本仁治三年(1242)圣一国师圆尔辨圆在博多纲首谢国明的倾力襄助下建成的。谢国明的墓所位于承天寺南侧,其生前居宅则在栉田神社附近。

---

① 大庭康時:《博多の都市空間と中国人居住区》,歴史研究会編《港町のトポグラフィ》,青木書店,2006年,第63—66頁。
② 泉修平:《博多の日宋貿易港跡か　冷泉小跡で石積み遺構発見》,《西日本新聞》2019年11月5日;福岡教育委員会:《中世博多の港——博多遺跡群第221次調査出土の港湾関連遺構》,福岡教育委員会,2021年,第1—5頁。
③ 日本建久六年(1195)六月十日荣西向幕府提交《荣西言上状》,申请在博多百堂创建圣福寺,状云:"博多百堂地者,宋人令建立堂舍之旧迹也。"参见:《荣西言上状》(《聖福寺文書》),林文理編《〈博多綱首〉関係史料》,《福岡博物館研究紀要》第4号,1994年,第80頁。

第四章　宋代输日佛教石刻的存置地及其海域交流史脉　187

图 4-2　博多圣福寺（自摄）

（二）坚糟（坚粕）①

坚糟，即今福冈市博多区坚粕町，位于御笠川东北岸，与御笠川西南岸的圣福寺、承天寺以及冷泉町一带的博多遗迹群隔河相望。宋日博多贸易时期，这一地块西接"博多浜"（今圣福寺、承天寺、栉田神社、冷泉町、店屋町一带），与博多浜的"博多津唐房"同样面对古那珂川河口。坚粕马头观音堂发现了一座四边形基座的萨摩石塔②，根据福冈旧有的文物调查记录，20世纪30年代这座萨摩塔存置于坚粕町庆学院。③虽然该塔有过移动，但其地点始终在坚粕一带。另外，该地附近的吉塚明光院也发现

---

① "糟"与"粕"，在日语训读中同音，其义亦同。"坚糟"（日文"坚"字取繁体）为旧地名，而"坚粕"为同地今称。
② 井形進:《薩摩塔の時空——異形の石塔をさぐる》，花乱社，2012年，第98—99、146—147页。
③ 島田寅次郎:《筑前における鎌倉時代の遺跡遺物について》，《史跡名勝天然記念物調査報告書》第8輯"史跡之部"，福岡県，1933年；高津孝、橋口亘、大木公彦:《薩摩塔研究（続）——その現状と問題点》，《鹿大史学》第59号，2012年。

了疑似萨摩塔塔身的石刻构件①，明光院虽属吉塚町，但位于町西南与坚粕町交界的地带。

正应二年(1289)八月《筥崎宫造营材木目录》有言及"坚糟"的记录②：

一　大神殿四面玉垣号犬防，堅糟西崎所役也。

彼領主二人內，一人博多綱首張興御分通事，一人同綱首張英号鳥飼二郎船頭，件玉垣雖為修理役所，依領家御下知，自建長五年以來者，一向於西崎役令造進者也。

由上述记载可知，自建长五年(1253)起，筥崎宫大神殿围垣的营造和维修工程开始由该宫下辖的坚糟西崎承担，而这一时期坚糟西崎的领主是宋人纲首张兴、张英③，宋商能够以领主身份主持地域事务，足以表明他们在坚糟地区的影响力。

(三) 筥崎宫

筥崎宫即今箱崎宫，位于福冈市东区，在博多之北约 2.5 公里处。(图 4-3) 筥崎宫向西面对博多湾，宫前即旧箱崎津，箱崎津是形成于宇美川旧河口上的港口。现置立于筥崎宫惠光院的宋式层塔原位于筥崎宫域内的龙王社，而十一面观音石像原本供置于筥崎宫内的慈眼院灯笼堂，明治三年(1870)与灯笼堂建筑一起被迁至惠光院今址。近年，箱崎遗迹群还出土了一件萨摩塔塔身残件。④

---

① 桃崎祐輔、山内亮平、阿部悠理:《九州発見中国製石塔の基礎的研究——所謂「薩摩塔」と「梅園石」製石塔について》,《福岡大学考古資料集成 4》,福岡大学人文学部考古学研究室,2011 年,第 69、76—77、115 页。
② 《筥崎宫造营材木目録》(《石清水文書》),広渡正利《筥崎宮史》第二編《筥崎宮編年史料　古代中世編》,文献出版,1999 年,第 661 页。
③ 张英号"鸟饲二郎船头"，"鸟饲"是福冈古地名，其地位于福冈市中央区(博多区之西)福冈城迹和大壕公园西侧的埕安神社一带，地近樋井川的古河口，有河海交通之便。有研究者推测，张英以鸟饲地名为号，可能在该地也拥有"所领"(领地)。参见:服部英雄《旦過と唐房》,大庭康時等編《港湾都市と対外交易》,新人物往来社,2004 年。
④ 井形進:《九州に偏在する中国系彫刻についての基礎的研究》,九州歴史資料館,2018 年,第 103 页。

第四章　宋代输日佛教石刻的存置地及其海域交流史脉

图 4-3　筥崎宫（自摄）

　　箱崎一带已发现遗迹近 20 处，遗迹群出土有相当数量的龙泉窑系、同安窑系青瓷以及各类中国白瓷①，部分遗迹文化层还出土有宋朝铜钱②。另外，箱崎还发现了宋式花卉纹瓦当③。特别值得一提的是，箱崎遗址第 9 次发掘所获 12 世纪花卉纹瓦当④（图 4-4），与博多遗迹群第 90 次发掘中出土的一件瓦当（图 4-5）不仅尺寸和纹饰相同，而且瓦当表面均有一条棱线横贯花蕊纹，这条棱线应是瓦范上的印迹，这表明两件出土地点相距大约 2.5 公里的瓦当很可能是同范瓦。⑤ 近年，日本学者对这两件瓦当与中国

---

① 关于箱崎遗迹群所出宋代陶瓷资料，参见箱崎历次发掘报告：福冈县教育委员会编《箱崎遺跡——福岡市東区箱崎 1 丁目所在遺跡の調査》，福岡県教育委員会，1987 年；下村智编《箱崎遺跡 2——箱崎遺跡群第 3 次調査の報告》，福岡市教育委員会，1991 年；田中寿夫编《箱崎 3——箱崎遺跡群第 5 次調査の報告》，福岡市教育委員会，1992 年；等等。由于中国陶瓷遗物普见于遗址群的文化层和各类单体遗迹，此处恕不列明具体页码。
② 加藤隆也等编：《箱崎遺跡 4——箱崎遺跡群第 6 次・7 次調査報告》，福岡市教育委員会，1996 年，第 29 页。
③ 佐藤一郎：《宋代の陶磁と瓦の文様——博多出土の軒丸瓦と黄釉鉄絵盤の花卉文をめぐって》，《法吽》第 2 号，1993 年。
④ 日本考古学文献中，瓦当被称为"軒丸瓦"，板瓦被称为"軒平瓦"。
⑤ 箱崎第 9 次发掘所获花卉纹瓦当和博多第 90 次发掘出土同范瓦的实物图片和相关信息，在福冈市埋藏文化财中心网站收藏品主页之《瓦》专栏上（http://www.city.fukuoka.lg.jp/maibun/html/myc/kawara.html）可以看到。

宁波采集的同型瓦当(图 4-6)进行了三维激光扫描分析和荧光 X 线观察,研究结果表明,三件瓦当系同范瓦,而且材料特性完全一致,因此,箱崎和博多的这两件宋式花卉瓦当的产地应为宁波,被舶载跨海 1000 余公里至北九州。① 这一最新研究进一步佐证了之前有关博多及其周边所出中国系瓦产自宁波的推断。

图 4-4　箱崎第 9 次发掘
宋式瓦当
(引自相关脚注网页)

图 4-5　博多第 90 次发掘
宋式瓦当
(引自相关脚注网页)

图 4-6　宁波同型瓦当
(引自相关脚注网页)

　　箱崎遗迹群与博多遗迹群在文化内涵上十分近似,均出土了丰富的中国遗物,说明两地同处于宋日交流的前沿。然而,并不能就此将这两个相距不远的区域等同视之。正如大庭康时所言,与博多遗迹群相比,箱崎遗迹群缺乏沉淀深厚的生活堆积层,也未发现大量贸易陶瓷集中废弃的遗迹,尚未出土"纲"字墨书瓷器,因此,目前的考古材料还不能证明,在箱崎曾经存在以箱崎津为口岸的对外贸易活动。② 那么,箱崎是否曾有宋人居留? 从文献史料来看,答案是肯定的。石清水八幡宫《宫寺缘事抄·筥崎造营事》所收

---

① 三件瓦当的三维激光扫描分析由鹿儿岛国际大学中园聪教授的研究团队完成。详见:福岡市経済観光局文化財政部《福岡市と中国の寧波で同じ型でつくられた軒丸瓦を確認》,https://bunkazai.city.fukuoka.lg.jp/news/detail/71,2015 年 7 月 10 日;読売新聞社《中国と同じ型で軒丸瓦、福岡の遺跡から出土》,《読売新聞》2015 年 7 月 10 日。

② 大庭康時:《集散地遺跡としての博多》,《日本史研究》第 448 号,1999 年。

第四章　宋代输日佛教石刻的存置地及其海域交流史脉

《中原师尚勘状案》有如下记载①：

> 仁平元年九月廿三日庚申，於官庭对问大宰府目代宗頼、大監種平、季実、筥崎宮柱（権力）大宮司経友、兼仲等，是彼宗頼，以検非違所別当安清、同執行大監種平、季実等為使張本，引率五百余騎軍兵，押混筥崎、博多，行大追補（捕），始自宋人王昇後家，運取千六百家資財雑物，乱入当宮，打開大神殿、若宮殿、宝蔵等，令押取新造御正躰神宝物之間，死穢出来，六月晦祓、七月七日御節供、次第神事闕怠，八月御放生会，汚穢神殿不造改者，於何所可勤仕哉，且被下宣旨於宰府，令造替汚穢神殿等，勤行恒例神事，且召上濫行并与力輩，任法可被行罪科之由，筥崎宮神官言上，仍被対問両方也。

这就是史家常常言及的"仁平元年（1151）筥崎博多大追捕"事件，大追捕由大宰府目代宗赖、检非违所别当安清等府官策划发起，追捕范围包括筥崎和博多两地，府官率兵抄扣了"宋人王昇后家"等1600家的财物，并擅闯筥崎宫神殿，掠取宫内宝物。之后，筥崎宫权大宫司欲请日廷下旨处置此事，筥崎宫和大宰府两方人员就此进行了对问。从文脉上看，筥崎宫及其周边在这次事件中受害最重，在筥崎宫神官和大宰府官的官庭对问词状中，"宋人王昇后家"被举为受害民家之首，据此推断，"宋人王昇后家"应居于筥崎（箱崎）区域。另外，关于此次大宰府官追捕搜掠行动的导因，不排除这样一种可能：筥崎宫与周边居留宋商之间的往来联系受到了大宰府方面的疑忌。

在文献中，还可以找到13世纪筥崎宫向在日宋人划租宫属农田、交易宫领土地的记录。这些资料也从一个侧面证明了关于筥崎宫区域有宋人居留的论断。承久元年（1219）六月《筑前筥崎宫寺调所结解》有如下内容②：

---

① 《宫寺縁事抄·筥崎造営事》文治二年八月十五日《中原師尚勘状案》，竹内理三编《大宰府·太宰府天満宮史料》卷六，太宰府天満宮，1970年，第439—440页。该史料亦收于：広渡正利《筥崎宮史》第二編《筥崎宮編年史料　古代中世編》，文献出版，1999年，第377—378页。

② 《筑前筥崎宮寺調所結解》，竹内理三编《鎌倉遺文》古文書編第4卷，東京堂，1973年，第339—340页。

筥崎宫寺調所

注進　建保六年軽物御年貢物結解事

合

宋人御皆免田二十六町

所当准絹二千六百疋　　町別百疋

前留守行遍先納

一千七十疋　　　　　已御皆免物

（中略）

右、建保六年宋人御皆免物并軽物代米結解、大略注進如件

承久元年六月　　日　　　調所公文

由此可知，建保六年（1218）前后，居留宋人受领筥崎宫 26 町免除田租的田地，每町须向筥崎宫缴纳唐绢 100 匹，26 町合计纳唐绢 2600 匹。

日本仁治三年（1242），纲首谢国明帮助圆尔辨圆①在博多建立承天寺之后，又购入筥崎宫社领地捐赠给承天寺。《省柏和尚承天寺定案》永正十二年（1515）九月日条记曰②：

原夫，本寺々领，野間（那珂郡）、高宫、原村者，檀越謝国明，布金之始，八幡箱崎宫之地，知有社役有余分，置得乎，阿堵六百余緡而所捨也。

上述筥崎宫社领具体位置不详，但筥崎宫领地大都分布于箱崎南、御笠川以东，野间、高宫、原村也应在这一带。宋商谢国明是博多承天寺建起之后第一大檀越，所购筥崎宫之领地虽在名义上已捐赠给承天寺，但实际的管理仍由谢氏负责。另外，13 世纪中期，筥崎宫领坚糟西崎也由张氏宋人纲首掌管，后文将做详细介绍。

筥崎宫通过当地居留的宋人获得了介入对外贸易的渠道，甚至将田地

---

① 圆尔辨圆是日本临济宗圣一派开山，日本文历二年至仁治二年（1235—1241）旅宋习禅。日本学界今人论著一般将圆尔辨圆写作"円爾弁円"，国内相关论著"辨圆""辩圆"写法不一。国际日本文化研究中心榎本涉教授指出，京都东福寺藏《东寺天台大血脉图》（镰仓时代）记作"辨圆"，该文本是辨圆从其师荣朝那里受领而来的，本书写法以此为据。

② 《省柏和尚承天寺捉案》永正十二年九月日条，林文理编《〈博多綱首〉関係史料》，《福岡博物館研究紀要》第 4 号，1994 年，第 87 页。

租借、出售给宋人以换取更多唐物和铜钱。可以说，筥崎宫与北九州在日宋人社群之间长期保持着亲交互利的关系。不过，由于筥崎宫与在日宋人生活空间密切触合，两者之间的龃龉与摩擦也在所难免。《石清水文书》之《丙纳文书目六》记载了建保六年（1218）筥崎宫杂掌和大宰府使受到神崎庄庄官和纲首秀安欺凌之事①：

> 一通　建保六年，令蹂躪大府使并社家雜掌等，依致種種之惡行，神崎庄留守并綱首秀安等召上其身，可被行罪科之由，筥崎社解。

筥崎宫为此事提起诉讼，作为被告人之一的纲首秀安，应是一名旅日宋朝舶商。

同年（建保六年），筥崎宫留守行遍与其子光助杀害大山寺神人、博多船头张光安，大山寺（位于大宰府东北）将事件报告给其本山延历寺，延历寺僧众为此赴京诉讼，京都哗然。《华顶要略》《仁和寺日次记》《吾妻镜》等文献对这一事件均有记载②。《吾妻镜》建保六年九月二十九日条记曰③：

> 是石清水別当法印宗清執務鎮西筥崎宮之間，天台末寺大山寺神人船頭長（張）光安，為筥崎宮留主相摸寺主行遍并子息左近将監光助等被殺害，仍衆徒蜂起，勒奏状訴申之間，行遍、光助雖被禁獄，没収筥崎宮，為山門領，并可被配流宗清法印之由，訴申之，所奉動神輿也。

案件的被害人张光安是一名旅日宋商，在大山寺担任神人和通事之职。行凶主谋行遍，即承久元年（1219）六月《筑前筥崎宫寺调所结解》中提及的"前留守行遍"，行遍曾直接掌管筥崎宫宋人御皆免田的纳绢事务，必然与筥崎、博多一带宋人交涉颇多，虽然他谋害张光安的动机并无史料可资查证，

---

① 《石清水文書》之《丙納文書目六》（桐箱二ノ十三　石清水八幡宮璽御筥事紙背），竹内理三编《大宰府・太宰府天満宮史料》卷七，太宰府天満宮，1971年，第355—356页。
② 相关史料参阅：林文理编《〈博多綱首〉関係史料》，《福冈市博物馆研究纪要》第4号，1994年，第81—83页。关于张光安被害时间，大庭康时指出，建保六年（1218）八月大山寺所司赴比叡山延历寺申诉事件经纬，据此可以推测事件发生于是年七月。参见：大庭康時《博多綱首殺人事件——中世前期博多をめぐる雑感》，《法哈哙》第3号，1994年。
③ 《吾妻鏡》建保六年九月二十九日条。

但最大的可能性仍应是利益之争。延历寺得悉张光安被害事件之后,不仅提请日廷囚禁行遍与光助,而且要求处置筥崎宫本社石清水八幡宫的别当宗清,同时将筥崎宫划归延历寺。日廷方面则仅同意惩办行遍与光助,而回绝了延历寺的其他申求。

(四)姪浜

姪浜位于博多湾正南侧的海滨,自室见川最下游西岸向西延伸至名柄川下游一带①,与博多湾内的能古岛隔海相望,现属于福冈市西区。其地恰处在博多(博多湾东南)与今津(博多湾西侧)之间,向东前往博多的距离与向西抵达今津的里程几乎相同。姪浜地区的名柄川东侧立有佑护航海安全的住吉神社,仁安三年(1168)千光法师荣西第一次渡宋之前曾赴姪浜住吉神社祈祷渡海平安②。

同样位于姪浜的名柄川东岸、东北距住吉神社不足 400 米的兴德寺,发现有疑似萨摩塔构件的石刻残件,而寺内大应国师舍利塔的须弥座的形制与纹饰亦属中国风格,兴德寺内宋风石刻的存在并非偶然。兴德寺原系镇西探题北条时定创设于文应元年(1260)的一所寺院,文永七年(1270)迎请自南宋归国的南浦绍明(大应国师)为开山祖师。南浦绍明少年时代曾随渡日宋僧兰溪道隆(时住镰仓建长寺)习禅,正嘉三年(1259)渡宋,师从虚堂智愚参悟佛理。文永四年(1267),南浦结束了旅宋留学的生活,回到镰仓建长寺。(图 4-7)文永七年(1270)入住姪浜兴德寺,兴德寺也因之成为一座北九州较具影响力的临济禅寺。文永八年(1271)和十年(1273),"蒙古国信使"赵良弼两抵博多津,南浦绍明作为日方接待者与赵良弼进行了汉诗唱和,其诗留存至今。

兴德寺附近曾有当方、且过等旧地名,汉字"当方"(とうぼう)的日文发

---

① 姪浜及其周边有3条河流,自东向西依次为:室见川、名柄川、十郎川。其中东端的室见川河道最宽、流量最大,室见川和名柄川由南向北注入博多湾,十郎川由南向北流入今津湾。
② 榎本涉:《〈荣西入唐缘起〉からみた博多》,五味文彦编《交流·物流·越境》(中世都市研究 11),新人物往来社,2005 年,第 83—102 页。

图 4-7 兴德寺南浦绍明塔（自摄）

音与"唐房"（とうぼう）一致，"当方"很可能是"唐房"地名的汉字讹写。而"旦过"一词也源自中国，在日本旦过也记作"旦花""タンバ"，后两者与旦过同音异字；"旦过寮"是禅宗寺院为行脚僧提供的宿泊之所。日本九州以"旦过"为名的地点大多为港津，应是宋日佛教交流留下的历史地理痕迹。姪浜的"当方"地近通海河流——名柄川，而且距离古海岸线不远，出入海上十分方便。除了"当方"，由兴德寺越过名柄川向西南行四五百米，有一北一南彼此邻近的两个地点，旧名分别为"稻当方"（いなとうぼう）、"今东方"（いまとうぼう）。其中，今东方属于下山门片区（姪浜西南侧）。"稻当方"和"今东方"两个旧地名日文发音相似，地块相毗连，很可能原本就是一地。服部英雄认为，"今"（日文）语义为"新"，"今东方"即"今唐房"（いまとうぼう）的同音讹记，意为新唐房。服部还指出，尽管"今东方"与姪浜"当方"相比更加靠近内陆，但其西侧有北流入海的十郎川，而且今东方之西还有一个名叫"舟仓"的旧地名，据此推测那一带可能曾是船舶抵达之所。十郎川沿岸地带发现有十郎川遗址和下山门遗址,出土遗物中包含了大量越窑系青瓷,而且考古发掘结果还表明这一带曾有沼泽、潟湖存在。[1] 当方、当房、东方、东防、东房之类的地名,亦见于九州西北的长崎、南九州的鹿儿岛甚至山口县西部和北部滨海地带,不少研究者倾向于将其看作宋朝海商居留地"唐房"地名化的结果。[2]

(五)志贺岛

志贺岛位于九州福冈北部海上,该岛西侧有"海之中道"沙洲与九州本岛连接,严格意义上而言是一座半岛。志贺岛东侧和北侧是玄界滩,南侧和西侧是博多湾,地扼博多湾口,它与矗立其南边的能古岛合称博多湾之"岛门",两岛之间的航道是海船出入博多港的必经路线。志贺岛上设有志贺海神社,主祭神为日本神话中的海神——绵津见三神。作为博多湾最古老的航海祭祀设施之一,志贺海神社的创建年代难以考证。据传,志贺岛曾是古代九州北部海人首领——阿昙氏(安昙氏)家族的根据地,志贺海神社则是阿昙氏的圣所。由于地处博多湾门户,志贺岛自古就是北九州对中国和朝鲜半岛海上交流的要津,著名的"汉委奴国王"金印就出土于此。

可以推测,借助地理之便,志贺海神社与宋商之间有着顺畅的接触渠道。万寿四年(1027)八月,一年前入宋的志贺社司搭乘陈文祐和章仁昶的船返回日本。[3]

《朝野群载》卷二十《异国》所载长治二年(1105)八月"警固所解"和"宋国商客存问记"记录了当时泉州商客李充航抵志贺岛附近,"宋国商客存问

---

[1] 服部英雄:《旦过と唐房》,大庭康時等編《港湾都市と対外交易》(中世都市研究10),新人物往来社,2004年,第21—36页。

[2] 渡辺誠:《平安時代貿易管理制度史の研究》,思文閣,2012年,第317—322页。渡边有关"唐房"(唐坊)的论述集中于其专著第10章"大宰府'唐坊'と地名'トウボウ'"。此外,柳原敏昭曾撰文对日本九州各地"唐坊"和"唐人町"地名不同的历史渊源进行了论述。柳原认为,唐坊是日本中世前期特定阶段宋日交流的产物,而唐人町是日本战国末年至近世初期明人和朝鲜人来日居留的地志遗痕。

[3] 《小右记》万寿四年八月二十七日条;田島公編:《日本・中国・朝鮮対外交流年表——大宝元年—文治元年》(増補改訂版),東京大学史料編纂所,2012年,第151页。

记"文首记曰①：

> 長治二年八月廿二日存問大宋國客記
>
> 問客云，警固所去廿日解狀稱，今日酉時，大宋國船壹艘，到來筑前國那珂郡博多津志駕島前海，仍言上如件者。依例爲令存問，所遣府使也。綱首姓名，參來由緒，愷以注申。
>
> 客申云，先來大宋國泉州人李充也。……

李充系泉州海商，宋崇宁四年（1105）六月在明州申领赴日贸易公凭之后，驾船于八月二十日到达博多津志贺岛附近，接受博多警固所的查问。八月二十二日大宰府派遣府使履行"存问"手续。

志贺岛上也有中国风的"旦过"地名，服部英雄推测岛上原有旦过寺。②此外，志贺岛萨摩塔所在地火焰塚，位于志贺海神社近旁，也是一处宗教性的场所。元军第二次征日之际，高野山僧侣在火焰塚奉置不动明王像，祈祷元军退散。③

（六）宗像大社

宗像大社位于福冈县北部沿海的宗像市，由位于宗像市田岛的边津宫、筑前大岛的中津宫和冲之岛的冲津宫三社组成，三社分别奉祀宗像三女神——市杵岛姬神、湍津姬神和田心姬神，社务由宗像氏执掌。现在的宗像大社往往专指九州本岛宗像海滨的边津宫，边津宫地傍钓川西岸，距离钓川入海口不足3公里；中津宫的所在地筑前大岛亦称大岛，是一座距钓川入海口神凑西北约10公里的海岛，与地岛同为玄界滩和响滩的分界岛；冲津宫所在的冲之岛位于大岛西北49公里，孤悬于玄界滩海中，由冲之岛向西北约75公里可抵对马岛东北端的海岬，再向西北约70公里即至韩国釜山。大岛

---

① 《朝野群载》卷二十《异国》。
② 服部英雄：《旦过と唐房》，大庭康时等编《港湾都市と对外交易》（中世都市研究10），新人物往来社，2004年，第23—25页。
③ 川添昭二：《宗像氏の对外贸易と志贺岛の海人》，宫田登编《玄界滩の岛々》（海と列岛文化3），小学馆，1990年，第304—305页。

地当九州北部近海航线的交通要冲,冲之岛则是对马海峡和玄界滩的交通节点,海上交通地位均十分重要。边津宫、中津宫和冲津宫由陆入海、由东南向西北一线贯穿的奇绝空间组合,应是一种人为择址的结果,内含象征意图,这无疑强化了宗像大社的宗教神秘感。宗像大社保存着阿弥陀经石、宋风石狮等宋代舶载输日石刻珍品。

作为宗像大社社领的冲之岛,被称为"海之正仓院",出土了大量祭祀遗物,其中不少遗物是古代日本与中国、朝鲜交往的物证。根据冲之岛遗物资料来看,宗像大社对外交流的历史可以上溯到公元 4 世纪后半叶。4 世纪以降,随着倭国势力向朝鲜半岛的渗透与扩张,宗像大社由玄界滩地区的地方神社逐渐上升为国家宗教设施,宗像三女神也成为北九州与朝鲜半岛之间航路的守护神。[①] 6 世纪晚期以后,宗像大社在日本对外关系中的地位趋于下降,但根据冲之岛所出土唐三彩等外来文物来看,宗像大社凭借其地缘优势和宗教影响力仍然在一定程度上参与了日本对唐以及新罗的交流。

到了 11 世纪,宗像氏一族与宋朝海商保持着密切联系,这从日本史料中可以得到确认。[②] 11 世纪上半叶,宗像大宫司家的宗像信远、宗像妙忠曾先后担任过北九州高田牧[③]的牧司。执掌高田牧期间,他们多次向高田牧领家(即牧的所有者)小野宫右大臣藤原实资进献唐物。《小右记》治安三年七月十六日条记载[④]:

> 高田牧進年貢絹五十疋、米七十六石,牧司妙忠別進筥一合、納沈香五十兩、衣香十兩、丁子三兩、唐綾二疋、櫛卅枚、髮搔十枚、蘇芳具、糯、糒、魚貝、海藻等。

这段史料显示,日本治安三年(1023)七月,高田牧向其领家藤原实资进

[①] 川添昭二:《宗像氏の対外貿易と志賀島の海人》,宫田登编《玄界灘の島々》(海と列島文化 3),小学館,1990 年,第 279—310 页。

[②] 森克己:《新訂日宋貿易の研究》,勉誠出版株式会社,2008 年,第 188—191 页;川添昭二:《宗像氏の対外貿易と志賀島の海人》,宫田登编《玄界灘の島々》(海と列島文化 3),小学館,1990 年,第 279—310 页。

[③] 牧,即饲育牛马之地,亦可以被视为一种庄园。高田牧位于北九州筑前、宗像一带,原为藤原赖忠所有,永祚元年(989)被转让至藤原实资(赖忠之侄)手中。

[④] 《小右记》治安三年七月十六日条。

第四章　宋代输日佛教石刻的存置地及其海域交流史脉

献年贡之际，牧司妙忠又以个人身份献上纳沉香、衣香、丁子、唐绫等唐物。"牧司妙忠"即宗像妙忠，曾任宗像大社的第六代大宫司①。宗像妙忠进献的舶来珍物，应来自与宗像宫司家时相过从的宋朝商客。《小右记》长元二年三月二日条载②：

> 高田牧司妙忠朝臣進雜物次，進蘇芳十斤、雄黃二兩、紫金膏二兩、綠青大卌八兩、金漆升。大宋國商客送書函事，答狀並雜物解文。
>
> 附牧司妙忠使。大宋國台州商客周文裔送書函之上注云：進上右相府大將殿下，宋人周文裔謹封。開函見之，有二封。一封書上注進上太政官，大宋國商客周文裔表謹封者，仍不開見。今一封似送小臣，仍開見，其書云……

长元二年（1029）三月，宗像妙忠派遣使差向藤原实资献上苏芳、雄黄、紫金膏、绿青等唐物，妙忠的使差还带去了宋朝台州商客周文裔分别致右大臣藤原实资和太政官的两封书函。宗像妙忠愿为周文裔传书结托日本朝中权臣，足见两人交谊匪浅。

关于12—13世纪宗像大社与宋朝海商之间的关系，文献史料中相关记载极其有限，结合宗像大社阿弥陀经石刻铭文和色定法师《一切经》写本的附记文字可以推知，宗像大社始终延承着积极介入宋日贸易的传统。

现存于宗像大社神宝馆的阿弥陀经石，是12—13世纪宗像大社与宋商频密往来的明证。有学者认为，经石可能于1195年施入宗像大社③。阿弥陀经石承久二年（1220）的追刻铭显示，12世纪晚期至13世纪早期宗像大宫司家氏实、氏忠父子两代均与宋商联姻。宗像氏实（？—1189）先后做过五任大宫司，娶宋商之女王氏为夫人，育有五子——氏忠、氏国、氏伦、氏经、氏保，其中，氏国、氏经担任过大宫司。氏忠之妻张氏亦出自张姓宋商之门，生氏市、氏贞、氏仲三子，氏仲做过两任大宫司。张氏是阿弥陀经石追刻铭的

---

① 天元二年（979），太政官颁令设宗像大宫司职。
② 《小右记》長元二年三月二日条。
③ 原田大六认为，建久六年（1195）年是宗像前大宫司氏实的"七回忌"，宗像大社为了给氏实祈冥福而移入阿弥陀经石。参见：原田大六《阿弥陀仏経碑の謎－－浄土門と宗像大宮司家》，六興出版，1984年，第228—232页。

铭主之一。根据追刻铭文,为祈祷前大宫司氏实、夫人王氏、己夫氏忠之往生极乐以及自己和家族子孙的平安,张氏向宗像社捐赠了香花灯明田。另外,需要一提的是,张氏将大宰少弐武藤资赖之子为赖收为养子,并于承久二年(1220)将自己在宗像郡内的所领转让给了为赖。武藤氏是镰仓幕府在大宰府的代言者,当时还把持着筑前等国守护之职,张氏积极结托武藤氏的用意不言而喻。① 由此可见,张氏并非一介夫唱妇随的普通女性,而是具有相当治事能力,并且十分清楚自己在夫家和父家所应担当的角色。

宗像氏实、宗像氏忠父子两代与旅日宋人通婚,是宗像宫司家族两个世纪以来与宋商交善的自然结果。社家是日本古代和中世社会中相对保守、传统的群体,而作为九州筑前国古族的宗像宫司家能够敞开门户与外来宋人联为姻亲,展现出殊异于一般社家的一面。究其因由,尽管利益驱动的因素无法否定,但宗像氏开放包容的心态是其与旅日宋商亲密交往的基本前提。

日本文治三年(1187)四月十一日,色定法师②在宗像社西经所起笔书写《一切经》,写经的底本是宗像社所藏宋版佛典。色定法师的写经事业告成于嘉禄三年(1227),前后总计40年,本经残存4331卷,现藏于宗像大社神宝馆。根据写经中的卷末附记,宋人纲首张成和李荣分别以"本经主""墨檀越"的身份襄助色定的写经事业。张成资助写经的时间自文治三年(1187)起,一直持续至承元五年(1211)张成本人离世,长达24年;李荣自文治四年(1188)开始成为色定法师《一切经》的墨檀越,出资施助至建久六年(1195)其本人去世。阿弥陀经石移入宗像大社、张氏等人在经石上追铭记事等活动,均发生于色定法师书写《一切经》的40年期间。在这个时期,宗像大社与博多纲首之间的亲交关系发展到了顶点。张成、李荣两人应该都是宗像大

---

① 川添昭二:《宗像氏の対外貿易と志賀島の海人》,宫田登编《玄界灘の島々》(海と列島文化3),小学館,1990年,第288页。
② 色定法师生于保元三年(1158),是宗像大社社僧兼祐之子,师从宗像大社学头(首席学师)良印修习学问,初名良祐,后以色定为法号。西谷正指出,《宗像军记》中有关色定法师别名安觉、系荣西法弟、曾入宋求法等记载缺乏证据。参见:西谷正《色定法师の偉業と日宋貿易》,海の道むなかた館開館1周年記念講演会講演稿,2013年6月27日。

社密切联系的宋商人脉圈中的人物。值得一提的是,氏忠的夫人张氏出自张姓宋商之门,与色定法师《一切经》的"本经主"张成同属一族,犹未可知。

13世纪居留博多的宋朝豪商谢国明曾担任过宗像社领小吕岛的地头,《关东御教书》建长四年七月十二日《毛利家藏手鉴文书》有如下记载①:

> 宗像社雜掌申,社領小呂嶋事,訴状副具書等遣之,如状者,網首謝国明語取前預所代常村,号地頭,対捍社役云々,事実者,甚不穏便,早任先例,可勤仕社役之由,可令下知,若又有子細者,召出国明子息,可被注申之状,依仰,執達如件。
>
> 建長四年七月十二日　　　　相模守(北條時頼)（花押）
> 　　　　　　　　　　　　　陸奥守(北條重時)（花押）
>
> 豊前々司(少弐資能)殿

文书大意是:宗像社杂掌向镰仓幕府申诉,谢国明受小吕岛预所代(庄官)常村的委派,担任宗像社领小吕岛的地头,但并未承担社役(向宗像社缴纳钱物、提供役力)。镰仓幕府通过少弐资能(大宰少弐兼筑前等国守护)责成谢国明之子履行社役的义务。由于文书的追责对象为谢国明之子,据此可以推定,建长四年(1252)七月十二日文书发出之际,谢国明已经离世。文书中所说的谢国明抗拒社役云云是宗像社杂掌的一面之词,至于谢国明担任小吕岛地头期间与宗像社之间的利益纠葛,或许还有更为复杂的内情。

事实上,在小吕岛的诸种权益归属上,尚存在不甚明晰之处。建长五年(1253),宗像大宫司氏业与有着大宰府官背景的三原种延围绕小吕岛权益展开了争讼,而谢国明遗孀后家尼也被牵涉其中。其事见于《六波罗书下》建长五年五月三日条②:

> 宗像六郎氏業与三原左衛門尉種延相論,宗像社領筑前国小呂嶋事。如氏業申者,彼嶋者,自昔為大宮司成敗之処,種延寄事於船頭謝国明遺領,不従所勘之條,太無其謂,早可被遂糺決云々。如種延申者,

---

① 《関東御教書》建長四年七月十二日条之《毛利家藏手鑑文書》,竹内理三編《鎌倉遺文》古文書編第10巻,東京堂,1976年,第323頁。
② 《六波羅書下》建長五年五月三日条(八巻文書第二巻三一),林文理編《博多綱首関係史料》,《福岡博物館研究紀要》第4号,1994年,第91—92頁。

謝国明遺跡事，後家尼与種延致相論，御成敗未断之間，当時不及遂其節，所詮，任先例，被致沙汰事候者，不及支申云々者，種延承伏之上者，任先例，致其沙汰，可相待関東御成敗左右之由，可相触于氏業之状。如件。

建長五年五月三日　　　　　　　　　　　（北條長時）（花押）
奉行人

文书并未详细陈说这场争讼的前因后果，根据文书内容来看，当时三原种延声称享有小吕岛的权益，并拒绝接受宗像社的上位管理，其理由是与谢国明遗孀之间有关谢氏遗领的纠纷尚未得到裁断。宗像宫司氏业一方则强调宗像社对于小吕岛领有权，指诉种延图占小吕岛权益的不正当性。谢国明遗孀后家尼之所以卷入这场争讼，可能是因为出自大宰府官家的种延对部分谢氏遗产保有领有权，而谢国明生前曾任小吕岛地头并在岛上留有产业。

虽然这场争讼的结果无法从其他史料中证知，但可以推测，裁决应是有利于宗像大社的。首先，从两封文书的文脉可以看出，镰仓幕府对于宗像大社的小吕岛领有权并无异议。其次，宗像宫司家与当时北九州的执权家族武藤氏（少弐氏）关系甚密。上述争讼的主诉人——第47任宫司氏业，是氏经之亲子、氏国之养子，即前宫司氏实和王氏之孙，正如前文所述，其婶母张氏将大宰少弐武藤资赖之子为赖收为养子，并将自己的领地赠与为赖，而为赖是时任大宰少弐兼筑前等国守护的少弐资能的兄弟。凭借在北九州官商两界的人脉，宗像大社在上述官司诉讼中无疑占有极大的优势。

宗像大社边津宫位于古博多浜（博多遗迹群）东北大约27公里处，两地之间尚有一段距离。那么，宗像大社附近或宗像地区是否曾有过宋人居留地？文献史料和考古资料都显示，这种可能性是存在的。大庭康时则提出，《教训抄》卷八《管弦物语·弦类·琵琶》的"ハナカタ"也可能是"ムナカタ"（"宗像"的日文记音假名）的误写，"ハナカタノ唐防"或即"宗像ノ唐坊"，宗像郡津屋崎町大字在自的"唐防地"地名很可能与之对应。① 根据柳原敏昭

---

① 大庭康時：《博多網首の時代——考古資料から見た住蕃貿易と博多》，《歷史學研究》第756号，2001年。

论文,津屋崎町大字在自"唐防地"地名的渊源应与宗像大社所辖75末社之一的"唐坊八幡宫"有关。宗像75末社大约形成于宽喜三年(1231)前后,因此,宗像"唐坊"的地名可以上溯至13世纪初叶,1994年与"唐防地"毗邻的津屋崎町小学校园(在自西ノ後遗迹)发掘出土了大量宋代龙泉窑系青瓷、同安窑系青瓷和白瓷。[1] 津屋崎町在自西ノ後遗迹位于宗像大社边津宫西南约6公里,古时其西侧为一伸入内陆的港湾,海上交通十分便利。服部英雄指出,该遗址一件12世纪中后期的同安窑系青瓷碗残底上残存"冈"的字迹,应是意指"纲首"的"纲"(繁体作"綱")字,而"纲"字墨书贸易瓷器集中出土于博多遗迹群,这反映出在自西ノ後遗迹的特殊性。另外,在遗址所出宋代墨书瓷器中,一件白瓷盘残底上写有"高田"二字,"高田"应即《小右记》中提到的高田牧。[2]

(七)首罗山

首罗山在福冈县糟屋郡久山町辖域,位于三郡山脉的西南端,在日本中世文献中记作"首罗山""须良山",近世写作"白山",这些汉字名称日语读音一致。山顶标高约289米,多多良川流经山麓之南,向西注入博多湾,从首罗山山顶可以眺望到博多湾西北入口。

根据传说,日本天平二年(730),白山权现曾自百济骑虎到达此山,大约在同时期,僧源通在此创建寺院。首罗山的渡来神传说,折射出该地悠久的海域交流史的光影。首罗山遗址分为3个片区:首罗山山顶、本谷、西谷。山顶是两尊萨摩塔和两尊宋风石狮的存置地(图4-8),这里原有经冢,出土了

---

[1] 柳原敏昭:《中世前期南九州の港と宋人居留地に関する一試論》,《日本史研究》第448号,1999年;津屋崎町教育委员会:《在自西ノ後遺跡》,《津屋崎町文化財調査報告書》第21集,津屋崎町教育委员会,2004年。2004年,津屋崎町小学校内的"在自西ノ後遗迹"发掘原址建成"在自坊迹展示馆",2016年7月17日笔者赴展示馆参观了发掘遗迹现场和相关遗物。
[2] 服部英雄:《宗像大宮司と日宋貿易——筑前国宗像唐坊・小呂島・高田牧》,九州史学研究会编《境界からみた内と外》(《九州史学》创刊50周年記念論文集 下),岩田书院,2008年,第108页;服部英雄:《旦過と唐房》,大庭康时等编《港湾都市と対外交易》(中世都市研究10),新人物往来社,2004年,第35页。

带有墨书中国人"徐工"姓名字样的经筒和宋代湖州镜等遗物①；本谷位于山顶南偏东，这里发现了一处建筑台基、一组柱础，分别属于两座殿堂建筑，另外还分布着若干处积石，根据出土遗物来看，建筑遗址主体属于12世纪后期至14世纪前期；西谷存有中世石锅制作遗迹。此外，调查人员在本谷和西谷都采集、发掘到宋代贸易陶瓷遗物。②

图 4-8　首罗山山顶萨摩塔和宋风石狮存置地（自摄）

首罗山是圆尔辨圆弟子悟空敬念的驻锡和示寂之地。悟空敬念于日本建保五年（1217）生于大宰府，13世纪40年代渡宋，旅宋期间住于径山寺，随无准师范的日本弟子妙见道祐习禅，成为无准师范的法孙。归国后，敬念先挂锡博多承天寺，之后携弟子东岩慧安历访京都、镰仓的禅刹，开京都福田庵。晚年回到九州，日本文永九年（1272）在首罗山圆寂。敬念住山前后是首罗山的繁荣期，也是宋朝文物舶入的最盛期。③

---

① 桃木祐輔:《経塚と瓦からみた首羅山の歴史》，久山町白山遺跡調査指導委員会、久山町教育委員会編《首羅山遺跡——福岡平野周縁の山岳寺院》，久山町教育委員会，2008年，第41—64页。
② 江上智惠:《首羅山遺跡の概要》，久山町白山遺跡調査指導委員会、久山町教育委員会編《首羅山遺跡——福岡平野周縁の山岳寺院》，久山町教育委員会，2008年，第1—20页。
③ 伊藤幸司:《悟空敬念とその時代》，久山町教育委員会編《首羅山遺跡発掘調査報告書》（久山町文化財調査報告第16集），久山町教育委員会，2012年，第219—228页。

(八)若杉山

若杉山位于福冈县糟屋郡篠栗町和须惠町,山脉北部的太祖神社保存有两尊宋风石狮(现由九州历史资料馆保管),另外,太祖神社西北、若杉山北麓的篠栗町乙犬小堂存有宋风石塔残块。关于宋人在若杉山的活动,虽无文献史料以考其详,但有出土文字资料可证其实。

若杉山麓佐谷(须惠町)发现了"宋人冯荣"铭铜制埋纳经筒。铭文分为上下两段①,上段为:

　　乙巳年六月初乙日
　　妙法蓮華經　　天治二年

铭文下段:

　　宋人馮榮　　伏
　　執筆僧原淋□□　嚴□覺義　禪宗延範　□□覺□
　　弟子鄭瘮　丙午次日辛未
　　勸進僧經尋
　　散位藤原朝臣末貞

根据铭文的纪年,这件经筒作于日本天治二年(1125),铭文中出现有"冯荣""郑瘮"两个华人姓名,两人关系不详,应都是旅居北九州的宋人。铭文还记有若干位僧人的法号,他们是经筒埋纳供养的主持者和参与者。此外,"散位藤原朝臣末贞"铭值得注意,所谓"散位"意为有虚位无实职的散官,是藤原末贞的头衔。由此可见,宋人冯荣与地方官家亦有结交。若杉山地处福冈平野的东侧,宋人在山中居住的可能性不大,上述宋风石刻和记铭经筒应是宋人与山中寺社交往以及举行佛事的相关遗存。

---

① 林文理编:《〈博多綱首〉関係史料》,《福岡博物館研究紀要》第4号,1994年,第77页。

（九）油山

福冈市油山天福寺发现有萨摩塔残件。① 根据防府市防府天满宫藏油山"梵钟"铭，13世纪中期，油山有宋裔僧侣驻锡。油山"梵钟"铭文如下②：

> 大宰府之允（兑），博多津之離，有練若，號油山，嶺生真松焉，群仙古居，礀有飛泉矣。諸侶去垢，爰佛子禪念，昔訪當寺，剃髮受具，今住他鄉，發願鑄鐘。涓露朝於海，土壤崇於山。臬氏成功，必遂三三之白業；鴻露形，悉驚五五之昏沈。于時文應辛酉年沽（姑）洗庚午日
>
> 大檀那比丘禪念　　故鄭三綱真之息　　　　鑄工沙彌生蓮
>
> 作銘曰
>
> 陰陽之工　乾坤之銅　造化異品　陶冶施風　油山靈崛　玖州敬崇　英檀盡力　巧匠成功
>
> 木人叩之　鐵關自通　泥牛鳴之　堅窂忽融　三千等覺　九品共逢　報及群類　化被無窮

铭文首句言明"油山"位于"大宰府之兑，博多津之离"，意为大宰府之西、博多津之南，即今天福冈平野南侧的油山。"练若"，即"阿兰若"，是梵语"寂静处"的音译，指僧侣修行之地，后引申为佛寺。发愿铸钟者"禅念"，系宋人郑三纲之子，在日出家为比丘。由"文应辛酉年沽（姑）洗庚午日"记铭可知，作铭日期为"文应二年（1261）三月八日"。

（十）观世音寺

福冈县太宰府市的观世音寺珍藏着两尊宋风石狮，该寺建于7世纪后

---

① 井形進：《薩摩塔の時空——異形の石塔をさぐる》，花乱社，2012年，第146—147页。井形进将天福寺所在区域记作福冈市"早良区"，实位于福冈市"城南区"。
② 林文理编：《〈博多綱首〉関係史料》，《福岡博物館研究紀要》第4号，1994年，第92—93页。

第四章　宋代输日佛教石刻的存置地及其海域交流史脉

期,寺院本尊为圣观音。观世音寺与中国佛教界的交流历史可以上溯至 8 世纪,天平宝字五年(761),鉴真大师在观世音寺设立戒坛院,自此观世音寺声名日隆,与奈良东大寺和枥木下野药师寺在日本并称为"天下三戒坛"。日本天长十年(833),慧运受敕任观音寺讲师,兼筑前国讲师,承和九年(842)在博多津登李处人舶赴唐。① 日本贞观六年(864)八月,唐僧法惠入住观世音寺担任通事。②

观世音寺位于大宰府政厅故址东北,对于前往大宰府办理对公事务的宋人和大宰府附近的居留宋人而言,观世音寺是最为易达的佛教寺院,而观世音菩萨在宋商航海信俗体系中至为重要,可以推断,观世音寺应拥有相当人数的宋裔檀越和信众。观世音寺所藏两尊宋风石狮以及其他各种宋朝舶来物均是该寺对宋交流的物证。

太宰府市观世音寺所藏木造十一面观世音菩萨立像的左上臂内发现一通墨书,文字如下③:

王愛子　尼妙令
讚岐氏貢上　府老王則宗　貢上
延久元年七月
　　　　　　　　建部氏四人　御春
　　　　　　　　　　知賴

延久元年即 1069 年。墨书所记结缘者当中,府老王则宗、王爱子为华人姓名。王则宗所属的王氏一族是一支累代居日的华裔姓族,其族人不仅从事航海贸易,而且进入官府担任吏职。"府老"是王则宗在大宰府所任职务,属于杂任级资深府吏。同年(延久元年)筑前古文书中出现有"王则季"人名,王则季时任日本筑前国嘉麻郡图师判官代。④ 另外,《朝野群载》卷二十所收承历三年(1079)十一月《高丽国礼宾省牒》和承历四年(1080)三月五日

---

① 《入唐五家傳》之一《安祥寺慧運傳》天長十年條至承和九年五月端午日條。
② 《三代實録》貞觀六年八月條。
③ 太宰府市観世音寺蔵十一面観音菩薩像《左手上膊部內墨書》,竹内理三编《大宰府・太宰府天満宮史料》卷五,太宰府天満宮,1969 年,第 461 頁。
④ 延久元年八月二十九日《筑前国嘉麻郡司解案》,竹内理三编《平安遺文》古文書編第 3 卷,東京堂,1974 年,第 1060—1065 頁。

《大宰府解》，记载了大宰府商人王则贞于承历三年（1079）前往高丽进行贸易的史实。① 从居住地、时间、姓名特征等要素推断，王则季、王则贞与王则宗属于同一家族。② 王则宗一门以大宰府为主要的生活居住地，观世音寺应是其族人的恒常参礼之所。

天永年间（1110—1112），观世音寺别当逞宴，被称为"腰引禅师"，以交易为业，富积千金，其财富多来自宋日贸易。出于掌握财源的考虑，该时期东大寺力图将观世音寺纳为末寺，保安二年（1121），东大寺的这一计划得以实现。③

（十一）大山寺

大山寺，又名有智山寺、竈门山寺，寺址位于大宰府东北的宝满山上，殿宇已毁于明治维新时期，同地竈门神社则存留至今。太宰府市宰府发现的一尊萨摩塔原先存置于宝满山。

早在公元9世纪，大山寺就已成为东亚海域交流的据点。日本延历二十二年（803），最澄为祈祷渡海赴唐平安，在竈门山寺（大山寺）雕造药师佛。承和十四年（847），圆仁自唐归国，驻大山寺为竈门大神诵读佛经。11世纪末，大山寺一度成为石清水八幡宫的末寺。12世纪初，大山寺已转为比叡山天台宗延历寺的末寺。④ 根据史料记载，长治元年（1104）十一月，大山寺上座信严、宗胤等为一个号曰"比叡山大众使"的恶僧"借请宋人等物"并且"冤

---

① 《朝野群载》卷二十《异国》。
② 门田见启子：《大宰府の府老について——在庁官人制における》上，《九州史学》第84号，1985年，第12—15页；龟井明德：《日宋贸易关系の展开》，朝尾直弘等编《岩波讲座日本通史》第6卷（古代5），岩波书店，1995年，第134—135页；手岛崇裕：《平安中期国家の对外交涉と摄关家》，《超域文化科学纪要》第9号，2004年，第45—46页。
③ 五味文彦：《日宋贸易の社会构造》，今井林太郎先生喜寿记念论文集编纂委员会编《国史学论集　今井林太郎先生喜寿记念》，今井林太郎先生喜寿记念论文集刊行会，1988年，第121页。
④ 服部英雄：《日宋贸易の实态——「诸国」来着の异客たちと、チャイナタウン「唐房」》，《东アジアと日本：交流と变容》第2号，2005年，第54页。服部英雄指出，《中右记》长治二年（1105）十月三十日条记曰"大山者，是天台之末寺也"。

凌庄人",检非违使厅为此于翌年(1105)元月提请大宰府传唤信严等人。①

12—13世纪大山寺与宋商联系密切,实际上反映出其本山延历寺的意向与需求。从某种程度上讲,位于北九州大宰府近旁的大山寺承担着天台宗延历寺对宋交流代理的职责。

从文献史料中可以窥见12世纪大山寺对宋交流活动的片段,前文所举滋贺县大津市西教寺所藏《两卷疏知礼记》奥书(卷末附记)文字中亦言及大山寺：

> 永久四年(1116)歲次丙申五月十一日,筑前国薄多津唐房大山船龔三郎船頭房,以有智山明光房唐本移書畢,已上。

这条史料包含有两条值得注意的信息：(1)有智山寺(大山寺)藏有从宋朝舶来的《两卷疏知礼记》(即《观音玄义疏记》)②；(2)龔三郎经营的商船以"大山船"为名,这反映出大山寺与龔氏之间存在着某种贸易协同关系。

13世纪初以来,不少旅日宋商寄名附籍于九州地区的寺社、庄园以求庇护。拥有长期对宋交流传统的大山寺、筥崎宫等佛寺和神宫都是宋商附寄的上选之地。而对于九州地方寺社而言,接纳宋人附寄无疑有利于确保海域交流渠道的畅通和对宋贸易利益的分享。上文提到的建保六年(1218)大山寺神人通事张光安被害事件,虽然直接起因不明,但事件背后即可能有大山寺和筥崎宫之间的利益之争,故而大山寺将此事件上报其本山延历寺,期望借延历寺的力量压制筥崎宫。延历寺则将指控的对象扩大至筥崎宫的本社石清水八幡宫,奉神舆赴京都鸣诉。关于鸣诉经过,《华顶要略》记载最详③：

> (建保六年)八月,山門末寺大山寺所司登山訴申,神人通事船頭張光安,為八幡宮權別當宗清法印代官筥崎宮留守寺主行遍、同子息左近

---

① 长治二年正月《检非违使移》,阪本龙门文库所藏镰仓初期写本《卌五文集》所收。
② 根据《两卷疏知礼记》卷末附记其他内容可知,有智山寺明光房唐本系明州国宁寺上眼房僧人觉因的写本。参见：林文理《博多綱首の歷史的位置——博多における権門貿易》,大阪大学文学部日本史研究室编《古代中世の社会と国家》,清文堂,1998年,第575—591页。
③ 《華頂要略》百廿二《天台座主記三·第七十二権　僧正承圓》,竹内理三编《大宰府·太宰府天満宮史料》卷七,太宰府天満宮,1971年,第345页。

将監光助等,被殺害事也。依之,於權別當宗清者,可召賜山門,於彼殺害地博多津並筥崎社者,可被成山門領之由,勒奏狀訴申之。勅答云,於下手人者早可被禁獄,於宗清罪科者不可然,八幡者宗廟異於他也,依他社訴訟,忽難被行科怠云云。度度奏聞無勅許。依之九月廿一日,寅刻,奉振上七社神輿於中堂之内,同卯刻,八王子、客人、十禪師御輿,下京奉付京極寺,座主被参詣之後,奉振閑院内裏,本社三社、祇園三社、京極寺一社。然間武士與宮仕鬪諍,互及刃傷,剩武士奉射八王子御輿,自餘御輿等被破損,仍宮仕駕輿丁等,棄置神輿,大衆等分散,[(頭書)在京健士加藤兵衛尉光員男同光資,切落八王子駕輿丁男腕之間,令汚穢神輿,乃奉振棄歸参云云]北野御輿又武士致狼藉云云。廿二日,後夜,為公家御沙汰,神輿奉入本社,但山王神輿奉送祇園社了。今日大衆離山,三院本堂以下末寺末社皆悉閉門。

延历寺试图利用筥崎宫人杀害张光安的罪状,压服石清水八幡宫权别当宗清,并将筥崎宫据为己有。日廷敕许惩处行凶者行遍和光助,同时拒绝了延历寺提出的向宗清问罪、将筥崎宫划归延历寺等要求。延历寺又数度申诉,均未得到敕许,于是搬负七社神舆前往京都辩讼,结果与宫廷卫士及在京武士发生流血冲突,辩讼无果而终。

表面上来看,延历寺动员僧众、负舆入京旨在为无辜被杀的张光安讨还公道,实则是以此为口实来打压石清水八幡宫势力、扩大己方权益。不过,这场由旅日宋商命案引发的寺社之争,亦反映出宋商在日本北九州地域社会的影响力,其人其身之所以能够成为寺社之间官司纠纷的引线,正是由于其事其行牵连着诸多利益关系。

13世纪上半叶,禅宗在北九州影响日著,渐渐改变着当地之前固有的寺社势力格局。由于日本中世禅宗是自中国移植而来的,其形式与内核均充满了浓厚的宋文化色彩,对在日宋人社群具有天然的吸附力,故而日本禅僧和新建禅寺常常得到在日宋商的倾力支持。当然,在日宋人社群不仅期待禅寺成为他们精神上的栖息地,还希望禅寺成为他们经济上的庇护所。宋朝海商资源流路转向禅寺,无疑会影响到宋日海上贸易利益的旧有分配模式。在这一背景之下,不难理解大山寺对禅宗的忌惮。《历代镇西要略》贞永元年条记载①：

> 貞永元年壬辰，釋氏円爾為求法渡宋，先来而憩博多円覚寺矣。茲西府有智山寺之僧義学台宗以悪禅宗，擬加害，博多綱首謝太郎国明，請円爾而衛櫛田之家。

贞永元年（1232），圆尔辨圆渡宋之前驻锡于博多，大山寺僧义学想谋害他，博多纲首谢国明将圆尔接入栉田神社附近的自家宅第加以保护。仁治二年（1241），圆尔从宋朝回到博多布禅，受到博多宋人纲首的拥戴。翌年（1242）秋，在谢国明和诸纲首的襄助下创建承天寺，引发了大山寺方面的嫉恨，《圣一国师年谱》宽元元年（1243）条记曰②：

> 後嵯峨天皇寛元元年癸卯，師四十二歳，（中略）宰府有智山寺，即関西講肆，其徒嫉師禅化，欲聞於朝以毀承天新寺，朝廷不許，乃勅陞承天、崇福二刹，以為官寺，有智山衆議乃寝，師掲勅賜大字，世亦欽佛鑑先知焉。

宽元元年（1243），大山寺奏请日廷停废承天寺，日廷予以回绝，反将承天寺升为官寺。这一时期，禅宗已经受到日本朝廷和镰仓幕府更多的扶持，相比于以大山寺为代表的旧寺社势力，新建禅寺对在日宋人的号召力越来越强。

二　肥前东部

日本旧肥前国的东半部是今佐贺县辖域，处在九州北部福冈县与长崎县之间，迄今佐贺地区共发现萨摩塔6尊，其中3尊在神埼郡和神埼市范围，2尊在多久市域内，1尊位于武雄市。这一区域存置的萨摩塔很可能是有明海北岸的神崎庄、杵岛庄对宋交流的遗物。

---

① 《歴代鎮西要略》貞永元年条，竹内理三編《大宰府・太宰府天満宮史料》卷七，太宰府天満宮，1971年，第424頁。
② 《聖一国師年譜》寛元元年癸卯条，日本国立国会図書館蔵元和六年（1620）跋刊本。

（一）神崎庄

神崎庄以今九州佐贺县神埼郡神埼市吉野ヶ里町为中心，庄领几乎覆盖了今神埼郡全域。这一区块地处有明海东北岸，向南面对有明海。由于神崎庄的大部分庄领土地处在内陆，与有明海沿岸以及外洋之间往来联系很大程度上需借助筑后川河道，筑后川由东北流向西南，穿过福冈、佐贺的南部地区，流域范围甚广，神崎庄可以利用筑后川河道这条交通动脉组织物流路线，同时将有明海东北岸的筑后川河口作为出海港。

神崎庄的历史可以追溯到承和三年（836），其以 690 町敕旨田为基础逐渐扩大而成，系院领庄园。从文献记录来看，10 世纪末至 11 世纪初，神崎庄司就已开始与宋商及入宋日僧交往。《朝野群载》卷二十《异国》收录了正历二年（991）宋商周文德致源信的书函，其中写道："旧冬之内，喜便信启上委曲，则大府贯首丰岛才人，附书状一封，奉上先了。"① 又据《御堂关白记》长和四年（1015）七月十五日条载，临时归国的入宋日僧念救（寂照弟子）再次赴宋前往九州之际，神崎庄司丰岛方人与其同行。② 神崎庄司丰岛方人与大府贯首丰岛才人应是同一人物，"方"与"才"手写字形相近，其差异可能产生于文献流传过程中的讹记。大宰府官员当中，姓"丰岛"者甚多，例如，治历二年（1066）一份大宰府官联署文书上同时出现有"丰岛兼人""丰岛则方""丰岛兼方"等同姓人名。③ 可以推定，丰岛才人（丰岛方人）拥有大宰府官员和神崎庄司双重身份。另外，有研究者认为，此次念救赴宋的起航地即神崎庄。④

---

① 《朝野群載》卷二十《異国》。
② 《御堂関白記》長和四年七月十五日条。这条史料原文为："十五日，壬戌。唐僧念救歸朝，從唐天台山所求作料物送之。……領念救神崎御庄司，豐島方人參上，件男下向，仍念救付，方人下向，件物等，令領知方人。"
③ 五味文彦：《日宋貿易の社会構造》，今井林太郎先生喜寿記念論文集編纂委員会編《国史学論集　今井林太郎先生喜寿記念》，今井林太郎先生喜寿記念論文集刊行会，1988 年，第 119—135 页。
④ 瀬野精一郎編：《肥前国神崎荘史料》，吉川弘文館，1975 年，第 227 页；田中文英：《平氏政権の研究》，思文閣，1994 年，第 52 页。

第四章　宋代输日佛教石刻的存置地及其海域交流史脉　213

12世纪上半叶,神崎庄在宋日贸易中的角色趋于活跃,这一时期平忠盛执掌庄务是其重要原因之一。元永二年(1120),平忠盛任越前守,数年之后又成为神崎庄预所。平忠盛兼任神崎庄预所的起始时间应不晚于日本大治二年(1127),是年神崎庄向鸟羽院进奉鲸珠,平忠盛也介入其事。忠盛对于神崎庄的掌控历时长久,可能一直延续到他离世的仁平三年(1153)。① 越前国的敦贺曾一度是宋朝商船泊岸之地,忠盛任越前守之后对宋日贸易的实利有了更切实的认识,这使他必然格外关注神崎庄对宋交流的脉线,并试图最大限度地保有其对外贸易收益。长承二年(1133),平忠盛与大宰权帅藤原长实之间有关宋人周新船归属问题的争讼,反映出平忠盛所辖神崎庄积极参与对宋贸易的史实。《长秋记》长承二年八月十三日乙未条记载此事如下②:

　　晴陰不定也。早朝帥中納言送書云,大切可示合事出來,可來向。差車可下也者,仍午時許行向。云,鎮西唐人船來着。府官等任例存問,隨出和市物畢。其後備前守忠盛朝臣自成下文,號院宣,宋人周新船,為神崎御庄領不可經問官之由,所下知也。此事極無面目,欲訟申院也。其上書案可書給。不可振筆,唯和名書天可候也者,仍書書案。……抑宋人来着時,府官存問,早経上奏,安堵、廻却所從宣旨也。而可為庄領之由被仰下條,言語道斷也,日本弊亡不足論,外朝恥辱更無顧。是非他,近臣如獏犬所為也。

忠盛称宋人周新船为"神崎御庄领",意指周新船归神崎庄掌领,这虽或是忠盛为声索权益而提出的一面之词,但可以肯定,周新船与神崎庄之间存在某种密切的利益关系,这种关系的样态与性质可能近似于前文提及的龚三郎"大山船"与大山寺之间的关系。

---

① 五味文彦:《日宋貿易の社会構造》,今井林太郎先生喜寿記念論文集編纂委員会編《国史学論集　今井林太郎先生喜寿記念》,今井林太郎先生喜寿記念論文集刊行会,1988年,第119—135页。
② 《長秋記》長承二年八月十三日乙未条。

关于周新船的到岸地点,学界聚讼不一。① 神崎庄庄地位于有明海北侧的内陆区域,将其指为周新船的到岸地似乎有些牵强,不过,有学者指出,筑后川干流右岸的诸富津、旧蒲田津很可能曾是神崎庄的外港,经有明海北上的船舶可以在筑后川外港候潮,并在潮况许可之际顺河道深入内陆。② 总之,宋船经有明海抵达神崎庄属地的可能性还是存在的。

仁平三年(1153),藤原信西接掌神崎庄。信西是平安末期出类拔萃的贵族学者,有着极高的汉学修养。从《通宪入道藏书目录》可知,信西收藏了大量中国书籍,这些书籍大多是宋商舶来之物。对于信西而言,神崎庄是他介入宋日贸易、获取中国图书的便利窗口。

13世纪,神崎庄成为宋商附寄之所,同在宋日贸易中占据重要地位的神崎庄、筥崎宫以及大山寺三者之间时有利益纠葛,宋商亦介入其间。上文提到的《石清水文书》之《丙纳文书目六》所载建保六年(1218)神崎庄庄官和纲首秀安欺凌大宰府使及筥崎宫杂掌之事即是一例③:

> 一通　建保六年,令蹂躙大府使并社家雑掌等,依致種種之悪行,神崎庄留守并綱首秀安等召上其身,可被行罪科之由,筥崎社解。

另外,神崎庄还介入了宋商张光安被杀案件的索赔,要求将光安被杀之地和光安所领之地划归神崎庄。此事亦见于《石清水文书》之《丙纳文书目六》④:

---

① 其中主要有三说:(1)神崎庄当地(位于有明海之北)到岸说;(2)神崎庄仓库所在地(位于博多)到岸说;(3)大宰府博多津到岸说。石井正敏曾对这三说进行过详细评述,详见:石井正敏《肥前国神崎荘と日宋貿易——〈長秋記〉長承二年八月十三日条をめぐって》,皆川完一编《古代中世史料学研究》下卷,吉川弘文馆,1998年,第179—184页。

② 日下雅义:《湊の原形——肥前国神崎荘にみる》,《歴史を読みなおす6》(朝日百科日本の歴史・別冊),朝日新聞社,1993年,第15页;服部英雄:《日宋貿易の実態——「諸国」来着の異客たちと、チャイナタウン「唐房」》,《東アジアと日本:交流と変容》第2号,2005年,第57—59页。日下雅义认为,神崎庄的外港应是诸富津,服部英雄则推测其为蒲田津。

③ 《石清水文书》之《丙納文書目六》(桐箱二ノ十三　石清水八幡宮璽御筥事紙背),竹内理三编《大宰府・太宰府天満宮史料》卷七,太宰府天満宮,1971年,第355—356页。

④ 《石清水文书》之《丙納文書目六》(桐箱二ノ十三　石清水八幡宮璽御筥事紙背),竹内理三编《大宰府・太宰府天満宮史料》卷七,太宰府天満宮,1971年,第358—359页。

第四章　宋代输日佛教石刻的存置地及其海域交流史脉　215

　　一通　承久元年十一月,通事船头光安死所博多管内并所领等,任先例可为御庄领之由,神崎庄官等重奏闻解状。
　　一通　同二年,同事宫寺陈状。

现存文书中既未保留神崎庄索要张光安遗领之理据的文字,也未留有相关方面对其申状之答复的材料,故而神崎庄这份申状的前因后果无从查知。可以推定,张光安与神崎庄之间存在着某种形式的利益关系,否则神崎庄不会再三提交诉状要求继领张光安身后遗产。①

神崎庄庄官和纲首秀安欺凌大宰府使和筥崎宫杂掌——→大山寺神人通事张光安被筥崎宫人杀害——→神崎庄发起索要张光安遗领的申诉,这三个事件集中发生于建保六年(1218)至承久元年(1219)两年之内,其间很可能有某种因果递进的关联,只是由于文献记录的缺乏而无法探知其详。不过,这些事件已经清晰地昭示出13世纪初神崎庄与宋商社群之间利益交织的一个侧面。

此外,位于有明海北岸的与贺西北,有一处称为"タンバ"的地点,筑后川沿岸的城岛附近还有一个记作"丹花"的地名,タンバ、丹花分别是"旦过"的日语近音假名表记、同音异字表记,这些地名很可能是中日禅宗交流在当地留存的地志痕迹。②

考古资料中亦能找到神崎庄对外交流的物证。佐贺县神埼郡三田川町的下中杖遗址位于古神崎庄领内,该遗址发现有平安前期—镰仓时代—室町时代的房屋、水井等遗迹,遗迹中出土了丰富的中国舶来陶瓷,其中包括晚唐至五代的越窑青瓷、白瓷以及宋元龙泉窑青瓷。从大量舶来陶瓷的遗存来看,下中杖遗址具有较强的官衙遗址色彩,但建筑结构及组合关系又与

---

① 大庭康时认为,张光安既是大山寺的神人兼通事,还应附寄于神崎庄,同时还可能是神崎庄寄人秀安的近亲。不过,较之与神崎庄的关系,张光安与大山寺的关系更为密切,否则无法解释为何大山寺对张光安被害案件的应对要早于神崎庄。参见:大庭康時《博多綱首殺人事件——中世前期博多をめぐる雑感》,《法哈囋》第3号,1994年。
② 服部英雄:《旦過と唐房》,大庭康時等编《港湾都市と対外交易》(中世都市研究10),新人物往来社,2004年,第21—25页。

一般郡衙不同,很可能是官员居馆、庄园管理设施之类的遗存复合体。① 神崎域内的三尊萨摩塔仅余残件,一尊残件位于仁比山地藏院,两尊残件存置于脊振山灵仙寺,存置场所均为佛教寺院,两地点均与下中杖遗址相距不远。这三尊萨摩塔均属于相对容易搬运的小型塔,其舶来轨迹可做如是复原:九州西侧海域→有明海→有明海东北隅筑后川河口→筑后川西南段河道→筑后川北侧支流水路+陆路→仁比山地藏院/脊振山灵仙寺。

(二)杵岛庄

日本古代一中世的杵岛庄位于今杵岛郡大町町、白石町和江北町一带,这一区块在武雄市之东、多久市之南,地处有明海西北岸,与神崎庄各居一隅,东西对应。六角川、盐田川两条河流自西向东贯穿庄领。六角川河道偏北,注入有明海北岸,与福所江川河口、嘉濑川河口共同形成一个港湾;盐田川河道短于六角川,流路大致与后者平行,注入有明海西北隅,与鹿岛川河口连成一片较小的港湾。

文献史料中有关杵岛庄涉宋交流的记录比较匮乏。古代杵岛庄是京都仁和寺寺领庄园,根据文献记载,日本久安四年(1148),杵岛庄曾向仁和寺觉法法亲王进献孔雀,觉法法亲王将之转献给了鸟羽法皇。外来珍禽孔雀来自航抵有明海西北岸的宋朝商客。②

武雄市黑发山西光密寺一尊萨摩塔、多久市南多久町妙觉寺两尊萨摩塔,均为小型塔,很可能来自在杵岛庄领内靠岸的宋船,内陆搬运大概借助了庄领北部的六角川水道。其输入路线应为:九州西侧海域→有明海→有明海北端六角川河口→六角川河道→六角川北侧及西侧支流水路+陆路→黑发山西光密寺/南多久町妙觉寺。当然,这一移动过程未必是在特定时间内一次完成的。

---

① 佐贺县教育委员会编:《下中杖遗跡——神埼郡三田川町所在》,佐贺县教育委员会,1980年,第48—53、68—69、72、75—80页。
② 《御室相承记》(四)久安四年三月廿七日条;《本朝世纪》久安四年闰六月五日条。相关史实解读参见服部英雄专题论文:服部英雄《久安四年有明海にきた孔雀——肥前国杵嶋庄と日宋贸易》,《文明のクロスロード Museum kyusyuu》第52号,1996年。

三　肥前西部

旧肥前国西部大致即今长崎县辖域。该地区的北松浦半岛、平户岛以及五岛列岛是九州西岸航线和北岸航线的交汇之所,也是古代中国赴日海船的必经之地。目前这一地区发现的宋代舶载输日佛教石刻数量仅次于福冈地区(博多及其周边)。

(一)平户

平户位于九州西北端,古名庇良、庇罗,是唐宋时期中日间海舶往来的必经之地。今天的平户地区包括平户岛及其附近属岛以及北松浦半岛西部,平户岛西侧邻近五岛列岛的宇久岛、野崎岛和小值贺岛。平户岛内的安满岳山顶、志々伎神社以及平户市区的是兴寺、最教寺和誓愿寺等地存置有萨摩塔,志々岐神社冲之宫还发现了一尊宋风石狮。平户濑户之东、北松浦半岛西北端田平町的海寺迹和下寺观音堂也存有萨摩塔和宋风石狮。这些地点中,志々岐神社冲之宫是平户岛南端的海路要津;海寺迹位于平户濑户之东,岸线近在咫尺;安满岳山顶设有山岳信仰的祭所,从山顶可以俯瞰平户岛西侧的大洋。(图 4-9、图 4-10)

从文献上看,这里曾有宋代海商居留。《肥前青丈文书》安贞二年(1228)三月十三日《关东裁许状案》记载了一则"平户苏船头后家"的事例。[①] 平安末期,客居平户的宋商苏船头娶日本女子为妻,生有一子名叫十郎连。苏船头去世之后,其妻携子改嫁给小值贺岛领主松浦直。后松浦直在平户遇害,苏船头之子十郎连作为松浦直的养子继承了松浦直的领地。

建久二年(1191),荣西完成第二次入宋之旅,搭乘宋朝纲首扬三纲的商

---

① 《肥前青丈文书》安贞二年三月十三日条之《関東裁許状案》,竹内理三编《鎌倉遺文》古文书编第 6 卷,東京堂,1974 年,第 74 页。

图 4-9　志々伎神社冲之宫所在地（自摄）

图 4-10　安满岳山顶所见平户岛西侧岸线和海洋（自摄）

舶回国,在平户岛苇浦登陆。① 之后,于岛内设富春庵（江户时期寺号改为"千光寺"）布禅说法,同时在富春庵后山辟地种茶,后世名之为"富春园",是为日本最古的茶园。今寺内仍存有荣西法师"坐禅石"。继荣西之后渡宋习禅的圆尔辨圆,其赴宋扬帆地也是平户。《圣一国师年谱》嘉祯元年（1235）乙未条记载："四月,船出平户津,经十寅夕,到宋明州。"②

---

① 《元亨释书》卷第二《传智二》。
② 《聖一国师年谱》嘉祯元年乙未条,日本国立国会图书馆藏元和六年（1620）跋刊本。

此外，邻近平户岛西北端的属岛——生月岛，古称"生属嶋"，据日本文献记载，该岛曾是日本遣唐使的回航经停地。承和六年（839）七月，日本遣唐使藤原常嗣一行从山东赤山浦起航归国，同年八月"迴着肥前松浦郡生属嶋"。①

根据以上史例可以推知，12世纪末以后，地处宋日贸易航线节点的平户，既是赴日商船的寄锚地，也是渡宋海舶的扬帆港。平户田平町（萨摩塔与宋风石狮存置地）之西海岸线上的大崎有一处叫"东防"的地点，东防与"唐房"地名同音异字，大崎东防附近的志佐白浜免遗址出土了带有"纲司"墨书的陶器。②

（二）宇久岛

宇久岛、小值贺岛和野崎岛是五岛列岛北端的一组岛屿，其中，宇久岛位于最北端，由此前往平户岛西北侧属岛生月岛和平户岛南端的志々伎湾都十分方便。宇久岛的毗沙门寺存置着两尊小型石塔的须弥座残件，疑为萨摩塔部件。

日本平安时期宇久岛曾名"有救岛"，是日本遣唐使船的放洋地，承和五年（838）六月十七日，遣唐使第一船、第四船从博多津出发赴唐，六月二十三日顺东北风抵达"有救岛"，同年七月二日到达扬州海陵。③

宇久岛、小值贺岛地理上接近平户，与平户岛原本联系密切，日本贞观十八年（876）三月，庇罗（平户）和值嘉（五岛列岛）改乡为郡，两者行政统合程度进一步提升。④ 根据前文小值贺岛领主松浦直与十郎连的故事可知，松浦直生前往来活动于小值贺岛和平户之间，这说明日本平安时代晚期两地之间海上交通十分便捷。

---

① 《入唐求法巡礼行记》承和六年七月廿三日条；《続日本後紀》承和六年八月廿五日条。
② 服部英雄：《日宋貿易の実態——「諸国」来着の異客たちと、チャイナタウン「唐房」》，《東アジアと日本：交流と変容》第2号，2005年，第34、36頁。
③ 《入唐求法巡礼行记》承和五年六月廿三日条至七月二日条。
④ 《三代実録》貞観十八年三月九日条。

(三) 西海庄

旧肥前西部地区现存宋代舶载输日石刻大多集中于平户岛和北松浦半岛西海岸，大村市立福寺町龙福寺故址的石塔须弥座束腰（疑似萨摩塔残件）和池田町宝圆寺萨摩塔塔身则偏离了宋风石刻的集中分布区，位于大村湾东岸。从直线距离来看，或可推测这两件石塔残件来自有明海西北岸杵岛庄着岸宋船，但石塔所在的大村湾东岸与有明海西岸之间有多良岳—郡岳山系相隔，两地间物品搬运移动困难，因此，这两件石刻更可能是大村湾来航宋船的舶入之物。

大村湾之南为长崎半岛，其西为西彼杵半岛，自外海出入大村湾的门户在湾域的西北，那里有早岐濑户、针尾濑户两条狭窄水道通往佐世保湾。西彼杵半岛北部在日本古代和中世属于西海庄领地，西海庄控扼着进出大村湾的针尾濑户。据《台记》《御室相承记》记载，久安三年（1147）十一月十日，摄政藤原忠通将西海庄送来的孔雀、鹦鹉进献给了鸟羽法皇。[①] 孔雀和鹦鹉之类外来鸟禽系宋商舶来之物。西海庄所在的西彼杵半岛北部与北松浦半岛仅有狭小的佐世保湾相隔，与平户岛的海上交通也十分方便。大村市龙福寺萨摩塔应是西海庄及大村湾沿岸对宋交流的物证。

四 萨摩地区

旧萨摩地区大致对应今鹿儿岛县西部，九州西南现存宋代舶载输日石刻集中分布于这一区域的南萨摩市、南九州市和鹿儿岛市。文物研究者最早在萨摩地区注意到壶状塔身、四天王浮雕须弥座的中国风石塔，并将之称为萨摩塔。

---

① 《台记》久安三年十一月十日条；《御室相承记》（四）久安三年十一月廿日条。

（一）万之濑川河下游（阿多郡、加世田别府）

万之濑川河下游包含两个地域单元，即位于北岸的南萨摩市金峰町和位于南岸的南萨摩市加世田。加世田川畑、加世田小凑两地各发现一尊平面六边形萨摩塔，加世田益山八幡神社存有两尊宋风石狮个体的残块，金峰町宫崎字持躰还发现了一件小型石质佛像龛。万之濑川旧河口原有港埠，拥有海航之便，这一带存置的舶载宋风石刻无疑是宋日海域交流的结果。

万之濑川河下游北岸的南萨摩市金峰町，在日本中世属于阿多郡辖域。平安后期至镰仓初期，阿多郡的领主是萨摩平氏一支的阿多氏。平治之乱（1160）之后，阿多宣澄接替阿多忠景掌管阿多郡。仁安元年（1166），平赖盛亲赴大宰府出任大宰大贰，以期加强对九州的控制。同年，南九州包括岛津庄在内的大部分摄关家领庄园都划归平清盛之女平盛子名下，与此同时，平忠度补任萨摩守，执掌萨摩国国务。平清盛一族直接掌控萨摩国和岛津庄，其着眼点很可能在于南九州的海外贸易利益。这期间，阿多宣澄采取了支持平清盛一族的立场。镰仓幕府成立之际，阿多宣澄也因其挺平立场而失势，领地也被剥夺。此后，骏河御家人鲛岛氏以阿多郡地头职身份取得了阿多郡的控制权。建保六年（1218），阿多郡一分为二，北方落入二阶堂氏之手。①

文献史料中虽无阿多郡对宋贸易的记录，但万之濑川下游北侧河滨的考古发现揭示了阿多郡对宋直接贸易的可能性。故阿多郡南部域内有多处中世遗址：持躰松、芝原、渡畑、小薗。其中，持躰松、芝原和渡畑，位于万之濑川现河口②之东5公里，彼此邻近，最初很可能是连片合一的。这些遗址均出土了大量的宋朝外销瓷。11世纪后叶至12世纪前叶的文化层和遗迹单位中的宋瓷以白瓷为主；12世纪中叶至12世纪后叶以龙泉窑系青瓷和同安窑系青瓷居多，而且该时期迎来宋瓷舶来的高峰，外销瓷数量骤增；13世

---

① 柳原敏昭：《中世前期南九州の港と宋人居留地に関する一試論》，《日本史研究》第448号，1999年。
② 万之濑川中世旧河口位于现河口之南2公里。

纪初至13世纪前叶，龙泉窑系青瓷成为大宗，数量可观；13世纪中叶至14世纪初，中国瓷数量减少，日本国产陶器占主流。① 特别值得一提的是，渡畑遗址发现了一处长4.7米、宽4.7米的正方形特殊建筑遗迹。发掘结果表明，该遗迹是一座南北正向、四柱三开间的房屋，遗迹中出土了中国产覆瓦，而瓦的形制与宁波宋瓦相同。研究者推测，该遗迹很可能是一座祠庙，芝原萨摩塔的出土地点距离该遗迹仅100米左右，原或是祠庙的供奉物。②

万之濑川河下游南岸的加世田，即中世的加世田别府。平安时代，加世田别府从阿多郡分离独立出来，据推定，其初代领主是萨摩平氏一族的别府忠明。镰仓初期，岛津忠久出任加世田别府的地头，掌握了这一地域的实控权。加世田别府有"当房""唐仁原"两地名，均位于万之濑川中世旧河口附近南岸，两地名实际上就是"唐房""唐人原"日语同音异字，而日本中世文书中的"唐房""唐人原"一般言指宋人居留地。当房之西数百米更靠近河口的小松原，被认为是中世万之濑川河口码头所在地。③ 由万之濑川南岸的小松原、当房、唐仁原顺河道东行5公里，即可抵达北侧河滨的持躰松等遗址。

(二) 川边

南九州市川边町已发现3尊萨摩塔、3尊宋风石狮。这一地区位于万之濑川河中上游，历史上属于河边郡（川边郡）。川边町发现的对外交流遗物不仅局限于石刻，町内的马场田遗址还出土了相当数量的13—14

---

① 鹿児島県立埋蔵文化財センター：《持躰松遺跡》，鹿児島県立埋蔵文化財センター，2007年；鹿児島県立埋蔵文化財センター：《芝原遺跡3》，鹿児島県立埋蔵文化財センター，2012年；鹿児島県立埋蔵文化財センター：《渡畑遺跡2》，鹿児島県立埋蔵文化財センター，2011年。
② 橋口亘：《薩摩南部の中世考古資料をめぐる諸問題——薩摩塔・宋風獅子・貿易陶磁・清水磨崖仏群・硫黄交易》，《鹿児島考古》第44号，2014年。
③ 柳原敏昭：《中世前期南九州の港と宋人居留地に関する一試論》，《日本史研究》第448号，1999年。

世纪的中国外销瓷,其中包含有稀见精品。① 根据万之濑川中上游河道的状况来看,下游地区与旧河边郡地区无法直通舟楫,不过,水道可以结合陆路发挥物流通道的作用。② 川边地区的海上贸易遗物仍应来自万之濑川河口。

另外,值得一提的是,渡宋日本禅僧无关玄悟曾在河边郡驻留两年。无关玄悟于建长三年(1251)渡宋,弘长二年(1262)自庆元(宁波)回国,在中国巡礼参禅长达10年之久。归国之后,无关玄悟即驻留萨摩河边郡,他在河边郡的布禅活动无疑有助于增大宋风佛教文化在该地的影响。反言之,修习宋风禅宗的无关玄悟能驻锡河边郡两年,应与当地社会对宋文化的接受态度有关。榎本涉指出,无关玄悟渡航至河边郡,也印证了宋日贸易船出入萨摩港口的可能性。③

(三) 坊津

坊津位于鹿儿岛县西南端,具体是指南萨摩市坊津町坊面对的港湾,一乘院遗址和辉津馆(坊津历史资料中心)都位于坊津湾畔。"坊津"之名与一乘院(旧名龙严寺)有关,日本习惯上将佛寺、僧侣称为坊舍、坊主,坊津意即寺旁之津。一乘院面对坊津港湾,在这里随时可以清楚地看到海上航行的船只。需要指出的是,今天坊津町域内的港湾,除了坊津之外,还有位于坊津之北的久志湾和秋目湾。

坊津地当九州的西南端点,是东亚海上交通要冲,正因如此,我国明代史料《武备志》将坊津与安浓津、博多津列为"日本三津"。不过,有关坊津的海航文献记录集中于明代(日本室町时期),大多涉及遣明使和倭寇,早期的相关史料匮乏。唐天宝十二载(753)十二月二十日,鉴真大师

---

① 上田耕:《川辺町野崎馬場田遺跡調査速報》,《広報南九州》第4卷,2008年。
② 柳原敏昭:《中世前期南九州の港と宋人居留地に関する一試論》,《日本史研究》第448号,1999年。
③ 榎本涉:《宋元交替と日本》,大津透等编《岩波講座日本歴史》第7卷(中世2),岩波书店,2014年,第83—85页。

所乘的日本遣唐使归国船到达萨摩国阿多郡秋妻屋浦。① 秋妻屋浦即今坊津町秋目湾,位于坊津港之北,至今其地还留有"唐浦"地名。鉴真船是自屋久岛北上抵达秋目湾的。关于10—13世纪坊津航海贸易的样态,同时代的文献史料几无载录。尽管如此,坊津港及其周边岸线遗留有不少的宋元瓷片,这些遗物印证了当时中国舶来品在该地流通的事实。

从地理位置上推测,坊津港很可能是萨摩半岛往来硫黄岛(鹿儿岛郡三岛村)的要港。硫黄岛位于坊津之南约50公里略偏东,是日本古代、中世以来出口硫黄的主产地。② 明代遣明使船寄泊于坊津,其缘由之一即装载硫黄。宋日贸易中,硫黄同样是日本输出到宋朝的重要贸易品,对宋输出的硫黄主要采自硫黄岛③,坊津—硫黄岛航线在这一时期硫黄的转运和出口过程应已发挥着重要作用。坊津历史资料中心研究者桥口亘注意到,长门本《平家物语》记载了藤原成经被赦之后由硫黄岛前往大隅正八幡宫的具体路线:硫黄岛(鹿儿岛郡)→坊泊(南萨摩市坊津)→鹿儿屿(枕崎市)→逢のみなと(南九州市南海岸港口)→木之津(鹿儿岛市喜入)→向屿(鹿儿岛市樱岛)→鸠胁八幡崎(雾岛市隼人町野久美田)。大隅正八幡宫位于鹿儿岛湾(锦江湾)北岸,从硫黄岛前往大隅正八幡宫的最短路线是:东北行至萨摩半岛东南端,再北行穿过鹿儿岛港和樱岛之间的水道直抵目的地。目前鹿儿岛港—硫黄岛的快轮就走这条航线。长门本《平家物语》所记从硫黄岛先至萨摩半岛西南端的坊津,再沿萨摩半岛南岸向东迂回的路线显然要多出不少航程,但这或许反映了12世

---

① 《唐大和上東征傳》天宝十二载十二月廿日条。
② 山内晋次:《日宋貿易と「硫黄の道」》,山川出版社,2009年,第43—61页。
③ 山内晋次:《日宋貿易と「硫黄の道」》,山川出版社,2009年,第12—42页;山内晋次:《日本史とアジア史の一接点——硫黄の国際貿易をめぐって》,山田奨治等编《江南文化と日本——資料・人的交流の再発掘》,国際日本文化研究センター,2012年,第201—211页。另外,近年日本学者在硫黄岛进行了考古调查,发现宋日贸易时期的中国瓷器和陶器。参见:橋口亘《中世前期の薩摩国南部の対外交流史をめぐる考古新資料——南さつま市芝原遺跡出土薩摩塔・同市加世田益山八幡神社現存の宋風獅子・三島村硫黄島発見の中国陶磁器を中心に》,《鹿児島考古》第43号,2013年。

纪硫黄岛与萨摩半岛之间海上交通的真实状况：硫黄岛—坊津航线更加成熟，往来于这条线路上的船次更多。此乃硫黄岛所产硫黄的舶运路径使然。①

---

① 桥口亘指出，长门本《平家物语》成书于 14 世纪，这段记载证明，坊津与硫黄岛之间至少在 14 世纪已经有了密切联系，若该书反映了 12 世纪当时的历史实况，那么坊津—硫黄岛之间通航联系则可以上溯至 12 世纪。坊津和硫黄岛同属河边郡，两者之间的通航联系很可能是地域行政设置的结果。参见：桥口亘《坊津と硫黄島・硫黄輸移出に関する一考察》，《南日本文化財研究》第 9 号，2010 年。

第五章

宋日之间人的移动与佛教石刻的输出

日本现存宋代输日佛教石刻，无疑是宋代中国对日石刻输出活动的物证。那么，石刻的输出者为谁？石刻的受众（利用者）又是怎样一个群体？众所周知，宋代中日之间海上交通的主角是宋朝海商，石刻的装舶输出者即是驾舟赴日、从事贸易的宋商。关于舶载输日佛教石刻的受众，如前章所述，舶载输日宋风石刻具有鲜明的中国石刻特征，大多分布于日本对宋交流频密的地点，其受众应以旅日宋人群体及其在日亲交社群为主，还应包括入宋求学之后归国的日本僧侣。本章将在梳理唐晚期以降中日人员往来的阶段性变化的基础上，探讨宋代佛教石刻舶出的历史文脉。

一 晚唐与吴越国时期的赴日中国海商

中国海商赴日贸易的肇始可以上溯至晚唐9世纪中期，最初新罗、渤海的商人及舶主参与其间，之后航期、航路、泊所逐渐稳定，这时期的入唐日僧亦借助唐商船舶往来于两岸。到了10世纪，吴越国海商成为中日贸易的主要担当者，日方则以"年纪制"强化航海贸易管理，控制吴越商舶来航频次。随着中日两方社会经济形势、对外贸易体制的变迁,中国赴日海商集团在各个历史阶段也呈现出不同的样态。

(一)9世纪的赴日唐商

关于9世纪的赴日唐商,中日研究者已做了大量的研究。相关研究成果表明,唐商自9世纪40年代开始活跃于中日之间的航线,其航海贸易活动一直持续至10世纪初唐朝灭亡,其中见载于史籍的人物有:李麟德、李处人、张支信、元净、江长、金珍、钦良晖、王超、李延孝、詹景全、刘仕献、李英觉、陈太信、陈季方、徐直、徐公祐、李达、任仲元、张言、崔及、杨清、崔铎、张蒙、柏志坚、王讷、周汾、梨怀、景球,等等。①

上述人物中,不乏数次往返于中日之间者。例如,李延孝曾于唐大中七年(853)或之前到达日本,并于是年旧历七月从日本博多出发至福州,大中十二年(858)从台州至日本值嘉岛(五岛列岛),咸通三年(862)又从唐航抵日本大宰府,咸通六年(865)再次从明州望海镇(宁波镇海)起航到达日本值嘉岛。② 再如,詹景全于大中十年(856)或之前抵日,该年九月返唐,大中十二年(858)六月乘李延孝船到达日本大宰府,咸通四年至五年(863—864)两次渡日,咸通八年(867)再次赴日,乾符四年(877)最后一次前往日本,船只遭风遇难。③

9世纪40年代至10世纪初,唐商对日贸易利用频次最多的起航和归航港是明州,其次为台州、温州、福州、登州。④ 唐商抵日的最先着岸地一般是肥前(九州西北)或筑前(九州北部)的沿海地带,但原则上贸易活动必须在日本官

---

① 森克己:《新訂日宋貿易の研究》附録《日・宋・麗交通貿易年表》,勉誠出版株式会社,2008年,第390—396页;茇岚:《7—14世纪中日文化交流的考古学研究》,中国社会科学出版社,2001年,第216—219页。
② 李延孝出身渤海,以"大唐商人"身份往来于中日海上。参见:黄约瑟《"大唐商人"李延孝与九世纪中日关系》,《历史研究》1993年第4期。
③ 吴玲:《佚留日本的唐末浙江商人送别诗及尺牍》,《浙江外国语学院学报》2014年第3期。
④ 榎本渉:《東アジア海域と日中交流——九—十四世紀》表1《対日交通に利用された中国側港湾(800—1349年)》,吉川弘文館,2007年,第30—33页。

方规定的地点进行,其在日驻泊和交易的场所是大宰府鸿胪馆(位于福冈中央区)。① 据圆仁《入唐求法巡礼行记》载,唐大中元年(847)九月二日,圆仁等人乘金珍船从登州赤浦起航归国,圆仁一行是月"十八日到鸿胪馆前,十九日入馆住"。金珍等44名船上人员都得到了大宰府官库供给的衣物和食粮。② 这表明,当时大宰府鸿胪馆已有为唐船人员提供食宿的做法。③ 又,《入唐五家传》之《真如亲王入唐略记》载,日本贞观三年(861)八月九日,真如亲王到大宰府鸿胪馆,"大唐商人李延孝在前居鸿胪馆北馆"④。到了这一时期,大宰府将唐商"安置"于鸿胪馆并"供给"生活日用正趋于制度化。《三代实录》贞观四年(862)七月二十三日条记曰:"大唐商人李延孝等卌三人来,敕大宰府安置供给。"⑤又,《三代实录》贞观七年(865)七月二十七日条记载:"先是,大宰府言,大唐商人李延孝等六十三人,驾船一艘,来着海岸。是日,敕安置鸿胪馆,随例供给。"⑥此处提及"随例",说明鸿胪馆对唐商的"安置供给"是有条例可依的。唐商在鸿胪馆享受"安置""供给"待遇的同时,必须接受大宰府对其贸易行为的管理。

那么,唐商出航和归航的日期如何呢?在此,以频繁往来于唐日之间的

---

① 龟井明德曾指出,大宰府鸿胪馆自9世纪40年代开始成为唐商的对日贸易据点,这种情况大约延续至1100年。后来,龟井撰文对大宰府鸿胪馆作为中日贸易据点的年代下限做了修正,认为到了11世纪中叶鸿胪馆不再发挥对外贸易据点的功能,其地位被博多唐坊取代。田岛公也认为,大宰府鸿胪馆的对外贸易功能终结于11世纪中叶,商客交易中心转移至博多津附近。参见:龟井明德《日本贸易陶磁史の研究》,同朋舍,1986年,第28页;龟井明德《日宋贸易关系の展开》,《岩波讲座 日本通史》第6卷(古代5),岩波书店,1995年,第107—140页;田岛公《大宰府鸿胪の终焉——八世纪—十一世纪の对外交易システムの解明》,《日本史研究》第389号,1995年。
② 金珍虽为新罗人,但其船只系发自苏州的唐船,故被大宰府视为"唐人"、"唐客",并给予相应的待遇。圆仁乘金珍等人之船归国相关史实见:圆仁《入唐求法巡礼行记》卷四大中元年六月九日条、九月二日条、九月十八日至九月十九日条、十月六日至十月廿六日条。
③ 田岛公曾指出,《文德实录》仁寿二年(852)十二月二十二日条提到,承和五年(838)春"太宰鸿胪馆有唐人沈道古者"。但此系仁寿二年(852)史录追记前事,其准确度尚需考量,而且沈道古的身份也不明确。参见:田岛公《大宰府鸿胪の终焉——八世纪—十一世纪の对外交易システムの解明》,《日本史研究》第389号,1995年。
④ 《入唐五家传》之四《真如亲王入唐略记》贞观三年八月九日条。
⑤ 《三代实录》贞观四年七月二十三日条。
⑥ 《三代实录》贞观七年七月二十七日条。

张支信、李延孝、詹景全为例做一考察。

首先,关于唐商赴日的日期,日本文献有如下记录:

(1)《入唐求法巡礼行记》记载,唐会昌二年(842)春,日僧惠萼乘李邻德船从明州归日。①

(2)据《入唐五家传》之《安祥寺慧运传》记载,日本承和十四年(847)六月二十二日,日僧慧运等人搭乘唐人张支信船从明州望海镇(今镇海)放洋,"得西南风三个日夜,才归着远值嘉岛那留浦"。②那留浦即今日本五岛列岛的奈留岛。

(3)据《续日本后纪》载,日本嘉祥二年(849)八月四日大宰府向日廷奏报,唐商53人驾货船一艘来航。③

(4)根据《唐房行履录》载,唐大中十二年(日本天安二年,858)六月八日,李延孝船载入唐僧圆珍一行从台州赴日,是月十八日到达朝鲜半岛南岸,二十二日抵达大宰府。④

(5)根据前文言及的《三代实录》所载李延孝渡航记录,李延孝船在日本贞观四年(862)和贞观七年(865)的旧历七月下旬两次得到大宰府鸿胪馆的安置。贞观四年(862)李延孝船自唐起航的时间不详。关于贞观七年(865)这次赴日,据《真如亲王入唐略记》所记,是年六月入唐日僧宗叡等人乘李延孝船,"自大唐福州得顺风,五日四夜着值嘉岛"⑤。由此可知,贞观七年(865)这次李延孝船从中国出发的时间是六月,航行5天到达九州西北的值嘉(五岛列岛),其后再向东抵达鸿胪馆海岸,到七月二十七日才取得大宰府安置令。由于贞观三年(862)这次渡航得到"安置供给"的时间与贞观七年(865)相近,按时日逆推,李延孝船此次大概仍于六月从中国港口出发,利用暮夏的南风驶往日本。3—10天横渡东海,航抵值嘉岛一带,之后再经10余

---

① 《入唐求法巡礼行记》卷三会昌二年五月二十五日条、卷四会昌五年七月五日条。
② 《入唐五家傳》之一《安祥寺慧運傳》承和十四年六月二十二日条。
③ 《續日本後紀》嘉祥二年八月四日条。
④ 《唐房行履錄》卷上《智証大師年譜》天安二年六月八日条至六月二十二日条。
⑤ 《入唐五家傳》之四《真如親王入唐略記》咸通六年六月条。

天至1个月的时间由值嘉到达大宰府鸿胪馆,最终于七月二十三日得到"安置"。① 另外,前段提及日本贞观三年(861)八月九日"李延孝在前居鸿胪馆北馆",此次李船抵达鸿胪馆海滨和申请安置的日期很可能仍是七月下旬。

(6)据《入唐五家传》之《真如亲王入唐略记》载,日本贞观五年(863)四月,日僧贤真、惠萼等乘张支信船自明州归国。②

(7)《三代实录》中也有一系列的唐商来航记录:日本贞观八年(866)九月一日,唐商张言等41人驾船一艘到达大宰府,十月三日得到大宰府"安置供给"③;贞观十六年(874)六月三日,唐商崔岌一行36人驾船一艘抵达肥前国松浦郡,七月十八日依例得到"安置供给"④;贞观十八年(876)七月十四日,唐商杨清等31人驾舟航抵荒津(博多津)海岸,八月三日大宰府依例"安置供给"⑤;日本元庆元年(877)六月一日,唐商崔铎和日本国使多治安江等63人驾船从台州出发,七月二十五日抵达筑前国(福冈)海岸,八月二十二日大宰府依例"安置供给"⑥。

(8)据《入唐五家传》之《真如亲王入唐略记》载,日本宽平五年(893)七月八日唐商周汾等60人驾舶赴日,七月廿一日到达博多津。⑦ 八月十六日太政官令大宰府向该船供给日用。

在以上的渡航记录中,有4次明记为旧历六月自唐朝港口起航,有2次推测为六月自唐起航,据此,唐船离岸赴日的通常时段,应该是每年旧历六月暮夏。唐船多于当年七月抵博多津/鸿胪馆,之后得到日方的安置供给。不过,早期(9世纪40年代)唐船也会选择春季至初夏期间赴日,除了上述承

---

① 值嘉岛—鸿胪馆的唐船航行时长,根据天气、风向和船况而有所变化。据《真如亲王入唐略记》记载,日本贞观四年(862)七月中旬,真如亲王一行搭乘张支信船"驾舶离鸿胪馆,赴远值嘉岛。八月十九日,着于远值嘉岛"。这段航程花费了1个月的时间,属于耗时较长的航行事例。参见:《入唐五家傳》之四《真如親王入唐略記》貞観四年七月中旬条至八月十九日条。
② 《入唐五家傳》之四《真如親王入唐略記》貞観五年五月至十二月条。
③ 《三代実録》貞観八年十月三日条。
④ 《三代実録》貞観十六年七月十八日条。
⑤ 《三代実録》貞観十八年八月三日条。
⑥ 《三代実録》元慶元年八月二十二日条。
⑦ 《入唐五家傳》之四《真如親王入唐略記》附《寬平五年八月十六日太政官符太宰府応大唐商人周汾等六十人事》。

和九年(842)春李邻德船的实例,另据《安祥寺慧运传》,承和九年(842)五月端午,慧运登上停泊在大宰府博太津(即博多津)的李处人船,推测李处人船应于前月(四月)就已到达博多。① 承和十四年(847)以降,唐船六月起航赴日成为常态,日本贞观五年(863)四月张支信船的初夏渡航属于少数情况。贞观八年(866)九月一日张言船到达大宰府这种晚抵的记录也是孤例,可能途中遇到特殊状况有所耽延。

返航的日期,也可以从日本文献中查知:

(1)《安祥寺惠运传》记曰:日本承和九年(842)八月二十四日,慧运搭乘李处人所造新船从远值嘉岛那留浦启航,"上帆过大阳海入唐。得正东风,六个日夜流著大唐温州乐城县玉留镇府前头"。②

(2)据《行历抄》和《智证大师年谱》记载,日本仁寿三年(853)七月十五日,圆珍一行在大宰府北的海滨登上钦良晖船,之后航至值嘉岛,停泊于鸣浦(即那留浦,今五岛列岛的奈留岛)。八月九日放船过海,十四日漂到流求,十五日午时到达大唐岭南道福州连江县界。③

(3)据圆珍《乞台州公验状》,唐大中十年(856)九月,唐越州商人詹景全、刘仕献和渤海国商主李延孝、李英觉等人从日本归唐。④

(4)据《真如亲王入唐略记》,日本贞观四年(862)九月三日,真如亲王一行搭乘张支信船于值嘉岛扬帆,遇东北顺风,于当月七日航抵明州附近海域。⑤

(5)据圆珍《上智慧轮三藏决疑表》,日本贞观五年(863)八月四日,圆珍委托唐商詹景全向唐长安兴善寺智慧轮三藏法师转交书信。⑥ 这一时点应是詹景全即将从鸿胪馆起程归航之际,若詹景全船八月内从鸿胪馆出发,那

---

① 《入唐五家傳》之一《安祥寺慧運傳》承和九年五月端午日條。
② 《入唐五家傳》之一《安祥寺慧運傳》承和九年八月二十四日條。
③ 《行歷抄》仁寿三年七月十五日條至八月十五日條;《唐房行履録》卷上《智証大師年譜》仁寿三年八月九日條至八月十五日條。
④ 《園城寺文書・乞台州公驗狀》,竹内理三編《平安遺文》古文書編第 1 卷,東京堂,1974 年,第 103—105 頁。
⑤ 《入唐五家傳》之四《真如親王入唐略記》貞観四年九月三日條至九月七日條。
⑥ 《上智慧輪三藏決疑表》,佛書刊行會編《遊方傳叢書》第一(日本佛教全書),第一書房,1979 年,第 297—300 頁。

么,詹船抵达九州西北值嘉岛一带放洋的时间应在九月初。①

　　以上航海记录表明,唐船通常于旧历八月下旬及九月晚秋季节驶抵九州西北的值嘉岛候东北风或北风启碇。钦良晖船于仁寿三年(853)八月九日自值嘉岛那留浦放洋赴唐,这属于偏早的出航事例,其航海过程并不理想,"(八月)十三日申时北风暴起,十四日辰时漂到流求国"②。可以推想,唐船会从这种不理想的出航经验中汲取教训,从而推后返航归唐的日期。

　　接下来的问题是:唐商一般在日停留多久? 六月自唐出发的唐商往往会在月内抵达值嘉岛一带,七月中下旬在鸿胪馆得到"安置供给"。9世纪70年代后期至90年代的渡航记录中的杨清船、崔铎船、周汾船,直到八月大宰府才准予"安置供给"的待遇,似乎有被拖延的倾向。为得顺风之便,八月末至九月唐船必须抵达值嘉岛一带候风待航。若按通常的暮夏六月发、同年或翌年晚秋九月返这样推算,唐商一般在日滞留(抵达—离开值嘉岛)合计3个月至一年零数月。那么,唐船是否有后延至冬季(十至十二月)或翌年春季返航的情况? 根据现存史料可知,耽延至冬季或翌年春季返航的情况确实存在。例如,贞观八年(866)十月三日才得到大宰府"安置供给"的唐商张言船只能在初冬之后回航。不过,这种情况在文献中并不多见,我们认为,在交易顺利、船况良好的情况下,唐船应不会选择滞留至来航当年的冬季甚至翌年才返回唐土,理由有三:第一,就风向、海况等条件来讲,晚秋九月是最佳的返航时节,因此,日本文献中较为明确的唐船回航记录多在九月,而比较少见仲冬至翌年春季的回航事例。第二,对于李延孝、詹景全等连年东渡的唐商而言,来航年的晚秋返回,有利于为在唐销售日货、再筹办翌年赴日舶货留出充足的时间。第三,大宰府官方不会也无力调动相当的财务资源无偿为整船的人员提供过长时段的居留供给,渡航及旅日期间大部分费用须由唐商自己负担,速去速归是唐商最为经济的选择。一艘唐船载员一般为30—70人,船上人员每日生活消耗都是一笔不菲的开支,而唐船从本土离岸航抵日本值嘉岛直至得到鸿胪馆"安置供给"之前生活耗资均需自己承

---

① 根据《唐房行履录》卷下《风藻饯言集》所载日本贞观五年(863)九月一日陈季方致圆珍大师书来看,为圆珍大师传递信函的信使九月一日仍在大宰府,其携圆珍书赴大宰府鸿胪馆面交詹景全的时间应在八月中下旬。
② 《唐房行履録》卷上《智証大師年譜》仁寿三年八月十三日至八月十四日条。

担,其后,离开鸿胪馆返回值嘉候风、再航抵中国港口的费用仍需自付。唐船抵达鸿胪馆/博多海滨之后,往往需要等待若干时日才能获得大宰府的"安置供给"令,根据9世纪70年代至90年代的唐船渡航记录来看,该时期唐船通常在抵达博多湾20天左右之后才得到大宰府的"安置供给",推测后期大宰府这种延迟接待的行为也是为了节省府库费用。

关于大宰府为唐船无偿提供"安置供给"待遇的时长,若将渡航记录中多见的七月中旬至八月初的"安置"视为常例,则可推断"安置供给"时长可能为1—2个月,这期间得到"安置供给"的唐船要在八、九月这一时段离开鸿胪馆,然后沿九州北海岸向西航行一段时日,抵达值嘉候风。长期滞留则很可能须以某种形式偿付食宿费用。

在《真如亲王入唐略记》中,可以看到张支信越年滞留的记载:日本贞观三年(861)"十月七日,仰唐通事张支信令造船一艘。四年五月造舶已了。时到鸿胪馆"。四年(862)七月中旬,真如亲王一行乘张支信船从鸿胪馆出发赴值嘉岛,九月三日驶离值嘉。① 贞观三年(861)张支信到达日本的日期无从查考,但可以确认的是,自贞观三年(861)十月初至贞观四年(862)九月初,张支信一直留在日本。整船人员越年滞留并非赴日唐商的常态,张支信之所以如此,是因其"唐通事"(官方译员)的特殊身份。张支信早在8世纪40年代就已往来于唐日之间,到真如亲王入唐之际,他已担任唐通事之职。根据《三代实录》记载,贞观六年(864)八月,由于张支信返唐未归,大宰府留唐僧法惠住筑前观音寺,暂任通事一职。②

这时期赴日唐商的地域出身比较复杂,其中不乏以"唐人"名义往来于唐日之间从事贸易者。例如,名为"大唐商人"的李延孝很可能是"渤海商主","唐人"金珍和"唐商"钦良晖则出身新罗。③ 李延孝、钦良晖等人与唐人

---

① 《入唐五家傳》之四《真如亲王入唐略记》贞觀三年十月七日条至贞觀四年九月三日条。
② 《三代実録》贞觀六年八月十三日条。
③ 关于李延孝的"渤海商主"身份,黄约瑟已利用圆珍《乞台州公验状》做过考证。黄约瑟论文同时指出,钦良晖、金珍可能是新罗人。圆仁《入唐求法巡礼行记》卷四大中元年六月九日条云:"九日得苏州船上唐人江长、新罗人金子白、钦良晖、金珍等书云……"据此可知,钦良晖、金珍应系在唐行舶的新罗人。黄氏论点参见前注黄约瑟1993年论文。

一起往返于中日海上,已经结成同舟共济的唐商集团,其主要活动于中日两岸,为了方便应对官府查验,他们或许已改归唐籍。对于海商而言,海航交易圈的重要性远远大于族别和血缘。在名实一致的赴日唐商中,地域出身可考的浙江商人尤为值得关注,其中包括婺州(金华)商人李达、越州(绍兴)商人詹景全①,还有出身于婺州、在苏州经商的徐公祐②。从日本方面的记录来看,早在9世纪早期就有浙江商人赴日,《日本纪略》载曰:弘仁十年(819)六月十六日"大唐越洲人周光翰、言升则等乘新罗人船来"。翌年(820)一月二十二日日方准允他们随渤海使归国。③ 推测周光翰等人可能是越州商人,搭乘新罗船出入海上,其航抵日本的缘由既有可能是寻找贸易机会,也有可能是遇风漂流。他们归途取道渤海,若平安返回越州,其人其事必会在浙东沿海社会产生示范效应。

还有一个问题是:为何9世纪中期唐商集团开始崛起,而且新罗出身的海商也常以"唐人"的名义前往日本?事实上,9世纪早期,东亚海域最为活跃的是新罗海商和船帮。9世纪20年代起,由于新罗流民在日引发骚乱,日本开始对入境新罗人保持戒心,再加上后来张保皋海上军事集团势力膨胀,日方对新罗海商及船民更为忌惮与排斥。9世纪40年代以后,虽然新罗商人仍可在日本泊岸并进行民间交易,但无法得到鸿胪馆"安置供给"的待遇。④ 与此同时,唐朝海商以浙闽沿海港口为据点,开始拓展对日贸易,原本熟悉鲁苏岸线,活跃于登州、海州及苏州等地港口的新罗船帮也加入了唐商的行列,自此之后,实际上与名义上的"大唐商人"取代了新罗海商,成为东亚航海贸易的主角。

---

① 吴玲认为,李达原籍赵郡(河北赵县),实际居住于婺州永康;詹景全可能原籍越州,后来生活居住于婺州。其依据主要是日藏入唐僧圆珍相关文献。参见:吴玲《佚留日本的唐末浙江商人送别诗及尺牍》,《浙江外国语学院学报》2014年第3期。
② 根据《高野杂笔集》所载渡日唐僧义空的相关书简资料,山崎觉士推断,徐公直、徐公祐兄弟一族出身婺州,后移居苏州。同时指出,徐氏一族情况与詹景全相似,后者也是婺州出身,以越州为据点从事贸易。参见:山崎觉士《九世纪における東アジア海域と海商——徐公直と徐公祐》,《人文研究(大阪市立大学大学院文学研究科紀要)》第58卷,2007年。
③ 《日本紀略》弘仁十年六月十六日条、弘仁十一年一月二十二日条。
④ 黄约瑟:《"大唐商人"李延孝与九世纪中日关系》,《历史研究》1993年第4期。

此外,赴日唐商群体与入唐日僧关系密切,这一点值得注意。9世纪40年代以后,入唐日僧的渡唐和返航之行主要依靠唐商船舶(包括以"唐商"名义运营的新罗船),"入唐八大家"中的圆仁、慧运、圆珍、宗叡均借助了唐船海航之便。日本承和九年(842)慧运乘李处人船赴唐,承和十四年(847)乘张支信船回国;承和十四年(847)圆仁乘金珍船归国;仁寿三年(853)圆珍以钦良晖船渡唐,天安二年(858)登李延孝船返日;贞观四年(862)真如亲王与宗叡一行搭乘张支信船赴唐,齐衡三年(865)宗叡上李延孝船归国。不仅如此,入唐日僧也从唐商那里获得资助,例如,贞观七年(856)圆珍在国清寺复建留学僧专用的三间僧舍,其资费4000文募自越州商人詹景全、刘仕献,渤海国商主李延孝、李英觉。① 唐商与入唐日僧在同舟共济、长期交往中结下深厚情谊,入唐日僧在归国之后,仍与唐商保持密切联系。以圆珍和詹景全为例,至迟在齐衡三年(865)圆珍就已结识詹景全,天安二年(858)两人同乘李延孝船抵日,贞观五年(863),已归国5年的圆珍还委托唐商詹景全向唐长安兴善寺智慧轮三藏法师转交书信,其后一直互通消息。这时期,已有日僧乘唐商便船携回唐朝佛教美术品的事例。例如,天安二年(858)圆珍归国之际带回两部(胎藏界、金刚界)曼荼罗像,并于翌年上呈清和天皇及左右大臣观览。又如,贞观元年(859)日僧惠萼从五台山请回观音圣像,肩舁行至明州,登舟离岸,因梦留像于普陀山,是为"不肯去观音"。②

对于赴日唐商而言,结交入唐日僧对他们的航海贸易有着很大的益处。一方面,从追求航海平安的心理角度,他们期望通过结缘僧侣来获得佛力祐护;另一方面,为保证交易顺利完成,他们希望借助入唐僧在日本的人脉来支持自己的贸易活动。入唐日僧大多在日廷和大宰府拥有一定的影响力。其中,皇族僧侣真如亲王的权位自不待言,其从僧宗叡亦有相当高的声望;慈觉大师圆仁以官选请益僧身份入唐,归国后不久即受敕为内供奉十禅师,于日本仁寿四年(854)成为延历寺第三代座主,始开日本天台宗山门派;智

---

① 《園城寺文書・乞台州公験状》,竹内理三编《平安遗文》古文书编第1卷,東京堂,1974年,第103—105页。
② 刘恒武:《宁波古代对外文化交流——以历史文化遗存为中心》,海洋出版社,2009年,第171页。关于此事年代,《宝庆四明志》卷十一记为唐大中十三年(859),《佛祖统纪》卷四十记为大中十二年(858)。

证大师圆珍,早在入唐前的嘉祥二年(849)就被敕为内供奉十禅师,自唐归国后倍受敬重,日本贞观十年(868)成为延历寺第五代座主,被奉为天台宗寺门派宗祖。内供奉直接为皇室提供佛事服务,在日本僧届地位崇高。

(二)10世纪往来于中日之间的吴越海商

有关五代十国时期中日往来的资料,主要见于日本文献。根据日本史料来看,这时期对日贸易的主体是吴越海商,见诸日本文献记载的吴越商人有鲍置求、蒋承勋、季盈张、蒋衮、俞仁秀、张文遇等,另外还有以"吴越国持节使"身份访日的盛德言。① 见载于日本史料的渡日吴越商船主要是鲍置求船、蒋承勋船和蒋衮船,其中,鲍置求船只有1次渡航记录,蒋承勋船4次,蒋衮船2次。② 蒋承勋和蒋衮还作为信使为吴越王和日本左右大臣递送往复书函,是赴日吴越商人中最为活跃者。③

吴越国设有博易务,积极鼓励内陆和海上贸易。④ 赴日吴越商人应主要来自吴越国治下的浙苏沿海,史料多不记载这些吴越海商的出身地域,唯《日本纪略》载曰:承平六年(936)七月"十三日己亥,大宰府申大唐越州人蒋承勋、季盈张等来着之由"⑤。据此推测,蒋承勋和季盈张应是越州商人。关于吴越商人在中国一侧的出海港口,文献中也无记载,应该较之晚唐有所集中,以吴越辖区的浙江沿海港口为主。他们在日本一侧的贸易场所,仍是大宰府鸿胪馆。⑥ 另外,值得一提的是,10世纪以降的史料中,不复见以"唐商"名义从事中日贸易的新罗或渤海出身的海商。

与晚唐时期相比,吴越商人赴日交易的频次大为减少,其原因之一是,

---

① 森克己:《新訂日宋貿易の研究》附録《日・宋・麗交通貿易年表》,勉誠出版株式会社,2008年,第396—401页。
② 森克己:《続々日宋貿易の研究》附録《日中交流史年表》,勉誠出版株式会社,2009年,第368—369页。
③ 刘恒武:《五代时期吴越国与日本之间的"信函外交"》,《社会科学战线》2009年第1期。
④ 傅宗文:《中国古代海关探源》,《海交史研究》1988年第1期。
⑤ 《日本紀略》承平六年七月十三日条。
⑥ 大宰府鸿胪馆作为中日贸易据点的功能一直延续至11世纪中期。参见:亀井明德《日宋貿易関係の展開》,朝尾直弘等编《岩波講座 日本通史》第6卷(古代5),岩波書店,1995年,第107—140页;田島公《大宰府鴻臚館の終焉——八世纪—十一世纪の対外交易システムの解明》,《日本史研究》第389号,1995。

第五章　宋日之间人的移动与佛教石刻的输出

自日本延喜十一年(911)起，日方开始实施"年纪制"，借此控制中国海商来航次数，按照"年纪制"的规定，海商完成一次赴日商旅之后，至少间隔两年才能再次赴日，若违反了"年纪制"的规定，原则上就无法得到"安置"，会被大宰府责令"廻却"，这一制度一直实施至大治二年(1127)。① 不过，蒋承勋船曾于承平五年(935)、六年(936)连续两次渡航，承平六年(936)渡航的名义是作为吴越王的信使向左大臣藤原忠平递送书函。② 或许正是由于借助公家的名目，蒋承勋船这次渡航并未遭到"廻却"处置。

吴越商船东渡日本的时间，与唐船基本一致。日本文献中带有日期记录的赴日吴越商船，其来航申告文书大多于七月由大宰府提交到了日廷，其中包括：延喜十九年(919)鲍置求船③、承平六年(936)蒋承勋船④、元庆元年(938)"大唐"商船⑤。承平五年(935)九月蒋承勋渡航则属于偏晚的孤例⑥。《本朝世纪》天庆八年(945)七月廿六日条完整记录了蒋衮船抵日后向日方申告的程序⑦：

> 今日，唐人來着肥前國松浦郡柏嶋。仍大宰府言上解文在左，其文多不載，只取其大綱。
> 大宰府解申請官裁事
> 言上大唐吳越船來着肥前國松浦郡柏嶋狀
> 舶壹艘、勝載參仟斛、乘人壹佰人、交名在別
> 一船頭蔣衮、二船頭俞仁秀、三船頭張文遇
> 右得管肥前國今月十一日解同日到來偁：管高來郡肥最埼警固所今月五日解狀同月十日亥剋到來云，今月四日三剋，件船飛帆自南海俄走

---

① 山内晋次：《奈良平安期の日本とアジア》，吉川弘文館，2003年，第153—154页。
② 《日本紀略》承平五年九月条、承平六年七月十三日条、承平六年八月二日条。
③ 据《日本紀略》延喜十九年七月十六日条记事，交易唐物使向日廷进奉鲍置求献纳的孔雀。
④ 据《日本紀略》承平六年七月十三日条记事，大宰府申报蒋承勋、季盈张等来航事宜。
⑤ 据《本朝世紀》天庆元年七月二十一日条记事，大宰府贡上"大唐"商人所携羊两只。另据同书八月二十三日条记事，日廷命大宰府向蒋承勋发放府库布匹抵付货资。推测此次渡航的"大唐"商人即蒋承勋。
⑥ 《日本紀略》承平五年九月条。
⑦ 《本朝世紀》天慶八年七月廿六日条。

來,警調兵士等以十二艘追船,留肥最埼港嶋浦。爰五日寅一剋,所司差使者問,所送牒狀云,大唐吳越船今月四日到岸,伏請准例速差人船,引路至鴻臚所牒者,慥加實檢,所申有實,仍副彼牒狀,言上如件者云々。蔣衮申送云,以去三月五日,始離本土之岸,久□滄海云々。

天慶八年六月廿五日

以上史料中的"高來郡"位于长崎县南部,"肥最埼"当为长崎半岛西南端的野母崎①。这份史料显示,当时吴越船甫一接近九州西北的海岸,即进入日方的边海文书传达系统,首先需向处在这一系统末梢的"警固所"递交牒状告明来意,并申请前往大宰府鸿胪所(馆)。海岸警固所接到牒状之后,立刻上报肥前国府,由肥前国府报告大宰府。在肥前国府文书上传过程中,蒋衮船继续向鸿胪所方向行进,在六月廿五日大宰府呈报日廷之际,蒋船已抵达柏屿(唐津湾西侧的神集岛)。可以推测,在大宰府向日廷呈交解状、等待答复这段时日,蒋船会向东驶入博多湾等候安置。吴越船由九州西北端海域向鸿胪所进发的过程,与"警固所→肥前国府→大宰府→平安京"这一文书上传过程大致同频并进。大宰府文书借助驿传到平安京需10天左右,理论上讲,此次蒋船在七月上中旬就能接到安置敕令,因此,这一申告程序基本能保证海商及时得到安置,且有足够时间进行交易,并能在最佳时段(九月)抵达肥前值嘉一带候风回航。但事实上,就天庆八年(945)蒋船渡航的个案而言,平安京方面延宕至七月底才开始处理相关文书,八月五日官符(宣旨)钤印②,其间推延缘由不明。山内晋次指出,10世纪至12世纪上半叶日廷处理中国海商来航事宜的流程如是:海商来着→大宰府存问、言上→奏上→阵定(审议决定安置或廻却)→敕裁→官符(宣旨)下达→大宰府执行安置或廻却令。③

与晚唐一样,吴越海商也为日僧渡航提供方便。例如,日本天历七年(953),日僧日延搭乘蒋承勋船前往天台山送去天台教籍,4年之后(天历十

---

① 野母崎有一座日ノ山,日ノ山上有烽火设施,山名"日ノ"的日文读法应为 Hino,而"肥最"的读法为 Himo,读音近似。由此可以推知,肥最埼与日ノ山同地,即是野母崎。服部英雄亦持相同观点,参见:服部英雄《日宋貿易の実態——「諸国」来着の異客たちと、チャイナタウン「唐房」》,《東アジアと日本—交流と変容》第2号,2005年。
② 《本朝世紀》天慶八年八月五日条。
③ 山内晋次:《奈良平安期の日本とアジア》,吉川弘文館,2003年,第168—169頁。

一年,957),日延携带《符天历》、宝箧印塔和书籍返回日本。① 早在唐天宝十二载(753),鉴真大师就携带了"阿育王塔样金铜塔一区"东渡日本。② 这是小型佛塔舶入日域的最早记录。天历十一年(957)日延带回日本的宝箧印塔,应是吴越王钱弘俶敕令制作的金属制(银、铜、铁)宝箧印塔。③ 杭州雷峰塔地宫出土一尊吴越银制鎏金宝箧印塔,塔高35厘米,平面正方形塔座每边长12.6厘米④,日延携回日本的宝箧印塔尺寸应与之相当。

二　北宋时期跨海往来于中日之间的海商与僧侣

宋朝建立之后,两浙、福建、广东沿海港市的海上贸易进一步繁荣,宋廷相继在广州、杭州、明州等地设置市舶司,一方面强化了对航海商业活动的管理,另一方面也为航海贸易提供了行政支持。市舶司制度下形成的边海贸易秩序,既有利于官方维持海疆安定和增加财税,也有利于保障海商在稳定的营商环境下获得持久利益。

日方一侧,年纪制继续实施,从行政层面限制了宋商的渡航频次,该制度大致存续至直至日本大治二年(1127)。到了11世纪中叶,鸿胪馆作为交易中心的功能基本停废。11世纪后期起至13世纪,博多成为宋商居所和货物集散地。⑤ 此外,11世纪初至12世纪中期,日方还实施了禁止渡海越境的"渡海制",这期间只有少数日本僧侣搭乘宋商海舶入宋求法。

---

① 《朝野群载》卷二十《異国・成尋申状》;《扶桑略记》应和元年十一月二十日条。
② 《唐大和上東征傳》天宝十二载十月廿九日条。
③ 大塚紀弘:《宝篋印塔源流考:図像の伝来と受容をめぐって》,《日本仏教綜合研究》第10卷,2012年。
④ 浙江省文物考古研究所:《杭州雷峰塔五代地宫发掘简报》,《文物》2002年第5期;闫爱宾、路秉杰:《雷峰塔地宫出土金涂塔考证》,《同济大学学报》(社会科学版)2002年第2期。
⑤ 大庭康時:《集散地遺跡としての博多》,《日本史研究》第448号,1999年;山内晋次:《日宋貿易の展開》,加藤友康編《摂関政治と王朝文化》(日本の時代史6),吉川弘文館,2002年。

(一)北宋时期的赴日宋商

关于宋商以及宋日贸易的研究,除了日本学者森克己的系列著作之外①,近年国内学者推出的成果亦值得关注②。根据薛豹和游彪的统计,北宋时期有记录的宋商赴日贸易活动多达 93 次。③ 赴日宋商中,屡屡见于日方文献的有:周文裔、周文德、周良史、朱仁聪、曾令文、孙忠、李充、慕晏诚、张守隆,等等。

就北宋赴日宋商的地域出身而言,10 世纪末期仍以浙江海商为主,其中地域明确的有:台州宁海④商人周文德、郑仁德和婺州商人杨仁绍。进入 11 世纪之后(至 12 世纪早期),除了浙江台州宁海的周文裔、周良史以及明州的陈咏,赴日海商群体中加入了福建和广东的商人,其中包括:建州(今福建建瓯)周世昌;福州上官用铦、陈文祐、潘怀清、吴铸、林通;泉州郑庆、李充;广州慕晏诚;南雄(今广东南雄)曾聚。⑤

10 世纪末至 11 世纪初,台州宁海海商群体十分活跃,他们以明州和台州交界处的三门湾为根据地从事航海贸易。周文德和周文裔是兄弟关系,周文裔和周良史为父子,宁海周氏是当时的海商家族。⑥ 在出身地域明确的北宋海商中,明州商人仅陈咏一位,但这不意味着明州人在宋日航海贸易中

---

① 森克己:《新訂日宋貿易の研究》,勉誠出版株式会社,2008 年;森克己:《続日宋貿易の研究》,勉誠出版株式会社,2009 年;森克己:《続々日宋貿易の研究》,勉誠出版株式会社,2009 年。
② 薛豹:《赴日宋商之研究》,北京师范大学博士学位论文,2012 年;赵莹波:《宋日贸易研究——以在日宋商为中心》,南京大学博士学位论文,2012 年。
③ 薛豹、游彪:《赴日宋朝海商初探——以宁海周氏家族为中心》,《浙江学刊》2012 年第 4 期。
④ 20 世纪 50 年代,宁海改属宁波。
⑤ 关于赴日宋商的地域出身,早年森克己在其著作中有所论及,未尽之处薛豹、赵莹波博士学位论文均有补足。参见:森克己《続日宋貿易の研究》,勉誠出版株式会社,2009 年,第 235—236 页;薛豹《赴日宋商之研究》,北京师范大学博士学位论文,2012 年,第 53—61 页;赵莹波《宋日贸易研究——以在日宋商为中心》,南京大学博士学位论文,2012 年,第 111—129 页。
⑥ 杨古城、曹厚德:《三门湾航帮与中日文化交流》,浙江大学日本文化研究所、神奈川大学人文学研究所编《中日文化论丛——1999》,北京图书馆出版社,2001 年。

的角色无足轻重。由于有宋一代明州是赴日市舶枢纽,其他港口出航赴日的商船一般需前往明州领取海外贸易公凭①,因此,明州人拥有参与宋日贸易的地利,可以推测,在未注明地域出身的赴日宋商之中还应包含不少明州商人。此外,根据赴日宋商相关史料来看,明州民众对于宋日贸易有各种形式的介入。例如,周良史之妻施氏即明州人,施氏系当时的四明望族,台州宁海海商周氏一族与之联姻,无疑有利于取得明州市舶行事的方便。② 再如,崇宁四年(1105)六月从明州申请公凭赴日交易的李充贸易船,就得到了明州物力户郑裕、郑敦仁、陈佑三人的担保。③ 宋代所谓"物力户"即财力、物力丰足之家,可以为小资本贸易商提供商业资本支持。④ 根据李充事例可以窥见宋代明州豪富航海贸易上的资本参与情况。

北宋时期,赴日宋商利用的中国港口主要是明州,榎本涉对中日文献相关记录进行了梳理,其研究结果显示,10世纪末宋商船曾利用台州作为出航和返航的口岸,进入11世纪以后,除去杭州的两次利用记录以外,其他赴日渡航活动均以明州作为出入港。⑤

渡航宋商在日本一侧的目的地,仍以博多湾沿岸为主,截至11世纪中叶主要在鸿胪馆居留并完成交易,11世纪后期转移至博多。另外,值得注意的是,11世纪中期开始至12世纪早期,持续有宋船赴本州日本海沿岸的但马、越前敦贺、若狭、能登等地。⑥ 我们推测,这一现象的出现,一方面可能是宋商为了规避大宰府年纪制的管控而转赴他地,另一方面也可能与鸿胪馆功能的停废有一定关系。

自11世纪起,长期居留日本的中国商人开始增加。长期居留的情况可以

---

① 榎本涉:《明州市舶司と東シナ海交易圏》,《歷史学研究》第756号,2001年;原美和子:《宋代海商の活動に関する一試論》,小野正敏等編《中世の対外交流　場・ひと・技術》,高志書院,2006年。
② 山崎覚士:《海商とその妻——十一世紀中国の沿海地域と東アジア海域交易》,《佛教大学歴史学部論集》創刊号,2011年。
③ 《朝野群載》卷二十《異国・大宋国商客事》。
④ 森克己:《続々日宋貿易の研究》,勉誠出版株式会社,2009年,第9—10頁。
⑤ 榎本涉:《東アジア海域と日中交流——九—十四世紀》表1《対日交通に利用された中国側港湾(800—1349年)》,吉川弘文館,2007年,第33—35頁。
⑥ 山内晋次:《奈良平安期の日本とアジア》,吉川弘文館,2003年,第143—146頁。

分为三种：(1)经年滞留；(2)长期居留；(3)累代定居。这三种情况相互联系，具体到个别人物，其实就是递进发生的三个阶段。不过，需要指出的是，根据现存文献史料来看，到12世纪上半叶为止，后两种情况的实例为数不多。

第一种情况一般是宋商出于贸易事务、身体状况等原因无法及时随船归国。10世纪晚期起，就已有因日方延迟支付购货砂金或等值交易品而导致宋商经年滞留的情况，而在这种情况下，大宰府的安置供给期限却不会同步延长，这就导致滞留宋商在日生活的困窘。[①] 经年滞留的宋商一旦生活物资消耗殆尽，就必须采取借金、劳务、婚姻等途径在日维持生存。因此，被动滞留的宋商虽然处境尴尬，但生存压力又成为他们融入当地社会的动力。

第二种情况的典型人物实例是周良史。周良史之父为周文裔，母为日本人。周良史在其父家乡台州宁海长大成人，娶四明施氏女为妻，婚后一年(1021)随父前往日本贸易。日本万寿三年(1026)六月，周良史向日廷关白藤原赖通进名籍并献绢三百匹，赖通回赠砂金三十两。同年(1026)十月，周良史以"日本国太宰府进奉使"名义至明州进奉土产，但因无章表被明州官府回拒。万寿五年(1028)，台州周家收到周良史的讣告。事实上，是年八月周良史先至日本对马岛，后至筑前国怡土郡北埼。周良史并未去世，只是长年居日不归。长元二年(1029)八月，周文裔和周良史父子向藤原实资献上杂物。长元四年(1031)三月，周良史与日廷官员一同参礼栖霞寺文殊菩萨。长元七年(1034)一月，周良史结识了东宫敦良亲王。敦良亲王的亲笔记录中提到周良史："大宋国汝南郡商客，字宪清。平宾客一见如旧识，良史体白颇似宪清，平宾客所称。"这里的"汝南郡"应是周良史自称的台州周氏肇始地望。由此推知，万寿五年(1028)周氏家人接到周良史"死讯"之后，其改入

[①] 《小右记》天元五年(982)三月廿五日条记载："唐人来经年，尚或饥馑死去，或请还本国者，尤可爱怜。"同文献三月廿六日条又载："唐人来着之后，已及三年。早给答金可从归却，(件)金非他所土产，唯从奥州贡献。又遣慎使可令催进上者。"山内晋次指出，类似事例直到11世纪下半叶仍有发生。参见：山内晋次《奈良平安期の日本とアジア》，吉川弘文馆，2003年，第153页。

日籍并长期留居日本。①

周文裔船的副纲章承辅,也娶有日本妻子,晚年留日不归。其子章仁昶曾任陈文祐船的副纲。万寿四年(1027)八月,章仁昶以看望在日父母为由,再度返日。《小右记》记曰:"又今度副纲章仁昶者,先度纲首周文裔之副纲章承辅之二男也。而父承辅老迈殊甚,起居不合,无心舨唐,去年所罢留也。母又日本高年之老姬,夫妇共以老衰,仍为相见其存亡,总以舨参。"②

另外,《参天台五台山记》提到,成寻搭乘的宋商船上的林皋是"但马唐人林养子也"③。林养曾于康平三年(1060)以"大宋商客"的身份到达敦贺津④,到了成寻渡宋的延久四年(1072),他很可能侨居但马(兵库县北)已久,故被称为"但马唐人",然林氏留居原因不详。或如永承五年(1050)张守隆例⑤,他已入籍日本。事实上,也有因日方特许而长期留居日本者,例如因漂风抵达日本的周世昌,在日滞留长达7年。⑥

在11世纪,第三种情况的典型个例是大宰府王氏家族。王氏一族是数代居日的华裔家族,见诸日本文献的王氏家族成员有王则宗、王则季和王则贞。⑦ 其中,王则宗曾担任大宰府府老,太宰府市观世音寺存有延久元年(1069)"府老王则宗"墨书,这是王则宗作为该寺十一面观音菩萨像结缘者留下的记录;王则季大致与则宗同时代,担任筑前国嘉麻郡图师判官代;王则贞是大宰府贸易商,延久五年(1073)七月携带螺钿、刀等日本产品赴高

---

① 关于周良史的经历,中日学者均有论及。参见:薛豹、游彪《赴日宋朝海商初探——以宁海周氏家族为中心》,《浙江学刊》2012年第4期;山崎觉士《海商とその妻——十一世紀中国の沿海地域と東アジア海域交易》,《佛教大学歴史学部論集》創刊号,2011年;森克己《続日宋貿易の研究》,勉誠出版社,2009年,第251—253页。
② 《小右记》万寿四年八月卅日条。
③ 《参天台五臺山記》延久四年三月二十二日条。
④ 《百錬抄》康平三年八月七日条。
⑤ 《百錬抄》永承五年九月十七日条。
⑥ 《宋史》卷四八五《外国传·日本》。
⑦ 关于大宰府王氏家族相关史实的梳理,详见:亀井明徳《日宋貿易関係の展開》,《岩波講座 日本通史》第6卷(古代5),岩波書店,1995年,第134—135页;手島崇裕《平安中期国家の対外交渉と摂関家》,《超域文化科学紀要》第9号,2004年;門田見啓子《大宰府の府老について——在庁官人制における(上)》,《九州史学》第84号,1985年。

丽,承历三年(1079)受高丽官方的委托带回求访日本医师的牒状。高丽方面将王则贞称为"日本国人王则贞",日方称其为"当朝商人王则贞",由此可知,王则贞拥有日本身份,然而,他却不受日本人渡航禁令的限制,仍能以宋人血统(族裔)身份从事对外航海贸易。① 王则宗担任的府老是一种杂任官职,一般由大宰府内熟知先例、职事的故老出任,而且府老一职往往由拥有实务经验的特定家族累代掌握。王氏家族成员被任命为大宰府及筑前地方的官吏,这说明他们已经完全融入了日本社会。

  这时期(10世纪晚期至12世纪上半叶)的宋商非常注重结交大宰府官员、日廷公卿贵族以及上层僧侣,借此保证在日贸易顺利进行。事实上,一方面,宋商常有违反"年纪制"频繁赴日的情况,到岸之后再以各种理由申请安置与交易。② 违制宋商最终能否得到交易许可,取决于大宰府的存问记录和日廷的阵定(审议)结果,其中存在一定的斡旋空间,大宰府若能在存问记录中强调来航理由,再若有参与阵定的公卿陈说支持性意见,违制宋商被许可交易的概率则会增大。另一方面,日方一侧亦时有恶吏和刁民欺压、霸凌宋商的案例,具体表现为推迟上报宋商来航事宜、单方面压低交易价格、延迟支付购货砂金或等价物品、私自扣押侵吞宋商货品、盗窃宋商物品、威胁宋商人身安全,等等。③ 宋商向日廷递上"愁状"的事例屡见不鲜。例如,日本长保二年(1000),宋商朱仁聪先到越前,被当地官府勒令缴纳"杂物费",再至大宰府,又被低估货物价格;长保三年(1001),藤原道长召集公卿审议曾令文有关大宰府拖欠500两砂金货款的请文,货款原本应于长德四年(998)支付;日本长元元年(1028),周良史状告大宰府大弐藤原惟宪假托藏人召取、收夺了自己携来的唐物;承历四年(1080)和承历五年(1081),孙忠连续两次向日廷状告大宰府大弐藤原经平对自己的唐货"不估价、不分类",

---

① 平安时代日本禁止渡海越境的"渡海制",在11世纪初就已确立,一直延续至12世纪中期。参见:森克己《新訂日宋貿易の研究》,勉誠出版株式会社,2008年,第85—86页;稲川やよい《「渡海制」と「唐物使」の檢討》,《史論》第44号,1991年;榎本淳一《『小右記』に見える「渡海制」について》,《摂関時代と古記録》,吉川弘文館,1991年,第162—189页。
② 如《小右记》万寿四年八月二十五日条至八月卅日条所记陈文祐、章仁昶船来航事。
③ 森克己:《新訂日宋貿易の研究》,勉誠出版株式会社,2008年,第102—104、113、117页;山内晋次:《奈良平安期の日本とアジア》,吉川弘文館,2003年,第149—153页。

"巧夺豪取"。① 甚至日本僧侣有时也会巧立名目干扰宋商贸易活动,例如,长治二年(1105)比叡山法药禅师派使者向宋人"借取"物品,这种所谓"借取"往往还期遥遥,实为"索取"。②

因此,结交在地特权人物,既是基于贸易利益的思量,也是出于人身安全的考虑。前文已经提及日本万寿三年(1026)周良史向日廷关白藤原赖通进名籍并献绢、长元七年(1034)结识东宫敦良亲王之事。事实上,其父周文裔就十分留意疏通日廷方面的关系:长和四年(1015)闰六月向日本宫廷进孔雀,长元元年(1028)十二月通过高田牧司致书右大臣藤原实资并馈赠唐物。③ 10世纪末至11世纪,宋商首先希望打通直接联系日廷京城权臣(尤其是摄关家藤原一族)的渠道。例如,日本长保元年(999),曾令文借托藏人所小舍人调为善提交申文给关白大臣藤原道长,但藤原道长以"越奏之事乖恒例"为由,令其依规通过大宰府呈报。④ 尽管如此,曾令文借此让当时日廷第一权臣——藤原道长记住了他的名字。宽弘三年(1006)曾令文向道长赠献"苏木、茶垸、五臣注《文选》、文集",热衷收罗汉籍的道长并未拒绝。⑤

大宰府权帅、大弐直接掌管宋商来航贸易事务,宋商对之不敢怠慢,同时,对大宰府官员而言,宋商也是一种宝贵资源。上文列举了若干大宰府恶吏盘剥宋商的事例,但实际上亦有因喜爱中国文化而善待宋商的府官。以一家三代担任大宰府权帅的源氏为例,源经信在大宰府任职期间(1094—1097),曾造访博多唐房,听琵琶演奏。永长元年(1096)源经信卧病,其子源基纲赴大宰府探视,与博多宋商酬和汉诗。承德元年(1097)源经信于大宰府去世之后,很多博多宋商前往吊唁。永久四年至五年(1116—1117)基纲

---

① 关于宋商申诉事例,赵莹波博士学位论文第七章"在日宋商群像"中有具体列举。详见:赵莹波《宋日贸易研究——以在日宋商为中心》,南京大学博士学位论文,2012年,第111—123页。
② 事见:《中右记》長治二年十月三十日条。法药禅师被称为比叡山"恶僧首",结托大宰府权帅藤原季仲,在北九州经营谋利。参见:五味文彦《日宋貿易の社会構造》,今井林太郎先生喜寿記念論文集編纂委員会編《国史学論集 今井林太郎先生喜寿記念》,今井林太郎先生喜寿記念論文集刊行会,1988年,第119—135页。
③ 薛豹、游彪对于周氏父子在日行迹有详细论述,参见:薛豹、游彪《赴日宋朝海商初探——以宁海周氏家族为中心》,《浙江学刊》2012年第4期。
④ 《権記》長保元年七月十九日条。
⑤ 《御堂関白記》寛弘三年十月二十日条。

出任大宰府权帅期间,曾以舶来麝香和丁子作为添加物制作琵琶音箱。①

佛寺在日本古代及中世权力系统中占有重要地位,特别是天台宗高级僧侣,他们与日本宫廷关系密切,自然是宋商结附的对象。日本宽和二年(986),日本天台宗僧都源信委托宋商周文德将自己的著作《往生要集》寄赠给天台山国清寺,周文德赴天台山完成托付之后,致函源信报告了情况。在信中周文德自称"大宋国台州弟子",根据信函可知,"大府贯首丰岛才人"是文德与源信交往的中间人,"大府"即大宰府。② 源信是日本天台宗著名高僧,被称为"惠心僧都",后又补为内供奉十禅师,在当时日本佛教界拥有极高威望。从周文德与源信交往事例可以窥见赴日宋商、北九州地方官员、畿内高级僧侣之间的人脉联系。而且,这种联系具有持续性,长和四年(1015)源信的法孙念救(寂照弟子)第二次渡宋前往九州之际,九州神崎庄司丰岛方人与其同行。③

尽管由于日本渡海制的限制,10世纪晚期至12世纪早期渡宋日僧人数和次数远少于唐代,但提供渡航之便,仍是宋商结交日僧的最佳渠道。例如,宋太平兴国八年(983)八月,日本东大寺僧奝然率弟子成算、嘉因搭乘宋商陈仁爽、徐仁满之船渡宋到达台州。宋雍熙三年(986)七月奝然乘"台州客"郑仁德船归国。④ 日僧奝然与台州商人郑仁德以棹航之缘结下情谊,日本永延二年(988)其弟子嘉因再次渡宋,仍搭乘郑仁德船。⑤

另需指出的是,进入12世纪,宋商可能开始与日本寺社建立起贸易合作关系。滋贺县大津市西教寺所藏《两卷疏知礼记》之"唐房大山船"附记为这一推断提供了线索。这条附记云:"永久四年五月十一日,筑前国薄多津唐

---

① 源经信之父在长元二年至六年(1029—1033)任大宰府权帅,源经信本人于宽治八年至永长二年(1094—1097)出任此职,基纲是经信次子。源氏一门与宋商交往的详情参见:山内晋次《奈良平安期の日本とアジア》,吉川弘文馆,2003年,第234—235页。
② 《朝野群载》卷二十《异国·宋国弟子周文德赠惠心僧都返报》。
③ 事见:《御堂関白记》长和四年七月十五日条。石川正敏认为,"神崎庄司丰岛方人"与"大府贯首丰岛才人"是同一人。参见:石川正敏《肥前国神埼荘と日宋貿易》,《古代中世史料学研究》(下),吉川弘文馆,1998年,第179—180页。
④ 《優填王所造栴檀釈迦瑞像歴记》,佛书刊行会编《遊方传丛书》第二(日本佛教全书),第一书房,1979年,第309—320页。
⑤ 《続左丞抄》第一《永延二年二月八日 太政官符大宰府》。

房大山船龚三郎船头房,以有智山明光房唐本移书毕,已上。"永久四年为1116年;"薄多津"即博多津;"有智山明光房"即大山寺明光房,大山寺位于太宰府天满宫东北的宝满山上,系比叡山天台宗末寺,又称有智山寺。"大山船"当言指大山寺船,宋商龚三郎自称大山寺船船头,这表明了其人、其船与大山寺之间的密切联系,大山寺很可能从以下方面为龚三郎提供支持:资金投入、货品订购、经营庇护(解决纠纷/困难救助),等等。①

(二)北宋时期的渡宋日僧

北宋时期往来于中日之间的人员,除了宋商和宋船船员,还有日方的渡宋僧侣。其中,影响最大的是奝然、寂照和成寻,北宋时期渡宋日僧人数有限,但他们的活动使得中日间佛教交流得以维持。② 同时,赴日宋商通过为日僧提供渡航之便,也建构起一个以同道之谊和共济之情为基石的人脉网络,这一网络显然与利益驱动的交际链条大相径庭。

上节提到的奝然及其弟子成算、嘉因等人,是最早见诸史籍的日本渡宋僧。宋太平兴国八年(983)八月一日,奝然率弟子搭乘宋商陈仁爽、徐仁满之船渡海,当月十八日抵达台州,暂住台州开元寺(龙兴寺)。九月九日巡礼天台山,驻锡天台一月。十二月十九日至汴京(开封),翌日谒见宋太宗,得赐紫衣。雍熙元年(984)三月,奝然一行离开汴京前往五台山。雍熙二年(985)三月,再次谒见太宗,获赐佛典、绢帛等物。同年六月返至台州,在台州僧俗的捐助下,延请工匠以旃檀木仿刻释迦瑞像,八月十八日像成。③ 雍熙三年(986)七月奝然一行乘郑仁德船回到日本,携带回国的物品包括旃檀

---

① 林文理认为,"大山船"可能是归大山寺(有智山寺)所有的船舶或船团,或为日本镰仓后期至南北朝时代派往元朝的寺社造营料船的前身。但这种推测缺乏证据。详见:林文理《博多綱首の歴史的位置——博多における権門貿易》,大阪大学文学部日本史研究室編《古代中世の社会と国家》,清文堂,1998年,第576—580页。
② 李守爱:《北宋时期日本僧侣入宋及其对中日文化交流的作用——以奝然、寂照、成寻为中心》,《南开日本研究2011》,世界知识出版社,2011年。
③ 金申:《日僧奝然在台州模刻的旃檀佛像》,《世界宗教文化》2004年第3期。

释迦瑞像、十六罗汉绘像等,释迦瑞像被供置于京都清凉寺。① 宋端拱元年(988)二月,奝然弟子嘉因再次渡宋,淳化元年(990)乘台州商人周文德船归国。奝然将宋刻佛像带回日本,是北宋佛教雕刻输日的例证,相关例证亦见于其他文献。据《朝野群载》记载,延久二年(1070)福州商客潘怀清舶载"佛像并文书"等来到大宰府。②

宋咸平六年(1003),日本天台僧都源信的弟子寂照率元灯、念救等从僧自肥前渡海至宋,持源信托付的"天台宗疑问二十七条"拜会明州延庆寺知礼大师。其后,寂照留宋未归,宋景祐元年(1034)于杭州示寂。③ 宋大中祥符六年(1013),寂照的弟子念救一度归国,向左大臣藤原道长进呈折本《白氏文集》《天台山图》以及寂照的书信。④ 两年之后,念救再次渡宋。⑤ 宋天圣六年(1028),源信又遣弟子绍良入宋,持金字《法华经》为贽,拜于四明延庆寺广智法师门下学习天台经义,三年之后学成乃归。⑥ 日本天台宗通过派遣僧侣渡宋,保持着与中国天台宗的交流。

宋熙宁五年(1072)三月,日本天台宗僧侣成寻与弟子赖缘、快宗等人搭乘宋商海船渡宋,四月到达杭州,五月登天台华顶,十月进汴京朝见宋神宗。翌年(1073)三月,应神宗之请在宫内"后苑"设坛祈雨,3天后雨降,成寻被赐号善慧大师。同年六月,成寻将在中国收集来的五百余卷佛经交给弟子赖缘等人,委托他们乘宋商孙吉海船带回日本,自己则留宋未归。宋元丰四年

---

① 奝然渡宋的过程以及在宋经历,见载于《优填王所造旃檀释迦瑞像历记》。相关系统研究参见:郝祥满《奝然与宋初的中日佛法交流》,商务印书馆,2012年。
② 《朝野群载》卷五《朝儀下·陳定定文·大宰府言上大宋国福州商客潘懐清参来可安置否事》。
③ 《四明尊者教行录》卷四;《元亨释书》卷四;《日本高僧传要文抄》第二;《入唐諸家傳考》第六之《寂照入唐事》。
④ 《御堂関白記》長和二年九月十四日条。
⑤ 《日本紀略》長和四年七月十七日条、七月二十日条。
⑥ 《佛祖統紀》卷第十二;《四明尊者教行录》卷四。

(1081),成寻圆寂于汴京开宝寺。①

在奝然、成寻等人之后,北宋时期来华日僧还有仲回、戒觉等人。宋元丰元年(1078),日僧仲回以"通事僧"的身份持大宰府牒和贡礼,搭乘宋商孙忠船抵达明州,宋廷因其贡礼不合规制,予其等价物品送归日本。② 元丰五年(1082)九月,日本延历寺僧戒觉等三人前往博多,搭乘被通告"迴却"的宋商刘琨海船渡宋,同月在明州登岸。戒觉与成寻一样是私自密航入宋的,未持官方牒状。翌年(1083)三月,戒觉入汴京朝见宋神宗,获赐紫衣,六月抵五台山,住山未归。③

有研究者指出,9世纪的入唐日僧渡海来华旨在"求法"(经、律、论的研习),而10—11世纪的渡宋日僧则以"巡礼"佛教圣地为主要目的。④ 从奝然、成寻和戒觉的旅行记录来看,巡礼圣地的确是北宋时期来华日僧行迹的主线,其中,成寻与戒觉更是不惜触犯法条而秘密渡航,以遂巡礼天台山(五百罗汉根本道场)和五台山(文殊菩萨化现之山)之志。不过,还应看到,奝然和成寻还留意在宋地搜求佛教经卷并将之舶回日本。此外,以寂照为代表的源信弟子及法孙则是带着经义解疑的目的来华的,登岸之后,他们拜谒特定经师(知礼、广智)来解决学问上的疑惑。因此,巡礼并非北宋时期来华日僧的唯一目的,也非所有渡宋日僧的初念。

---

① 关于成寻在宋行迹,详见:成寻《参天台五臺山记》。国内外学界有关成寻及其旅宋记录的研究著述甚为丰富,其中较具代表性的成果包括:藤善真澄訳注《参天台五臺山記》(上),关西大学出版部,2007年;藤善真證訳注《参天台五臺山記》(下),关西大学出版部,2011年;王丽萍《成寻〈参天台五台山记〉研究》,上海人民出版社,2017年;郭万平《来宋日僧成寻与宁波商人陈咏》,宁波"海上丝绸之路"申报世界文化遗产办公室等编《宁波与海上丝绸之路》,科学出版社,2006年。
② 《宋史》卷四九一《日本国传》;《帥记》永保元年十月二十五日条。
③ 戒觉在华行迹详见:戒覚《渡宋记》(宫内厅書陵部九条家旧藏本)。相关研究参见:郭万平《日本僧戒觉与宋代中国——以〈渡宋记〉为中心的考察》,《人文杂志》2004年第4期。
④ 刘建:《求法请益与朝圣巡礼——九至十一世纪中日佛教交流史略考》,《世界宗教研究》2000年第1期;王宇:《求法与巡礼——从圆仁到奝然的历史转变》,《宗教文化》2008年第5期;上川通夫:《入唐求法僧と入宋巡礼僧》,荒野泰典等编《通交・通商圏の拡大》,吉川弘文館,2010年,第60—83页。

三　南宋时期的旅日宋人与渡宋日僧

自12世纪上半叶起,宋日海上交流的模式发生了深刻变化。就宋朝一方而言,靖康二年(1127)北宋灭亡,绍兴八年(1138)南宋政权定都临安(杭州),浙东滨海港城尤其是明州成为都城的东部屏藩,城市地位上升,不仅对日贸易枢纽港地位得到巩固,而且成为南宋文化对日输出的主门户。同时,市舶收入对南宋偏安朝廷的财政更为重要,故此,海上经略在经济、政治以及军事层面均受到重视。12世纪后期以降,明州史氏一门权臣辈出,四明士人仕途广开,这客观上促进了浙东地域社会的繁荣。① 自此之后,浙东开始成为一个具有极强的文化创生力的区域,而浙东区域文化又凭借东亚海丝枢纽港明州的海交传播力而远达海外。

在日本一侧,12世纪早期年纪制罢停②,而且12世纪30年代以后大宰府对来航贸易的管理趋于松弛,这种状况为从事宋日贸易的宋商提供了更大的自由空间。另外,日藏12世纪早期文献中出现了"博多津唐房"的记载,这意味着博多津一带的宋人居留区——博多唐房(坊)已具备规模。③ 到了12世纪中期,日本官方严格限制僧俗人士出境的渡海制基本废止,其后入宋修习的日僧逐渐增多。④ 12世纪60年代起,平清盛进入日廷权力系统的核心,逐渐掌控

---

① 戴仁柱:《丞相世家:南宋四明史氏家族研究》,刘广丰、惠冬译,中华书局,2014年;黄宽重:《宋代的家族与社会》,国家图书馆出版社,2009年;柳立言:《士人家族与地方主义:以明州为例》,《历史研究》2009年第6期。
② 山内晋次:《奈良平安期の日本とアジア》,吉川弘文馆,2003年,第153—154页。
③ 滋贺县大津市西教寺所藏《两卷疏知礼记》上的书背附记写有"永久四年五月十一日,筑前国薄多津唐房大山船龚三郎船头房"的字句,永久四年为1116年,这是提及"博多唐房"的最早文字记录。此外,狛近真《教训抄》卷八《管弦物語·弦类·琵琶》(13世纪前期)言及源经信在大宰府任职期间曾造访"ハナカタノ唐防",源经信于1095—1097年任职大宰府,这条史料或可证明博多唐房在11世纪晚期已经形成,但也有人认为,"ハナカタノ唐防"是指宗像唐房。参见:佐伯弘次《博多と宁波》,荒野泰典等编《通交·通商圏の拡大》,吉川弘文馆,2010年,第155页。
④ 稲川やよい:《「渡海制」と「唐物使」の検討》,《史論》第44号,1991年;榎本淳一:《『小右記』に見える「渡海制」について》,山中裕编《摂関時代と古記録》,吉川弘文馆,1991年,第162—189页;河辺隆宏:《年紀制と渡海制》,荒野泰典等编《通交·通商圏の拡大》,吉川弘文馆,2010年,第221—230页。

并垄断宋日贸易,将贸易之利视为稳固平氏一族权位的重要资源,其积极的对外贸易方针也将宋日贸易推向了高潮。① 平氏当权之后,宋日贸易的规模和量级达到了一个前所未有的水平,特别是这时期宋钱大量流入日本,且为日本社会所接受。② 宋钱在日本经济领域的流通,客观上使得赴日宋商在流通媒介和支付手段的选择上拥有了相当的控制权,这无疑有利于宋商在资本与资源上的配置、运营和累积,13 世纪上半叶旅日宋人中财力雄厚的豪商的出现与此不无关系。平氏对宋交往的积极姿态招致日廷公卿贵族的不满,这也成为平氏败亡的原因之一,不过,文治元年(1185)源氏建立镰仓幕府之后,虽然旅日宋商交通畿内高层的渠道受阻,但宋日航海贸易基本延续了平氏时期的态势。12 世纪晚期日本完成了由平安期到镰仓期的时代转换,伴随着这一变局,旅日宋商的在日生活样态以及与日本当地社会的关系形态也发生了很大的改变。

(一) 以博多纲首为代表的南宋旅日宋商群体

言及南宋海商的日本文献,很少明确记载海商的出身地域,目前所知临安旅日宋商谢国明,其原籍信息来自日本天保四年(1833)圆证大完所撰《谢国明之碑》③。宁波发现的三方乾道三年(1167)旅日宋人刻石中,丁渊刻石、张宁刻石的铭文分别注明铭主居住地"日本国太宰府博多津""日本国太宰府",仅张公意刻石注明了铭主原籍地"建州普城县"(今福建浦城县)。④ 早

---

① 島田次郎:《日本中世の領主制と村落》上卷付論《平氏政権の対宋貿易の歴史的前提とその展開——十一·十二世紀における国際的契機について》,吉川弘文館,1985 年,第 360—399 页;高橋昌明:《平清盛の対中国外交と大輪田泊》,《海港都市研究》(2011·中国·宁波),2007 年。
② Mikael S. Adolphson:"The Coin Conundrum in Twelfth Century Japan",林立群编《跨越海洋:"海上丝绸之路与世界文明进程"国际学术论坛文选》,浙江大学出版社,2012 年,第 122—141 页;井原今朝男:《宋銭輸入の歴史的意義》,池享编《銭貨——前近代日本の貨幣と国家》,青木書店,2001 年,第 63—92 页;大田由紀夫:《一二—一五世紀初頭東アジアにおける銅銭の流布——日本·中国を中心として》,《社会経済史学》第 61 卷第 2 号,1995 年。
③ 王勇、郭万平等:《南宋临安对外交流》,杭州出版社,2008 年,第 116 页;赵莹波:《宋日贸易研究——以在日宋商为中心》,南京大学博士学位论文,2012 年,第 115 页。
④ 刘恒武:《宁波古代对外文化交流——以历史文化遗存为中心》,海洋出版社,2009 年,第 118—121 页。

期日本史料中宋商人名前所缀的"越州商人""福州商客""台州客"等称法,被"博多纲首""博多船头"取而代之。其原因在于,随着12世纪30年代大宰府贸易管理的松弛,越来越多的宋商长期居留日本,到了12世纪后半期这一情况尤甚,其中国原籍地的观念逐渐淡化。① 12世纪六七十年代以后,在日宋商转以日本为资本筹措地进行航海贸易,南宋中晚期史料中所谓的"日本商人"实际上即是这些华裔海商。② 博多唐房空间范围的变迁,也反映出12世纪后半叶旅日宋商的本地化倾向。根据考古资料来看,12世纪上半叶以前,博多唐房范围局限于古博多浜西部,日本人居住区位于唐房东侧之博多浜中部;12世纪中叶之后,唐房宋人居住范围向东扩展,博多浜中部的原日本居住区出现混住的情况,唐房与日本社区的区隔逐渐消失。③

关于赴日和居日南宋海商这一群体的历史实态,可以文治元年(1185)镰仓幕府权力系统确立为节点分为前后两个时期进行考察。在前期(12世纪30年代至80年代),赴日宋商不再前往本州日本海沿岸的越前、若狭等地进行贸易,而是将在日贸易据点设定在博多以及北九州沿岸。平清盛执权时期,曾整饬濑户内海航路,修建大轮田泊,招徕宋商海舶直接前往畿内的神户沿海进行贸易,但这种情况只是昙花一现,平氏覆灭之后,濑户内海航道和大轮田泊的对宋贸易功用随之消失。④ 需要指出的是,这时期宋商在九州的活动以博多为主要据点,但并不限于博多。例如,平安晚期,旅居平户

---

① 12世纪30年代以后长期居留日本的宋商增多,固然与日本年纪制的停废和大宰府贸易管控的松弛有关,但同时与北宋灭亡、南宋与金对峙的变局有关,对局势动荡的担忧也可能是浙闽海商开始重视日本在地经营的原因之一。不过,这一观点仅为推论,有待进一步论证。
② 榎本涉:《宋代の「日本商人」の再検討》,《史学雑誌》第110编第2号,2001年。
③ 关于所谓"混住"(即宋日社群的融合)的考古学证据,大庭康时指出,博多浜中部发现有自11世纪后期至13世纪前期的日式土葬墓,这表明截至13世纪前期该地点日本居住区的本地居民从未迁离,而该地12世纪后期及更晚的文化层中发现了墨书瓷器遗物和贸易陶瓷集积遗迹,反映出宋人活动范围扩大至日本居住区。参见:大庭康時《博多の都市空間と中国人居住区》,歷史研究会编《港町のトポグラフィ》,青木書店,2006年,第63—66页。
④ 高橋昌明:《平清盛の対中国外交と大輪田泊》,《海港都市研究》第2号,2007年;山内晋次:《平氏と日宋貿易——通説の歴史像への疑問》,《神戸女子大学古典芸能研究センター紀要》第6号,2012年。

的宋人苏船头娶日本女性为妻,并生下一子。苏船头去世之后,其妻又改嫁给小值贺岛知行松浦直,其后松浦直在平户遇害,苏船头之子十郎连以松浦直养子的身份继任为小值贺岛知行,并且继承了松浦直的领地。①

同时应该看到,伴随着12世纪30年代以后大宰府对外贸易管理机制的弱化,赴日宋商在贸易时间和空间的选择上更为自由,但大宰府官方"安置"待遇为宋商附带提供的经济活动及人身安全的保障也难以维系。大宰府甚至不能制止和即时处理针对来航宋商的暴力事件。例如,日本长承元年(1132),有宋船载货航抵大宰府(着岸地应为博多津),人员遭到杀害,唐坊被烧,幸存者逃至长门国(山口县西部),通过长门守向日廷报告了被害情况,日廷经过阵定(审议)决定向大宰大贰源经忠进行询问,并派遣官使前去调查,最终处理结果史籍未载。② 此次来航宋商由于得不到大宰府的在地保护,转而远奔至位于本州西端的长门国寻求行政与司法援助。类似事件在文献中几无先例可寻,尽管大宰府面对外商受到严重侵害的情况毫无作为的背后缘由无从查考,但这一案例证实了当时大宰府官员在贸易管理上的怠职与缺位。据此就不难理解《长秋记》长承二年(1133)八月十三日条所记宋商周新绕开大宰府,而直接联系有明海沿岸的肥前国神崎庄寻求庇护,神崎庄的预所(管理人)平忠盛以"院宣"(上皇旨令)的名义发文宣布周新船为神崎御庄领舶,可以免受大宰府官的检问。③ 神崎庄当时是鸟羽院领御庄,而平忠盛作为鸟羽法皇的近臣代管庄务,同时任备前守,忠盛即是后来权倾一时的平清盛的父亲,为个别宋人商舶提供保护的目的在于控制该船的舶

---

① 《肥前青丈文書》安貞二年三月十三日《関東裁許状案》,竹内理三编《鎌倉遺文》古文書编第6卷,東京堂,1974年,第74页。亦收于:林文理编《〈博多綱首〉関係史料》,《福岡市博物館研究紀要》第4号,1994年,第99页。相关研究参见:渡辺誠《平安時代貿易管理制度史の研究》,思文閣,2012年,第331—332页。
② 《中右記》長承元年七月廿八日条。史实相关研究详见:渡辺誠《平安時代貿易管理制度史の研究》,思文閣,2012年,第314页。
③ 《長秋記》長承二年八月十三日条。这条史料亦收于:林文理编《〈博多綱首〉関係史料》,《福岡市博物館研究紀要》第4号,1994年,第99页。史实相关论述详见:林文理《博多綱首の歴史的位置——博多における権門貿易》,大阪大学文学部日本史研究室编《古代中世の社会と国家》,清文堂,1998年,第584—585页。

货交易。① 关于长承元年(1132)宋商被杀、唐坊遭焚事件与翌年(1133)周新船依附神崎庄之间是否存在直接的因果联系②，尚不能做出明确判断，但可以肯定的是，这时期以大宰府为主导的对外贸易管理系统运行乏力，宋商更加倾向于与九州地方庄园、寺社结成利益共同体。

然而，12世纪前期九州地区以大宰府为中轴的行政纲纪的松弛，导致地方权力系统一度失序，旅日宋商在各种势力集团(大宰府—寺社—庄园)之间复杂的利益纠葛之中常常无所适从。日本仁平元年(1151)发生的"筥崎博多大追捕"就揭示了宋商在北九州权力摩擦中的生存窘状。是年，大宰府目代宗赖命令大宰府检非违别当安清、同执行大监种平、季实等率领500余军骑在筥崎、博多一带展开大搜捕，收押了以"宋人王昇后家"为首的1600余户的资财物品，并且冲入筥崎宫，筥崎神官将此事告上官庭。③ 这场发生在大宰府和筥崎宫之间的冲突事件，将宋人裹挟其中，其背后很可能涉及贸易利益的争端。直到保元元年(1156)平清盛出任大宰大弐，九州各种势力才重新被统合于平氏的威权之下。④

因此，12世纪上半叶，旅日宋商依旧沿袭先辈的做法，尽可能寻求结托日本畿内公卿贵族的机会，而日廷公卿贵族一般汉学修养很高，且对异域方物抱有浓厚兴趣，故此也希望从宋商手中获得中国书籍以及各种珍物奇货。日本久安四年(1148)，博多宋商向日廷权臣藤原忠实赠送孔雀及鹦鹉，忠实

---

① 根据五味文彦的推断，平忠盛任神崎庄预所的起始时间应不晚于大治二年(1127)，终止时间可能直至仁平三年(1153)忠盛离世。参见：五味文彦《日宋貿易の社会構造》，今井林太郎先生喜寿記念論文集編纂委員会編《国史学論集 今井林太郎先生喜寿記念》，今井林太郎先生喜寿記念論文集刊行会，1988年，第122页。
② 渡边诚推测，长承元年(1132)宋商遇害事件很可能缘于宋商与九州地方势力的纠葛，与周新船案例在起因上具有同根性。另外，他还指出，周新船的实际靠岸地仍应是博多，并非神崎庄附近海岸。参见：渡边诚《平安時代貿易管理制度史の研究》，思文阁，2012年，第315—316页。
③ 《宫寺缘事抄·筥崎造营事》文治二年八月十五日《中原师尚勘状案》，竹内理三编《大宰府·太宰府天满宫史料》卷六，太宰府天满宫，1970年，第439—440页。史实相关论述详见：大庭康时《集散地遺跡としての博多》，《日本史研究》第448号，1999年。
④ 川添昭二编：《よみがえる中世Ⅰ——東アジアの国際都市博多》，平凡社，1988年，第20—23页。

将之进献给了鸟羽法皇。① 久安六年(1150),宋商刘文冲向左大臣藤原赖长(藤原忠实次子)献上名籍,并赠送了包括《五代史记》《唐书》《东坡先生指掌图》在内的一批中国书籍,赖长回赠砂金30两,并附上一份书单(《要目书录》),委托刘文冲代为寻购。② 刘文冲献名籍赠书的做法,可以说是复制了百余年前周良史向关白藤原赖通进名籍献绢这一前例,只是将所赠物品由绢帛改为了汉籍,而藤原赖通正是藤原赖长的高祖。

经过保元之乱(1156)、平治之乱(1159)之后,平氏成为左右日本政局的势力集团。③ 平清盛力图将宋商以及宋日贸易纳入平氏一族主导的财经体系,并为其政治经略提供支持。在平清盛大权独揽的时期(1160—1181),旅日宋商的贸易活动受到鼓励,宋舶的航行空间也更为自由。嘉应二年(1170)九月,平清盛甚至在其福原别庄向后白河法皇引见了宋商。④

如前文所述,文治元年(1185)镰仓幕府在日本全国确立支配地位以后⑤,旅日宋商进入后期发展阶段,本地化程度进一步加深,故称之为"博多纲首"更为贴切。在武家当政的局势下,博多纲首群体也呈现出若干新的特点。

第一,博多纲首加强了与九州地方寺社、权门的关系,进一步融入当地社群。旅日宋人在地化的途径有三。其一是联姻。阿弥陀经石承久二年(1220)的追刻铭显示,12世纪晚期至13世纪早期宗像大宫司家两代与宋商

---

① 《本朝世纪》久安四年闰六月五日条。相关史实解读参见:五味文彦《日宋貿易の社会構造》,今井林太郎先生喜寿記念論文集編纂委員会編《国史学論集 今井林太郎先生喜寿記念》,今井林太郎先生喜寿記念論文集刊行会,1988年,第125页。

② 《宇槐记抄》仁平元年九月廿四日条。相关史实研究参见:森克己《新訂日宋貿易の研究》,勉誠出版株式会社,2008年,第126—129页;五味文彦《日宋貿易の社会構造》,今井林太郎先生喜寿記念論文集編纂委員会編《国史学論集 今井林太郎先生喜寿記念》,今井林太郎先生喜寿記念論文集刊行会,1988年,第125页。

③ 王金林:《日本中世史》(上卷),昆仑出版社,2013年,第56—76页。

④ 《玉葉》嘉应二年九月二十条;《百錬抄》嘉应二年九月二十日条。相关史实解读参见:山内晋次《平氏と日宋貿易——通説の歴史像への疑問》,《神戸女子大学古典芸能研究センター紀要》第6号,2012年。

⑤ 关于日本镰仓时期的起始时间,诸说不一,学界一般采用文治元年(1185)说:是年,镰仓幕府在日本各地设置守护和地头,确立了对全国的控制。诸说详情参见:王金林《日本中世史》(上卷),昆仑出版社,2013年,第100—101页。

结为姻亲。先后做过五任大宫司的宗像氏实(？—1189)娶宋商之女王氏为夫人,育有五子——氏忠、氏国、氏伦、氏经、氏保,其中,氏国、氏经担任过大宫司。氏忠之妻张氏亦出自张姓宋商之门,生氏市、氏贞、氏仲三子,氏仲做过两任大宫司。① 在此,值得一提的是,氏仲兄弟(张氏诸子)的祖母和母亲均是宋商之女,在血统上更接近宋裔,但仍能出任宫司,这说明当地寺社权力集团对于宋日混血是开放的。其二是资助寺社的活动。仍以宗像大社史实为例,文治三年(1187)至安贞二年(1228)宗像大社色定法师良祐书写《一切经》期间,得到纲首张成、李荣的施助。② 其三是博多纲首寄附于寺社,为其分担事务。例如:纲首张光安系大山寺神人,担任通事之职,同时与神崎庄有经济联系;张兴、张英则是坚粕西崎领主,同时为筥崎宫承担宫役,此外,张兴还持有"御分通事"(官方翻译)的身份。③

正是由于博多纲首本地化色彩加强,这时期宋朝官方一侧往往将博多纲首视为日本商人。《玉叶》建久二年(1191)二月十九日条记载了一件日廷司法审议,审议主题是关于在宋犯科的宋日贸易商的处理④:

> 宗赖朝臣来申云,大宰府解奏闻之处,可被沙汰云云。余仰云,先可问例於官者,此事宋朝商人杨荣并七太等,於彼朝依致狼藉,宋朝下宣下,自今以後,和朝来客可传召之由,下知云云。此事大事也,仍件杨荣等可被处重科,达宋朝之闻之由,宰府进解状也。此事已大事也,早可被召戒彼两船头也,而於杨荣者,於我朝所生者也,仍科断无疑。於陈七太者,於宋朝所生云云,先例如此之者,自由不被科断欤云云。此等之子细依不审,先可问例之由所仰也,随彼状被问人人,可有沙汰欤。

《玉叶》建久二年(1191)六月十二日条云⑤:

---

① 川添昭二:《宗像氏の対外貿易と志賀島の海人》,宮田登編《玄界灘の島々》(海と列島文化3),小学館,1990年,第287—288页。
② 川添昭二:《宗像氏の対外貿易と志賀島の海人》,宮田登編《玄界灘の島々》(海と列島文化3),小学館,1990年,第289—290页。
③ 林文理:《博多綱首の歴史的位置——博多における権門貿易》,大阪大学文学部日本史研究室編《古代中世の社会と国家》,清文堂,1998年,第581—582页。
④ 《玉葉》建久二年二月十九日条。
⑤ 《玉葉》建久二年六月十二日条。

此日有仗議,大宰府言上綱首楊荣罪科之間事也。上卿内大臣、公卿十余人参入云云。

根据这条史料,纲首杨荣和陈七太渡宋期间有不良行径,日廷接到大宰府解状(报告)之后商议处置办法,议者认为可以依律处罚日本土生宋人杨荣,但对于如何裁断中国出生的陈七太的罪状则存有疑虑。考虑到此事已引发宋朝官方的反应,日方需将处理结果照会宋方,因此日廷召集了10余位朝臣参与廷议。根据文中措辞可知,当时日本官方仍将旅日宋裔纲首、船头视为"宋朝商人",但在司法上要将出生地作为一项审议要件,而在日土生宋人在法律待遇上同于日人。与之形成对照的是,该时期宋朝官方文书将日本来航舶商一律视为"和朝来客",并不考虑其血统和出生地。

事实上,南宋中晚期民间也将博多纲首称为"日本纲使"。宋淳祐三年(1243)杭州径山寺遭到火灾,日僧圆尔在博多纲首谢国明的协助下向径山寺捐赠了一批木材,之后,径山住持无准师范向谢国明致函感谢,信函中将谢国明称为"日本纲使大檀越"。①

第二,博多纲首的经济活动扩展至土地的承租、买卖和领有。需要强调的是,此处讨论的相关史实不涉及博多唐房及其附近区域,因为11世纪下半叶及之后,旅日宋商一直以博多唐房作为居所和货场,无论该区域的土地权属如何,事实上的使用者为宋商群体,对于宋商而言,博多唐房仅仅作为立足点存在,并不具有额外的经济意义。② 在此,我们所关注的是博多唐房以外的相关事例。首先,根据寺社记录可知,13世纪初已有旅日宋人承租九州寺社土地的情况,承久元年(1219)六月《筑前筥崎宫寺调所结解》显示:建保

---

① 《無準師範致日本綱使大壇越謝国明函》,林文理编《〈博多綱首〉関係史料》,《福岡市博物館研究紀要》第4号,1994年,第88—89页。
② 11世纪中叶至12世纪前期,博多唐房是年纪制下大宰府对来航宋商实施"安置"的场所,因此,宋商对于博多唐房土地的使用应是受到大宰府官方认可的。不过,关于博多唐房土地所有权的归属,尚无史料可资考证,推测大宰府公领的可能性较大。大庭康时指出,博多遗迹群发现有官衙遗址,而文献史料则显示11世纪博多存在所谓"馆"一类的公营设施,这证明平安时代大宰府在博多设有衙所实施管理。参见:大庭康时《博多綱首の時代》,《歴史学研究》第756号,2001年。

六年(1218)前后,居留宋人租用筥崎宫 26 町田地,缴纳唐绢替代贡租。① 此外,在日本古文书中还能检出博多及其周边宋人领有、买卖土地的实例:

(1)根据《东大寺续要录》所载,建久六年(1195),东大寺为酬赏博多纲首李宇的供养奉献之功,赠给他筑前国捧田(供奉田)5 町。②

(2)根据《石清水文书》之《丙纳文书目六》,承久元年(1219),肥前国神崎庄官提交解状,申请继领"通事船头光安死所博多管内并所领等"。③"通事船头光安"即建保六年(1218)被筥崎宫留守行遍与其子光助杀害的张光安。

(3)根据《预所橘知嗣下文》所录古文书,承久二年(1220)宗像宫司夫人张氏将其宗像庄内所领 3 个村转让给了养子觉然。④

(4)根据《省柏和尚承天寺定案》记载,纲首谢国明曾购买野间(那珂郡)、高宫、原村等筥崎宫领地,并将之捐赠给了承天寺。⑤

(5)根据《毛利家藏手鉴文书(笔阵)》记载,谢国明曾以小吕岛地头的身份控制小吕岛,宗像大社声称小吕岛属于社领岛屿,并于建长四年(1252)向幕府和大宰府提出申诉,责成谢国明之子履行社役义务。⑥ 另据《六波罗书下》,建长五年(1253)宗像大宫司氏业与三原种延就小吕岛的权益展开争讼,而之前种延与谢国明遗孀在该岛领属上相争未决。⑦

(6)《筥崎宫造营材木目录》提到,坚槽西崎"领主两人内一人博多纲首

---

① 《筑前筥崎宫寺调所结解》,竹内理三编《镰仓遗文》古文书编第 4 卷,东京堂,1973年,第 339 页。
② 《东大寺续要录》(东大寺原藏)"供养篇末"建久六年三月廿二日"劝赏":"李宇筑前国内可充给捧田伍町。"东京大学史料编纂所藏有该文书的 1934 年影写本,可资查阅。
③ 《石清水文书》之《丙纳文书目六》(桐箱二十三 石清水八幡宫玺御筥事纸背),竹内理三编《大宰府・太宰府天满宫史料》卷七,太宰府天满宫,1971 年,第 358—359 页。
④ 《预所橘知嗣下文》(八卷文书第二卷四三),林文理编《〈博多纲首〉关系史料》,《福冈市博物馆研究纪要》第 4 号,1994 年,第 84—85 页。
⑤ 《省柏和尚承天寺掟案》永正十二年九月日条,林文理编《〈博多纲首〉关系史料》,《福冈博物馆研究纪要》第 4 号,1994 年,第 87 页。
⑥ 《关东御教书》建长四年七月十二日《毛利家藏手鉴文书》,竹内理三编《镰仓遗文》古文书编第 10 卷,东京堂,1976 年,第 323 页。
⑦ 《六波罗书下》建长五年五月三日条(八卷文书第二卷三一),林文理编《〈博多纲首〉关系史料》,《福冈博物馆研究纪要》第 4 号,1994 年,第 91—92 页。

张兴,一人同纲首张英",自建长五年(1253)起,坚糟西崎一直承担筥崎宫大神殿围垣的营造和维修的劳役。①

以上史料例证的时间段是12世纪晚期至13世纪中期,这反映出在日宋人租用、领有日本土地的情况主要发生于这一时期。实际上,根据平户苏船头之子十郎连的事例来看,12世纪中期就有在日宋裔取得了土地领有权,不过,十郎连之母是日本人,他以小值贺岛领主松浦直养子的身份继承了松浦直的领地②,并非以宋人纲首身份领有土地。上述资料(3)的宗像宫司夫人张氏情况与十郎连事例有相近之处,张氏以宗像宫司家眷身份领有村落(土地与人丁),但张氏自身是否以某种形式参与宋日贸易,则无法确知。

以上资料涉及的区域集中于博多周边包括筥崎宫、宗像大社领地在内的土地,其中,资料(1)李宇从东大寺得到的筑前捧出具体地点不详,推测也在博多—筥崎一带。资料(5)谢国明曾经控制的小吕岛是一座位于博多西北、壹岐岛之东玄界滩海上的离岛③,可能被谢国明作为中转货场使用。另据《东福寺开山圣一国师年谱》,仁治三年(1242)"秋,谢国明于博多东偏,创承天寺,寺成,请师为第一世"。④ 谢国明创建承天寺,请圆尔辨圆为开山始祖,承天寺地块位于博多浜东部,谢氏在此建佛寺须以持有地权为前提。

关于博多纲首取得土地的方式,根据资料(1)和资料(4)可知,从权门寺社等大土地所有体获赠和购得是两种重要的途径。资料(3)张氏事例则揭示出这样一种可能:拥有宋日联姻、混血背景的华裔可以从日系亲族一方分得一定份额的地产。此外,在博多纲首与九州当地人经济往来过程中,土地及房产作为资财抵押物进入纲首之手也不无可能,但这种情况尚无史料可资查证。

博多纲首土地权益的具体状况比较复杂,不能一概而论。根据以上列

---

① 《筥崎宮造営材木目録》(《石清水文書》),広渡正利《筥崎宮史》第二編《筥崎宮編年史料 古代中世編》,文献出版,1999年,第661页。
② 《肥前青丈文書》安貞二年三月十三日《関東裁許状案》,竹内理三编《鎌倉遺文》古文書编第6卷,東京堂,1974年,第74页。
③ 小吕岛距博多40余公里,南北长1500余米,东西宽700余米,面积仅0.43公里,平面呈葫芦状。
④ 《東福寺開山聖一国師年譜》仁治三年条,林文理编《〈博多綱首〉関係史料》,《福岡博物館研究紀要》第4号,1994年,第87页。

举的资料来看,多数纲首获得的土地"领有权"①并非完全意义上的土地所有权。资料(5)述及谢国明家、宗像大社和三原种延围绕小吕岛权益的争讼,相关古文书(《毛利家藏手鉴文书》《六波罗书下》)具体内容表明,日本官方倾向于承认小吕岛系宗像大社的社领岛屿,而谢国明自称小吕岛"地头"②,是该岛的实际管理人,他拒绝承担宗像大社的社役,旨在否定宗像大社对小吕岛的所有权,将其据为己领。正因为如此,在谢国明离世之后,有大宰府府官背景的三原种延才在承认小吕岛为"谢国明遗领"的前提下,借其他缘由与谢国明遗孀争夺小吕岛的权益。由此推断,虽然谢国明生前是小吕岛的事实掌控者和实际使用者,但并未从官方层面取得小吕岛的所有权。根据资料(6),作为坚糟西崎的"领主",博多纲首张兴和张英必须依例承担筥崎宫大神殿围垣的营造、维修事务,我们推测,坚糟西崎在名义上属于筥崎宫领,筥崎宫是坚糟西崎的"本家"③,张兴和张英则是坚糟西崎的实际领有者,但并非完全意义上的所有者,因此,需要向筥崎宫提供一定的劳役来保持对该地的领有权(管理、经营、使用)。可以说,这种土地领有属于有限所有或有条件领有。资料(4)言及谢国明购买土地捐赠给承天寺使用,这里不排除谢氏仍保有该地块管理权的可能性。

无论如何,开始领有土地(即使相关权限是有限的,或是有条件的),这一点在赴日宋商历史上意义重大,作为外来社群能够介入侨居地域的土地管理与经营,不仅意味着博多纲首群体已经将生存的根系深植于当地,而且意味着他们的生业形态已由单一的航海贸易趋向多元。另外,土地管理权和经营权对于博多纲首的开放,也表明了九州当地社会对于宋裔群体包容度的提高。

第三,博多纲首积极支持归国入宋日僧创建宋风禅寺。平安时期,日本佛教强调神佛习合、本地垂迹,居于主导地位的天台宗和真言宗受到皇室贵族和

---

① 在涉及博多纲首土地领有的史料中,纲首作为权益人被表述为"领主""地头",相关土地被表述为"所领""遗领"等。
② 在日本史上,"地头"一词始见于10世纪初。到了平安末期,其角色相当于在地管理庄园的庄官。文治元年(1185)源赖朝在日本全国的庄园和公领设置地头一职,使之成为幕府强化与维系地方统治的重要一环;地头拥有土地管理、租税征收等权限。
③ 日本平安末期至中世时期,庄园主为了寻求庇护,在名义上将所领庄园捐赠给权门势家,这种情况下,接受捐赠的权门势家就成为该庄园名义上的上级领有者,被称为"本家""本所",而庄园仍为捐赠者实际领有。

公卿廷臣的崇信，成为贵族化的宗派。① 与中国古代社会不同，寺社势力在日本政坛上拥有很大的影响力，就博多纲首活跃的九州北部的权力系统而言，除了大宰府以及各地国司等地方行政实体，宗像大社、筥崎宫（石清水八幡宫系）、大山寺（比叡山天台宗系）、观世音寺（东大寺系）等寺社权门以及诸如神崎庄（皇室御领）一类庄园势家也都是不可小觑的在地势力，当时宗像大社已植根北九州数百年，备受日廷重视，而其他寺社、庄园在畿内均有庇护宗主、主家。

尽管12世纪晚期以降博多纲首的本地化不断推进，但由故土带入的意识形态、行为习惯根深蒂固，日本本土寺社的信仰体系、礼仪程式对于外来移入社群而言仍有隔膜感和违和感。博多纲首与九州在地寺社权门的交集主要在于利益共享，而非观念认同。正因为如此，博多纲首有时会沦为在地寺社间矛盾纠葛的牺牲品，遭筥崎宫人杀害的纲首张光安即是一例②。此外，博多纲首各自依附不同的寺社权门，也会导致在日宋人社群凝聚力的削弱。这样，宋式宗教设施的建立已成为必要，而当时博多纲首财力的积蓄和土地权限的扩大也使这一诉求的实现成为可能。相关的设施或可分为三类：第一类是供养塔、佛龛等单体石构、木作及其组合；第二类是诸如佛堂、拜殿之类的单体建筑物；第三类是佛寺建筑组合。萨摩塔、层塔、经碑、佛菩萨像、佛龛等可能是第一、二类设施的碎片化遗存，这些营造元素一般构成小微的宗教景观与礼仪空间，优势在于占地小、营造成本低，一些石构和木作可以从中国输入。第三类所指的佛寺建设则是一个复杂的工程，除了伽蓝建筑群的土木营造、雕刻与绘画的工艺追加，还牵涉有司的许可、僧侣的延请以及檀越的集结，因此，佛寺的开创不仅在于人为，更在于机缘。据目前所知，九州地区有博多纲首背景的宋风禅寺只有两座：圣福寺、承天寺③。（图5-1）

---

① 杨曾文：《日本佛教史》，人民出版社，2008年，第85—188页。
② 前章列举的相关史料表明，张光安身陷大山寺—筥崎宫—神崎庄的复杂纠葛之中，张光安被杀事件也被作为三方利益竞逐的筹码。另参见：大庭康时《博多綱首殺人事件——中世前期博多をめぐる雑感》，《法哈噠》第3号，1994年。
③ 林文理：《博多綱首の歴史的位置——博多における権門貿易》，大阪大学文学部日本史研究室編《古代中世の社会と国家》，清文堂，1998年，第579页。

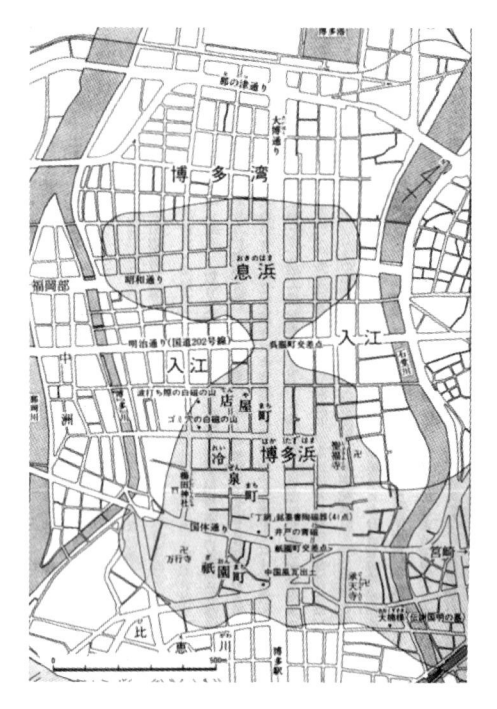

图 5-1　圣福寺、承天寺及其周边
(引自林文理 1998 年论文)

以博多纲首世俗群体单方面的力量,创建佛寺几无可能。圣福寺和承天寺的始创者分别是入宋日僧明庵荣西、圆尔辨圆,他们在两寺创设的过程中得到了博多纲首的支持。日本仁安三年至建久二年(1168—1191),荣西曾两次渡宋,宋人纲首为他提供了渡航之便。仁安三年(1168)第一次赴博多津候船赴宋之际,荣西从"两朝通事"李德昭处了解到宋地禅宗的弘布①,由此可见博多宋人对于宋禅的认同。建久五年(1194)荣西在京都的布禅活动受到比叡山天台僧侣的抵制,其只好南下九州,在建久六年(1195)提交《荣西言上状》请求在博多宋人百堂旧迹上创建圣福寺,并请幕府将军源赖朝作为大檀越加护新寺。② 博多宋人百堂在古博多浜东缘,当时很可能为博多宋人实际占有或管理③,荣西从宋人管理下取得该地并在此建寺,意在以

---

① 《興禅護国論》卷中《宗派血脈門第五》,《大正新修大蔵経》第八十卷続諸宗部十一。
② 《栄西言上状》(《聖福寺文書》)建久六年六月十日条,林文理編《〈博多綱首〉関係史料》,《福岡博物館研究紀要》第 4 号,1994 年,第 80 页。
③ 大庭康時:《博多綱首の時代》,《歴史学研究》第 756 号,2001 年。

博多唐房纲首为外护,以宋人社群为依托传布禅宗。① 在《荣西言上状》中,荣西陈明建立圣福寺的目的之一在于"为除凶徒障碍",言指回避天台等旧宗的压制。根据荣西《兴禅护国论》可知,在日宋人十分支持荣西的弘禅活动,建久八年(1197)博多纲首张国安向荣西转述了20余年前杭州灵隐寺住持佛海禅师"兹有东海上人,西来可传禅宗"的预言。② 这表明,博多宋人对荣西推崇备至。

日本贞永元年(1232),圆尔辨圆来住博多圆觉寺,为渡宋习禅做准备。有智山寺(大山寺)僧侣义学向来厌恶禅宗,欲加害辨圆,纲首谢国明为了保护辨圆,将其请至栉田③自宅。④ 仁治二年(1241),辨圆从明州回到博多,博多诸纲首请他暂住于来迎院(栉田神社附近)宣讲禅法,其间张四纲绘辨圆肖像,辨圆为绘像题赞。⑤ 翌年(1242),谢国明在博多滨东部置地创承天寺⑥,请辨圆为开山祖师,辨圆开堂说法,并致书其师杭州径山寺无准师范,无准师范为承天寺书写了寺额、堂额。⑦ 之后,如前文所言,谢国明还购入野间(那珂郡)、高宫、原村等筥崎宫领地,并将之捐赠给了承天寺。⑧ 宋淳祐三年(1243),径山火灾,辨圆与谢国明合力为径山运去木材。⑨ 日本宝治二年(1248),承天寺遭焚,谢国明动员信众发起修复工程,"一日中建十八宇,凡

---

① 川添昭二:《鎌倉初期の対外関係と博多》,箭内剣次編《鎖国日本と国際交流》上卷,吉川弘文館,1988年,第3—33頁。
② 《興禅護国論》卷下《未来記》,《大正新修大蔵経》第八十卷續諸宗部十一。
③ 栉田即栉田神社所在区块,位于博多浜西缘、博多遗迹群(博多唐房)之西。参见:本田浩二郎《中世博多の道路と町割り》,大庭康時等編《中世都市・博多を掘る》,海鳥社,2008年,第38—43頁。
④ 《歷代鎮西要略》貞永元年条,林文理編《〈博多綱首〉関係史料》,《福岡博物館研究紀要》第4号,1994年,第86頁。
⑤ 《東福開山聖一国師年譜》仁治二年条,林文理編《〈博多綱首〉関係史料》,《福岡博物館研究紀要》第4号,1994年,第86頁。
⑥ 承天寺位于圣福寺之南,两寺相距200余米。
⑦ 《東福開山聖一国師年譜》仁治三年条,林文理編《〈博多綱首〉関係史料》,《福岡博物館研究紀要》第4号,1994年,第87頁。
⑧ 《省柏和尚承天寺掟案》永正十二年九月日条,林文理編《〈博多綱首〉関係史料》,《福岡博物館研究紀要》第4号,1994年,第87頁。
⑨ 《無準師範致日本承天堂頭長老円爾函》,林文理編《〈博多綱首〉関係史料》,《福岡市博物館研究紀要》第4号,1994年,第87—88頁。

檀信响应类之"①。可以说，为了承天寺的创建与维持，谢国明不遗余力，而且带动博多纲首一起扶持辨圆。

除此之外，亦有博多纲首子弟在日本出家为僧的情况。例如，博多纲首郑三纲之子在博多津之南油山的一座佛刹出家为僧，法号禅念。法号中有"禅"字，表明这位出身博多宋商之家的僧人很可能是宋禅的弘传者。② 无论如何，博多宋人子弟加入北九州本土佛教教团，也会促动南宋佛教文化元素植入日本寺院。

对于博多纲首而言，渡宋日僧、宋禅有着无须功利加持的号召力和聚合力。渡宋日僧往往旅华数年，熟悉宋地风土人情，与博多宋人交流无碍、心灵相通，彼此很容易结成信赖关系。而这种建立于观念交集之上的人脉关系全然有别于纲首与寺社权门之间缔结的利益契约。相比于当地寺社的宝殿高阶，宋风禅寺的简堂素舍更能激发在日宋人思想情感的共鸣，客观上，禅寺的建立有利于博多宋人社群统合的加强。承天寺的创设者谢国明，先是保护辨圆免受大山寺僧的迫害，后又曾拒绝为宗像大社承担社役，不屈从于当地寺社的威压，但对辨圆渡宋习禅、归国弘法的事业则倾尽全力，或许谢国明内心寄望于借助宋禅东渐来凝聚在日宋人社群、结交旧寺社之外的新势力，但相关史料中呈现更多的是谢氏不计回报的投入与付出。事实上，无论是否存在既设的现实目的，博多纲首对荣西、辨圆等渡宋习禅的日僧的襄助，的确获得了有利于己方的效果，因为宋禅在日传播受到了新兴武家势力的认可与护持，12、13世纪之交博多纲首对这一动向可能已有感知。荣西第二次归国之后，陆续得到幕府将军源赖朝、源赖家的加护，在公武朝野广受崇敬。辨圆自九州上京之后，受到幕府将军北条时赖和公卿贵族藤原道家的礼遇，后获赐圣一国师尊号。应该说，博多纲首对渡宋日僧弘禅的支持应合了日本中世早期权力集团迭代、宗教势力重组的大趋势。

---

① 《元亨释书》卷第七《慧日山辨圆》。
② 禅念曾请工匠铸造油山"梵钟"，梵钟现藏于防府市防府天满宫，钟上纪年铭为"文应二年（1261）三月八日"，据此可知禅念出家在此之前。梵钟上禅念所作的铭文中包含"兑""离""群仙""阴阳""乾坤"等富有中国观念色彩的措辞。参见：林文理编《〈博多綱首〉関係史料》，《福岡博物館研究紀要》第4号，1994年，第92—93页。

(二)赴日宋人工匠

南宋时期的旅日宋人之中,除了宋商群体,还有一批宋人工匠值得关注。与居留于九州的旅日宋商不同,这批宋人工匠主要活跃于日本近畿地区的奈良—京都一带,他们是应重源之请赴日参与东大寺再建工程的铸造师和石刻匠师。

招请宋人工匠赴日的重源,曾于日本仁宗二年至安元二年(1167—1176)3 次往返于宋日之间,对南宋的建筑、石刻以及铸造等方面的工艺技术十分熟悉。日本养和元年(1181),遭兵燹损毁惨重的奈良东大寺启动再建工程,重源被任命为造东大寺大劝进,全面负责复建事业。寿永元年(1182),重源延请以陈和卿、陈佛寿兄弟为首的 7 位宋朝铸师赴日参与大佛铸造,寿永三年(1184)铸造完成,翌年(1185)东大寺举行了大佛开眼供养会。①

建久六年(1195),东大寺大佛殿复建完成。根据《东大寺造立供养记》记载,建久七年(1196),宋人石工字六郎等 4 人以舶来唐石为石料,雕制了中门石狮子、大佛殿石胁侍 2 尊和天王像 4 尊。②(图 5-2)另据奈良般若寺笠塔婆的铭文,明州石刻匠师伊行末参与了东大寺诸殿石坛的修造,般若寺笠塔婆系伊行末之子伊行吉于 1261 年为其父所立。③ 铭文主要内容识读如下:

> 先考宋人行末者,異朝明州住人也,而来日域経蔵月,即大佛殿石壇、四面廻廊、諸堂垣楊荒無□□,悉毀孤為□□□□□発吾朝,□陳和

---

① 水野敬三郎:《日本彫刻史研究》,中央公論美術出版,1996 年,第 379—380 页;曹厚德、杨古城:《中国铸佛师和日本的大铜佛》,《佛教文化》1991 年第 3 期;路秉杰:《日本东大寺复建与中国匠人陈和卿》,《同济大学学报》(社会科学版)1994 年第 2 期。
② 《新校群書類従》卷第四百卅五《東大寺造立供養記》。相关研究参见:山川均《寧波の石造文化と日本への影響(総論)》,山川均编《寧波と宋風石造文化》,汲古書院,2012 年,第 303—358 页。
③ 刘恒武:《宁波古代对外文化交流——以历史文化遗存为中心》,海洋出版社,2009 年,第 144—145 页。

卿為鑄金銅大仏，以明州伊行末為衆殿□石壇故也。土匪直也，□者也，則於東大寺霊地辺土中得石修造。正元二年七月十一日安然逝去，彼嫡男伊行吉志□三年建立一丈六尺石卒都坡。

图 5-2　东大寺宋匠雕造的石狮
（自摄）

伊行末逝于正元二年（1260），他生前还留下了奈良大藏寺层塔、奈良东大寺法华堂前石灯笼、奈良般若寺层塔等石刻作品。[①]

重源请来的宋人工匠，还参加了重源主持的大阪狭山池改修工程。1993年出土的"重源狭山池碑"记载了建仁二年（1202）修治狭山池的缘起，碑末款字中有"唐人三人之内，大工守保"[②]。（图 5-3）一般认为，这里"唐人三人"与《东大寺造立供养记》的"宋人字六郎等四人"很可能是同一宋人石工群体。[③] 另据《中臣祐定记》宽喜四年（1232）闰九月十一日条记载，奈良春日大社（东大寺附近）水垣的石构为"唐人"所作，但文献未列明姓名。[④] 从石

[①] 山川均：《寧波の石造文化と日本への影響（総論）》，山川均編《寧波と宋風石造文化》，汲古書院，2012年，第303—358頁。

[②] 有学者将碑铭中的"守保"读为"宗保"。参见：服部英雄《重源と中世の開発》，《狭山池シンポジウム2012——ため池築造と偉人》，大阪狭山市教育委員会，2012年，第11—26頁。

[③] 山川均：《寧波の石造文化と日本への影響（総論）》，山川均編《寧波と宋風石造文化》，汲古書院，2012年，第303—358頁。

[④] 《中臣祐定記》寛喜四年閏九月十一日条。

构的年代和地理条件来看,此处的"唐人"有可能是参加了东大寺复建工程的宋人。①

图 5-3　重源狭山池碑碑末款字
(引自服部英雄 2012 年论文)

另外,奈良县宇陀市大野寺摩崖弥勒造像,有"宋人二郎、三郎、五郎、六郎、七郎、八郎"南宋石工六人组参与。② 大野寺摩崖弥勒造像完成于承元元年(1207),雕刻工程年代与东大寺再建时间相近,而且地点与东大寺同属奈良地区,然而,参与大野寺摩崖石刻的石工六人组与东大寺宋人石工之间究竟存在怎样的联系,答案无从查知。

在活跃于日本畿内地区的宋人石工群体中,姓名明确者除了伊行末,还有梁成觉。梁成觉是京都嵯峨野二尊院空公行状碑的雕刻者,空公行状碑雕制于建长五年(1253),石碑形制为宋风,下设覆莲台,碑铭末尾刻"大宋国庆元府打石梁成觉刊"。"庆元府"即宁波,南宋庆元元年(1195)宁波由明州

---

① 冈元智子:《その他の宋人石工の作例》,山川均编《寧波と宋風石造文化》,汲古書院,2012 年,第 63—84 页。
② 古文书《大野寺石仏縁起》文末列有宋人石工名。相关研究参见:冈元智子《その他の宋人石工の作例》,山川均编《寧波と宋風石造文化》,汲古書院,2012 年,第 63—84 页。

改称"庆元"。①

综上所述,以东大寺复建为契机,一批南宋铸造师和石刻工匠东渡日本,他们主要活跃于奈良、京都和大阪一带,为日本带去了南宋先进的铸造技术与高超的石刻工艺。助建东大寺的宋人工匠中,陈和卿是一位颇具个性的人物,他在东大寺工程竣工之后长期居留日本,建保四年(1216)赴镰仓谒见幕府将军源实朝,提议建造大船渡海参礼阿育王寺,得到实朝的支持,翌年大船造成,试航未能遂愿,其后陈和卿不知所终。② 石刻匠师伊行末后来定居日本,其子孙世代以石刻为生,而且自成一派,这就是对日本石刻工艺发展产生深远影响的"伊派石工",留存至今的伊派石刻作品主要分布于京都、奈良以及冈山。③ 活跃于13世纪后半叶至14世纪早期的日本另一著名石工流派——大藏派,也与伊派有着颇深的渊源关系。④

必须指出的是,迄今所知赴日宋人工匠主要活动于日本关西地区(以奈良为中心),与中国交流密切的九州地区几无宋人工匠的行迹,九州现存宋风石刻大都是舶载输日的雕刻成品,从整体到细节、从造型到雕饰均保留着纯粹的宋朝工艺特点,与赴日宋人工匠在奈良及其周边地区完成的带有宋日折中风格的雕像(东大寺南门石狮等)以及日本样式的石作(层塔等)大异其趣。

---

① 鉴于梁成觉将本籍记作"庆元府",近年日本学者倾向于认为他与"明州"伊行末等东大寺宋人石工赴日的缘起及年代并不相同。参见:山川均《寧波の石造文化と日本への影響(総論)》,山川均編《寧波と宋風石造文化》,汲古書院,2012年,第303—358页。
② 《吾妻鏡》建保四年六月十五日条、建保四年十一月二十四日条、建保五年四月十七日条。
③ 刘恒武:《宁波古代对外文化交流——以历史文化遗存为中心》,海洋出版社,2009年,第145—150页。
④ 山川均指出,大藏派可以被归为伊派的支派,但石刻风格与伊派存在明显不同,且活动范围由濑户内海远至关东地区,相比之下,伊派石工行迹主要在关西圈。参见:山川均《奈良と鎌倉——忍性与大藏派石工》,五味文彦編《交流・物流・越境》(中世都市研究11),新人物往来社,2005年,第109—128页。

(三)赴日宋僧

本节第一部分考察旅日宋商之际提到宋禅东渐,宋禅东渐的主导者和引领者主要是两个群体——渡宋日僧、赴日宋僧,以下,我们接着上文继续考察旅日宋人不同群体的脉线,最后介绍一下赴日宋僧。

南宋禅僧赴日弘禅始于13世纪20年代,终于宋元交替之际。主要代表人物有兰溪道隆、兀庵普宁、大休正念、无学祖元等[1]。论及宋僧赴日弘禅之肇始,就必须提到曹洞宗僧侣寂圆。寂圆是天童寺住持长翁如净的弟子,与渡宋日僧道元相识,如净示寂次年(1228),寂圆赴日协助道元布禅,后成为越前(福井县)宝庆寺的开山。其法嗣义云曾任日本曹洞宗本山永平寺的第五代住持,光大了寂圆派门流。[2]

自13世纪中期起,赴日宋僧才真正受到日本武家上层势力的青睐,这一转变的发生,很大程度上应归功于兰溪道隆。兰溪道隆少年时在成都大慈寺出家,青年时游历江南名刹求法,得无明慧性禅师启悟,后在明州天童寺痴绝道冲会下接引学人。南宋淳祐六年(1246),兰溪道隆携弟子义翁绍仁、龙江德宣等到达博多,翌年至京都,住泉涌寺。日本宝治二年(1248),道隆前往镰仓,受到了幕府执权北条时赖的欢迎。次年,时赖发愿创设宋风禅宗道场——建长寺,邀请道隆为初代住持。之后,道隆辗转于京都、甲州、信州等地弘布临济禅,晚年示寂于镰仓。在日本禅宗二十四派中,道隆所开法系为大觉派。[3]

兀庵普宁于南宋景定元年(1260)东渡日本,先住博多圣福寺,不久后应

---

[1] 木宫泰彦的《日中文化交流史》(富山房)第四篇第二章所列《来朝宋僧一览表》列举了南宋赴日僧侣的简要情况。参见:木宫泰彦《日華文化交流史》,富山房,1955年,第388—389页。

[2] 佐藤秀孝:《宝慶寺寂円禅師について》,曹洞宗宗務庁《曹洞宗研究員研究紀要》第18号,1986年。

[3] 关于兰溪道隆在日弘禅的行迹,前注木宫泰彦《日中文化交流史》(富山房,1955年,第383—384页)、杨曾文《日本佛教史》(人民出版社,2008年,第313—329页)已有论述。另外,村井章介指出,幕府以道隆为开山创建长寺在日本中世禅宗史上具有划时代的意义,之后,镰仓成为京都之外又一个禅宗学问中心。参见:村井章介《日本中世の異文化接触》,東京大学出版会,2013年,第220—226页。

辨圆之邀前往京都东福寺说法，继而又受北条时赖之请入住镰仓建长寺。普宁继道隆之后任建长寺住持。日本弘长三年（1263）时赖去世后，普宁受到台密僧徒的排斥，遂于两年后（1265）归国。普宁法系为二十四派之宗觉派。①

南宋咸淳五年（1269），大休正念赴日本镰仓，受到北条时赖嫡长子北条时宗和建长寺住持兰溪道隆的接待。正念先住镰仓禅兴寺，鼓励时宗兴禅护国、建功立业，树立泰然安静、无所畏惧的武家风尚。之后正念先后住建长寺、寿福寺，其间曾为时赖之弟北条宗政等幕府权贵讲禅说法。日本正应二年（1289），正念在寿福寺"藏六庵"圆寂，他所开禅宗流派为大休派。②

无学祖元赴日的这一年（南宋祥兴二年、日本弘安二年，1279），正值南宋覆亡，祖元时年54岁，由于祖元一生大部分时间都生活于宋朝，以遗民身份赴日，故仍可归入渡日宋僧群体。祖元先到九州，后赴镰仓建长寺，时宗以师礼相待。弘安五年（1282）镰仓新创圆觉寺，祖元就任为初代住持。祖元传授禅法的方式亲切耐心，解说透彻，故得名"老婆禅"，深受日本禅林喜爱。祖元在日本开创了"佛光派"，该派直到室町末期都是日本最有影响的法派之一。③

最后补充一点，13世纪上半叶与日本京都僧界有互动交流的不仅限于赴宋日僧。东寺藏《唐本一切经目录》末尾附记云：

> 宽喜二年（庚寅）八月三日，於西山高山寺阿彌陀堂，校勘唐本目錄，委注之畢。重合點矣。

> 宋朝鄞峯城居書生周德榮，於日本國高山寺閼伽井坊，重述此目錄。歲當仁治二年辛丑正月二十七日書寫畢。

---

① 杨曾文：《日本佛教史》，人民出版社，2008年，第330—334页；江静：《日藏宋僧兀庵普宁尺牍四通》，《文献》2013年第6期。
② 江静：《中日文化交流的使者——大休正念》，《法音》2003年第12期；郭万平：《赴日宋僧与忽必烈征日战争》，中国中外关系史学会等编《中外关系史论丛（第19辑）——多元宗教文化视野下的中外关系史》，甘肃人民出版社，2012年，第59—66页；杨曾文：《日本佛教史》，人民出版社，2008年，第334—339页。
③ 江静：《赴日宋僧无学祖元研究》，商务印书馆，2011年；郭万平：《赴日宋僧无学祖元的"老婆禅"》，《佛教文化》2008年第4期。

"郧峰"在今宁波阿育王寺一带,"郧峰城"即庆元(明州),南宋庆元书生周德荣于宽喜二年(1230)在京都高山寺阿弥陀堂校勘了宋版《一切经目录》,仁治二年(1241)又在该寺阏伽井坊重新书写了此目录。京都高山寺是日本真言宗古寺,建永元年(1206)明惠上人入住该寺,改寺名为"高山寺",明惠弟子行辨曾渡宋留学,建保三年(1215)携回宋版《一切经》,推测周德荣很可能是跟随行辨到达日本的。① 周德荣多年寄身高山寺,为该寺校经,自称"居书生",应是一位佛教居士。镰仓时期,留迹于日本本州的赴日宋人以僧侣和工匠为主,周德荣以书生身份长住京都佛寺,确属罕有的例外。

(四)渡宋日僧

关于渡宋日僧,本节前三部分已经提到荣西、重源、道元和圆尔辨圆等人,接下来有必要对渡宋日僧群体做一番全面的考察。北宋时期至南宋早期,受到渡海制的制约,日本僧侣不能自由往来于宋日之间。未申得日廷官方许可而私自渡宋的日僧,被日本史家称为"密航僧",日本延久四年(1072)渡宋的成寻以及永保二年(1082)来华的戒觉即是密航僧,而且他们最终都留宋未归,在华示寂。② 进入12世纪中叶以后,平氏势力抬头,日本对外贸易集中管理体制名实俱亡,渡海制随之瓦解。③ 在这样的历史背景下,以12世纪年代为时代节点,渡宋日僧数量骤增④。12世纪60年代至13世纪70年代的百余年间,渡宋日僧多达119人,以时期计,南宋日僧的来航可以分为3个阶段:(1)12世纪60年代至70年代,主要人物有重源、荣西、觉阿,这一时期渡宋日僧志向不一;(2)12世纪80年代平氏灭亡之后至13世纪50年

---

① 大塚紀弘:《宝篋印塔源流考:図像の伝来と受容をめぐって》,《日本仏教綜合研究》第10卷,2012年。
② 榎本涉:《僧侶と海商たちの東シナ海》,講談社,2010年,第109—124页。
③ 榎本淳一《『小右記』に見える「渡海制」について》,山中裕編《摂関時代と古記録》,吉川弘文館,1991年,第162—189页;榎本涉:《僧侶と海商たちの東シナ海》,講談社,2010年,第136—139页。
④ 木宮泰彦的《日中文化交流史》(富山房)第四篇第二章所列《南宋时代入宋僧一览表》介绍了南宋时期来华日僧的简要情况。参见:木宫泰彦《日华文化交流史》,富山房,1955年,第334—351页。

代,就这一时期渡宋日僧的修持目标而言,研习宋禅成为主流,代表人物为圆尔辨圆、道元,此外,俊芿及其门下对新义律宗的执着追求也值得关注;(3)13世纪60年代至70年代,兰溪道隆门下临济禅僧在渡宋日僧中占据绝大多数。以下在考察代表人物的基础上对上述百年日僧渡宋的历史脉络做一梳理。

第一阶段日僧渡宋时段比较集中,人数较少,其风潮的开启者是俊乘坊重源。① 如前文所述,重源是12世纪晚期东大寺再建工程的主持者,他曾于日本仁安二年至安元二年(1167—1176)三度往返于宋日。重源在日本初学密教,后师从法然上人专研净土。南宋乾道三年(1167),重源第一次入宋,与荣西一道巡礼了天台山,请回净土五祖像。之后又两次渡宋,其间曾从日本周防(山口)运来木材助建明州阿育王舍利殿。淳熙八年(1181)重源开始受命担任东大寺复建大劝进之职,从中国请来陈和卿、伊行末等能工巧匠,将南宋铸造、石刻以及建筑工艺技术引入日本。② 东大寺复建之际南宋工匠成组赴日,这在古代中日工艺交流史上别无他例。事实上,平安晚期日本雕刻工艺和建筑技术已自成体系,将宋风铜像、石刻与木构的营造法式有机植入日本本土的匠作科典之中绝非易事,重源以开放包容的心态将东大寺变为了一个中日匠师技艺合作、技术交流的平台。

与重源大致同时期渡宋的日僧还有荣西、觉阿等人,由于荣西两次渡宋,跨了两个时段,因此这里先介绍觉阿。南宋乾道六年(1170),觉阿与同门法弟金庆一同渡宋,师从临安灵隐寺住持佛海慧远学禅,但觉阿、金庆两人归国之后依附旧宗势力,并未独自开创禅寺、组织教团,在宋禅东渐史上影响甚微。这是时代使然。当时日本社会传布宋禅的基础非常薄弱,12世纪70年代之前宋禅的受众仅限于九州北部的在日宋人社群。

论及宋禅东渐的肇始,必须提及荣西渡宋,本节第一部分已阐述了荣西与博多纲首的密切关系。荣西最初在比叡山修习天台教学,日本仁安三年(1168)他首次入宋的初衷并非习禅,但在参礼天台山、阿育王山期间他开始

---

① 目前有关重源生平及其贡献最为详尽的研究成果,首推日本学者小林刚的专著。参见:小林刚《俊乘房重源の研究》,有隣堂,1980年。
② 刘恒武:《宁波古代对外文化交流——以历史文化遗存为中心》,海洋出版社,2009年,第165页。

对禅宗产生兴趣。归国之后,荣西深感日本天台旧宗耽于利权之争、了无精进之志,认为欲振台教必先兴禅。

第二阶段始于12世纪80年代。这是日本历史上的一个变革期,随着平氏覆亡、幕府建立,日本社会逐步迎来一个崭新的纪元,面对武家势力的崛起,日本佛教界必须进行相应的变革与重组。此即是第二阶段日僧渡宋风潮发生的历史背景,荣西第二次渡宋的年代就在这一时段。

日本文治三年(1187),荣西再度入宋,留华4年之久,参得临济禅而归。建久二年(1191)年归国后,在九州北部脊振山移植中国茶种,先后创建博多圣福寺、镰仓寿福寺、京都建仁寺,建久九年(1198)完成《兴禅护国论》,希望借此赢得幕府和朝廷对禅宗的认可与支持。荣西在他所创建的禅寺中并不急于系统导入宋式禅林规制,而是采用一种新旧折中的办法教导僧众,倡导所谓"兼修禅"来拓展布禅空间。① 荣西的这一做法达到了与旧势力调和的目的,其晚年受到日廷重用,继重源之后接任东大寺劝进职。荣西还撰有《喫茶养生记》,促进了南宋茶文化在日本的传播。②

12世纪晚期,与荣西一道推动禅宗在日弘布的另一重要人物是大日能忍。③ 能忍是日本禅宗达摩派创始人,他自己并未到过中国,住摄津三宝寺传习禅法,为了在日本宣明达摩宗的正统性,文治五年(1189)派遣弟子练中、胜辨渡宋向阿育王德光大师奉上书信、赠礼及撰述,德光则以嗣书、法衣和自赞达摩像等物回赠。④ 建久五年(1194),达摩宗的布教活动因受到比叡山僧众的压制而一度停顿。基于达摩宗教团的教训,荣西及其弟子开始采取一种灵活变通的方式传布禅宗。

在能忍两弟子渡宋之后,又有俊芿及其从僧安秀、长贺登舶来华,他们是日本渡宋律僧的先行者。俊芿少年时期学习天台、真言教义,27岁以后往返于京都和奈良之间研究戒律。南宋庆元五年(1199),俊芿偕从僧入宋,先

---

① 刘恒武、庞超:《试论荣西、道元著作对〈禅苑清规〉的参鉴——兼论南宋禅林清规的越海东传》,《宁波大学学报》(人文科学版)2018年第6期。
② 方健:《日僧荣西〈喫茶养生记〉研究》,《农业考古》2003年第4期。
③ 张文良:《日本的达磨宗与中国禅宗》,《佛学研究》2007年刊。
④ 刘恒武:《宁波古代对外文化交流——以历史文化遗存为中心》,海洋出版社,2009年,第99—100页。

后住明州雪窦寺、临安径山寺、明州景福寺、临安下天竺寺等寺院,在宋修行13载,兼修律、禅、天台诸宗,以律宗为主。在华期间,俊芿广搜佛儒道典籍、字画,在他携回日本的绘画作品中,《南山律师道宣像》《大智律师元照像》两幅高僧肖像画弥足珍贵,画上有俊芿请明州大文人楼钥题写的赞文。① 嘉定四年(1211),俊芿取道明州归国,嘉定六年(1213)入住京都东山仙游寺(后更名为泉涌寺),并将之扩建为律宗道场。日本安贞元年(1227)俊芿圆寂,其位于泉涌寺的祖师墓塔(无缝塔)造型风格与南宋无缝塔完全一致。②

13世纪初叶至中叶,禅宗在日本的影响力迅速扩大,以习禅为目的的渡宋日僧数量骤增,与禅门弟子一道接踵渡航的还有少数律僧。③ 其中,希玄道元和圆尔辨圆在日本禅宗史上留下了浓墨重彩的篇章。

道元出身贵族之家,少年时在比叡山出家,后入荣西之门,贞应二年(1223)与法兄明全一起渡宋,师从天童寺长翁如净习得曹洞禅真要。④ 安贞元年(1227)归国之后,道元以宁波天童寺为样板在越前吉祥山创建了永平寺,撰写《永平清规》《正眼法藏》等著作,以宋式禅林规制管理寺院、培养僧众。此外,道元还撰有《典座教训》,记录了他在庆元码头邂逅阿育王寺老典座的一段趣事,以公案式的书写笔调揭示了宋禅的妙义。相比于荣西,道元在日本的布禅活动更具有理想主义精神,他摒弃荣西的兼修禅,提倡"纯粹禅",拒绝向旧宗保守势力妥协。道元所做出的努力逐渐展现出成效,这为13世纪中叶以后兰溪道隆等宋僧在镰仓大力推广纯粹禅奠定了基础。道元一生与权门势要保持距离,恪守自己的信念,成为日本禅宗曹洞派的开宗祖师。⑤

---

① 刘恒武:《宁波古代对外文化交流——以历史文化遗存为中心》,海洋出版社,2009年,第96—99页。
② 大江绫子:《泉涌寺開山無縫塔》,山川均编《寧波と宋風石造文化》,汲古書院,2012年,第55—61页。
③ 榎本涉指出,13世纪上半叶出现了3个日僧渡宋的波次:1210—1230年、1230—1240年、1240—1250年。3个波次中最为引人注目的群体依次为:荣西门下弟子、俊芿门下弟子、辨圆门下弟子。参见:榎本涉《僧侶と海商たちの東シナ海》,講談社,2010年,第154页。
④ 宋立道:《如净、道元曹洞禅法蠡测》,《佛学研究》2014年刊。
⑤ 王颂:《道元与曹洞宗:禅的本土化发展》,《佛学研究》2013年刊。

第五章　宋日之间人的移动与佛教石刻的输出

　　辨圆是博多承天寺的开山祖师，前文已经阐述了他与博多纲首的密切关系。辨圆最初修习天台教学，之后师事荣西两弟子释圆荣朝和退耕行勇精研禅旨。嘉祯元年(1235)辨圆与神子荣尊同船入宋，历访天童、净慈、灵隐等禅寺，拜见痴绝道冲、笑翁妙勘等高师，最后登径山成为无准师范门下法嗣。[①]　仁治二年(1241)归国之后，辨圆在谢国明等博多纲首的支持下创建博多承天寺，不久应九条道家之邀前往京都，继而接受北条时赖的皈依，同时受到公武两方权要的礼敬。建长七年(1255)成为东福寺开山，文永六年(1269)任东大寺大劝进，示寂之后被赐号"圣一国师"，辨圆在日本所开禅宗流派被称为"东福寺派"，弘传中国杨岐派禅法。[②]　辨圆归国时携回大量中国释儒典籍以及名刹碑拓，其中，出自阿育王寺和天童寺的一批宋代碑刻拓片尤为珍贵。后来这批珍贵文献被寄藏于东福寺普门院，供门下弟子观阅，成为日本五山文化的重要资源。

　　辨圆门下俊彦辈出，其中不少弟子沿循辨圆的足迹来华修禅，早期渡宋者以悟空敬念为代表，晚期以无象静照为代表。悟空敬念渡宋的时间在辨圆归国后不久，为日本仁治、宽元之交(1241—1245)，敬念在宋期间住于径山寺，随无准师范的日本弟子妙见道祐习禅，成为无准师范的法孙。归国后，敬念在博多承天寺附近结庵传禅，而此时承天寺已发展为辨圆门下弟子在北九州的据点。之后，敬念与弟子东岩慧安历访京都、镰仓的禅刹，开京都福田庵，晚年回到九州，在首罗山(福冈糟屋郡久山町)圆寂。[③]　无象静照于建长四年(1252)入宋，拜入径山石溪心月禅师会下，巡礼阿育王、天台山，

[①] 冯学成：《无准师范和圆尔辨圆的交往——中日文化交流史上的美妙乐章》，《文史杂志》1990年第6期。

[②] 杨玉飞、张文良：《杨岐派在日本的传播——以圆尔辨圆的思想和实践为中心》，《世界宗教研究》2019年第6期。

[③] 如前章所述，在悟空敬念晚年所住的首罗山，发现有萨摩塔两尊、宋风石狮一对以及带有墨书宋人姓名的经筒，这些出土遗物表明该地与博多宋人社群有着密切联系。萨摩塔和石狮资料前章已详细述介。墨书宋人姓名经筒资料参见：桃木祐輔《首羅山遺跡の白山神社経塚について》，久山町教育委員会編《首羅山遺跡発掘調査報告書》(久山町文化財調査報告第16集)，久山町教育委員会，2012年，第169—181页。关于悟空敬念生平及其在北九州的行迹，参见：伊藤幸司《悟空敬念とその時代》，久山町教育委員会編《首羅山遺跡発掘調査報告書》(久山町文化財調査報告第16集)，久山町教育委員会，2012年，第219—228页。

归国后历住京都佛心寺、博多圣福寺,晚年住持镰仓净智寺。①

　　13世纪上半叶入宋的日僧,以荣西、辨圆门下禅宗弟子为主,同时也有少数俊芿泉涌寺律宗僧侣与禅僧并肩而行。建保五年(1217),俊芿派思齐、幸命两弟子携法砺律师所撰四分律疏及一些礼物,从博多出发前往南宋,结果在海上遇难。② 之后,俊芿弟子闻阳湛海于日本嘉祯三年(1237)和宝治年间(1247—1249)两次入宋,游历两浙律院及禅寺,为泉涌寺请回杨贵妃观音像、韦陀天像、月盖长者像等南宋佛教雕刻,这些雕像被泉涌寺作为至宝珍藏至今。③ 历仁元年(1238),俊芿的法孙明观智镜浮海入宋,在中国结识了兰溪道隆,劝说道隆前往日本。智镜归国后先住泉涌寺,继而移入泉涌寺下属的来迎院。南宋淳祐六年(1246),道隆与弟子们到达日本,最初寄寓的寺院即来迎院。道隆一行在智镜帮助下适应了日本生活之后,受北条时赖之邀前往镰仓传禅。由此可见,尽管俊芿一门的入宋僧主修律宗,但其对南宋禅宗及禅僧亦抱有好感。事实上,俊芿自身也曾在明州雪窦寺和临安径山寺学禅。宋禅强调恪守清规,这与律宗对佛门戒律的重视是一致的,可以肯定,临济、曹洞两派的入宋禅僧和俊芿一门的入宋律僧保持着相互支持、协助的关系。

　　第三阶段为13世纪60年代至70年代,这一阶段与第二阶段很难做明确的切分,或可并为一个阶段。这里之所以将之单独分为一个阶段,是因为随着13世纪中叶宋僧赴日,日本禅宗进入了一个新的发展阶段,以兰溪道隆为代表的赴日宋僧,并无对日本本土旧宗的忌惮,以一种质朴而理想的心态主持禅寺,大力弘传宋式纯粹禅,吸引了不少日僧追随。13世纪60年代至70年代的渡宋日僧中,优秀者大多是道隆门徒或曾受教于道隆。以下择其中代表人物做一介绍。

---

① 江静:《宋僧石溪心月与日僧无象静照交往考》,《浙江工商大学学报》2015年第1期;江静:《日僧无象静照在浙行迹考略》,《延边大学学报》(社会科学版)2013年第2期。
② 《泉涌寺不可弃法师传》建保五年春条,佛书刊行会编《游方传丛书》第三(日本佛教全书),第一书房,1979年,第528页。
③ 水野敬三郎:《日本彫刻史研究》,中央公论美术出版,1996年,第384—385页;藤冈穣:《鎌倉彫刻における宋代美術の受容》,東アジア美術文化交流研究会編《寧波美術と海域交流》,中国书店,2009年,第62—64页。

第五章　宋日之间人的移动与佛教石刻的输出

南浦绍明,圆尔辨圆之甥,入道隆会下习临济禅。日本正元元年(1259)入宋至临安净慈寺谒见虚堂智愚,后随虚堂移住径山,遂嗣虚堂禅法。① 临别之际,虚堂向绍明赠送的诗偈《日多之记》和虚堂等43位名僧的诗文集《一帆风》,见证了师生两人的深情厚谊。② 文永四年(1267)归国,历住筑前兴德寺、崇福寺传禅30余年,后移住京都万寿寺,为公家贵族说禅。又赴镰仓接受北条贞时的皈依,任建长寺住持。延庆元年(1308)圆寂后,后宇多法皇赐号"圆通大应国师"。弟子将绍明所述禅要编为《大应国师语录》。南浦绍明法脉被京都大德寺派和妙心寺派继承,至今生生不息。另外,在日本茶道的发展史上,大德寺禅法也发挥了重要作用。

直翁智侃,最初显密兼修,之后拜于道隆会下习禅。日本弘长年间(1261—1264)入宋,归国后转投东福寺辨圆门下,成为辨圆的法嗣,之后住博多承天寺、开丰后(九州大分县)万寿寺,最终继任东福寺住持,谥号佛印禅师。

约翁德俭,受戒于奈良东大寺,师事兰溪道隆。日本文永年间(1264—1275)旅宋学禅8年,返日后创建镰仓长胜寺,之后历任京都建仁寺、南禅寺住持。谥号"佛灯大光禅师",撰述汇编为《佛灯国师语录》。

桃溪德悟,初学密教,后随道隆修持临济禅。在日本禅宗史上,桃溪的名字是与赴日宋僧无学祖元联系在一起的。桃溪渡宋年代不详,南宋祥兴二年(1279)陪同无学祖元抵达日本。之后辅助祖元住持镰仓建长寺、圆觉寺,继而住持博多圣福寺。在长期弘禅的过程中,桃溪声名渐著,返回镰仓住圆觉寺,虎关师錬、梦窗疏石等新一代名僧都曾受业于桃溪会下。

以上是南宋时期日僧渡宋的历史实态,北宋与南宋两个时期的渡宋日僧表现出不同特点。

第一,就北宋与南宋来华日僧的系出宗派而言,北宋时期来华的日僧,除了奝然为东大寺三论宗(日本南都六宗之一)僧侣,其他诸僧如源信门下

---

① 郭万平:《日僧南浦绍明与径山禅茶文化》,《浙江工商大学学报》2008年第2期;崔会杰:《南宋径山参学日僧考》,《外文研究》2019年第1期。
② 陈捷:《日本入宋僧南浦绍明与宋僧诗集〈一帆风〉》,《中国典籍与文化论丛》第9辑,北京大学出版社,2007年。

弟子(寂照、念救)以及密航渡宋的成寻、戒觉等都是日本天台僧侣。与之不同,南宋时期(主要是12世纪中期以后)最初来华的僧侣,除了净土宗重源,其他诸僧最初虽有修习天台宗的经验,但之后大都改归别宗或另立新派。其中,荣西成为日本禅宗临济派之祖,俊芿致力于律宗的复兴。后来入宋的日僧大部分是临济派禅僧,少数为律僧。

第二,就两宋时期来华日僧的渡航目的而论,北宋时期自行率从僧来华的日僧,以巡礼天台山、五台山为主要目的,这一时期最著名的日本入宋僧奝然、成寻都是巡礼僧。另外,奉师尊之命入宋的源信弟子寂照等人,则是带着佛学问题前往特定寺院(明州延庆寺)求教的请益僧。因此,北宋时期中日佛教交流的规模与内容都非常有限。到了南宋时期,特别是12世纪80年代日本一侧平氏覆亡之后,学禅成为大多数渡宋日僧(荣西、辨圆、道元及其弟子)的理想目标,另有少数僧侣(主要是俊芿及其门下)来华修习新义律宗,该时期来华的日本僧侣与赴日宋僧一道将南宋禅宗精神文化与物质文化全面系统地植入日本。① 在此,需要补充的是,南宋时期中国北方为金政权占领,越境前往五台山巡礼对于入宋日僧而言已无可能,而此时阿育王山信仰开始盛行,天台山—阿育王山—径山成为绝大多数日僧的在华修行轨迹。此外,引领12世纪下半叶日僧入宋风潮的重源,虽未特别关注南宋禅宗的思想与实践,但致力于将宋风佛教建筑样式、雕刻艺术引入日本,客观上促进了南宋佛教文化的东传。

第三,两个时期的入宋日僧在华所获待遇不同。北宋时期渡宋日僧,尤其是奝然、成寻和戒觉等巡礼僧,均得以谒见宋朝皇帝,并获赐紫衣,还从宋朝官方得到了旅费和生活费。北宋一侧并不查问入宋日僧是否持有日本官方许可,一概视为来朝宾客,而且将奝然、寂照、成寻等人载入《宋史·日本国传》。入宋日僧接受的准朝贡使的礼遇,对于北宋朝廷而言只是柔远理念的实践而已。然而,到了南宋时期,偏安一隅的宋廷已然放弃了对华夷秩序的执念,转而秉持一种务实的对外交涉方针。在这种情况下,以重源、荣西为先导的入宋日僧,无一人得到南宋皇帝的接见和赏赐,文献中亦无他们接

---

① 草野显之:《中日佛教交流史——从日本古代末期至中世前期的情形》,李贺敏译,《佛学研究》2015年刊。

受南宋官方经济照顾的记录。可以说,南宋时期的日本入宋僧属于自助、自费学僧的性质。

第四,两个时期的入宋日僧在华生活模式不同。北宋时期来华的日本巡礼僧,以旅行生活为主,从江南到中原,沿途寄宿于寺院或驿舍,受到民间与官方的接待。与之不同,南宋时期的入宋日僧,留宋多年者甚众,例如道元在宋4年,辨圆更是长达6年。他们大多常住南宋寺院,拜入名师门下,与宋僧同吃同住、一起修行,恪守宋式禅林清规,完全按照南宋丛林的行为守则规范自己的言行举止,禅僧还要由师尊授予传承法脉的印可,成为师门宗系的法嗣。因此,南宋时期的日本入宋僧,在宋地佛寺践行的是一种沉浸式的修行生活模式。

第五,北宋时期的入宋日僧,归国之后与往返于两国之间的宋人互动较少。南宋时期的入宋僧,尤其是渡宋习禅的僧侣,返日之后仍与旅日宋人社群保持着密切的关系,例如,荣西与辨圆先后借助博多纲首的力量,在博多创建了圣福寺和承天寺。辨圆及其从僧与在日和来日的宋人过从频密,兰溪道隆等宋僧到达日本之后,辨圆给了他多方面的关照。之后,辨圆弟子悟空敬念以及道隆诸弟子长期在九州北部福冈一带弘禅,无疑依托了当地宋人群体的支持。① 净土宗僧侣重源三度往返于日宋之间,均是在博多纲首的帮助下得以成行,重源主持东大寺再建工程期间招请了一批优秀的南宋工匠,其中伊行末等人留居日本,成为在日宋人群体新的成员。律僧明观智镜则促动了兰溪道隆的赴日,在道隆抵达日本之后,智镜又为其安排食宿,兰溪道隆成为宋僧赴日风潮的开启者,智镜在其中功不可没。在入宋僧帮助下赴日的南宋工匠和僧侣,不仅扩大了旅日宋人群体的规模,而且丰富了这个群体的身份结构。

---

① 如前章所述,在悟空敬念晚年所住首罗山(福冈糟屋郡久山町)和南浦绍明归国后长住的兴德寺(福冈姪浜),都发现了舶载输日南宋石刻以及其他海域交流遗物,证明了两寺与博多宋人的密切关系。

四　宋作佛教石刻的对日输出

本章前三节主要论述了宋日之间"人"的往来，本节将着眼于"物"的移动。事实上，物品自身无法移动，物流的背后必然有人的活动，因此，前三节已为本节的历史叙事做了铺垫。首先必须指出，本节有关海域物流的考察，聚焦于舶载佛教石刻类遗存，也即仍然紧扣这一贯穿全书的主题。

佛教文物的对日舶出，在唐代就已开始。前节曾提到，晚唐时期圆珍归国之际带回两部（胎藏界、金刚界）曼荼罗像。另外，唐大中十三年（859）日僧惠萼试图将来自五台山的观音圣像舶回日本，但因未能遂愿而留之于普陀；北宋时期，奝然返回日本时，带回旃檀释迦瑞像、十六罗汉绘像等佛教雕刻及绘画，供置于京都清凉寺；到了南宋时期，入宋日僧众多，他们从中国携回了大量的佛教美术品。重源带回日本的佛教造像与绘画包括：观音菩萨像、大势至菩萨像各一尊，《十六罗汉图》一套、净土五祖画像一幅。俊芿归国时带回《南山律师道宣像》《大智律师元照像》两幅高僧肖像画、《十六罗汉图》两套32幅以及水墨《罗汉图》18幅，其弟子湛海更是为泉涌寺舶回了杨贵妃观音像、韦陀天像、月盖长者像等南宋佛教雕刻。达摩宗弟子练中、胜辨渡宋携回阿育王寺德光大师题赞达摩像。[①]圆尔辨圆则将一批阿育王寺和天童寺的宋代碑刻拓本带回日本，藏于东福寺普门院。

古代中国舶出到日本的佛教石刻文物大都是南宋时期的作品，应该说，它们属于宋代输日佛教文物的一个特殊品类。相比于佛画、拓本以及木雕，诸如萨摩塔、经碑之类佛教石刻重量较大，靠岸卸载之后不易二次移动，很难在宗教设施、个人居所之间转让流通。那么，宋代佛教石刻输日的时期、背景如何？其用途、订制、舶出、供置等情况又是怎样的呢？下文将逐一进行分析。

---

① 刘恒武：《宁波古代对外文化交流——以历史文化遗存为中心》，海洋出版社，2009年，第99—102页。

（一）宋代佛教石刻输日的历史时期及其背景

阿弥陀经石有"大宋绍熙六年乙卯孟阳日"的纪年铭①，但实际上绍熙六年(1195)并不存在，前文已经提到，阿弥陀经石应制成于绍熙五年(1194)闰十月发诏更改年号之前，而"绍熙六年"铭很可能是石刻基本雕造完成之际镌刻的记录预定交付时间的预刻铭。据此推测，1195年应是经石交付并舶往日本的年份。

接下来的问题是，阿弥陀经石何时、缘何成为宗像大社的所有物？前章已经提到，原田大六认为，建久六年(1195)是宗像前大宫司氏实的"七回忌"，宗像大社为了给氏实祈冥福而纳置了阿弥陀经石。② 氏实(？—1189)曾做过5任宗像大社大宫司，其妻王氏出自旅日宋商之门。由此可以推断，阿弥陀经石很可能是由王氏海商或其亲交纲首在中国专门订制并舶回日本的。另据《宗像军记》的记载，阿弥陀经石是南宋方面作为平重盛赠金的回礼舶载到日本的，但宋使海船到达日本时(1198)，平氏早已覆亡，宋使只能将经石放置在宗像海岸，因此而归宗像大社所有。不过，《宗像军记》成书于江户早期，书中所载阿弥陀经石叙事，与《平家物语》所载平重盛派妙典前往阿育王寺赠金之事一样含有杜撰的成分③，并不能作为历史实录采信。我们认为，阿弥陀经石来自宋商。

迄今尚未发现年代明确早于阿弥陀经石的宋代舶载输日佛教石刻，可以说，阿弥陀经石见证了宋代佛教石刻输出日本的肇始。在此，我们有必要探讨一下12世纪晚期这一历史时段的特殊性。首先，在平清盛大权独揽期间(1160—1181)，平氏大力鼓励宋日贸易，宋钱大量流入日本，旅日宋商的资本实力进一步增强，经营空间得到扩大。同时，博多唐房宋人居住区东扩，宋日混居、通婚，持续推动着在日宋人的本地化。12世纪80年代平氏覆

---

① 静永健：《阿弥陀経石の航路》，東アジア地域間交流研究会編《から船往来——日本を育てたひと・ふね・まち・こころ》，中国書店，2009年，第138—139页。
② 原田大六：《阿弥陀仏経碑の謎——浄土門と宗像大宮司家》，六興出版，1984年，第228—232页。
③ 平重盛派人渡海赠金故事详见：《平家物语》卷第三《金渡》。故事讲的是平重盛派遣船头妙典携黄金渡宋，将其中1000两黄金施赠给了阿育王寺，2000两进献给了南宋皇帝。皇帝甚为感慨，赐阿育王寺田亩500町。《平家物语》成书于13世纪前期，《宗像军记》的阿弥陀经石故事无疑是《金渡》故事的后续。

亡、镰仓幕府建立,经历了日本历史大变局的在日宋商,一方面附寄于九州北部当地权门寺社以保障自身利益,另一方面开始积极协助日僧赴宋习禅学律,借此结交与扶植能够理解南宋文化的新势力。

论及12世纪晚期在日宋人群体的诸种变化,最值得关注的是博多纲首开始以宋人身份领有土地,目前所知最早的宋人受田记录,是《东大寺续要录》所载建久六年(1195)东大寺向博多纲首李宇授赠筑前国(福冈)捧田(供奉田)5町之事。① 尽管博多纲首领有的部分土地仍存在着名义上的上位所有者,其土地领有权在一定程度上是有限的或有条件的,但领有土地意味着在日宋人得以按照自己的意愿建构起与自身的文化传统相匹配的空间场域。

前节已经提到,在日宋人财富的积累和土地权限的扩大,使他们能够在居留地营造宋式宗教设施以承载故国的精神信仰、服务本族群的节俗祭事。不过,这种宗教设施以小规模、小体量的建筑物、构造物、景观以及其他形式的礼仪性空间为主,具体而言应包括:佛堂(由单个或两三个建筑构成)、佛龛(露天单独营造供置)、供养所、祭所、礼拜场或祈福场,等等。类如佛寺的大空间尺度的建筑综合体为数极少,在九州地区,文献可以确证由博多纲首支持营建、以在日宋人为檀越施主的宋风佛寺,只有位于博多唐房附近的圣福寺和承天寺。关于散存于九州北部、西北以及西南各地的萨摩塔、宋风石狮等各类南宋石刻的原初存在状态,的确值得深入思考。结合前章有关宋代输日石刻存置地的考察来看,这些石刻的存置地大致可以分为4类:(1)宋商海船航路沿线的寄泊地。志々伎神社冲之宫大型萨摩塔和宋风石狮、海寺迹萨摩塔和宋风石狮以及志贺岛火焰塚萨摩塔的存置地均属于此类地点,都位于宋舶经行的海上要津②。(2)宋人在日居留地(或贸易地)及其附近。例如,坊津萨摩塔所在的坊津很可能是宋商的交易地。福冈市域内博

---

① 事见:《東大寺續要録》(東大寺原藏)"供養篇末"建久六年三月廿二日"勘賞"。12世纪中期平户苏船头之子十郎连以小值贺岛知行松浦直养子身份继承了松浦的领地,并非以宋人身份获地,故不能被视作宋人在日领有土地的早期事例。
② 志々伎神社冲之宫所在的平户市野子町位于平户岛最西南端,与五岛列岛遥相呼应,是古代中日航线上的极佳停泊地。海寺迹位于平户市田平町,其西侧即平户濑户(平户岛北部与九州本土西北之间的海峡)最狭处,也是今天平户大桥的东端。这里地处平户岛与九州本土之间海上交通的枢纽。志贺岛位于博多湾北端,是玄界滩外海进入博多湾的玄关口。

多坚粕、箱崎等萨摩塔的发现地则应是宋人居留地或领有地①。(3)宋人亲交社群的居住生活地。例如，阿弥陀经石的所藏地宗像大社。②（4）与在日宋人关系密切的寺社。福冈的兴德寺、首罗山均属此类。③ 在这些地点，基本上看不到大量的、连片的宋风地面遗存集群，据此，我们可以推断，这些石刻遗存主要是单独存在或嵌入日式宗教场域的佛教设施遗迹，它们也可与其他南宋器物以及宋式木构组合成体量小、尺度小的佛教景观。那么，此类遗存的功能、用途如何呢？下节将做一探讨。

（二）输日佛教石刻的用途

关于宋风输日石刻的功能、用途，几无文献史料可资考证。我们只能利用石刻铭文，结合石刻与附近其他同期地面遗物的共存关系进行探讨。事实上，现存输日石刻上的铭文十分有限，迄今发现有铭文的输日石刻包括：宗像大社阿弥陀经石、宗像大社宋风石狮（2尊）、太祖神社宋风石狮（1尊，现寄藏于九州国立博物馆、福冈城南区田岛萨摩塔、志々伎神社中宫萨摩塔。

以上石刻中，福冈城南区田岛萨摩塔有中国人名④。太祖神社宋风石狮台座底部有阴刻铭文"□食天仓不食人家/一粒粮急急如律令"⑤（图5-4），铭

---

① 我们推测，九州西南南萨摩地区的坊津是宋船在九州西岸航线的中途贸易地，而且带有隐秘性质，与北九州博多不同。关于这条经由南九州西海岸的航线，本书第六章将做具体论述。坚粕距离博多唐房很近，前节提到，纲首张兴、张英是坚粕西崎领主。箱崎即筥崎，12世纪中叶以降亦可能有宋人或其亲交群体居住，在前章和前节言及的"仁平元年（1151）筥崎博多大追捕"事件中，以"宋人王昇后家"为首的"千六百家资财杂物"遭到抄扣。
② 宗像大宫司家氏实、氏忠父子两代均与宋商联姻，至少自12世纪晚期起宗像宫司家已是与在日宋人群体关系密切的宋日混血家族。
③ 前节已经提到，地处福冈糟屋郡久山町的首罗山，是入宋僧悟空敬念晚年挂锡和圆寂之所。位于福冈姪浜的兴德寺为入宋僧南浦绍明（兰溪道隆和虚堂智愚的弟子）所开创，虽然根据《筑前国续风土记》卷二十记载，现寺址为日本天和二年（1682）新迁，但包括大应国师南浦绍明墓塔在内的寺藏文物都随原寺整体搬来。
④ 这尊萨摩塔系个人藏品，具体铭文不详。
⑤ 井形进：《宗像大社の宋風獅子とその周辺》，《佛教藝術》第283号，2005年，第95—96页；江上智惠：《太祖神社所蔵の大陸系石製香炉》，《九州大学学术情报リポジトリ》，九州大学大学院比较社会文化研究院，2015年，第51页。

文带有中国道教意味。宗像大社两尊宋风石狮铭文内容一致,均刻于石狮背部,铭文分为3行,由右至左依次为"奉施入宗像宫弟/三御前宝前建仁/元年辛酉藤原支房"。(图5-5)"建仁元年"是1201年,"藤原支房"是石狮的施入者,施入场所"宗像宫弟三御前"指的是宗像大社边津宫三社之一的"第三宫"。① 可以推定,宗像大社石狮铭文并非石狮雕造完成之后即时所作,而是舶入日本之后的追刻铭,其中反映的信息是:这对石狮被藤原支房献给了宗像大社边津宫域内的第三宫。根据铭文和现存场所可知,太祖神社和宗像大社宋风石狮最初未必是作为佛教类石作被移置进来的,其被赋予的功能寓意只是一般的镇煞驱邪。然而,从大的时空视角来看,狮子作为佛教护法灵兽的角色是毋庸置疑的,首罗山萨摩塔、海寺迹萨摩塔以及志々伎神社冲之宫萨摩塔均与宋风石狮组合配置,这些圆雕石狮与我国浙闽地区南宋窣堵波石塔须弥座上的浮雕石狮寓意一致。

图5-4　太祖神社宋风石狮台座铭文
（引自江上智惠2015年论文）

图5-5　宗像大社宋风石狮铭文
（引自井形进2005年论文）

宗像大社阿弥陀经石的铭文,基本上能够说明经石的造立目的。首先,经石正面雕刻阿弥陀如来坐像,像上方横刻"南无阿弥陀佛",再上纵刻阿弥陀如来四十八愿文中的第十八、十九、二十愿文。经石背面刻有《佛说阿弥陀经》和《无量寿佛说往生净土咒》全文,经文为工楷字体,自上至下分为4个

---

① 井形進:《宗像大社の宋風獅子とその周辺》,《佛教藝術》第283号,2005年,第84—85页。

区段,每段有 33 竖行,每行 15 字,应为经石原刻铭。① 经石造像和主体铭文的内涵为西方净土信仰。这通经石的功能意义与我国常见的经幢有近似之处,经幢的幢身一般雕刻《陀罗尼经》,亦有刻《金刚经》《般若波罗蜜多心经》《父母恩重经》等其他经文者,幢身上端还镌有题额或愿文,雕造竖立经幢的目的在于,弘扬佛法、建立功德、兴发善信、祈福禳灾。宗像大社阿弥陀经石原刻图像和铭文的主题是西方阿弥陀佛净土信仰,因此,阿弥陀经石应如原田大六所说,最初是宗像大社为了祈祐已逝大宫司氏实往生西方极乐净土而供置的。

除此之外,在阿弥陀经石左侧面,还有氏实之媳张氏(氏忠之妻)所书追刻铭,其镌刻年代为承久二年(1220)。铭文内容如是②:

寄せ奉る、永き世を限り、万雑公事免じて、念仏・香・花・御燈明の料に、離農耕地、鍵の荒沢六段半

右、志は、怨々の霊等後生を弔ひ奉る。前宮司氏実・権大宮司氏忠・氏市・氏貞・高階氏・母王氏、往生極楽のためなり。兼ねては、張氏、現世安穏後生善処、子々孫々安穏のために寄せまいらするなり。父母に孝養の志あらん子々孫々、この旨を違ふべからず。違へん人は不孝の子なり。子々孫々にあらず。後の証文のために、この由を、佛の石に彫りつけさせ給ふべきなり。

承久二年庚辰二月十二日　張氏在判　宗像御御在判

铭文大意为:张氏捐赠耕地、池沼,用于支付念佛、供香、供花以及灯烛之资费。谨此作志,悼念亡灵,祈祷前宮司氏实、夫氏忠(权大宫司)、子氏市与氏贞、高阶氏、母王氏往生极乐净土。愿张氏本人现世安稳、后生善处、子孙安稳。子孙有孝养父母之心者,必应此愿,未应者不孝,非子非孙。为示证后来,特铭石记之。

---

① 原田大六专著和静永健论文收有阿弥陀经石拓本图像。参见:原田大六《阿弥陀仏経碑の謎——净土門と宗像大宮司家》,六興出版,1984 年,第 81 页;静永健《阿弥陀経石の航路》,東アジア地域間交流研究会編《から船往来——日本を育てたひと・ふね・まち・こころ》,中国書店,2009 年,第 143 页。
② 铭文原为假名,此处为了便于理解文义,转写为汉字和假名并用形式。参见:林文理編『「博多綱首」関係史料』,《福岡博物館研究紀要》第 4 号,1994 年,第 84 页。

由此可见，日本承久二年(1220)阿弥陀经石被用来记录了张氏捐献田地用于供佛礼佛之事，同时铭刻了张氏为宗像大社亲属祈福的愿文。铭文内容的结构为：善行功德记录(捐田供佛)＋愿辞(祈已逝亲属往生极乐；祈在世亲属和自己现世安稳、后生善处)＋刻铭年月＋铭主(发愿人)。内容结构相似的铭文亦见于宁波发现的旅日宋人刻石。以张公意刻石为例，其铭文为："建州普城县寄日本国孝男张公意，舍钱十贯明州礼拜路一丈，功德荐亡考张六郎、妣黄氏三娘超升佛界者。"[1] 不过，旅日宋人刻石"铭主＋善行功德(舍钱造路)＋愿辞(祈父母超升佛界)"这样的文式章法与阿弥陀经石略有区别。此外，就石刻自身的性质而言，与阿弥陀经石不同，宁波旅日宋人刻石并非佛教文物。而阿弥陀经石正面有阿弥陀佛浮雕造像，是佛教徒礼拜供养的对象。可以推断，镌刻铭文前后，张氏与族人应举行了阿弥陀经石礼拜仪式。

综上，关于阿弥陀经石的功用，可以从两个方面理解。其一，经石本身的雕造和供置，即有为逝者超度、为生者祈福的意义。其二，置立起来的经石，即为崇信礼敬的对象，同时可以记录信者的捐施奉献以及他们的发念祈愿。

接下来对萨摩塔造刻与供置的目的做一探讨。众所周知，在佛教信仰中，佛塔的营造即是一种至善功德，依照《佛说造塔功德经》，无论所造之塔的体量如何，皆生功德因缘。[2] 另据《右绕佛塔功德经》，绕塔礼拜供养，亦得诸功德。[3] 需要补充指出，个别佛塔的造立，往往有功德回向的特定对象(接受者)，这就必须具体考察。

关于萨摩塔雕造与供置的相关志愿，可资考证的萨摩塔铭文只有志々伎神社中宫萨摩塔须弥座束腰铭文。志々伎神社中宫发现了两尊萨摩塔，一尊须弥座平面为四方形，另一尊须弥座平面呈六边形，后者为带铭萨摩

---

[1] 张公意刻石虽无纪年，但它与同出的丁渊刻石、张宁刻石形制一致，均为上刻铭文、下饰仰莲的配置，铭文记录的功德也均为礼拜路一丈，据此可以推定，该刻石与其他两块年代一致，都是乾道三年(1167)雕制。参见：刘恒武《宁波古代对外文化交流——以历史文化遗存为中心》，海洋出版社，2009年，第118—121页。
[2] 《佛说造塔功德经》，《大正新修大藏经》第十六卷经集部三。
[3] 《右绕佛塔功德经》，《大正新修大藏经》第十六卷经集部三。

塔,塔铭位于须弥座束腰的一个侧面,铭字为"大寶□/真高为现世安宁/后生善处奉献/志自汶峯也/元□三年□八月□/敬白"。内容结构是"铭主＋愿辞＋善行功德＋铭刻年月"。愿文"现世安宁,后生善处"与阿弥陀经石愿文措辞相似,铭文所记功德则是奉献供置此塔于志々伎山。井形进推测,塔铭纪年应是日本"元亨三年",即 1323 年。① 若其推测正确,刻铭已迟至元代,但刻铭亦存在后世追刻的可能性,未必与塔体同时期。不过,无论刻铭是否原刻,其内容都有助于我们理解萨摩塔的功用。根据这段铭文基本可以肯定,制作供置萨摩塔属于一种善行功德,可以借此发愿祈福。

另外,与萨摩塔形制相近的浙闽窣堵波式石塔,也可作为比照资料。镌刻铭文的窣堵波式石塔有:浙江丽水灵鹫寺石塔、浙江瑞安兴福寺石塔、福建泉州开元寺大殿北庭东侧石塔、福建南安五塔岩石塔。以下对相关刻铭进行解读。

浙江丽水灵鹫寺窣堵波式石塔塔铭　丽水灵鹫寺塔系组塔,现存 4 尊石塔年代为南宋嘉定九年至嘉定十一年(1216—1218),均有铭文,铭文为阴刻,都位于椭圆形塔身之下的第三重须弥座束腰上。内容分别如下②:

> 当院徒弟、住持东山多福院比丘师倬,抽施长财,建造七佛宝塔一所。祈福答报四恩,利资三有。嘉定九年岁次丙子十一月朔日谨题。匠者陈喜。
>
> ——1 号塔刻铭

> 处州府郭内住印庵比丘□□住持施财,命工镌造宝塔一座。祈福乞荐先考□承郎□公、先妣□安人陈氏,□□□界。仍报四恩,一切□者。时嘉定十一年戊寅岁。□记。
>
> ——2 号塔刻铭

> 当院徒弟、比丘师栴施长财建塔一座。祈福追悼先考汝南应六承事、先妣□君吴氏,同生净界,永脱轮迴。四恩普报,三有齐资。一切□

---

① 井形進:《薩摩塔の時空と背景》,《デアルテ》第 28 号,2012 年。
② 吴志标:《浙江丽水灵鹫寺石塔》,《东方博物》第 30 辑,浙江大学出版社,2009 年。

亲咸成佛道。时太岁丙子嘉定九年四月十五日谨题。石匠叶成。

——3号塔刻铭

都□上□□李□□□比丘□□□□一座。福报四恩。□□□□□□。旹□□嘉定九年岁次丙子正月日谨题。□□。

——4号塔刻铭

铭辞格式为：铭主＋善行功德＋愿辞＋刻铭年月＋工匠。其中，2号塔和4号塔年月之后铭字莫辨，推测亦为造塔工匠名。4尊塔铭文的铭主（发愿人）皆为比丘；善行功德为捐资造塔；1号和4号塔愿辞与2号、3号塔略有不同，前两者是为四恩三有一切众生祈福，后两者是祈祷父母往生净土，同时资报众生。

浙江瑞安兴福寺窣堵波式石塔塔铭　瑞安兴福寺窣堵波式石塔共7尊，其中现存4件塔身构件发现有刻铭，造刻于南宋宝祐六年至景定四年（1258—1263），其中3件塔身的塔铭尚可辨析，铭文如下①：

将仕郎曹肖嵓妻连氏，法名淑涓，施财建造宝塔，祈福乞忏罪愆，庄严禄寿，求证菩提。旹宋宝祐六年十月朔日谨志。

大金保弟子卓十八、卓才孙、卓七三仝妻张六三娘，谨发心各抽已财□□，命工造此宝塔，祈福□罪除愆，增延寿□。景定癸亥中春吉日谨题者。

信女蔡氏六八娘仝男陈起宗、元善，发心施财，建造宝塔，祈忏罪愆，增延福寿者。宋景定二年二月日立。

另外，清光绪《瑞安县志稿》收录了兴福寺七佛塔中的2段塔铭：

高楼里林元同妻吴九娘、前湖杨安、存凤陈□□□□彭永□，发心造此宝塔，祈忏罪□，庄严福寿，□证菩提音。宋宝祐六年十月朔日谨志。

---

① 叶挺铸：《宋兴福寺七佛塔考略》，《东方博物》第38辑，浙江大学出版社，2011年。

高楼里信士陈庆国妻□、屿后保陈氏宜映、大金保信女赵十八娘,同心造此宝塔,庄严福□□咸就菩提者。

以上5段塔铭除最后1段刻铭缺年月之外,其余的格式均为:铭主+善行功德+愿辞+刻铭年月。铭主或为一人,或为数人;善行功德为施财造塔;愿辞是为自身忏罪祈福。

福建泉州开元寺大殿北庭东侧窣堵波式石塔塔铭　泉州开元寺大殿北庭有2尊窣堵波式石塔,年代为嘉定辛未年(1211),其中东侧石塔留有铭文,铭文刻于塔身背面,排列为4行,由右至左竖行书写,其内容为:"奉三宝信士刘大亨命工建造宝塔二座,用荐□二亲,资超□界。时嘉定辛未正月吉日谨题。"①塔铭格式为:铭主+善行功德+愿辞+刻铭年月。善行功德为命工建塔;愿辞是祈双亲超升佛界。

福建南安五塔岩窣堵波式石塔塔铭　南安五塔岩窣堵波式石塔为组塔,雕造时间应大致同于南宋岩寺营建年代——南宋咸淳六年(1270)。5尊石塔的下重须弥座束腰刻有铭文,但文字大都漫漶莫辨。不过,北起第四塔(4号塔)须弥座束腰刻铭较为清晰,自右向左合计纵书8行铭文,每行6字。右起第1、2行已无法辨识,第3行下端可辨"艮二分"三字,再向左5行铭文依次为:"□□婵李玄吉";"□□奶真济境";"陈小媛(嬛)陈小娘";"王善境郭玄诚";"俱各给艮一分"。据此可知,前数行为人名,每行两个人名,末行为每人捐施份额。②　那么,铭文格式为:铭主+善行功德。铭主为数位施捐人,善行功德为向龙水岩寺(5尊窣堵波石塔所在地)捐献山地,铭文无愿辞,但树立捐地功德的目的在于祈求佛祖庇佑,这是不言而喻的。龙水岩寺附近岩壁上南宋咸淳庚午年(1270)摩崖石刻可资比照,这处石刻记录了寺院建成之初信士捐献田园的史实,刻铭内容为:"龙水岩伏承　漳州龙溪县中栅保信士高钺、高应溥同发愿心,喜舍梯己田园、海埭、山林,永充常住斋粮、香灯用资恩有者。岩圣宋咸淳庚午良月日住山释绍卢谨志。"铭文格式为:铭主+善行功德+愿辞+刻铭年月+书铭人。铭主即两位发愿者,善行功

---

① 方拥:《闽东南沿海小型石塔幢》,《华侨大学学报》(自然科学版)1993年第2期。
② 曾文国:《泉州宋代五塔岩佛教遗存探析》,《福建文博》2016年第2期。

德为捐献农田山林给龙水岩寺,愿辞十分简洁,是祈愿以此功德利资四恩三有一切众生。

除了上述窣堵波式石塔的铭文,以下择录若干浙闽地区现存宝箧印塔的塔铭作为参照。

泉州开元寺大殿月台下东侧宝箧印塔铭文　这尊宝箧印塔的铭文刻于须弥座上,内容为:"右南厢梁安家室柳三娘舍银造宝塔二座,同祈平安。绍兴乙丑七月题。"①铭文格式为:铭主＋功德善行＋愿辞＋刻铭年月。铭主即发愿人柳三娘,功德为舍银造塔,愿辞是祈愿众生平安,铭文刻于南宋绍兴乙丑年(1145)。

泉州洛阳桥中段宝箧印塔铭文　洛阳桥中段宝箧印塔造立于北宋嘉祐四年(1059),铭文刻于塔身。其中,西北向水一侧铭文为竖刻,位于雕像两侧,铭曰"月光菩萨,己亥岁造";西南侧铭文为"诸佛出世,欲令众生,开示悟入佛之知见,使得清净";东北侧铭文为"涅槃经偈,诸行无常,是生灭生,生灭灭已,已灭为乐,□住三宝"。② 西北侧铭文记录了塔身菩萨造像名称和造塔年份,己亥即北宋嘉祐四年(1059),其余两侧铭文为弘法经偈。

浙江永嘉霄梵寺出土宝箧印石塔铭文　永嘉霄梵寺出土的石造宝箧印塔,被文物调查报告称为"阿育王塔",年代为北宋大中祥符二年(1009),铭文刻于塔身,内容如下③:

大宋温州永嘉县三□乡三舟里山门保清信弟子(余字漫漶)

考三十一郎、妣翁四十七娘、三弟、九郎、十一郎、三外大郎、外姑(余字漫漶)

四恩三有、久逝亲缘并外婆孙二十娘,造此石塔一所,在宣教院永充供养。

大中祥符二年己酉三月　日记 妻叶九娘,男赡公、暖公、程公、会公,女陈九娘、黄一娘、

---

① 方拥、杨昌鸣:《闽南小型石构佛塔与经幢》,《古建园林技术》1993年第4期。
② 方拥:《闽东南沿海小型石塔幢》,《华侨大学学报》(自然科学版)1993年第2期。
③ 潘浩:《永嘉霄梵寺出土的北宋大中祥符二年(1009)石阿育王塔》,《东方博物》第53辑,浙江大学出版社,2015年。

霍二娘,孙子公应

勾当知院事僧遇明、刊石刘俊

由于部分铭字漫漶莫辨,只能大致推测铭文格式为:铭主(愿主)+功德受益者+功德善行+刻铭年月+共施善行者+工匠。其中,铭主(愿主)姓名不辨,功德受益者为铭主亲眷以及四恩三有和久逝亲缘。共施善行者即其他捐资造塔人,主要为铭主亲属和寺僧遇明。可以推断,塔铭附记的其他捐助人也是宝箧印塔开光供养仪式的参加者。文物报告还从何白《汲古堂续集》卷十二《塔研铭》中摘录了另一尊温州阿育王石塔的塔铭作为参照。这段塔铭云"右厢监前界永安坊杨正言,舍钱造阿育宝塔一所,奉荐先考杨廿三郎、先妣张氏,凡同生净土"①。铭文格式为:铭主+善行功德+愿辞。善行功德是舍钱造塔,愿辞是祈父母同生净土。

比较以上浙闽窣堵波式石塔和宝箧印石塔的铭文可知,其基本格式为:铭主+善行功德+愿辞+刻铭年月。当然,一些石塔的铭文在此基本范式上有增有减。铭文内容大都是铭主(愿主)捐资造塔,祈愿自己、亲眷及众生现世平安增福、往生极乐净土。在铭文格式和内容上,窣堵波式石塔和宝箧印石塔基本一致,唯洛阳桥中段宝箧印塔的塔身铭文为简短经偈,因此可以说,宋人造立与供养窣堵波式石塔和宝箧印石塔的动机和初衷大致相同,石塔形制与类型的选择并不具有特别重要的意义,雕造、礼拜石塔的意义在于这种活动本身被佛经赋予了树立功德的性质。进一步讲,萨摩塔、层塔等九州现存南宋舶载输日石塔的造立与供置也是如此,志々伎神社中宫萨摩塔"铭主+愿辞+善行功德+铭刻年月"这样的铭文格式以及措辞与浙闽窣堵波式石塔和宝箧印石塔的铭文非常相似,可以推断,其他无铭舶载输日石塔造立和供养的目的也都在于:以造塔功德祈愿己身、亲眷以及众生获得佛祖庇佑。

需要补充指出的是,浙闽窣堵波式石塔以五尊一列、七尊一列的组塔为主流,前者为"五佛塔",后者为"七佛塔"。五佛又名"五方佛",即中央毗卢遮那佛(大日如来)、东方阿閦佛(不动如来)、南方宝生佛(宝胜如来)、西方

---

① 潘浩:《永嘉霄梵寺出土的北宋大中祥符二年(1009)石阿育王塔》,《东方博物》第53辑,浙江大学出版社,2015年;何白:《何白集》,沈供保点校,上海社会科学院出版社,2006年,第752页。

阿弥陀佛（甘露王如来）、北方不空成就佛（释迦佛）。① 七佛是指"过去七佛"，即毗婆尸佛、尸弃佛、毗舍婆佛、拘留孙佛、拘那含佛、迦叶佛、释迦佛。② 五佛塔和七佛塔分别象征五方佛和过去七佛，是五佛信仰和七佛信仰的物化具现。九州现存萨摩塔大多为对塔或单塔，塔身佛像应与浙闽五佛塔、七佛塔有所不同，其背后关联的崇信内涵也有区别。尽管如此，我们认为，在石塔造立与供置的初衷与目的上，这两种形制近似的石塔仍是一致的。

以上，根据铭文的解读和比较，我们可以获得对包括萨摩塔、层塔在内的输日宋风石塔相关叙事的一般性认识，然而，一般性之外的特殊个例也应存在，特别是石塔造立的具体愿念必定各不相同。例如，现存的志々伎神社冲之宫、海寺迹、志贺岛、坊津等海路要津的萨摩塔，也很可能带有祈祐航海平安的意味与内涵。由于绝大多数输日宋风石塔相关供养礼拜仪式中的愿辞未以刻铭形式留存，故此，在肯定其成就功德、礼佛祈愿的前提下，还需对石塔置立者和礼拜者的具体思想与信仰做进一步探讨。

（三）输日佛教石刻的需求与舶出③

根据本节第一部分的分析，基本上可以推定，舶载输日佛教石刻的使用者是在日宋人及其亲交社群。所谓宋人的"亲交社群"包括与宋人通婚联姻的日本家族、与宋人交往密切的日本僧俗群体，前者的代表是12世纪晚期至13世纪的宗像大宫司家族，后者以日本入宋僧为主，但也包括诸如筥崎宫、大山寺、观世音寺等长期参与中日交流的寺社的所属人员。本节第二部分结合浙闽同类石刻资料，分析了输日佛教石刻置立供养的目的与动机。在此，仍存在着一个疑问：若是出于礼佛祈愿的目的，供置日式石刻亦可，而且更为简便，为何在日宋人及其亲交社群要特意选用南宋制作的佛教石刻？实际上，即便仅就在日宋人而论，他们的宗教活动也是在日式木构、石构以及器物为主的礼仪空间中进行的，其本地亲交社群更是如此。这是因为他

---

① 苏义惠：《平阳栖真寺宋代五佛塔》，《东方博物》第48辑，浙江大学出版社，2013年。
② 叶挺铸：《宋兴福寺七佛塔考略》，《东方博物》第38辑，浙江大学出版社，2011年。
③ 如前文所述，宋代输日石刻主要为南宋石刻作品，故而本部分探讨的历史时段明确为南宋。

第五章　宋日之间人的移动与佛教石刻的输出　293

们的物质与精神生活已沉浸于本地文化环境之中。诚然,如本节第一部分所述,12世纪晚期以降,随着财力的增强、土地领有权(无论是有限的抑或是有条件的)的取得,在日宋人确在努力营造与本族文化相匹配的信仰载体——宋式宗教设施,但是:囿于空间场域,这类营造只能于当地市町的一隅或边缘地带完成;碍于建造资源(物料、工匠、技术),这种建设很难以纯宋制的方式实现。

根据输日佛教石刻的体量尺寸来看,这些石作舶入日本之后,可能的存在形态有二:其一,作为佛教设施的宋风构成元素;其二,不同类别的宋制石作配组为小型礼仪性场域(祈愿场/礼拜所),当然,这样的场域也不可能脱离当地景观(人文/自然)的底衬。对于在日宋人而言,在自建的佛教建筑物或构造物中,嵌入舶来石刻这样的宋风要素,已然是一种精神慰藉;以舶来石刻组合为视觉辨识度更高的宋风礼佛空间,则更能满足在日宋人体验宋式佛教行事的需求。对于返日入宋僧,将诸如舶来佛教石刻等原真的南宋法物置纳到他们创建或驻锡的禅寺,一方面可为禅寺增添宋式色彩,另一方面也能提升禅寺对在日宋人的吸引力。宗像大社、筥崎宫、观世音寺等当地旧式寺社①置纳的舶来宋风石刻,多为雕刻工艺上乘的精品,这些石刻精品是被作为带有异国美学趣味的佛教类"唐物"而供置的。总之,在日宋人及其亲交社群是宋风佛教石刻的主要受众,由于存在相应的需求,南宋石刻通过海路流入日本也成为必然。

关于南宋佛教石刻的舶出者②,毫无疑问,是南宋时期往来于宋日之间的海商。如前文所述,赴日宋商舶出的物品种类丰富,大宗物品包括:瓷器、绢帛、铜钱、香木、书籍,等等。其中,书籍属于一种比较特殊的对日输出物,其输出的区域基本限定于东亚,宋代海丝南海航线的沿线地区几无对书籍的需求。宋商舶往日本的书籍,主要是儒释道经典以及类书、文集,属于文化类物品,既可作商品销售,也可作为赠品用以结纳公卿贵族和寺社权要。与书籍类似的还有绘画作品,例如,南宋时期明州画坊所作佛画曾一度

---

① 此处所谓"旧式寺社",是相对于12世纪晚期之后陆续出现的宋风禅寺而言的。
② 对日本一侧而言为"舶入者"。

输出日本[①]。从明州画坊一侧而言,这些画作带有贸易品的性质,对于舶出者来说,它们可以被用来有偿让渡、无偿赠送以及自行收藏。相比于书籍、绘画,作为舶出品的佛教石刻则更为特殊。根据日本现存南宋佛教石刻的数量来看,佛教石刻在南宋输日物品中属于一种少量的、特殊的输出品。如前文分析,其使用者也局限于特定社群,具体而言,南宋输日佛教石刻主要为在日宋人和渡航僧侣自己供置,或献入寺社。与输日佛画一样,输日佛教石刻属于一种精神性的、宗教类的物品,有别于陶瓷、铜钱、绢帛等舶载输出的日常贸易品。此外,输日佛教石刻为石质、立体造型,个体尺寸和重量都大于一般舶出品,类如平户志々伎神社冲之宫、福冈坚粕马头观音堂、南九州水元神社、福冈首罗山等地大中型萨摩塔,以及宗像大社阿弥陀经石、福冈惠光院层塔和十一面观音像等输日佛教石刻,都很难进行远距离二次搬移。因此,输日佛教石刻的输出目的地较之一般舶出品更为明确。现存南宋输日佛教石刻,尤其是大中型石刻,大多分布于九州北部、西北以及西南沿海的宋舶停泊地、宋人居留地以及宋人结缘寺社,这说明输日佛教石刻主要被南宋海商和渡航僧侣(即舶出者)用来自行供置或作为法物施入宗教设施。

接下来的一个问题是:南宋输日石刻是宋商在南宋沿海地区随机选择的制成品,还是在某个或若干个特定地区专门订制的输出品?我们倾向于以后者作为肯定答案。尽管尚无文献史料能够证明这一观点,但可以通过文物学分析展开相关论证。

首先以阿弥陀经石为实例做一探讨。前文提到,原田大六认为,日本建久六年(1195)宗像前大宫司氏实"七回忌"之际,宗像大社为了给氏实祈冥福而置纳了阿弥陀经石。那么,赴宋置办、渡海舶运的担当者无疑是与宗像大社关系密切的宋商,笔者在前文已经论及,阿弥陀经石正面左侧下方的"绍熙六年"(1195)预刻铭应是经石预定交付时间。在这种情况下,最可能的阿弥陀经石舶来叙事应是:舶商依照委托方的要求,向石刻制作一方提前订制,按预订时间收到石刻后即由海舶载往日本。阿弥陀经石,在中国文物

[①] 笔者认为,南宋时期明州佛画的绘制者主要为明州城内画坊的画师,其舶出者主要为入宋日僧和赴日宋商,这些绘画作品带有贸易品的性质。参见:刘恒武《宁波古代对外文化交流——以历史文化遗存为中心》,海洋出版社,2009年,第88—103页。

学语境中或可称为"阿弥陀经碑",然而事实上,这样由基座＋本体＋歇山屋檐状覆顶组成,本体正面雕刻阿弥陀如来坐像、背面遍刻经文的佛教石碑,在中国国内几乎找不到类例。阿弥陀经石兼有中国造像碑和经幢的双重属性,但造像碑一般无屋檐状覆顶,且铭文内容大多为造像缘由,经幢虽有屋檐状覆顶,但幢体大部分为多棱柱状,不雕造佛像。因此可以说,阿弥陀经石属于一种形制上经过特别设计的佛教石作,这从侧面证明经石系宗像大社专门订制的供置物。

关于现存数量最多的萨摩塔,根据其文物形制的考察可以推断,它们亦是以外输为目的专门订制的。前章已经论述到,迄今在中国仍未发现与萨摩塔形制完全相同的同类遗物,这恐非偶然。作为其近缘石塔的宋代浙闽窣堵波式石塔,尽管与萨摩塔存在诸多共通特征,但不宜归为同型遗物。窣堵波式石塔体量相对较大,细部雕工考究,且形制多样,浙南系、浙东系和闽南系的窣堵波式石塔造型风格各异,而且所用石材也都就地取材、各不相同。与此形成对照,九州各地现存萨摩塔,除去志々伎神社冲之宫、坚粕马头观音堂、水元神社等地的少数几尊大型塔例之外,其他则以小尺寸石作为主,变量幅度大致限定在60—90厘米,而且形制特征表现出鲜明的一致性:都有须弥座束腰的四天王浮雕、须弥座上部的栏杆平座、雕作简洁的仿木构屋顶状塔顶等。值得一提的是,位于须弥座上部、塔身之下的栏杆平座的雕作设计,见于所有萨摩塔,是一项极具识别度的特征,然而,迄今发现的宋代浙闽窣堵波石塔无一例有此设计。此外,九州各地现存萨摩塔的另一个引人注目的交集是石材。根据日本研究者的鉴定,迄今所见绝大多数萨摩塔均为凝灰岩石质,其石材可能是浙东宁波出产的梅园石。由此可见,萨摩塔不仅形制特征高度一致,而且石材的选择非常统一。

鉴于系谱上溯年代、形制雕饰、尺寸、体量等方面的比较,浙闽窣堵波式石塔实为萨摩塔的祖型。换言之,萨摩塔属于窣堵波式石塔的衍生塔型,而小型萨摩塔某种程度上也可被视为窣堵波式石塔的缩小型,其优点是便于装船、舶运和卸载。那么,既然两者之间存在如此密切的渊源关系,为何宋代浙闽窣堵波式石塔的造型风格和选料存在显著的地域差异,而萨摩塔的形制特征和用材却高度统一? 对于这个问题,唯一合理的解释是,萨摩塔是集中于特定地区、以当地优质石材专门订制并就近取道海路输往日本九州的。在此值得深思的是,在萨摩塔造型确立之际,工匠似乎并未考虑受众偏好的地域差异。因何如此?笔者认为,这是缘于南宋时期旅日宋商原籍地观念的淡化。根据前节论述,晚唐至北宋赴日中国海商的地域身份区别,到了南宋时期不再受到关注,12世纪30年代以后的日方文献中已不复见"越州商人""福州商客""台州客"等称谓,更多地以"博多纲首""博多船头"言指在日宋商。12世纪六七十年代以后,越来越多的宋商选择长住日本,并转以日本九州为主场进行航海贸易。这些主要来自浙闽各地的宋商及其随从聚居群处,形成诸如博多唐房这样的宋人共同社区,对于他们而言,在日宋人社群共同体的观念逐渐超越地域出身意识,因此,在舶来石刻的选择上已无关注原籍地域石作特征的必要,而且,统一风格石刻的采用反过来有助于消弭内部隔阂、强化社群认同。

相比于萨摩塔,日本现存舶载输日宋风石狮的情况相对复杂。根据石材可以将其分为两类:一类以梅园石制成,与萨摩塔结组供置;另一类主要以石灰岩石材雕制,散存于日本寺社。前者石材与萨摩塔一致,个体石作之间雕刻工艺接近,应是在特定地点专门制作的。后者石材产地难以究明,造型风格上的个体差异明显,因此,石材可能来源于多地,石作工坊也可能散布各处,在目前的资料条件下,其制作地点难考、流通路径不明。

那么,南宋输日佛教石刻订制与舶出的主要地点在哪里?第一章已经论及,萨摩塔及其并置宋风石狮、宗像大社阿弥陀经石、福冈坚粕耕月院石塔构件、福冈篠栗町乙犬小堂石塔等石材被推断为梅园石的石刻遗存,大都应是在浙东宁波(宋代明州/庆元)雕制完成的,这些石刻在目前可以确认的南宋输日佛教石刻中占比达90%以上。南宋明州(庆元)何以成为输日佛教石刻的主要来源地?原因如下:

入宋以后,明州(庆元)优质凝灰岩石材——梅园石开始得到大量开采。梅园石肌理细腻、硬度适中,极适合雕刻,当地梅园石的主产地——鄞江镇一带可以通过鄞江—奉化江水路将石材和石刻成品运至明州城,水上交通便利。另外,到了南宋时期,明州成为宋廷的东部屏藩,城市地位上升,大量四明士人登入朝堂,当地公廨、寺观、民宅对石刻的需求旺盛。在这一背景下,石作工艺也达到一个极为优秀的水准,这一点从物(以宁波东钱湖周边现存南宋石刻遗存为物证)、人(以赴日明州石工伊行末与梁成觉为代表)两个方面都得到了充分体现。明州兼备丰富的梅园石石材资源和卓越的石刻制作能力,同时又有作为东亚海上交通枢纽港的港航之便,是东南沿海最佳的外输石刻制作地。明州自北宋淳化年间(990—994)设立市舶务以来,一直是赴日宋商最重要的起航地,也是入宋日僧的登岸地和渡日宋僧的离岸地;明州—博多航线不仅是宋日之间人员往来的主干线,也是两岸物流、信息流的大动脉。概言之,南宋输日佛教石刻的很大一部分应是宋商群体在明州订制并舶出到九州沿海的。(图5-6)

图 5-6 19 世纪 70 年代鄞江畔运输梅园石的船埠
(引自哲夫 2004 年图集①)

综上,自晚唐海商揭开中日民间航海贸易的序幕以来,浙闽海商集团逐渐成为中日海上往来的主要担当者。五代至北宋,航海贸易一直是中日交流历史叙事的主线,这一时期由入宋日本巡礼僧书写的人物交流篇章也引人注目。到了南宋时期,在中日海域交流史的文脉中,除了固有的贸易往来这一维度,南宋禅律的东传形成另一独立的维度,而且两个维度交互作用、密不可分,南宋佛教石刻的对日输出恰恰是两个维度交织而成的史像。

12 世纪 30 年代日本年纪制废弛,12 世纪中叶日僧渡海限制解除,12 世纪 60—80 年代平氏积极促进宋日贸易,随着外部环境的宽松化,赴日宋商的营商空间进一步扩大,不少宋商长期定居日本,反客为主,以九州博多为贸易运营的根据地。日本文治元年(1185),镰仓幕府主导政纲,面对时代变局,在日宋商积极融入当地社会,附寄于寺社权门,同时以商业资本换取土

---

① 哲夫:《宁波旧影》,宁波出版社,2004年,第57页。

地权益；以博多纲首为核心的在日宋人，在本土化的同时，通过对母国文化的坚守来维持族群的凝聚力，宋式佛教设施与场域的营造从一个侧面体现了在日宋人的这种努力。与在日宋人植根日域的过程相平行的是日本禅律僧侣入宋修行的风潮。对于宋人纲首而言，知华友华的入宋日僧是未来可期、可以依赖的新势力；对于入宋日僧而言，财力雄厚的宋人纲首则是渡航赴宋、归国创寺的施助者。双方的最大交集即是对宋风佛教文化的认同与推崇。本章最后有关南宋佛教石刻对日输出、在日供置的分析，旨在揭示在日宋商与入宋日僧共同推动宋风佛教东传的历史实像。

第六章

宋代海上丝绸之路中日航线再考

前章有关日本现存输日石刻及其存置地的研究，证明了九州北部福冈、西北部平户以及西南沿海南九州和南萨摩地区在宋日航海往来中的重要地位。有关宋代输日石刻源流的探讨以及宋日之间人物往来的考察，揭示了宋代闽浙地区明州（庆元）、台州、温州、泉州等地与日本列岛之间密切的交流关系。根据迄今为止学界的既有认知，两宋时期中日之间海上交通的干线为明州—博多航路。① 毋庸置疑，明州与博多两个港口是宋日往来的枢纽点，明州—博多航路则是两个端点连接的主轴线，然而，仅凭两点一线无法支撑起宋日之间物资流通与人物流动的体系，明州、博多两港及其腹地并不能承载宋日交流的所有因子。明州—博多干线之所以成为干线，是因为它主导与牵引了多个节点（港口/泊所）和多条支线（航线）的互联与互动，而这些作为干外枝节的点与线应是今后海丝航线研究的关注对象。唯有认识到这一点，方能深化相关认

---

① 孙光圻：《中国古代航海史》，海洋出版社，2005年，第298—301页；佐伯弘次：《博多と宁波》，荒野泰典等编《通交・通商圏の拡大》，吉川弘文馆，2010年，第138—164页；榎本涉：《唐—元代における日中交通路の変遷》，林立群主编《跨越海洋："海上丝绸之路与世界文明进程"国际学术论坛文选（2011・中国・宁波）》，浙江大学出版社，2012年，第151—166页。

知。另外,根据前几章的考察可以看到,中国浙闽沿海地区以窜堵波式石塔为代表的宋代佛教石刻与日本九州地区现存的以萨摩塔为代表的宋风石刻之间存在密切关联,可以肯定地说,浙闽地区是宋代石刻工匠、作品、技艺以及石材的主要对日输出地,九州现存舶载宋风石刻是宋代石刻艺术对日跨海传播的物证。鉴此,本章将在细致考察明州—博多干线关联的中国浙闽一侧和日本九州一侧的海上交通路线的基础上,借助此岸与彼岸的佛教石刻资料,重新探讨两岸航路系统的具体连接路径。

一 宋代浙闽沿海港口及航线

宋代浙江、福建沿海的海上交通要地包括明州(庆元)、杭州、台州、温州、福州和泉州,各州府辖域又都有若干港湾船埠接纳各类海船停泊。在域内的海航系统中,这些海航要津分别联结不同的腹地,其角色并无明确的主次之分,只是根据腹地及水陆交通网络的大小而呈现出物流量级的差异。在对日丽的海域交通体系中,明州无疑是浙闽诸港的枢纽,而明州—博多跨海干线也与浙闽沿海航线密切关联。

(一)浙江港口

明州(庆元)

关于明州在东亚海域交通上的重要地位,国内外学界已做了十分细致的研究。[①] 唐开元二十六年(738)越州东部析为明州,州级行政机构的设立

[①] 林士民:《再现昔日的文明——东方大港宁波考古研究》,上海三联书店,2005年;王慕民、张伟、何灿浩:《宁波与日本经济文化交流史》,海洋出版社,2006年;王力军:《宋代明州与高丽》,科学出版社,2011年;宁波市文物保护管理所等编:《宁波与海上丝绸之路》,科学出版社,2006年;奈良国立博物馆编:《聖地寧波》,奈良国立博物馆,2009年;斯波义信:《港市論—寧波港と日中海事史》,荒野泰典等編《アジアのなかの日本史》,東京大学出版会,1992年,第1—34頁;斯波义信:《宁波及其腹地》,施坚雅编《中华帝国晚期的城市》,叶光庭等译,中华书局,2000年,第469—526页。

促动了地域社会的统合。① 唐天宝十一载(752),日本遣唐使船从难波津出发航抵明州;唐贞元二十年(804),日本遣唐使自难波津始发,经由肥前松浦郡田浦(平户田ノ浦)放洋赴唐,其中的第二船到达明州,翌年(805)归国的遣唐使船从明州起航,途经对马岛航抵肥前松浦郡鹿嶋(鹿岛)。② 若说遣唐使船航抵明州有随风逐流、飘达此岸的偶然性,也并不为过,但归航之际赴明州出发则是有意选择的结果。③ 无论如何,日本遣唐使在明州登陆和离岸,反映出8世纪中期以后明州作为一个滨海城市的重要性与知名度逐渐提升。唐长庆元年(821),明州子城建于三江口(今宁波鼓楼至中山公园区域),以三江口和甬江入海口为外洋船港区,依城立港,以港兴城。9世纪40年代以降,赴日唐商将明州作为最重要的起航口岸,明州由此成为唐日民间贸易的主门户。④

五代吴越国时期,虽无明州始发赴日的文献记录,但可以推断,晚唐的

---

① 唐武德四年(621)同地域曾设鄞州,但武德八年(625)即废。明州的设立,意味着古代浙东宁波地区真正确立为一个州级行政区域。
② 有学者将唐显庆四年(659)日本第4次遣唐使吉祥连船抵达越州会稽县须岸山、余姚县视为遣唐使进入浙东海域之始,显庆六年(661)此次遣唐使船返航时亦取道越州,行至桴岸山放洋。一般认为,须岸山和桴岸山均为舟山群岛之岛屿,属于后来明州所辖的海域。参见:佐伯弘次《博多と寧波》,荒野泰典等编《通交・通商圏の拡大》,吉川弘文馆,2010年,第138—164页;王勇《唐代明州与中日交流》,宁波"海上丝绸之路"申报世界文化遗产办公室等编《宁波与海上丝绸之路》,科学出版社,2006年,第265—270页。
③ 8世纪以降,日本遣唐使船在唐朝沿海的登陆地,除了明州之外,还有苏州、楚州、扬州、越州、海州和福州,船舶的靠岸地点很大程度上取决于越洋之际的风向。同时期遣唐使归国起航的口岸,则基本上限于苏州、明州和扬州。唐开成四年(839)藤原常嗣遣唐使团借用了新罗唐船,故从楚州起航经由山东赤山浦返国。
④ 9世纪40年代以后,唐朝海商多以明州为赴日始发港,此外,也有始发楚州、苏州、广州和台州等港口的记录,但均为单次。这时期自日本回航的着岸地,由于受到天候的影响仍存在较大的随机性,并未固定于若干特定港口。参见:木宫泰彦《日华文化交流史》,富山房,1955年,第123—127页。

状况应得到了延续。北宋初年,宋廷设立两浙市舶司。① 淳化三年(992),两浙市舶司由杭州迁至明州定海县,翌年又迁回杭州。② 咸平二年(999),杭州、明州各置市舶司。③ 背靠两浙腹地、拥有三江口和甬江口内外两港以及舟山群岛诸港的明州,原本具备海上交通的极大优势,晚唐时期就已然成为对日海航的第一门户。明州设立市舶司,意味着明州的港城地位在行政层面得到确立,由于市舶司是对外贸易海舶出航领取公凭和返航验关抽解之所,因此市舶司所在口岸自然成为海上物流的集散地。明州市舶司和市舶库设在三江口南侧州城市舶门和灵桥门门内,舶货关检设施则位于市舶门外,这样,与之毗邻的奉化江西岸的江厦一带就逐渐固定为外洋船港区。④

明州与杭州相比,明州的港口条件远远优于杭州,明州以甬江河道两端设立港区,海舶候潮出入,江海联动,甬江口外又有舟山群岛拱护,舟山诸海道还是海船放洋的绝佳门径。杭州城下的钱塘江航道多有积沙淤滩,多数情况下,海船只能停泊在钱塘江口与杭州湾接合处的澉浦,再转以其他途径履行杭州市舶司的舶务程序。因此,尽管杭州与明州拥有同样的市舶行政权力,但两地海航条件的高下之分不言而喻。

事实上,10世纪晚期至11世纪晚期相当长的时期内,宋朝沿海地区只有杭州、明州和广州三处市舶司,北宋三处市舶司对于赴日本、高丽以及南蕃航

---

① 施存龙在《唐五代两宋两浙和明州市舶机构建地建时问题探讨(下)》(《海交史研究》1992年第2期)一文中提出,两浙路市舶司应建于太平兴国三年(978)吴越国纳土归宋前后。笔者认为,施说缺乏史料论据,两浙市舶司可能设立于端拱二年(989)五月诏颁布的这一年或之前不久。该诏令见载于《宋会要辑稿》职官四四之二:"自今商旅出海外蕃国贩易者,须于两浙市舶司陈牒,请官给券以行,违者没入其宝货。"假如两浙市舶司早在太平兴国三年(978)就已设立,那么为何直到10年后的端拱三年(989)才颁诏申明两浙市舶司的对外贸易管理权?这一点难以解释。
② 此处采施存龙、方祖猷等人之说,其史料依据是:《乾道临安志》卷二《廨舍·提举市舶衙》、《宋会要辑稿》职官四四之一。参见:施存龙《唐五代两宋两浙和明州市舶机构建地建时问题探讨(下)》,《海交史研究》1992年第2期;方祖猷、俞信芳《五代宋明州市舶机构初建时间及演变考》,《海交史研究》1996年第2期。
③ 《宋会要辑稿》职官四四之三载:"真宗咸平二年九月,两浙转运使副王渭言:'奉敕相度杭、明州市舶司,乞只就杭州一处抽解。'诏杭州、明州各置市舶司。"
④ 宁波市文物考古研究所:《浙江宁波市舶司遗址发掘简报》,《浙东文化》2000年第1期。

海贸易管理的集中化程度,随着元丰三年(1080)"元丰市舶条"的颁行达到顶点。① 而且,"元丰市舶条"规定:"诸非广州市舶司,辄发过南蕃纲舶船;非明州市舶司,而发过日本、高丽者,以违制论。"②该规定从律令层面明确与强化了明州在宋日、宋丽贸易上的枢纽港地位。三司专控的局面直至元祐二年(1087)增置泉州市舶司、元祐三年(1088)设密州板桥市舶司之后才有所改变③。

北宋时期,杭州、明州市舶司亦曾经历过两次暂时罢停,一次是在仁宗朝(1022—1063)④,另一次是在徽宗崇宁元年(1102)之前⑤,推测两次罢停均未持续良久。到了北宋晚期,杭州和明州两处市舶司垄断两浙路舶务的局面被打破,政和以后两浙路市舶司/务曾一度多达5处。政和三年(1113),秀州市舶务始创⑥;绍兴元年(1131)或稍早,温州市舶务建立⑦;绍兴十五年(1145),宋廷又设江阴军市舶务⑧。秀州、温州和江阴三务均为12世纪创

---

① 廖大珂:《北宋熙宁、元丰年间的市舶制度改革》,《南洋问题研究》1992年第1期;章深:《北宋"元丰市舶条"试析——兼论中国古代的商品经济》,《广东社会科学》1995年第5期。
② 苏轼:《东坡全集》卷五十八《奏议·乞禁商旅过外国状》。
③ 《宋会要辑稿》职官四四之八载:"哲宗元祐二年十月六日,诏泉州增置市舶。三年三月十八日,密州板桥置市舶司。"
④ 马端临《文献通考》卷二十"市籴":"仁宗时诏杭州、明州、广州三州置市舶司。"由此可见,仁宗朝或其前杭州、明州、广州三司曾一度停废。笔者推测,这次罢停发生在仁宗庆历、嘉祐年间(1041—1063)的可能性最大,因为这一时期宋廷曾颁布敕令严禁海商前往高丽贸易。
⑤ 《宋会要辑稿》职官四四之八载:"徽宗崇宁元年七月十一日,诏杭州、明州市舶司依旧复置,所有监官、专库、手分等,依逐处旧额。"这说明崇宁元年(1102)之前杭州、明州两司一度罢停,此次罢停或缘于元祐年间宋廷对宋丽海道管理的强化。
⑥ 《宋会要辑稿》职官四四之一一载:"政和三年七月十四日圣旨于秀州华亭县兴置市舶务,抽解博买,专置监官一员。"
⑦ 《宋会要辑稿》职官四四之一五、一六云:绍兴"三年六月四日,户部言……今据两浙提举市舶司申,本司契勘临安府、明、温州、秀州华亭及责龙近日场务,昨因兵火,实无以前文字供攒。本司今依应将本路收复以后建炎四年、绍兴元年二年内,取绍兴元年酌中一年一路抽解博买到货物,比附起变卖收到本息钱数目,开具如后:一、本路诸府市舶务五处,绍兴元年一全年共抽解一十万九百五十二斤零一十四两尺钱二字八半段等"。由此可见,绍兴元年(1131)两浙路已有临安、明州、温州、秀州等5处市舶务。
⑧ 《宋会要辑稿》职官四四之二四载:绍兴"十五年十二月十八日,诏江阴军依温州例,置市舶务,以见任官一员兼管,从本路提举市舶司请也"。

建,可以肯定地说,北宋时期大部分时段两浙路舶务都由明州、杭州两司掌控。

尽管12世纪很长时段两浙路多务并存,但根据史料所载的出入港记录,对日海上交通利用频度最高的港城仍是明州(庆元)。① 南宋光宗嗣服之初(1190),杭州市舶务停废,明州及其他三务存留。宁宗更化(1195)之后,又废江阴、温州和秀州三务,独存庆元市舶务。② 12世纪末,即南宋光宗、宁宗时期,杭州市舶司及两浙路其他三个市舶务先后停废,而庆元市舶务得以存续,这足以说明南宋明州(庆元)东亚枢纽港地位之坚稳。13世纪初至南宋倾覆,虽然两浙其他市舶务曾有恢复,但庆元一务依旧独大。③

宋代明州辖域的港口,除了甬江岸线的三江口、定海(甬江入海口),还有舟山群岛的沈家门、普陀山、岑港、烈港,前两者为舟山群岛东侧海路要津,后两者为舟山群岛西侧海道良港。依次介绍如下。

沈家门,位于舟山本岛东南端,其南与鲁家峙岛相隔一条狭湾,其东为朱家尖岛,东北为普陀山,是极佳的泊船避风之地。宋代取道舟山群岛东侧海路放洋的海舶,常常经停沈家门。例如,宋徽宗宣和五年(1123)路允迪率宋使团前往高丽,使船出定海甬江口之后,先抵沈家门,而后经行普陀山(梅岑山)、中街山列岛(蓬莱山)放洋。④ 在宋元文献中,沈家门常被作为赴普陀山的发船地提及,绍兴十八年(1148),时任昌国(舟山)盐监的史浩"由沈家门泛舟,风帆俄顷而至(普陀山)"。⑤ 到了元代,佛僧如智在沈家门专建接待

---

① 参见:榎本涉《唐—元代における日中交通路の変遷》附表《対日本交通に利用された中国側港湾(800—1349)》,林立群主编《跨越海洋:"海上丝绸之路与世界文明进程"国际学术论坛文选(2011·中国·宁波)》,浙江大学出版社,2012年,第163—166页。
② 《宝庆四明志》卷六《叙赋下·市舶》:"在浙者凡五务,光宗皇帝嗣服之初,禁贾舶至澉浦,则杭务废,宁宗皇帝更化之后,禁贾舶泊江阴及温、秀州,则三郡之务又废。凡中国之贾高丽与日本,诸蕃之至中国者,惟庆元得受而遣焉。"
③ 施存龙指出,《淳祐临安志》《宋会要辑稿》等史料载有13世纪澉浦、秀州和江阴的市舶活动记录。参见:施存龙《唐五代两宋两浙和明州市舶机构建地建时问题探讨(下)》,《海交史研究》1992年第2期。
④ 《宣和奉使高丽图经》卷三十四《海道一》。
⑤ 《宝庆四明志》卷二十《昌国县志·叙山》。

寺院方便人们乘船赴普陀礼佛。①

　　普陀山，又名补陀山、梅岑山，位于舟山本岛之东，朱家尖岛之北，是海舶出甬江口前往舟山群岛东侧海道候风放洋的最佳地点。《佛祖统纪》卷四十二记载：唐大中十二年（858），"日本国沙门慧锷，礼五台山，得观音像，道四明将归国，舟过补陀山，附著石上不得进，众疑惧，祷之曰：'若尊像于海东机缘未熟，请留此山。'舟即浮动。锷哀慕不能去，乃结庐海上，以奉之。鄞人闻之，请其像归安开元寺"②。《乾道四明图经》卷七记载："梅岑山，在县东二百七十里，四面环海。高丽、日本、新罗、渤海诸国，皆由此取道，守候风信，谓之放洋。"③北宋时期赴高丽使船通常取道普陀，据《宣和奉使高丽图经》，普陀山是祈祷航海平安之所，"旧制使者于此请祷"，而且，这里是前往外洋的候风之所，"自此即出洋，故审视风云天时而后进也"。④

　　岑港又名岑江，位于舟山本岛西岸，与里钓山岛之间隔一狭湾，西南距金塘岛里程不远，为舟山群岛西侧海道的天然良港。宋代在岑江设有巡检司，元代岑港在宋代的基础上已然发展成为海上要津，元代志书云：岑港"去（昌国）州西北三十里，旧谓之六国港口，南北舟舶辐辏于此，亦海州之一镇云"⑤。

　　烈港今名沥港，是位于舟山本岛西南的金塘岛上的海港，地当金塘岛西北端，其西有大鹏山岛屏护，亦是舟山群岛西海道的泊船良所，由此西南行可直达定海。北宋熙宁五年（1072）四月四日，日本入宋僧成寻搭乘的宋商曾聚船抵达烈港，泊船于烈港南端的小岛铁鼠山（今捣杵山）。⑥ 南宋时期沿舟山群岛西海道设十二铺警戒海上，这条以十二铺构成的警戒线，以定海（今镇海）的招宝山为西南起点，向东北延伸至嵊泗，以嵊泗壁下岛为终点，烈港即是出招宝山东北方向之首铺。⑦

---

① 袁桷《延祐四明志》卷十六《释道考》记载："至元十年，住持僧如智捐衣钵之余，建接待寺于沈家门之侧，以便往来（普陀）者。"
② 《佛祖统纪》卷四十二。
③ 《乾道四明图经》卷七《昌国县》。
④ 《宣和奉使高丽图经》卷三十四《海道一》。
⑤ 《昌国州图志》卷四《叙山》。
⑥ 《参天台五臺山记》延久四年四月四日条。
⑦ 《开庆四明续志》卷五《烽燧》。

总之，所谓港城明州之"港"，实为组合港，其中不仅包括能以河道交通内陆的三江口和甬江口，还包括其辖域内舟山群岛的若干优良港湾。

杭州与澉浦

众所周知，杭州位于钱塘江下游北岸，曾是五代吴越国和南宋王朝的首都。作为一个港城，杭州地处两浙的中枢，拥有广阔的腹地，但深处内陆，距离钱塘江注入杭州湾的江口地带大约70公里，而且，钱塘江江道的通海条件不佳，其入海航道有所谓的"拦门沙"，且多游荡性浅滩，涨落潮水流速度快，不熟悉航路的外埠船舶很难循江道西抵杭州城下，故而宋时赴杭州湾北线的商舶多寄碇于钱塘江入海口处的澉浦。①

北宋置两浙市舶司之初，衙署位于杭州。② 其后，如前文所述，淳化三年（992）两浙市舶司一度由杭州迁至明州定海县，翌年又迁回杭州。咸平二年（999），杭州、明州各置市舶司。北宋时期，与明州市舶司一样，杭州市舶司也在仁宗朝（1022—1063）、徽宗崇宁元年（1102）先后两次停摆。南宋光宗即位之初（1190），"禁贾舶至澉浦，则杭务废"③。13世纪，澉浦先后置市舶官、市舶场，杭州市舶务职能随之重启。④

关于杭州市舶衙署位置，据《乾道临安志》卷二，杭州"市舶务在保安门外诸家桥之东"⑤，保安门是杭州东城墙南段的城门，有旱门、水门各一道，旱门在北，水门在南，水门以水路接钱塘江。又据《咸淳临安志》卷九，杭州市舶务"在保安门，海商之自外舶至京者，受其券而考验之。又有新务，在梅家桥之北，以受舶纲"⑥。《淳祐临安志》则载：杭务"旧在保安门外，淳祐八年拨

---

① 刘恒武：《杭州湾北岸与舟山之间海上交通变迁考略》，郭万平等编《舟山普陀与东亚海域文化交流》，浙江大学出版社，2009年，第162—169页。
② 《宋会要辑稿》职官四四之一云："初于广州置司，以知州为使，通判为判官。及转运使司掌其事，又遣京朝官、三班、内侍三人专领之。后又于杭州置司。"
③ 《宝庆四明志》卷六《叙赋下·市舶》。
④ 施存龙：《唐五代两宋两浙和明州市舶机构建地建时问题探讨（下）》，《海交史研究》1992年第2期。
⑤ 《乾道临安志》卷二《仓场库务·市舶务》。
⑥ 《咸淳临安志》卷九《监当诸局·市舶务》。

归户部,于浙江清水闸河岸新建牌曰:行在市舶务"①。由此可知,淳祐八年(1248)杭务衙署由保安门外迁到了钱塘江滨的清水闸附近。可以推定,杭州保安门、候潮门之东钱塘江畔有泊船港埠。

那么,海商船舶如何抵达杭州城下？杭州城下钱塘江滨的港埠又是怎样的景象？首先,根据熙宁五年(1072)日本入宋僧成寻从外洋进入杭州的路线来看,成寻一行借助了明州、越州境内的河路,再沿钱塘江江道逆行到达杭州。日本学者藤善真澄复原的成寻一行的具体入杭轨迹如是:舟山群岛西侧海道(徐公岛→小衢山→烈港捣杵山)→定海招宝山(甬江入海口)→明州界内(改换河船)→越州思胡浦(曹娥江口)→杭州湾→钱塘江江道→萧山泊(西兴泊)→杭州凑口。② 明州至曹娥江口一段行程,应利用了余姚江和浙东运河水路。关于杭州钱塘江港埠的景象,成寻做了如下描述:

> (熙宁五年四月十三日)未時着杭州湊口。津屋皆瓦葺,楼門相交。海面方畳石高一丈許,長十余町許,及江口河左右同前。大橋亘河,如日本宇治橋。売買大小船不知其数,廻船入河十町許,許下留船,河左右家皆瓦葺,無隙並造荘嚴。大船不可数尽,七時行法了。

> 十四日午時潮満,人人多来。開河中門戸入船,上河数里,又開水門入船。大橋両処皆以石為柱,並具足物以貴丹画荘嚴。申時着問官門前,見都督門如日本朱門,左右楼三間,前有廊,並大屋向河懸簾,都督乗船時屋也。官人乗輿具五六十眷属出入,大門多多也,七時行法了。③

上文所谓"杭州凑口",即"江口河"(东城外运河)与钱塘江的接合处;"海面方叠石"无疑指的是吴越王钱镠时期起筑的"捍海塘";横亘于凑口河上的"大桥"应为"跨浦桥",这是杭州城外距离钱塘江最近的一座桥梁④;"河

---

① 《淳祐临安志》卷七《仓场库务·诸务·市舶务》。
② 藤善真澄訳注:《参天台五臺山記》(上),関西大学出版部,2007年,第23—41页。
③ 《参天台五臺山記》延久四年四月十三日条、四月十四日条。
④ 此为藤善真澄的推论,其史料依据是《淳祐临安志》卷十《山川·河渠》相关记载:"南自浙江跨浦桥,北自浑水闸、萧公桥、清水闸、众惠桥、椤木桥、朱家桥转西,由保安闸至保安水门入城,曰运河。"

中门户"即东城外通钱塘江运河的河闸——浑水闸、清水闸、保安闸①;"大桥两处"是指东城外运河上萧公桥、众惠桥、椤木桥、朱家桥四座桥中的两座②;"问官门前"应为保安门外的杭州市舶司门前③。由此可知,宋代钱塘江杭州凑口的确是一个繁华的港埠,有大量贸易船(成寻所谓"买卖大小船")停泊,待涨潮之际,船舶可进入城外运河,经过运河闸口到达市舶官署前。

以上所说的自曹娥江口至杭州湾,而后逆钱塘江西行的路线,是从杭州湾南侧前往杭州的一条水路。实际上,杭州湾北侧还存在着一条赴杭水路。据《宝庆四明志》卷三记载:"若自通泰州南沙、北沙,转入东签料角黄牛垛头放洋至洋山,沿海岸南来至青龙港,又沿海岸转徘徊头至金山,入海盐县澉浦镇黄湾头,直至临安府江岸。此海道二也,系浙西路。"④自洋山至杭州湾北缘的金山,再抵澉浦黄湾头,可西入钱塘江水道逆流而上到达杭州城。

上述联结杭州的浙西海道的地理节点是澉浦,澉浦位于钱塘江与杭州湾交汇处的北岸,距离杭州70余公里,《宝庆四明志》提到的"澉浦镇黄湾头"即今澉浦镇南的黄湾镇,宋代归澉浦镇所辖,其地点正是钱塘江口北岸向南伸出的尖嘴形半岛,正对曹娥江口,是沿杭州湾北岸来航船舶进入钱塘江的必经之地。

由于澉浦控扼钱塘江航道,可以被视为杭州的海上门户,澉浦港则发挥着杭州市舶司之外港的职能。前文提到,南宋光宗即位之初(1190),"禁贾舶至澉浦,则杭务废",足见澉浦直接关系到杭州市舶机构的存废。钱塘江航道水浅滩多,江上航行的主要为平底河船,前述成寻一行即是在明州转换河船经曹娥江口进入钱塘江的。因此,宋时沿杭州湾北岸来航的外洋船大多只能寄碇于澉浦,澉浦自然也就成为杭州市舶司管理海舶贸易的口岸。南宋淳祐六年(1246),宋廷在澉浦镇设市舶官,淳祐十年(1250)置市舶场,

---

① 《淳祐临安志》卷十《山川·河渠》序记曰:"濒江有三闸,曰浑水,曰清水,曰保安,岁久不治。天圣四年,侍御使方上言,杭州海潮冲壤水闸,舟船有阻滞之艰。仁宗下诏,复修治之。"成寻仅记其中两处。

② 《淳祐临安志》卷十《山川·河渠》。

③ 《乾道临安志》卷二《仓场库务·市舶务》载:杭州"市舶务在保安门外诸家桥之东"。疑"诸家桥"即《淳祐临安志》卷十《山川·河渠》所说的"朱家桥"。

④ 《宝庆四明志》卷三《叙郡下·官僚》。

场在澉浦镇东海岸。① 澉浦市舶官/场应是杭州市舶司的分理机构,澉浦恢复办理市舶事务之后,杭州市舶务即随之重启。

台　州

台州地区海岸线曲折,海船停泊良所颇多。唐宋时期的台州辖域有三处通海要津:其一是椒江口北岸的章安(今台州市章安);其二为位于台州湾之南海岸线的松门港(今温岭市松门镇)②;其三是唐宋台州下辖的三门湾,三门湾有白峤(今宁海白峤)、浮门(今宁海旗门)两港,前者位于三门湾西北白溪下游,后者位于三门湾之西的港汊③。

晚唐时期,台州即是赴日唐商的起航地。例如,唐大中十二年(858)六月八日,日本入唐僧圆珍一行搭乘李延孝船从台州出发返日,是月十八日到达朝鲜半岛南岸,二十二日抵达大宰府。④ 日本元庆元年(877)六月一日,日本国使多治安江等63人搭乘唐商崔铎船从台州出发,七月二十五日抵达筑前国(福冈)海岸,八月二十二日得到大宰府"安置供给"待遇。⑤

此外,台州境内的天台山是佛教五百罗汉圣地,天台山国清寺则被日本天台宗奉为祖庭。唐贞元二十年(804)九月日本入唐僧最澄持明州牒前往台州,先至龙兴寺向天台七祖道邃大师请益,后参礼天台山国清寺。翌年(805)春返回明州,五月随遣唐使第一船自明州望海镇(镇海)扬帆归国。⑥ 继最澄之后,圆载、惠萼、圆珍等入唐僧也先后巡礼天台山,其中,圆珍成就最高,归国后成为日本天台宗寺门派之祖,获赐智证大师法号。⑦ 圆珍于唐

---

① 《海盐澉水志》卷四《坊场门》记载:"市舶场在镇东海岸,淳祐六年创市舶官,十年置场。"
② 冯汉镛:《宋代国内海道考》,《文史》第26辑,中华书局,1986年。
③ 杨古城、曹厚德:《三门湾航帮与中日文化交流》,浙江大学日本文化研究所、神奈川大学人文学研究所编《中日文化论丛——1999》,北京图书馆出版社,2001年。
④ 《唐房行履录》卷上《智証大師年譜》天安二年六月八日条至六月二十二日条。
⑤ 《三代実録》元慶元年八月二十二日条。
⑥ 最澄在明州、台州行迹,有《最澄明州牒》《最澄台州公验》以及《传教大师请来目录》等文书史料可资考证。相关文书内容及其解读参见:张学锋《日本入唐求法僧最澄所携明州、台州官文书三种》,宁波市文物考古研究所等编《宁波文物考古研究文集》,科学出版社,2008年,第240—248页。
⑦ 木宫泰彦:《日華文化交流史》,富山房,1955年,第149—151页。

大中七年(853)八月搭乘唐商船自日本五岛列岛放洋,同月到达福州连江县。① 之后,自福州北上,经温州横阳县、安固县、永嘉县,进入台州境内的黄岩县、临海县,是年十二月巡礼天台山②。如前章所述,唐大中十年(856)圆珍从越州商人詹景全、刘仕献、渤海国商主李延孝、李英觉处募得资费4000文,在天台山国清寺修建了专供留学僧寄宿的三间僧舍。

到了北宋时期,台州虽未设立市舶机构,但凭借港航优势,台州船团相当活跃。尤其是在10世纪末至11世纪前期,台州舶商成为两浙赴日海商中最具影响力的一个群体,他们以三门湾为根据地从事航海贸易,其中的代表人物包括周文德、郑仁德、周文裔、周良史。根据"端拱二年五月诏",北宋端拱二年(989)五月之前,赴海外贸易的两浙海商尚不需要前往两浙市舶司所在地"请官给券以行",因此在出发港和回航港的选择上相对自由。③ 宋太平兴国八年(983)八月,日本东大寺入宋僧奝然率弟子成算、嘉因搭乘宋商陈仁爽、徐仁满之船到达台州。宋雍熙三年(986)年七月奝然乘"台州客"郑仁德船自台州出发归国。④ 日本永延二年(988)其弟子嘉因再次渡宋,仍搭乘郑仁德船⑤,淳化元年(990)乘台州商人周文德船归国⑥,嘉因所乘的台州海商船舶可能仍以台州辖域的港湾为出入地。日本万寿四年(1027)六月五日,宋商陈文祐、章仁昶驾船从明州出发,同月十一日到达台州东门,二十六日解缆出洋,遇风阻航,只好于二十九日返回明州,直到八月四日才得以离

---

① 《行歷抄》大中七年八月九日条至八月十五日条;《唐房行履録》卷上《智証大師年譜》大中七年八月九日条至八月十五日条。

② 圆珍在台州行迹的佐证史料包括《圆珍台州黄岩县公验》《圆珍台州临海县公验》《圆珍台州牒》等。相关史料解读参见:砺波護《唐代の過所と公験》,砺波護编《中国中世の文物》,京都大学人文科学研究所,1993年,第689—693页。

③ 前文论及,两浙市舶司可能设立于诏令颁布的端拱二年(989)或之前不久,该诏令见载于《宋会要辑稿》职官四四之二:"自今商旅出海外蕃国贩易者,须于两浙市舶司陈牒,请官给券以行,违者没入其宝货。"据此可知,端拱二年(989)五月之前尚无赴海外贸易者必须到两浙市舶司陈牒的硬性规定。

④ 《優填王所造栴檀釈迦瑞像歷記》,佛書刊行会编《遊方傳叢書》第二(日本佛教全書),第一書房,1979年,第309—320页。

⑤ 《続左丞抄》第一《永延二年二月八日　太政官符大宰府》。

⑥ 《小右記》正暦元年七月二十日条。

开中国海岸,当月十日到达日本值嘉岛,十四日航抵柏岛(唐津市神集岛)。①陈文祐船在明州办理舶务手续出航后,并未直接扬帆东渡,而是在台州逗留了十几日才驶向外洋,这证明台州有时被宋商作为往返日本的经行地。

另外,北宋时期台州海商亦有赴高丽贸易者。据韩国学者全海宗整理的《宋商来高丽一览表》,北宋赴高丽台州商人包括:高丽德宗元年(1031)陈惟志,同行64人;靖宗四年(1038)陈维绩,与明州商人陈亮同行,合计147人;文宗三年(1049)徐赞,同行71人。②

11世纪中期直到南宋末年,文献史料中很少有赴日商船出入台州港湾的记录。不过,赴日贸易船在从市舶司(务)所在港口起航之后,以及返回市舶港之前,均有可能停泊台州境内的港湾。尤其是在明州履行市舶手续的商船,自明州出发或返航明州之际,若遇风向稍有偏差,海舶即有可能驶向与明州海域毗邻的台州海域。而且海商亦会有意将航迹扩大至市舶港之外的港口,以期赢得更大的运作空间。南宋包恢撰于13世纪50年代的《禁铜钱申省状》云③:

> 盖倭船自离其国渡海而来,或未到庆元之前,预先过温、台之境,摆泊海涯,富豪之民公然与之交易。倭所酷好者,铜钱而止。海上民户所贪嗜者,倭船多有珍奇。凡值一百贯文者,止可十贯文得之,凡值千贯文者,止可百贯文得之。似此之类,奸民安得而不乐与之为市?及倭船离四明之后,又或未即归其本国博易,尚有余货,又复回旋于温、台之境,低价贱卖交易如故。

由此可见,一些倭船(宋日贸易船)在前往庆元(明州)之前和离开庆元

---

① 《小右记》万寿四年八月三十日条。根据同条记载,万寿三年(1026)八月十三日陈文祐船从日本返宋,九月九日到达明州,万寿四年六月又自明州出航。陈文祐是福州商客,其出航和返航的舶务手续则在明州办理。
② 全海宗:《论丽宋交流》,《浙东文化》2002年第1期。
③ 包恢:《敝帚稿略》卷一《禁铜钱申省状》。

之后,会前往温州、台州境内进行私密交易①。而且,当时倭船所到之处广纳铜钱,曾造成"台城一日之间,忽绝无一文小钱在市行用"的情况,包恢曾任台州知府,所言之状应为亲历。②

此外,在两宋时期,天台山被日本佛教界视为圣山。北宋太平兴国八年(983)九月,日本东大寺入宋僧奝然一行巡礼天台山,并驻锡天台一个月。③ 日本宽和二年(986),日本天台宗僧都源信委托宋商周文德将自己的著作《往生要集》寄赠给天台山国清寺,周文德赴天台山完成托付之后,致函源信报告了情况。④ 宋熙宁五年(1072)五月,日本天台宗僧侣成寻一行登天台山巡礼圣迹。⑤ 元丰五年(1082)九月,日本天台山延历寺僧戒觉到达明州,十月二日向官府提出申文,申请前往五台山、天台山,并陈明登天台"礼智者大师之遗像"的愿望,得到的批复是"先须届天台山而送此冬也",翌年春季候旨赴五台山。不过,戒觉《渡宋记》中并未言及他在天台山的行迹。⑥ 总之,巡礼天台山和五台山是北宋时期日本入宋僧的主要志愿。

到了南宋时期,五台山在金政权域内,台州天台山—明州育王山—临安径山成为入宋日僧的主要修行轨迹。重源、荣西、道元、辨圆等名僧均曾挂锡于天台山。毫无疑问,天台山在宋日佛教交流过程中占有至关重要的地位。

---

① 榎本涉曾在其论文中论及海商在市舶司所在地之外的他港从事所谓"密贸易"的情况。参见:榎本涉《唐—元代における日中交通路の変遷》,林立群主编《跨越海洋:"海上丝绸之路与世界文明进程"国际学术论坛文选(2011·中国·宁波)》,浙江大学出版社,2012年,第151—166页。
② 米凯尔·阿道夫森(Mikael S. Adolphson)有专文论及宋日贸易船自浙江沿海输出宋钱的史实。参见:Mikael S. Adolphson, "The Coin Conundrum in Twelfth Century Japan",林立群主编《跨越海洋:"海上丝绸之路与世界文明进程"国际学术论坛文选(2011·中国·宁波)》,浙江大学出版社,2012年,第122—141页。
③ 《優填王所造栴檀释迦瑞像歴记》,佛书刊行会编《遊方传叢书》第二(日本佛教全书),第一书房,1979年,第309—320页;《奝然入宋求法巡礼行並瑞像造立记》,京都清涼寺藏纸本墨书。
④ 《朝野群载》卷二十《异国·宋国弟子周文德赠惠心僧都返报》。
⑤ 《参天台五臺山记》熙宁五年五月十二日条至五月廿六日条。
⑥ 《渡宋记》元豊五年十月二日条至十月十五日条。

温　州

温州是宋代两浙路沿海最南的港城,其州治所在地位于瓯江之滨,距瓯江口大约25公里,十分方便海船出入。2021—2022年,考古工作者对宋元温州朔门古港遗址进行了发掘。这座港埠位于温州古城朔门外,北邻瓯江,与瓯江中的江心屿遥相对应。遗址内发现了8座码头、1条木栈道,出土了2艘沉船以及宋元瓷片等大量遗物,遗址考古发掘揭示了宋元温州港的空间结构。[1] 另外,瓯江口之东的温州湾、以北的乐清湾、温州之南瑞安飞云江口、龙港鳌江江口等地都有海舶停靠的良所。

晚唐时期,与明州、台州一样,温州境内港湾也成为赴日唐商的出发地和回航地。唐会昌二年(842),日僧慧运搭乘唐商李处人的海船,从肥前值嘉岛放洋,航抵温州乐城县(乐清)玉留镇。[2] 唐乾符四年(877),圆珍弟子智聪与另一日僧圆载乘李延孝船回国,途中船覆,李延孝和圆载等人遇难,智聪漂流到温州,与"大唐处士"骆汉中搭乘另一艘海船抵达日本。[3]

北宋初期,有温州人前往日本。据日本文献《本朝丽藻》所载《仲秋释奠万国咸宁赋》之尾注,日本长保五年(1003),"大宋温州、洪州人频以归化"[4]。洪州即江西南昌,洪州人应也是取道温州、明州等两浙港口赴日的。另外,自北宋起,温州与明州并为东南沿海最重要的两个造船基地,宋哲宗时期温州与明州的造船量一度占到全国造船总额的20%。[5] 温州造船业繁荣的基础是当地优越的港口条件和发达的水上交通(包括海上与内河),温州制造的船舶需从温州船场所在港口发往沿海各地。

---

[1] 浙江省文物考古研究所:《浙江温州朔门古港遗址》,http://www.ncha.gov.cn/art/2023/3/24/art_2697_180543.html,2023年3月24日。

[2] 《入唐五家傳》之一《安祥寺慧運傳》會昌二年五月端午日條;《安祥寺伽藍緣起資財帳》。

[3] 《三代实录》元慶元年十二月二十一日條。

[4] 《仲秋释奠万国咸宁赋》作于长保五年(1003)八月十日,该赋载于:《本朝麗藻》卷下《帝德部》。亦收于:林文理編「博多綱首」関係史料,《福岡市博物館研究紀要》第4号,1994年,第94頁。

[5] 孙光圻:《中国古代航海史》,海洋出版社,2005年,第276页;唐勇、刘恒武:《宋代宁波地区的造船业》,《宁波教育学院学报》2008年第1期。

如前文所述,大约在绍兴元年(1131)或稍早,温州市舶务建立,市舶务的设立为温州本地海商提供了方便。南宋时期,温州海商已经颇具声名,洪迈(1123—1202)的《夷坚支志》所收航海贸易故事——《海山异竹》,主人公即是一位"温州巨商"。故事讲到:温州巨商张愿,世为海贾趋利而行,往来海上数十年。绍兴七年(1137),张愿驾船涉大洋,遭风漂流至宝伽山,登岸伐竹十竿,又遇白衣翁指点迷津,顺利返回本乡海滨,因张愿不知宝伽山竹为世间奇珍,已将其中的九竿制成了篙、桹等船上用具。海船抵岸系缆之后,遇"倭客"和"昆仑奴"争相求购船中所余一竹,最终张愿以5000缗将竹子卖给了"昆仑奴"。①《海山异竹》虽属民间所传奇闻逸事,故事情节应为虚构,但其中的一些背景叙事则并非凭空书写,诸如南宋温州海商远航海外、日本商客("倭客")②和南洋舶商("昆仑奴")前来温州贸易等叙述均应是当时温州的实况。据《建炎以来系年要录》记载,绍兴十五年(1145),"日本国贾人有贩琉黄及布者,风飘泊温州平阳县仙口港,舟中男女凡十九人。守臣梁汝嘉以闻,诏汝嘉措置发遣"③。该船载员19人,较一般赴日宋商海舶为小,而且男女同船,不合宋船惯例,故此推测该船可能是发自九州西南的日本船只。

宁宗更化(1195)之后,温州与江阴、秀州三务被废。④尽管如此,如前文所述,13世纪上半叶,一些宋日贸易船在前往庆元(明州)之前和离开庆元之后,会前往温州、台州沿海港湾进行私密交易。

(二)福建港口

福　州

唐宋时期福州辖域的港口,以闽江入海口为最大,福州州治亦在闽江北

---

① 洪迈:《夷坚支志》丁卷三《海山异竹》。
② 所谓"倭客",更可能指赴倭商客,即往来于宋日之间的宋商。
③ 李心传:《建炎以来系年要录》卷一五四。
④ 《宝庆四明志》卷六《叙赋下·市舶》:"宁宗皇帝更化之后,禁贾舶泊江阴及温、秀州,则三郡之务又废。"

岸江滨,位于闽江口之西40余公里。闽江口原本有礁石当道,五代王审知对之进行了开凿疏通,自此之后航道畅通。北宋时期,闽人又在马尾建造罗星灯塔用以导航,港航条件得到进一步改善。① 在闽江口之北,位于敖江口的连江浦口以及地处福宁湾的霞浦也是海船停泊地。闽江口南侧还有优良港湾——福清湾,位于福清湾西北的海口镇是一处泊船港埠。

唐贞元二十年(804)七月,日本遣唐使第一船航抵福州长溪县赤岸镇(霞浦赤岸)巳南海口,之后从福州北上前往长安。② 圆珍于唐大中七年(853)八月搭乘唐商船自日本五岛列岛放洋,同月十五到达福州连江县。③ 之后,圆珍一行赴福州都督府,再转海口镇取道海路前往台州。④ 唐咸通六年(865)六月,跟随真如亲王入唐的宗叡、伊势兴房等人搭乘李延孝船,从福州出发经五天四夜航抵日本值嘉岛。⑤ 后唐天成二年(927)一月,日僧宽建一行得日本大宰府公牒,渡海至福州,再经闽北建州(治所在闽北建瓯)前往五台山巡礼。⑥

两宋时期,福州虽然未置市舶司(市舶务),但福州海商十分活跃。北宋赴日海商中,根据文献可以确知出身福州的商客有:上官用铦、陈文祐、潘怀清、吴铸、林通。⑦ 他们在日本文献中被称为"大宋国福州商客",其海船应以福州为始发地和运营据点,但赴日之前以及返回福州之前需前往明州、杭州等市舶司所在港办理舶务手续。南宋时期,如前章所述,由于很多宋商反客为主,转以日本九州为贸易根据地,故此日本文献很少明记宋商原籍地,而以"博多纲首"作为他们的一般称呼。不过,根据石刻文字资料,我们仍能查知博多纲首中闽北商人的存在。例如,宁波现存旅日宋人三块刻石中的"张

---

① 冯汉镛:《宋代国内海道考》,《文史》第26辑,中华书局,1986年。
② 《日本後紀》延暦廿四年六月八日条。
③ 《行歴抄》大中七年八月九日条至八月十五日条;《唐房行履録》卷上《智証大師年譜》大中七年八月九日条至八月十五日条。
④ 参见:《圆珍福州都督府公验》。圆珍福州公验合计两通,第二通有福建海口镇镇将朱浦的验文。相关解读参见:砺波護《唐代の過所と公験》,砺波護編《中国中世の文物》,京都大学人文科学研究所,1993年,第681—684页。
⑤ 《入唐五家傳》之四《真如親王入唐略記》咸通六年六月条。
⑥ 《日本紀略》延長五年正月廿三日条;《扶桑略記》延長四年五月二十一日条。
⑦ 森克己:《続日宋貿易の研究》,勉誠出版株式会社,2009年,第235—236页;薛豹:《赴日宋商之研究》,北京师范大学博士学位论文,2012年,第55—60、70页。

公意刻石",其铭主张公意原籍福建路"建州普城县"(即建宁府浦城县)①。其地位于闽北内地,浦城商贾若经营航海贸易,无疑需要依托福州的港湾。

宋代亦有取道海路赴高丽贸易的福州商人,时段上主要为北宋初期。高丽显宗十年(1019)七月,福州人卢瑄等一行100余人航抵高丽,船上载有香药等物。显宗十三年(1022),福州人陈象中等赴高丽营商。②

泉　州

唐宋时期,泉州是福建沿海港航条件最为优越的港城,这里既有晋江航道伸入内陆腹地,又有深嵌陆地的泉州湾可供海船栖息出入。泉州治所距离晋江入海口大约10公里,海船可直达州城。另外,位于泉州湾之北的湄洲湾也是一处被半岛和岛屿环绕的优良港湾,亦是妈祖信俗的起源地,拥有悠久的航海传统。在中国大陆海岸线众多港城之中,泉州港的重要性在于,它北连东海航线,南接南海航线,处在两条外洋航线的衔接点上。

如果进行港史溯源,泉州不如明州史脉悠久,但若论真正意义上的港城的确立时间,则泉州与明州大致相当。唐久视元年(700),以晋江下游的今泉州市地为治所置武荣州,景云二年(711)改武荣州为泉州,治所未移。③ 自此之后,泉州城市渐具规模,而滨江达海的优越地理位置也为其成为一座东方大港提供了条件。而8世纪也是明州甬江入海口、三江口港埠初具雏形的时期。

中外文献史料中,均不见往来于唐日、唐新之间的海舶出入泉州港的记录。晚唐时期,明州逐渐发展为东亚海上交通的第一要港,这时期福建沿海与东亚海航系统对接的港城是福州,而非泉州。直到北宋,随着泉州海商的活跃,泉州开始进入宋日、宋丽的航海贸易圈。见诸史籍的宋代赴日泉州人

---

① 刘恒武:《宁波古代对外文化交流——以历史文化遗存为中心》,海洋出版社,2009年,第120—121页。
② 全海宗:《论丽宋交流》,《浙东文化》2002年第1期。
③ 许在全:《泉州港与"海上丝绸之路"》,中国航海学会等编《泉州港与海上丝绸之路》,中国社会科学出版社,2002年,第8—24页。

以郑庆、李充为代表①,郑庆亦名郑三郎,是日本延久四年(1072)在日的曾聚船的三船头,是年三月启程返宋,三月十五日行至松浦郡壁岛(唐津市加部岛)时,接纳入宋僧成寻一行上船。② 该船一船头曾聚来自南雄州(今广东南雄),二船头吴铸为福州人,显然是闽粤系海舶,但回航目的地是市舶司所在地杭州。泉州纲首李充于北宋崇宁四年(1105)六月从泉州发船,经行明州申请公凭赴日交易,根据日方留存的李充存问记,崇宁元年(日本康和四年,1102),他曾随纲首庄严赴日,文书虽未明记庄严出身地域,但李充作为"庄严之人徒",与庄严"相共归乡",故此推测这次航行可能也是自泉州始发。③

相比之下,泉州海商在赴高丽宋商群体中更具影响力。根据陈高华、全海宗的研究,宋代赴高丽泉州商人包括:高丽显宗六年(1015),欧阳征;显宗八年(1017),林仁福,同行40人;显宗十年(1019),陈文轨,同行100人;显宗十一年(1020),怀贽;显宗十四年(1023),陈亿;显宗十九年(1028),李善,同行30余人;显宗二十一年(1030),卢遵;德宗二年(1033),林蔼,同行55人;端宗十一年(1045),林禧;文宗三年(1049),王易从,同行62人;文宗十二年(1058),黄文景;文宗十三年(1059),萧宗明;文宗十七年(1063),林宁、黄文景;文宗二十二年(1068)、文宗二十四年(1070),黄慎;文宗二十九年(1075),傅旋;宣宗四年(1087),徐戬;宣宗五年(1088),刘载;宣宗六年(1089),徐成,同行59人;宣宗七年(1090),徐成,同行150人。④

日本研究者原美和子特别关注了黄慎、傅旋等泉州商人参与宋丽官方交往以及徐戬等泉商参与宋丽佛教交流的事实。⑤ 宋熙宁元年(1068)、熙宁三年(1070)受福建转运使罗拯派遣,泉州商人黄慎⑥、洪万等人两度携带宋

---

① 森克己:《続日宋貿易の研究》,勉誠出版株式会社,2009年,第236页;薛豹:《赴日宋商之研究》,北京师范大学博士学位论文,2012年,第58、60、70页。
② 《参天台五臺山記》延久四年三月十五日条。
③ 《朝野群載》卷二十《異国・大宋国商客事・宋国商客存問記》。
④ 陈高华:《北宋时期前往高丽贸易的泉州舶商——兼论泉州市舶司的设置》,《海交史研究》1980年第2期;全海宗:《论丽宋交流》,《浙东文化》2002年第1期。
⑤ 原美和子:《宋代海商の活動に関する一試論》,小野正敏等編《中世の対外交流》(考古学と中世史研究3),高志書院,2006年,第123—149页;原美和子:《宋代東アジアにおける海商の仲間関係と情報網》,《歴史評論》第592号,1999年。
⑥ 《宋史》卷四八七《外国三・高丽》将"黄慎"记作"黄真",《宋史》卷三三一《罗拯传》则记为"黄谨"。

朝文书前往高丽,并受到高丽礼宾省的安置接待。① 宋熙宁八年(1075),"泉州商人傅旋持高丽礼宾省帖,乞借乐艺等人"②。这说明,在一段时期内泉州商人充当了宋丽官方之间信使的角色。另外,元祐年间(1086—1094)泉州商人徐戬与高丽僧人交往之事,遭到苏轼的质疑而被上奏追责。涉事人徐戬曾数次为宋华严宗净源大师和高丽入宋求法僧义天大师传递信函。净源大师是泉州晋水(今泉州晋江)人,曾住持泉州清凉寺,与徐戬有同乡之谊。元祐三年(1088)十一月,净源于杭州慧因院示寂,翌年(1089)十一月,徐戬又载义天大师弟子寿介从高丽抵宋,寿介此行是为祭奠净源,并携带了两尊金塔准备献给宋廷。此前,徐戬还曾为高丽雕造经板2900余片,运往彼国后得到酬银3000两。苏轼认为,徐戬因得厚利而私载高丽人渡海,有贻害关防之虞,故奏请将徐戬发送僻地州军编管。③ 泉州商人给苏轼印象不佳,在他看来,闽商奸狡,专擅往来宋丽海上牟利。④ 而且,当时确有海商以赴高丽经商为名,实际却私入辽国的事例。例如,元祐五年(1090)七月,泉州纲首徐成告发商客王应昇秘密取道海路前往辽国贸易⑤。元祐四年(1089)高丽僧来航事,泉商徐戬是当事人;元祐五年(1090)王应昇私渡辽国事,泉商徐成则是告发者。这两件与泉州商人有关的案例是苏轼起撰《乞禁商旅过外国状》的引子。

事实上,在上述两个事件发生之前的元祐二年(1087)十月,泉州市舶司设立。⑥ 一方面可以说,泉州市舶司的设立是泉州海商影响力增大的必然结

---

① 全海宗表格中也列有黄慎,但未记明黄慎为泉州商人。关于黄慎等人赴高丽事,全海宗与陈高华、原美和子所依据的文献均为《高丽史》卷八和《宋史》卷四八七,唯全表未记黄慎之出身地域,应为疏漏。
② 《续资治通鉴长编》卷二六一。
③ 苏轼:《东坡全集》卷五十八《奏议·乞禁商旅过外国状》;《东坡全集》卷五十六《奏议·论高丽进奉状》。
④ 苏轼在《论高丽进奉状》中提到"福建狡商专擅交通高丽,引惹牟利如徐戬者甚众"。
⑤ 苏轼《乞禁商旅过外国状》云:"今年(元祐五年)七月十七日,杭州市舶司准密州关报,据临海军状申准高丽国礼宾院牒,据泉州纲首徐成状称,有商客王应昇等冒请往高丽国公凭,却发船入大辽国买卖。寻捉到王应昇等二十人及船中行货,并是大辽国南挺银、丝、钱物,并有过海祈平安将入大辽国愿子二道。本司看详显见,闽浙商贾因往高丽遂通契丹,岁久迹熟,必为莫大之患。"
⑥ 《宋会要辑稿》职官四四之八载:"哲宗元祐二年十月六日,诏泉州增置市舶。"

果；另一方面，泉州市舶司也为泉商赴海外贸易提供了便利。日本学者近藤一成指出，熙宁三年（1070）宋丽之间恢复遣使、元祐二年（1087）置泉州市舶司，宋廷这些举措均与泉州海商的介入与推动有关。① 在此，还有一个问题是：前文论及，按"元丰市舶条"规定，凡赴日本、高丽商舶必须前往明州市舶司领取公凭，那么，元祐二年（1087）置泉州市舶司之后，泉州始发的赴丽商船是否仍须经行明州申领市舶公凭？根据苏轼《乞令高丽僧从泉州归国状》来看，是时泉州海舶已可直赴高丽。这通奏状有如下论述：元祐四年（1089）十一月，宋廷下旨令高丽僧寿介从明州搭便舶归国，但苏轼查知"明州近日少有因便商客入高丽国"，故而担心寿介滞留过久，又"闻泉州多有海舶入高丽往来买卖"，于是奏请将寿介"发往泉州附船归国"。② 由此来看，苏轼上奏之际的实情是：明州往高丽船少，而泉州赴高丽船多，若泉州船赴高丽之前必须经行明州办理公凭，那么就不可能出现明州赴高丽船少的状况，苏轼也无须特意奏请朝廷改遣寿介从泉州搭船回国了。无疑，当时明州与泉州分别都有海船直接发往高丽。不过，需要指出的是，北宋崇宁四年（1105）六月，泉州纲首李充从泉州发船，经停明州领取了赴日交易公凭。其中包含了两种可能性：其一，泉州海商可以自行选择在泉州市舶司或明州市舶司履行赴日、丽贸易手续，李充选择了明州；其二，当时泉州市舶司不具有处理赴日贸易事务的权限，赴日泉州海商必须前往明州办理相关手续。自元丰期至北宋末，宋廷市舶管理的集中化程度有过波动，崇宁年间（1102—1106）的具体情况尚待进一步探究。

进入南宋时期，宋丽文献均很少明记海商出身地域，这种情况与宋日史料有关赴日南宋海商的记录相似。究其原因，推测同样与当时赴丽宋商的

---

① 近藤指出，苏轼《乞禁商旅过外国状》云"自熙宁四年，发运使罗拯始遣人招来高丽，一生厉阶，至今为梗"，以苏轼之见，罗拯是促成宋丽恢复通使的关键人物，而前往高丽的疏通人则是黄慎等泉州海商。关于泉州商人对市舶司增置的影响，近藤推断，密州方面原本元丰六年（1083）就有设置市舶司的动议，但延至泉州市舶司设立半年之后才得以实现，个中缘由或与泉商的利益诉求有关。参见：近藤一成《文人官僚蘇軾の対高麗政策》，《史滴》第23号，2001年。另外，关于宋丽通交的历史经纬，参见：杨心珉、刘恒武《从浙东海交活动看两宋政权对高丽政策的转变与得失》，《江苏社会科学》2010年第2期。
② 苏轼：《东坡全集》卷五十六《奏议·乞令高丽僧从泉州归国状》。

本地化倾向有关。《文献通考》载：高丽"王城有华人数百，多闽人，因贾舶至者。密试其能，诱以禄仕，或强留之终身"①。据此可知，高丽王城开京（今朝鲜开城）有数百居留华人，以闽人为主，若言以"贾舶"至丽的闽人，无疑以泉州和福州的海商居多。宋人居留高丽开京，与宋人居留日本博多历史进程平行、背景情形相似。

（三）浙闽沿海航线

首先，由北至南对浙闽沿海航线做一考察。杭州湾北岸杭州—海盐—金山一线与杭州湾南岸宁波—舟山一线的海上交通史，可以上溯到史前及先秦吴越时期，当时舟船可以利用杭州湾潮汐和季风往来于杭州湾南北两岸。不过，有文献可考的杭州湾两岸的海航记录，只能追溯至东晋时期。根据《宋书》相关记载，东晋安帝隆安五年（401），孙恩攻句章未克，退出浃口（甬江入海口），遂驱船北上袭扰海盐。② 晚唐至宋代，随着两浙海商的活跃，杭州湾两岸间的海上联系更为频密。

宋代杭州的海上航线，其中一条东北向延伸，连接澉浦、金山、洋山岛，至秀州市舶务所辖的青龙港，再向北可达泰州③；另一条出钱塘江之后抵澉浦，再由澉浦连接明州。《开庆四明续志》记载了宝祐六年（1258）定海（镇海）十艘军船在庆元府港（宁波三江口）接受检阅后出定海口驶抵澉浦之事。④ 宁波与澉浦之间的航路，在宋代亦是军船巡视的路线，应是一条被频繁利用的海上交通线。此外，杭州与明州之间，还有一条兼用了浙东海路与河道的路线，即前文讲到的成寻赴杭之路：定海招宝山（甬江入海口）—明州

---

① 参见：马端临《文献通考》卷三二五《四裔考二·高句丽》。另外，《宋史》卷四八七《外国三·高丽》也有相同记载。
② 《宋书》卷一《本纪第一·武帝上》记载："（隆安）五年春，孙恩频攻句章，高祖屡摧破之，恩复走入海。三月，恩北出海盐，高祖追而翼之，筑城于海盐故城。"《宋书》卷四十七《刘敬宣传》亦有相同记载。
③ 《宝庆四明志》卷三《叙郡下·官僚》载："若自通泰州南沙、北沙，转入东签料角黄牛垛头放洋至洋山，沿海岸南来至青龙港，又沿海岸转徘徊头至金山，入海盐县澉浦镇黄湾头，直至临安府江岸。此海道二也，系浙西路。"
④ 《开庆四明续志》卷六《水阅》。

界内(改换河船)—越州思胡浦(曹娥江口)—杭州湾—钱塘江江道—萧山泊(西兴泊)—杭州凑口。这条路线东北向与舟山群岛西侧海道联结。

宁波至舟山之间的海上交通也拥有悠久的历史。越王句践灭吴之后，曾欲将吴王夫差囚禁于甬句东(即今舟山)①。汉晋时期，舟山无县级行政建制，归属鄮县。东晋安帝时期，孙恩及其后继者卢循凭借强大武装船团与晋廷抗衡，频繁往来于宁波、舟山之间。到了唐宋时代，宁波—舟山航线不仅是盐船、渔船的往来通衢，也是宁波赴日本、高丽商船的出入走廊。宋代，宁波—舟山航线比较明了，其中一条是由宁波顺甬江航道至定海招宝山，再经金塘水道、螺头水道至舟山本岛的沈家门，由沈家门可前往舟山群岛西部的普陀山、朱家尖等岛屿。② 另一条是出定海甬江口之后，先至烈港，再由烈港前往岱山、大小衢山等舟山群岛西部诸岛。③

关于宁波南下至浙南、福建的早期航海记录，主要见于汉代史料。《史记·东越列传》载：元鼎六年(前111)，汉武帝派横海将军韩说率水军从句章(今宁波城山渡)出发讨伐东越王余善，次年冬攻入东越(今浙南、闽北一带)。④ 汉武帝先后统一东越、闽越及南越之后，福建、浙江一带的近海航路成为汉朝南疆与北方之间的重要物流路线。《后汉书·郑弘传》载："交趾七郡，贡献转运，皆从东冶泛海而至。"⑤东冶在今福建福州，交趾地区的贡物经行福州浮海北上，循浙南、浙东沿海可达长江口。之后，这条海道在治世是商舶往来、渔船游弋的通路，在乱世则是江南士民躲避战火、南下求存的捷径。《三国志·王朗传》记载，孙策渡江略地，会稽太守王朗"举兵与策战，败绩浮海至东冶"⑥。王朗原本欲避走交州，结果行至福州兵溃。东汉会稽郡治位于山阴(绍兴)，王朗军船应自曹娥江口或句章出海南下。三国时期孙吴船队航迹北至辽东半岛和朝鲜半岛，南抵夷洲(台湾)、海南，浙闽沿海航

---

① 关于《国语》卷十九《吴语》提及的"甬句东"的位置，韦昭注云"甬句东，今句章东海口外洲也"，无疑即指舟山。
② 参见《宣和奉使高丽图经》卷三十四《海道一》的相关记载。
③ 《参天台五臺山記》延久四年三月二十五日条至四月五日条。
④ 《史记》卷一一四《东越列传》。
⑤ 《后汉书》卷六十三《郑弘传》。
⑥ 《三国志》卷十三《魏书·王朗传》。

路为其频繁利用。东晋末年孙恩、卢循船团纵横恣肆于宁波、舟山、海盐、台州、温州,所凭借的正是海民船人对浙江海路的谙熟。唐宋时期,东南沿海地域互通的推进以及跨洋贸易的展开,明、台、温、福、泉各港之间的联动更为频密。

宁波—舟山海路向南赴台州,先须过崎头洋,再向南过三门湾,这里除了位于湾内港汊的白峤(今宁海白峤)、浮门(今宁海旗门)两港,还有三山镇也是海商泊船之所①。三门湾南为台州湾,台州境内的椒江由此入海,椒江入海口北岸有章安古港。自台州湾沿台州海岸南下,可达明州—台州之间的海道要津松门寨②。松门寨向南一般途经青澳门③,再达温州港口④。

一般认为,温州与福州之间的海路交通节点是平阳莆门寨、连江荻芦。⑤另外,邻近鳌江入海口的江口(龙港市江口村)也是浙闽间海路要津。入唐僧圆珍一行曾从福州管内的海口(福清海口镇)取道海路抵达当时隶属横阳县(今平阳县)的江口。⑥

---

① 冯汉镛在《宋代国内海道考》(《文史》第 26 辑,中华书局,1986 年)一文中指出,宋代三山镇为小岛,隶属宁海县。
② 据《建炎以来系年要录》卷三十二,建炎四年(1130)三月宋高宗船队一度至章安镇,再抵松门寨。
③ 据《建炎以来系年要录》卷三十一,建炎四年(1130)正月,金兵犯明州,宋高宗一行取道海上匆忙南遁,在到达温州港之前,先泊于青澳门。青澳门具体地点难考,按冯汉镛之说,该地位于玉环附近海中,两山夹峙。参见:冯汉镛《宋代国内海道考》,《文史》第 26 辑,中华书局,1986 年。
④ 据《建炎以来系年要录》卷三十一"温州港口"之注,温州港口应指温州海口的"馆头"。由馆头入瓯江可达江心屿。
⑤ 冯汉镛《宋代国内海道考》(《文史》第 26 辑,中华书局,1986 年)和黄纯艳《宋代近海航路考述》(《中华文史论丛》2016 年第 1 期)两文都论及莆门寨在浙闽间海道的重要性,但均未言明莆门的具体位置。据《清一统志》,莆(蒲)门在平阳县南一百二十里,笔者认为,以道里计,莆门可能在今浙闽交界处的沿浦镇—霞关镇一带。黄文指出,荻芦是温州至福州航路的要所,但未言明其位置。据杜臻《粤闽巡视纪略》卷五,荻芦门属连江县,荻芦江与闽江相连。由此可知,荻芦是闽江口外港。
⑥ 砺波護:《唐代の過所と公験》,砺波護编《中国中世の文物》,京都大学人文科学研究所,1993 年,第 682—685 页。

福州与泉州之间,有福清湾海口镇①、湄洲湾莆口②。尤其是后者,作为妈祖信俗的起源地,受到海商的格外重视。③ 根据文献记载,从番禺至福州的海船必须途经莆口。④ 自湄洲湾向南可达小兜(今泉州崇武镇),小兜是位于泉州湾东北的海岬,是北来海船进入泉州湾的必经之地,宋代在此设有巡检司。⑤ 泉州湾南岸还有一处名为"石湖"(今石狮市石湖港区)的泊所,是扼控泉州湾出入的门户。⑥ 过石湖西进可抵晋江江口,这里有海船码头——法石,自法石溯晋江而上即至泉州城下。⑦ 由泉州湾南下经祥芝角⑧,祥芝角南、深沪湾北为另一处海路要所——永宁(今石狮市永宁镇)。⑨ 由永宁南行至围头湾,围头湾东侧的尖岬即"围头",也是一处良港。⑩ 围头湾北还有石

---

① 黄纯艳指出,福清海口巡检即北宋前期的钟门巡检。参见:黄纯艳《宋代近海航路考述》,《中华文史论丛》2016 年第 1 期。

② 冯汉镛认为,莆口是莆田出海口的简称。参见:冯汉镛《宋代国内海道考》,《文史》第 26 辑,中华书局,1986 年。地当湄洲湾西南门户的湄洲岛,或即莆口所在地。

③ 洪迈《夷坚支志》丙卷九《林夫人庙》记曰:"兴化军境内地名海口,旧有林夫人庙,莫知何年所立。室宇不甚广大,而灵异素著。凡贾客入海,必致祷祠下,求杯珓,祈阴护,乃敢行。"

④ 洪迈《夷坚支志》戊卷一《浮曦妃祠》记曰:"绍熙三年,福州人郑立之自番禺泛海还乡,舟次莆田境浮曦湾"。

⑤ 真德秀《西山文集》卷八《申枢密院措置沿海事宜状》云:"小兜寨取(泉州)城八十里,海道自北洋入本州界。"又,《粤闽巡视纪略》卷五记载:"崇武所在大岞山,县东南极境也……宋为小兜巡检司。"

⑥ 真德秀《西山文集》卷八《申枢密院措置沿海事宜状》载:"石湖寨取城五十里,旧名海口南镇,与北镇相对。"

⑦ 真德秀《西山文集》卷八《申枢密院措置沿海事宜状》载:"法石寨去城一十五里,水面广阔,寨临其上,内足以捍州城,外足以扼海道。"

⑧ 祥芝角在今石狮祥芝镇,也称祥芝澳,地处泉州湾东南端的尖岬,是泉州湾口的泊船良所。杜臻《粤闽巡视纪略》卷五记载:祥芝澳"东面大海,南接永宁,北临支海,与崇武相对,澳内可泊南风船五十余"。

⑨ 真德秀《西山文集》卷八《申枢密院措置沿海事宜状》载:"永宁寨去法石七十里。初,乾道间,毗舍耶国入寇,杀害居民,遂置寨于此。其地阚临大海,直望东洋,一日一夜可至澎湖。"

⑩ 真德秀《西山文集》卷八《申枢密院措置沿海事宜状》载:"围头去永宁五十里,视诸湾澳为大,往来舟船可以久泊,访之土人,贼船到此,多与居民交通,因而为盗况。"

井港,此处背靠河口,是极佳的海船避风地。① 围头湾西南为料罗湾、厦门港,由此可达九龙江入海口,可逆流前往漳州。漳州、潮州则是闽广海路的重要节点。

二　10—13世纪日本九州沿海港口及航线

我国宋代相当于日本平安时代中晚期至镰仓时代中期,大致在10—13世纪这一时间框架之内。本节重点考察该时期与我国东南沿海往来频繁的日本九州港口,以及与浙闽航线互联紧密的九州航线。就10—13世纪九州沿海及航线而论,迄今所见相关文献记录和考古发现集中于九州北部、西北以及西南海岸,无可否认,九州东海岸和东南海岸亦存在着优良港湾以及与本州海上往来的航线,但其主要连接日本国内海上交通网络,与宋代中国沿海缺乏直接的联系。因此,本节将聚焦于日本九州北部、西北以及西南海上交通进行考察。

(一)九州北部和西北沿海的港口

九州北部和西北主要有3个港口组群:一是以博多为枢纽的博多湾及周边诸港;二是以平户为核心的旧肥前诸港,其联结范围延及大村湾和有明海沿岸泊所;三是五岛列岛诸港。

博多湾

博多湾位于九州北部海岸线的中段,自然条件极为优越,其北侧海之中道和志贺岛东西向横亘,有如一道天然防波堤,阻挡了玄界滩的波浪,其西侧为系岛半岛,湾内水深大约14米。西北为湾口,水深约20米,这里有玄界

---

① 杜臻《粤闽巡视纪略》卷四记载:"宋为安海市,东曰旧市,西曰新市,海舶至此就榷,号石井津。建炎间创石井镇,设镇官。"今晋江市有安海镇,位于石井镇东北,或为旧市。

岛作为门户。湾内还有能古岛,与志贺岛南北一线,将博多湾分为东、西两部分,西部海域更为封闭、更为风平浪静。此外,博多湾东岸有多々良川、宇美川自东向西流入湾内,南岸有御笠川(石堂川)、那珂川、室见川等河流由南向北注入湾内,这些河流的河口地带大都适合海船停泊,是营建港埠的良所。这几条河流冲积形成的平原称为"福冈平野",其南为脊振山脉,其东为三郡山脉,将福冈平野包夹为半圆形空间,博多津以福冈平野为直接腹地,但其水陆交通网络覆盖范围延伸至整个九州,乃至本州西部。历史上的"博多",有狭义和广义之分。狭义的博多特指御笠川、那珂川两条河流的河口之间的区域。广义的博多则包括整个博多湾沿岸地带。(图6-1)

图6-1 博多湾海之中道(自摄)

位于博多湾口东端的志贺岛,自古以来就是日本对大陆交流的玄关。这里曾出土了著名的"汉委奴国王印",据学者推定,此印即是公元57年汉光武帝颁赐给倭之奴国王的印绶。奴国疆域大致在那珂川流域,以此推之,那珂川河口的那津(那大津)是奴国的出海港口。到了日本飞鸟时代,那津成为西都大宰府的外港。[①] 公元7世纪晚期,北九州设置对外事务机构——筑紫馆,其遗址在今福冈市中央区旧福冈城内,位于那珂川之西,推测古代这

[①] 根据文献史料,日本推古十七年(609)"筑紫大宰"奏报百济僧来航事宜,这是有关大宰职官名的最早记载。大宰成为执掌外交与军事的机构,其契机可能是天智二年(663)白村江之战。参见:藤井功、龟井明德《西都大宰府》,日本放送出版协会,1977年,第25—27页;杉原敏之《遠の朝廷——大宰府》,新泉社,2011年,第7—8页。

一带就在海畔，17世纪初填海为陆，海岸线北退，周围地块才完成了陆地化，遗址之西的大濠公园即古海岸所在地。8世纪以后，筑紫馆为"鸿胪馆"这一唐风名称取代。① 筑紫馆的设立加快了博多湾南岸御笠川（石堂川）、那珂川河口至室见川一带的城市化进程。

在此，需要指出的是，在有关公元9世纪唐日往来船舶出入博多湾记录中，鸿胪馆和博多津是被并提的。前章述及若干将"鸿胪馆"记为来航/起航地点的历史记录，例如：据圆仁《入唐求法巡礼行记》，唐大中元年（847）九月二日，圆仁等人乘金珍船从登州赤浦起航归国，圆仁一行是月"十八日到鸿胪馆前，十九日入馆住"②；又，《三代实录》贞观七年七月二十七日条记载，"先是，大宰府言，大唐商人李延孝等六十三人，驾船一艘，来着海岸。是日，敕安置鸿胪馆，随例供给"③；据《真如亲王入唐略记》，日本贞观四年（862）七月中旬，真如亲王一行"僧俗合六十人，驾舶离鸿胪馆，赴远值嘉岛"④。以"博多津"为发船/到岸地点的记录有：承和九年（842）五月端午，慧运"即出，去观音寺，在太宰府博太津头始上船，到于肥前国松浦郡远值嘉岛那留浦"⑤；日本宽平五年（893）七月唐商周汾船"以廿一日于博多津，伴唐船便风飞帆，到着此津者"⑥。笔者推测，9世纪所谓"博多津"泛指御笠川、那珂川河口至鸿胪馆一带的博多湾岸线，而非某个具体地点。

9世纪40年代，大宰府鸿胪馆开始成为唐商的对日贸易据点，这种情况

---

① "筑紫馆"这一名称最初见于《日本书纪》持统二年（688）二月己亥条有关接待新罗使的记录，最晚的文献记录为《万叶集》所收天平八年（736）六月抵筑紫馆的遣新罗使所作诗歌。"鸿胪馆"名称最早见于《文德实录》有关承和五年（838）遣唐副使小野篁与唐人沈道古在"太宰鸿胪馆"进行诗歌唱和的记录。参见：川添昭二《古代·中世の博多》，川添昭二编《よみがえる中世Ⅰ——東アジアの国際都市博多》，平凡社，1988年，第12—13页。
② 《入唐求法巡礼行记》卷四大中元年九月十八日条至九月十九日条。
③ 《三代实录》贞观七年七月二十七日条。
④ 《入唐五家传》之四《真如亲王入唐略记》贞观四年七月中旬条。
⑤ 《入唐五家传》之一《安祥寺慧运传》承和九年五月端午日条。
⑥ 《入唐五家传》之四《真如亲王入唐略记》附《宽平五年八月十六日太政官符太宰府应大唐商人周汾等六十人事》。

大致延续至 11 世纪中叶。① 到了 11 世纪中叶,鸿胪馆作为交易中心的功能基本停废。11 世纪后半叶起至 13 世纪晚期,博多成为宋商居所和货物集散地。② 这一时期作为地名的博多,开始特指御笠川、那珂川两川河口之间地块,这里即是古那津的所在地,原有三个河口砂丘,西北侧靠外围近海的砂丘称息浜,东南侧靠内陆的两个砂丘称博多浜。根据这一带宋代外销瓷出土状况来看,博多唐房位于博多浜。③ 宋人在博多的居住生活与贸易运营,使博多逐渐成为一个国际性港市。2019 年位于博多唐房遗址片区之西的冷泉小学校址内发现了平安晚期积石构造的古码头遗迹,博多港埠的具体地点由此进一步得以明确。④

需要特别指出的是,由于博多湾仅在西北端有一个出入口,闭合度很高,海面平静,岸线曲折,且分布有多个河口,因此海船泊所不止博多一处。沿博多湾岸线自东向西,箱崎津、荒津、姪浜、今津也都是历史悠久的湾内交通节点,这些地点都属于广义博多的范围。⑤ 以下依次做一介绍:

箱崎津 位于博多东北,地处多多良川和宇美川的河口。箱崎津旧址就在筥崎宫前,本书"宋代输日佛教石刻的存置地及其海域交流史脉"一章已经论述了筥崎宫在宋日海域交流中的重要角色,关于箱崎津是否曾经成为对外航海贸易的口岸,尚无文献史料和文物资料可资考证,然而,基本可以肯定,箱崎津与博多之间一直存在着海上交通的联动。

荒津 位于鸿胪馆遗址的北偏西,在日本古代至中世时期,这里是一个

---

① 亀井明徳:《日宋貿易関係の展開》,《岩波講座 日本通史》第 6 卷(古代 5),岩波書店,1995 年,第 107—140 頁;田島公:《大宰府鴻臚の終焉——八世紀—十一世紀の対外交易システムの解明》,《日本史研究》第 389 号,1995 年。
② 大庭康時:《集散地遺跡としての博多》,《日本史研究》第 448 号,1999 年;山内晋次:《日宋貿易の展開》,加藤友康編《摂関政治と王朝文化》(日本の時代史 6),吉川弘文館,2002 年。
③ 大庭康時:《考古学から見た博多の展開》,大庭康時等編《中世都市・博多を掘る》,海鳥社,2008 年,第 30—37 頁。
④ 泉修平:《博多の日宋貿易港跡か 冷泉小跡で石積み遺構発見》,《西日本新聞》2019 年 11 月 5 日;福岡市教育委員会:《中世博多の港——博多遺跡群第 221 次調査出土の港湾関連遺構》,福岡市教育委員会,2021 年。
⑤ 堀本一繁:《中世博多の変遷》,大庭康時等編《中世都市・博多を掘る》,海鳥社,2008 年,第 10—29 頁。

向东伸出的海岬,之后由于鸿胪馆以西、以北的陆地化,海岬已不明显。《三代实录》载:日本贞观十八年(876)七月十四日,"大唐商人杨清等卅一人,驾一只船,着荒津岸"①。荒津与鸿胪馆相距很近,只有一水之隔,9—11世纪中国商船赴鸿胪馆,大多会经行或停靠荒津海岸。

姪浜 "宋代输日佛教石刻的存置地及其交流史脉"一章已对姪浜做过介绍。其地在博多湾正南,位于室见川和名柄川两河口之间,今天的姪浜港位于名柄川河口。名柄川河口东侧立有佑护航海安全的住吉神社,据此可知姪浜在博多湾海上交通上的重要性,仁安三年(1168)千光法师荣西第一次渡宋之前曾赴姪浜住吉神社祈祷渡海平安。② 住吉神社之西还有兴德寺,该寺紧邻名柄川东岸,文永七年(1270)入宋僧南浦绍明(大应国师)入住于此。兴德寺附近又有"当方"古地名,服部英雄指出,当方很可能是"唐房"的讹写,其地距离古海岸线不远,或为来航宋人的寄住之地。③

今津 位于系岛半岛东南瑞梅寺川河口,今津所在地块为一处海岬,其东北为能古岛,东南为姪浜,这里东侧的海域名为今津湾,是整个博多湾西南部相对封闭的海域,泊船条件优良。据《小右记》,日本长元元年(1028)周良史船航抵筑前国"怡土郡北崎",大弍藤原惟宪召取其随身所带唐物,怡土郡北崎可能位于今津及其附近一带。④ 五味文彦指出,白河院政末期(12世纪初期)博多湾沿岸曾设有怡土庄,系仁和寺法金刚院领庄园,而今津是怡土庄内泊所,受到仁和寺的庇护。⑤

今津东南的今宿,曾出土过一件保延二年(1136)作"李太子"墨书题记

---

① 《三代実録》貞観十八年八月三日条。
② 榎本渉:《〈栄西入唐縁起〉からみた博多》,五味文彦编《交流・物流・越境》(中世都市研究11),新人物往来社,2005年,第83—102页。
③ 服部英雄:《旦過と唐房》,大庭康時等编《港湾都市と対外交易》(中世都市研究10),新人物往来社,2004年,第25—26页。
④ 文献记录见:《小右記》長元元年十月十日条。渡边诚曾论及怡土郡北崎位于博多湾西入口,这一地点对应的是今系岛半岛东北端的唐泊崎。参见:渡辺誠:《平安時代貿易管理制度史の研究》,思文阁,2012年,第325页。
⑤ 五味文彦:《日宋貿易の社会構造》,今井林太郎先生喜寿記念論文集编纂委员会编《国史学論集今井林太郎先生喜寿記念》,今井林太郎先生喜寿記念論文集刊行会,1988年,第126页。

的经筒,应为博多纲首的埋纳之物。① 这说明,当时这一带有宋商活动。今津地区的誓愿寺是日僧重源、荣西渡宋前的待航地和归国后的驻锡地,两人都在此住留过相当一段时间。日本治承二年(1178)七月十五日盂兰盆会,荣西撰写了《誓愿寺盂兰盆缘起》和《誓愿寺建立缘起》。誓愿寺之西有胜福寺,其开山始祖是渡日宋僧兰溪道隆。今津有"旦过"地名,其历史缘起应与附近禅寺的旦过寮有关。② 此外,胜福寺南侧不远处的能满寺遗址保存着一方疑似萨摩塔须弥座束腰的石刻残块。

除了博多湾南岸的以上泊所,博多湾北的志贺岛和湾内的能古岛也不容忽视。志贺岛与其南侧的能古岛合称博多湾"岛门",扼控出入博多湾的航道。

志贺岛　志贺岛的志贺海神社(图6-2),是博多湾最古老的航海祭祀设施之一,主祭神为日本神话中的海神——绵津见三神。志贺岛是赴日唐宋海商的必经之处,日本承和五年(838)六月十七日,遣唐使第一船、第四船(圆仁所乘)"已时到志贺岛东海,为无信风,五个日停宿矣"。③ 万寿四年(1027)八月,旅宋一年的志贺社司搭乘宋商陈文祐船归国。④ 长治二年(1105)八月,泉州商客李充航抵"博多津志贺岛",当时的志贺岛在广义博多津范围内。⑤

能古岛　位于博多湾内略偏西的位置,其南为姪浜,其西南为今津。据圆仁《入唐求法巡礼行记》载,唐大中元年(847)九月乘金珍船从登州赤浦起航归国的圆仁一行,九月"十七日到博太西南能举岛下泊船,十八日到鸿胪馆前"。⑥ 博太指博多湾,能举岛即能古岛,由能古岛向东南航行至鸿胪馆前海岸,当日可达。

综上所述,环博多湾沿岸以及湾内岛屿的港埠和泊所,以御笠川和那珂川河口的狭义博多为中心,形成了一个联动密切的海上交通系统。

---

① 林文理:《〈博多綱首〉関係史料》,《福岡市博物館研究紀要》第4号,1994年,第99页。
② 服部英雄:《旦過と唐房》,大庭康時等編《港湾都市と対外交易》(中世都市研究10),新人物往来社,2004年,第23页。
③ 《入唐求法巡礼行记》承和五年六月十七日条。
④ 《小右记》万寿四年八月廿七日条。
⑤ 《朝野群載》卷二十《異国·宋国商客存問記》。
⑥ 《入唐求法巡礼行记》大中元年九月十七日条、九月十八日条。

图 6-2　志贺海神社（自摄）

平　户

今天的平户，包括九州本岛东北的北松浦半岛西部、平户岛、生月岛以及周边若干小岛。平户地区九州一侧海岸以及平户岛岸线均十分曲折，港津密布。平户岛与东松浦半岛之间仅相隔一条狭窄海道——平户濑户，往来十分方便。平户市区位于平户岛东北，濒临平户濑户，本身就是一座港城。平户岛北端的田浦、平户岛南端的志々伎湾、生月岛东南端的馆浦也都非常适合海船停泊。由于平户位于九州本岛西北端，因此自博多湾起航西行赴外洋的海船、九州西南萨摩海岸北上赴大宰府的舟楫以及自外洋途经五岛列岛东返博多的船舶，几乎都要路过平户。（图 6-3）

平户岛古称庇良岛、庇罗岛，遣唐使时期就已被利用为起航地和泊船地。日本延历二十三年（804）七月遣唐使船从"肥前国松浦郡田浦"（平户岛北部田の浦）出发赴唐。① 翌年（805）四月自唐返抵"肥前国松浦郡庇良岛"

---

① 相关史实参见：《日本后纪》延历廿四年六月八日条。关于此处史料中的"田浦"，也有研究者认为，它指的是故松浦"相子田浦"，即今佐世保市北部的相浦，位于北松浦半岛南部岸线。笔者认为，沿九州北海岸航来的遣唐使船经北松浦半岛北岸至平户岛北端田浦放洋更为便利，无必要专意从平户濑户向南绕行至相浦候风待航。故此，该田浦应指平户岛北端的田の浦。

图 6-3　平户港（自摄）

的遣唐使第三船，试图迂回远值嘉岛（五岛列岛）继续归航，结果遭南风漂流。① 承和六年（839）七月，归国的日本遣唐使藤原常嗣一行从山东赤山浦出航，同年八月"迴着肥前松浦郡生属嶋"。② 生属岛即平户生月岛。此外，唐大中元年（847）九月从登州赤浦起航归国的圆仁等人，九月十日"至初夜，到肥前国松浦郡北界鹿岛泊船"。③ 这里所说的"鹿岛"是位于平户岛与松浦半岛之间的小岛。④

关于宋日交流史叙事中的平户，前章已罗举了若干事例：平安末期，宋商苏船头客居平户，娶日本女子为妻，生有一子名叫十郎连，苏船头过世之后，其遗孀携子改嫁小值贺岛领主松浦直，十郎连成为松浦直的继承人⑤；日

---

① 相关史实参见：《日本後紀》延暦廿四年七月十六日条。该船归航目的地无疑是大宰府—平安京，推测当时该船可能位于平户岛南端，拟定归航路线是先西北行至五岛列岛北端，在候西风向经壹岐岛之南前往博多湾。
② 《入唐求法巡礼行记》承和六年七月廿三日条；《續日本後紀》承和六年八月廿五日条。
③ 《入唐求法巡礼行记》大中元年九月十日条。
④ 参见：足立喜六訳注《入唐求法巡礼行記 2》，平凡社，1985 年，第 316、324 页。关于此处的鹿岛的所指，还有值嘉岛、小值嘉岛、平户岛等诸种不同说法。然而，值嘉岛、小值嘉岛一带（今五岛列岛）并不在所谓"松浦郡北界"，而是在其西界。故足立说更具说服力，今北松浦半岛西岸有鹿町港，其名称或源于古鹿岛。
⑤ 《肥前青丈文書》安貞二年三月十三日《関東裁許状案》，竹内理三編《鎌倉遺文》古文书编第 6 卷，東京堂，1974 年，第 74 页。

本建久二年(1191),两度入宋的千光法师荣西,搭乘宋朝纲首杨三纲的商舶回国,在平户岛苇浦(今古江湾)登陆,位于苇浦之东的千光寺相传即是荣西在平户布禅的故迹①;嘉祯元年(1235)四月,圣一国师圆尔辨圆乘坐宋商船出平户津,海上航行10天后到达明州②。

另外,值得一提的是,平户岛上保留着日本仅存的"大权修利菩萨"供奉设施——七郎宫的遗迹。大权修利菩萨是宁波阿育王山的庇佑菩萨,亦称大权菩萨。大权修利原本是印度阿育王子,为护送佛祖舍利来到阿育王山,后来因其守护舍利的无量功德而被尊为菩萨,供奉于明州定海(今镇海)招宝山,故亦被称为"招宝七郎"。招宝山位于甬江入海口北岸,是往来海船的地标,因此,海商、船人将招宝七郎大权修利菩萨奉为航海守护神,凡经行招宝山下,必拜菩萨以祈航海平安。至今,宁波阿育王寺舍利殿内仍供有大权修利菩萨像。大权修利菩萨像右手置于额上,做眺望状,以示远近船舶尽在菩萨视线之中,俱能得到菩萨法力佑护。大权修利在平户被称为"七郎权现",实即招宝七郎。招宝七郎信俗带有浓厚的宁波地方特色,且主要盛行于宋元时期,这一观念出现在与宁波隔东海相望的平户,相关历史叙事值得探究。平户的七郎宫及七郎权现信俗很可能缘于宋日航海贸易,反映出宋代明州与平户之间的密切往来。现在七郎宫位于平户城二丸,与龟冈神社合祀,该地并非故七郎宫最初的地点,原七郎宫悬有匾额,上书"绍法"二字,实为"招宝"二字的日文音读转写。此外,平户瑞云寺供奉着做右手加额状的招宝七郎像,寺院以招宝七郎为伽蓝守护神。③

五岛列岛

五岛列岛位于九州西北海上,今属长崎县,日本文献中的肥前国值嘉

---

① 《元亨释书》卷第二《传智二》。
② 《圣一国师年谱》嘉祯元年乙未条。
③ 二阶堂善弘:《宋代の航海神招宝七郎と平戸七郎大権現》,《東アジア海域交流史現地調査研究——地域・環境・心性》第2号,2007年,第50—52页。

岛、远值嘉岛即指五岛列岛。① 在自然地理上，五岛列岛的主要岛屿，自西南向东北依次为：福江岛、久贺岛、奈留岛、若松岛、中通岛、小值贺岛、野崎岛、宇久岛。这些岛屿及其周边属岛合计有140多座。② 五岛列岛东北端的小值贺岛、野崎岛、宇久岛与平户岛隔海呼应，其余诸岛西南向排列，犹如从九州西北端伸入东海的天然栈桥。

五岛列岛岸线复杂，几座主岛周围都有诸多属岛拱护，因此优良港湾众多，不过，由于五岛列岛陆地面积、人口规模、经济规模均十分有限，列岛港湾只能作为九州出入外洋的经停港。五岛列岛西南端的福江岛有两处历史悠久的寄泊地。一处是位于福江岛西南的玉之浦湾，这里也是整个列岛的西南端，自此解缆南行就直入外洋。另一处是福江岛北部的三井乐港，该地古称旻乐埼、美弥良久埼③，日本遣唐使船曾在此停泊，今天港内西南岸建有遣唐使故里馆。福江岛东北的久贺岛和奈留岛之间的狭窄海域，被称为奈留濑户，这里奈留岛一侧的岸线如蟹螯挟抱，古名那留浦，是遣唐使船和中国商船的驻留之所。

日本文献中有关中日海船经停五岛列岛的记录主要为9世纪史实，其余时段的记录较为零星。相关记录罗列如下：

（1）日本宝龟九年（778）九月，归国日本遣唐使船之一艘船自扬州海陵县起航，十月十六日返抵肥前松浦郡橘浦。④ 橘浦被推定为五岛列岛西南端的福江岛玉之浦。

（2）承和四年（837）七月，自大宰府海岸起航的"遣唐三ヶ舶，共指松浦郡旻乐埼发行"，结果第一、四两船遭逆风漂至壹岐岛，"第二舶左右方便漂着值贺岛"。⑤ 如前所述，旻乐埼即今福江岛北部的三井乐港。

---

① 值嘉岛，在文献史料中亦写作值贺岛、知诃岛、血鹿岛。值嘉岛是五岛列岛的古称之一，但有时也被用作五岛列岛和平户岛的总称。远值嘉岛，根据文献中提及的其具体港湾位置来看，应指五岛列岛中偏西的诸岛。
② 自古以来，东北端的小值贺岛、野崎岛、宇久岛三岛及其周边小岛，与其他5座大岛分属不同的行政区域，因此，在传统上，五岛列岛主要指福江岛、久贺岛、奈留岛、若松岛、中通岛等5座岛屿及其属岛。
③ 三井乐、旻乐、美弥良久，日文发音相近，是同一地名不同的汉字表记。
④ 《続日本紀》宝龟九年十月廿三日条、十一月十三日条。
⑤ 《続日本後紀》承和四年七月廿二日条；《日本紀略》承和四年八月廿日条。

（3）承和五年（838）六月十七日，遣唐使第一船、第四船从博多津出发赴唐，六月二十三日顺东北风航抵"有救岛"。① 有救岛即五岛列岛北端的宇久岛。

（4）承和九年（842）五月端午，慧运在大宰府博太津（即博多津）登上大唐商客李处人的海船。之后航抵"远值嘉岛那留浦"，在这里采伐楠木制造新船，八月二十四日，从那留浦起航经6天到达温州乐城县（今乐清）。② 那留浦即奈留岛西侧港湾。

（5）承和十四年（847）六月二十二日，日僧慧运等人搭乘唐人张支信船从明州望海镇（今镇海）放洋，"得西南风三个日夜，才归着远值嘉岛那留浦"。③

（6）日本仁寿三年（853）七月十五日，圆珍一行在大宰府海滨搭乘钦良晖船出发西行，之后航至值嘉岛，停泊于鸣浦（即那留浦）。八月九日放船过海，十四日漂到流求，十五日午时到达大唐岭南道福州连江县界。④

（7）唐大中十二年（858）六月八日，李延孝船载入唐僧圆珍一行从台州赴日，是月十八日到达朝鲜半岛南岸，十九日到达松浦郡美旻乐埼，二十二日抵达大宰府松浦郡。⑤ 美旻乐埼与旻乐埼日文发音接近，亦指福江岛三井乐港。

（8）日本贞观四年（862）七月中旬，真如亲王一行乘张支信船"离鸿胪馆，赴远值嘉岛。八月十九日着于远值嘉岛。九月三日，从东北风飞帆"，当月七日航抵明州附近海域。⑥

（9）日本贞观七年（865）六月，入唐日僧宗叡等人乘李延孝船，"自大唐

---

① 《入唐求法巡礼行记》承和五年六月廿三日条。
② 《入唐五家傳》之一《安祥寺慧運传》承和九年五月端午日条、八月二十四日条。
③ 《入唐五家傳》之一《安祥寺慧運傳》承和十四年六月二十二日条。
④ 《行歷抄》仁寿三年七月十五日条至八月十五日条；《唐房行履录》卷上《智证大师年谱》仁寿三年八月九日条至八月十五日条。"鸣"字的日文发音与"那留"相同，故鸣浦即那留浦的另一种汉字记法。
⑤ 据《平安遗文》所收《円珍奏状》记载，大中十二年六月八日，圆珍"上商人李延孝船过海，十七日申头，南望望见高山，十八日丑夜，至止山岛，下碇停住待天明，十九日平明，傍山行至本国西界肥前郡松浦县管美旻乐埼。天安二年六月廿二日、回至大宰府鸿胪馆"。
⑥ 《入唐五家傳》之四《真如亲王入唐略记》贞観四年七月中旬条至九月七日条。

福州得顺风,五日四夜着值嘉岛"。①

（10）日本万寿四年（1027）八月,发自明州的宋商陈文祐、章仁昶船首先抵达肥前值嘉岛,之后经行肥前柏岛,最后入大宰府。②

另外,根据《三代实录》,日本贞观十八年（876）三月,"请合肥前国松浦郡庇罗、值嘉两乡,更建二郡,号上近、下近,置值嘉岛"③。庇罗即平户。同条文献还对当时值嘉、平户的状况做了如下介绍④：

> 今件二鄉,地勢曠遠,戶口殷阜,又土產所出,物多奇異,而徒委郡司,恣令聚斂。彼土之民,厭私求之苛,切欲貢輸於公家。惣是國司難巡撿,鄉長少權勢之所致也。加之地居海中,境隣異俗,大唐、新羅人來者,本朝入唐使等,莫不經歷此嶋。府頭人民申云:去貞觀十一年,新羅人掠奪貢船絹綿等日,其賊同經件嶋來。以此觀之,此地是當國樞轄之地,宜擇令長以慎防禦。又去年或人民等申云:唐人等必先到件嶋,多採香藥,以加貨物,不令此間人民觀其物。又其海濱多奇石,或鍛煉得銀,或琢磨似玉,唐人等好取其石,不曉土人。以此言之,不委以其人之弊,大都皆如此者也。望請合件二鄉,更建二郡,号上近、下近,便為值嘉嶋。

以上日本文献中有关海船航经五岛列岛的历史记录,涉及宋代的只有一则,即日本万寿四年（1027）宋商陈文祐、章仁昶船的航迹。究其原因,一方面或许与这一时期记录宋船往来的日本文献不再详记宋船经行地点的倾向有关,另一方面可能也与宋日间航线的多元化有关。众所周知,宋船开始使用罗盘确定航向,而且海船设计与制造技术的水准大大提高,这使得宋船在航线选择上更为自由。例如,日本延久四年（1072）载成寻一行入宋的曾聚船,其航线为肥前壁岛（今佐贺县唐津市加部岛）→耽罗山（今济州岛）附近→苏州大七山（今戢山岛）→舟山西海道→明州定海。⑤ 显然,该船穿过了

---

① 《入唐五家傳》之四《真如親王入唐略記》咸通六年六月条。
② 《小右記》万寿四年八月廿五日条至八月卅日条。
③ 《三代實録》貞觀十八年三月九日条。
④ 《三代實録》貞觀十八年三月九日条。
⑤ 《参天台五臺山記》延久四年三月十五日条至四月五日条。

五岛列岛以北的海域,经济州岛附近再东南向驶往杭州湾,并未循五岛列岛近旁海路西南行;再如,日本永保二年(1082)载戒觉入宋的刘琨船,其航线是"博多→北埼浦→肥前上部之泊(加部岛)→讬罗山(今济州岛)→明州定海",同样取道济州附近海路,未过五岛放洋。① 另外,前章指出,11世纪中期开始至12世纪早期,有相当一部分宋船前往本州日本海沿岸的但马、越前敦贺、若狭、能登等地交易。这些船舶大多应取道济州岛南侧海路,这样更易规避大宰府下辖九州西北肥前一带海疆警视体系(警固所联防)的巡查。到了13世纪,自九州西南或西海岸北上的航线逐渐发达,选择这条路线赴日的博多纲首也没有必要经行五岛列岛,不过,平户岛仍然是必经之地,这或许能解释为何存置于平户的萨摩塔数量较多,而在五岛列岛却很少发现②。

(二)九州西南沿海的港口

九州西南沿海有三处主要港口,自南向北依次为坊津、万之濑川河口以及川内港,在这三处要港周边还有若干海船寄碇之地。

坊　津

关于坊津,笔者在第四章"宋代输日佛教石刻的存置地及其海域交流史脉"中已有论述。以下对作为九州西南要港的坊津的相关地理条件和历史沿革做一补充介绍。

坊津位于九州西南隅萨摩半岛的西南端,整个萨摩半岛犹如九州西南伸入海域的"引桥",而坊津恰恰位于桥头。这一带港湾是海滨山地在海蚀作用下形成的,岸线曲折有致,是出航船驶向外洋、来航船登陆九州的绝佳地点。坊津港所在的海湾被东西向伸出的津崎一分为二,北半部为泊浦(其海岸地带被称为泊浜),南半部为坊浦。坊津两翼又有若干优良港湾,东翼为枕崎港,北翼有久志湾、秋目湾。因此,坊津并不是一个孤立运作的港口,

---

① 《渡宋记》元丰五年九月五日条至九月廿二日条。
② 迄今仅在五岛列岛最北端的宇久岛发现了两件疑似萨摩塔的宋式石塔构件。参见:井形進《九州に偏在する中国系彫刻についての基礎的研究》,九州歴史資料館,2018年,第15、103、120、122页。

它与附近港湾相辅相成。① 值得一提的是，坊津北、东、南三面均为山地，港湾相对隐秘，因此历史上被视为民间私密贸易港口。坊津港的缺陷在于，地处南九州地区的地理末梢，与内陆腹地之间缺乏便利的水陆交通联结。（图6-4）

图6-4　坊津港（自摄）

坊津地名的缘起，可以追溯到6世纪晚期，且与日本和朝鲜半岛的交流有关。相传公元583年，百济僧人日罗在此地创设鸟越山龙岩寺，雕制阿弥陀三尊像，建上、中、下三个坊舍供置，坊舍所在之处的港湾由此得名坊津。龙岩寺即是存有萨摩塔的坊津一乘院的前身。

日本奈良时期，坊津及其侧近港湾曾是日本遣唐使船的寄碇地和经行地。遣唐使取道南岛路归国，必须经过坊津一带北上。日本天平六年（734）十月遣唐使从苏州出发返回日本，十一月二十日遣唐大使多治比广成等人所乘船到达多祢岛（种子岛）②。史书虽未记该船之后的航迹，但若以大宰府为目的地，须经坊津沿九州西海岸北上。天平胜宝五年（753）十二月二十日，鉴真大师所乘的日本遣唐使归国船从苏州黄泗浦出发，经阿儿奈波岛（位于种子岛西南）、益久岛（今屋久岛），到达萨摩国阿多郡秋妻屋浦（今坊

---

① 明茅元仪辑《武备志》之《日本图》南九州局部标有"坊津港""泊津港""久志港""秋目港"。
② 《続日本紀》天平六年十一月廿日条。

津町秋目湾），再沿九州西海岸北上，循北海岸东进，最后到达大宰府。① 翌年（754）四月，这批遣唐使第四船航抵萨摩国石篱浦（今鹿儿岛县指宿市颖娃町），该地位于萨摩半岛东南端。② 如果继续前往大宰府，则也要依次经行枕崎、坊津、久志湾、秋目湾。

平安时代晚期，坊津归属近卫家所领岛津庄。涉及平安—镰仓时期坊津的文献史料稀少，故此相关研究必须依凭考古文物资料展开。坊津港北部的泊浜随处可以采集到宋代至清代的中国外销瓷，其中宋代瓷片主要是龙泉窑遗物，这表明坊津一带在宋代陶瓷流通圈之内。③ 如前章所述，坊津在宋日贸易中的重要性主要在于日本硫黄的对宋输出。当时对宋输出的硫黄主要来自位于坊津之南的硫黄岛，按照山内晋次的推断，产自硫黄岛的硫黄一般要经过九州西海岸运至博多，再从博多由宋商运往中国。④ 而根据桥口亘的分析，在所谓"硫黄之道"的硫黄岛—九州本岛这段线路上，坊津是一个关键节点。⑤

硫黄岛，古名鬼界ケ岛、贵贺之岛，位于坊津之南约50公里略偏东，这一带自西而东排列着黑岛、硫黄岛、竹岛三岛，硫黄岛居中，在目前的行政区划上这三座岛同属三岛村。根据考古调查报告，硫黄岛上发现了11世纪后半叶至12世纪的宋代白瓷片、13—14世纪的龙泉窑莲瓣纹碗残片；黑岛上发现有13—14世纪的龙泉窑莲瓣纹碗残片和13世纪后半叶至14世纪前半叶的中国白瓷碗残片；竹岛上发现有11世纪后半叶至12世纪前半叶的中国白瓷残片。⑥ 硫黄岛周长约19公里，面积大约11平方公里，聚落和港口位于

---

① 《唐大和上東征傳》天平勝宝五年十一月十五日条至十二月廿日条。
② 《続日本紀》天平勝宝六年四月十八日条。
③ 南さつま市坊津歴史資料センター輝津館編：《海上の道と陶磁器》，南さつま市坊津歴史資料センター輝津館，2008年，第14頁。
④ 山内晋次：《日本史とアジア史の一接点——硫黄の国際貿易をめぐって》，山田奨治等編《江南文化と日本——資料・人的交流の再発掘》，国際日本文化研究センター，2012年。
⑤ 橋口亘：《坊津と硫黄島・硫黄輸移出に関する一考察》，《南日本文化財研究》第9号，2010年。
⑥ 橋口亘、若松重弘：《鹿児島県三島村硫黄島採集の貿易陶磁》，《南日本文化財研究》第10号，2011年；渡辺芳郎：《鹿児島県三島村踏査報告》，《鹿大史学》第61号，2014年。

岛的西南部,港口名曰"硫黄岛港",其西侧有一海岬——永良部崎。岛屿环境可以满足海上交通的基本需要。

就硫黄岛的物流网络而言,其日本国内消费地主要为九州本岛及本州,故而必须在九州本岛有一个中转地,这个地点无疑是与硫黄岛往来最为近便的坊津。在宋日贸易层面,基本上不存在宋商直赴硫黄岛这座物产单一的离岛直接运回硫黄的可能,因为往来于宋日之间的纲首海舶通常执行输出和舶回双向贸易操作,面积仅 11 平方公里的硫黄岛绝无承接、存储、消费宋舶输日货品的能力。故此,对于宋人舶商而言,在博多这样的商品集散地售出中国舶货,继而在博多购入日本国内物流系统运达的硫黄更为方便。毫无疑问,同地完成卖与买的双向贸易操作是最合理的选择。2019 年,日本考古研究者在博多冷泉小学校址内的 11 世纪后半叶至 12 世纪前半叶冷泉津码头遗址发现了硫黄遗迹。[1] 这一考古新发现进一步证明平安晚期博多港曾有硫黄舶入和舶出,应是九州地区的硫黄集散中心。不过,这里还有一个问题是:坊津和后文将要介绍的万瀬川河口是否具有消化宋商舶货的可能?笔者以为,这种可能性是存在的。森克己将"岛津庄坊津"列为平安晚期以后地方势力对外贸易据点之一,坊津是岛津庄领宋商来航贸易口岸。[2]

万之瀬川河口

由坊津北上绕过野间半岛,就能到达万之瀬川河口。万之瀬川河口所在的海岸被称为"吹上浜",这是一片漫长的沙滩岸线,缺乏坊津那种以曲折礁岸围合的深水港湾。万之瀬川河口位于吹上浜的南段,是这一区域难得的河口港。与坊津港相比,万之瀬川河口虽不像坊津那样地当海路交通要冲,但其附近分布有市场、寺社、领主居馆和商人聚居地,本身即是一处商品消费地,另外,河口地带有多条水陆通道伸向内陆腹地,比坊津具备更强的内外商品流通据点的功能。

---

[1] 泉修平:《博多の日宋貿易港跡か　冷泉小跡で石積み遺構発見》,《西日本新聞》2019 年 11 月 5 日;福岡教育委員会:《中世博多の港——博多遺跡群第 221 次調査出土の港湾関連遺構》,福岡教育委員会,2021 年,第 1—5 頁。
[2] 森克己:《新訂日宋貿易の研究》,勉誠出版株式会社,2008 年,第 193—194 頁。

中世时期的万之濑川旧河口并不在今天的河口位置,现在的万之濑川在益山八幡宫西北、高桥之南一带直接向西注入大海,现河口附近的河道平直宽阔,风急浪高,并不适合木帆船停泊。旧河口则在唐人原西侧流向西南方,形成了一段与吹上浜海岸线平行的河道,之后在小松原北侧向西注入大海。河口附近这段弯曲河道的存在,大大减缓了大海的潮汐作用力,使得木帆船能够安全停靠。(图 6-5)

图 6-5 万之濑川旧河口地带("船系石"遗迹附近)(自摄)

万之濑川接近旧河口的故河段南侧有小松原、唐坊/房(又名当房),故河段东侧有唐人原。据日本研究者推断,小松原是中世万之濑川河口码头,而唐坊、唐人原很可能是宋商居留地。[1] 小松原、唐坊、唐人原所在区域——加世田别府,平安时期从阿多郡分离出去,自成一个地方行政单元,初代领主为平氏族系的别府忠明,镰仓初期岛津忠久出任地头职,直至 14 世纪初期岛津氏被北条氏取而代之。加世田别府距离万之濑川旧河口和河口附近故河段最近,控制着河口港埠。加世田别府与万之濑川北侧的阿多郡之间,有一条南北向的道路连接,阿多郡内则有一南一北两条道路,因此两地交通十分畅达。由加世田别府再向东,则是另一个地方行政单元——河边郡,加世田别府和河边郡之间的往来联系,除了可以借助一条东西向的陆路,还可利

---

[1] 柳原敏昭:《中世前期南九州の港と宋人居留地に関する一試論》,《日本史研究》第 448 号,1999 年。

用万之濑川河口至中游的部分河段,但万之濑川中下游的水路并未全线贯通。不过,万之濑川上游的河道则是小型舟船继续深入内陆腹地的便捷通道。① 概言之,日本中世时期万之濑川河口的港埠拥有加世田别府、阿多郡和河边郡三个区域作为直接腹地。

有研究者指出,日本文治五年(1189)岛津庄的庄官通过近卫家向幕府申请终止大宰府对来庄宋船的管理权。② 这就意味着,该时期前后有宋商在岛津庄登陆。加世田唐坊很可能即是来航宋商的活动地点。加世田川畑、加世田小凑两地各发现一尊平面六边形萨摩塔,加世田益山八幡神社存有两尊宋风石狮个体的残块,此外,距离加世田唐坊大约5公里的持躰松、芝原和渡畑三处遗址出土了大量11世纪后期至13世纪的宋瓷。三处遗址之中,芝原遗址和渡畑遗址出土了宋式覆瓦。③ 迄今为止,日本其他地区发现了宋瓦的遗址只有福冈的博多遗址和箱崎遗址。芝原遗址还发现了12世纪后期至13世纪后期的壶、瓮等中国陶制容器,与博多及大宰府所出同类遗物相似。④ 这些陶器并非贸易品,应是赴日宋商自用的生活器物。

综上所述,万之濑川河口立港条件优良,且有经济基础深厚的腹地支撑,港埠与腹地水陆交通便利。舶载输日宋风石刻、宋瓦、宋式生活陶器等文物遗存的发现与出土,证明该地曾有宋人居留和贸易。

川内港

川内港位于万之濑川河口之北,是川内川的河口港。川内川下游近河口部的北岸有一名曰"当房"的地点,位于今川内市五代町,当房即唐坊的讹写,历史上很可能是中国来航商人的活动地点。川内川水量丰沛,直至江户时代大型帆船还能从河口逆流而上,行驶3公里,到达川内市白和町附近。

---

① 柳原敏昭:《中世前期南薩摩の湊・川・道》,藤原良章等编《中世のみちと物流》,山川出版社,1999年,第221—242页。
② 松下志朗、下野敏见:《鹿児島の湊と薩南諸島》,吉川弘文馆,2002年,第77—78页。
③ 鹿児島県立埋蔵文化財センター:《芝原遺跡3》,鹿児島県立埋蔵文化財センター,2012年,第230、298页;鹿児島県立埋蔵文化財センター:《渡畑遺跡2》,鹿児島県立埋蔵文化財センター,2011年,第174、226—227页。
④ 鹿児島県立埋蔵文化財センター:《芝原遺跡3》,鹿児島県立埋蔵文化財センター,2012年,第489页。

当房附近的川内川河段有两座河中洲——大中洲、牛中洲,可以建设码头和设置市场。①

(三)九州北部和西部近海航线

这里之所以不用九州北岸、九州西岸的说法,是因为九州近海航线的沿线节点不仅包括九州本岛港口,还包括诸如五岛列岛等九州附近岛屿的港口。

毋庸置疑,九州北部航线的枢纽是博多,如上文所述,日本中世时期博多湾内存在着一个以博多为中心,包括箱崎、荒津、姪浜、今津、志贺岛、能古岛等港津和岛屿的港航网络。

出博多湾东北行,可以到达津屋崎。津屋崎是今福津市域内的一处海岬,海岬内有条形港湾,泊船条件极佳。调查人员在津屋崎町大字在自的"唐防地"发现了在自西ノ後遗址,该遗址出土了大量宋代龙泉窑系青瓷、同安窑系青瓷和白瓷,其中包含一件疑为带有"纲"字墨书字迹的青瓷碗底残片。② 这证明津屋崎曾有宋船来航。

由津屋崎行经鼓岛附近海域,再向东北绕过草崎,即到达钓川河口的神湊,神湊是宗像大社的外港,与宗像大社边津宫之间以钓川河道连接,是宗像大社与外界海上交通的玄关。由神湊西南行可达博多,西北行依次可达对马岛、韩国釜山,东北行可达九州与本州接合处的关门海峡。自关门海峡北上穿过角岛、油谷岛海域,即是本州的日本海沿岸。这条航线可能是11世纪中期至12世纪早期赴本州日本海沿岸宋船的海航轨迹。日本长承元年(1132),有宋船航抵博多,有船员遇害,唐坊被烧,幸存者逃至长门国(山口县西部),通过长门守向日廷申诉了案情。③ 无疑,这艘宋船逃出博多湾之后走的也是以上航线。此外,自关门海峡过下关港东行,就可进入濑户内海海

---

① 柳原敏昭:《中世前期南九州の港と宋人居留地に関する一試論》,《日本史研究》第448号,1999年。
② 津屋崎町教育委员会:《在自西ノ後遺跡》(《津屋崎町文化財調査報告書》第21集),津屋崎町教育委员会,2004年。
③ 《中右記》長承元年七月廿八日条。

道,这是本州与四国、九州之间的海上通衢。平清盛专权时期(1160—1181),平氏曾招徕宋船数度进入濑户内海,到达严岛(廿日市宫岛)、福原(神户市兵库区)、大轮田泊(神户市兵库区)等地。

自博多过玄界岛附近海域,再向西北行可到达壹岐岛、对马岛。玄界岛西北、壹岐岛之东玄界滩海上矗立着一座离岛——小吕岛,这座小岛距博多唐房40余公里,南北长1500余米,东西宽700余米,面积仅0.43公里,平面呈葫芦状。如前章所述,13世纪前半叶,宋人纲首谢国明曾以地头身份掌控小吕岛。谢国明之所以看重这座远离博多湾的离岛,在于这里既可作为商船进入博多湾之前的休整地,又可以作为自博多湾前往壹岐岛、对马岛的停歇之所。简言之,小吕岛是博多西北航线上的节点。

从博多湾口、系岛半岛北端的西浦崎向西南行,依次经过三濑、佛崎两个海岬,就进入唐津湾北部海域。唐津湾为系岛半岛和东松浦半岛夹抱,系岛半岛在东,东松浦半岛在西。位于东松浦半岛东北端的神集岛是唐津湾的西北门户,神集岛古称"柏岛"。日本贞观三年(861)九月五日,真如亲王一行乘船从大宰府鸿胪馆出发,先抵壹岐岛,又向南转至东松浦半岛西北的斑岛(马渡岛),然后从斑岛向东返回至柏岛(神集岛)。① 真如亲王这次出航未能发往外洋。万寿四年(1027)八月十四日,陈文祐船航抵柏岛,之后由此前往大宰府。② 由此可见,神集岛是日本古代九州北部博多—平户航线的必经点。

地当东松浦半岛正北端、神集岛之西的加部岛,是神集岛的前站。加部岛古名"壁岛",其港湾名曰"上部泊"。日本延久四年(1072)三月十五日,成寻一行在壁岛登上宋商曾聚海船,在这里准备出发前往宋朝。③ 永保二年(1082)九月五日,戒觉等人藏入宋商刘琨船的船底秘密渡宋,九月十四日到达上部之泊。④ 博多至平户航线在东松浦半岛北缘有三个节点,自东向西依次为神集岛、加部岛、马渡岛。

自东松浦半岛西南行,就到达鹰岛。元军第二次征日之际,从庆元起航

---

① 《入唐五家傳》之四《真如亲王入唐略记》贞观三年九月五日条。
② 《小右记》万寿四年八月三十日条。
③ 《参天台五台山记》延久四年三月十五日条。
④ 《渡宋记》元丰五年九月五日条至九月十四日条。

的江南水军抵达九州西北海域后停泊于此，后遭台风覆没。这一带曾发现有江南水军战船残骸、船上用品以及碇石等遗物。[①] 无疑，鹰岛也是博多—平户海上航路之重要一站，江南水军船队之所以停泊于此，并非以登陆肥前为目的，而是以鹰岛为休整地，为继续前往博多做准备。不过，需要指出的是，鹰岛北侧与马渡岛之间的航线主要通往平户、五岛列岛，或经由平户濑户南下九州西海岸，而若取道马渡岛与壹岐岛之间的壹岐水道，则是前往耽罗（济州岛）的路径，成寻所乘的曾聚船、戒觉所乘的刘琨船自加部岛扬帆后，应当均是向西穿过壹岐水道航抵耽罗附近海域的。

由鹰岛再向西南，即是北松浦半岛西北端和平户岛北端，这里是九州北岸航线、西岸航线以及五岛列岛所接外洋航线的十字路口，作为海航枢纽的重要性不亚于博多。由此继续西南行，可过生月岛南端，达五岛列岛；由此南行穿过平户濑户可赴九州西岸各地。

九州西海岸平户—南萨摩航线自平户向南，第一个海上要津是位于长崎半岛西南端的野母崎。日本天庆八年（945）六月四日，吴越国蒋衮船"飞帆自南海俄走来"，高来郡肥最埼警固所的巡视船发现该船后，将之带往肥最埼港屿浦。"高来郡"位于长崎县南部，"肥最埼"即是长崎半岛西南端的野母崎，该地是伸入海中的狭长尖岬，在此可以全视角地观察到各个方向的海情，南北东西往来的船只也将之视为海上地标。六月廿五日蒋衮船抵达柏屿（神集岛），进而等待大宰府的许可前往博多湾鸿胪所。[②]

野母崎南行可达天草滩军浦港和津崎港。[③] 再南即抵达上甑岛和川内港之间的海域，甑岛（由上甑岛、下甑岛、中甑岛及许多小岛组成）和川内港都是萨摩国境内的海船寄泊地。日本宝龟九年（778）十一月五日，日本遣唐使第一、二船从苏州返日，其中，第二船遭风遇难，十一月十三日船上人员分别漂流到萨摩甑岛、萨摩出水以及肥后天草西仲岛。第四船从楚州盐城出

---

① 王冠倬：《简谈日本平户、鹰岛现存宋元碇石》，《海交史研究》1986 年第 1 期；中岛乐章、四日市康博：《元朝的征日战船与原南宋水军——关于日本鹰岛海底遗迹出土的南宋殿前司文字资料》，郭万平译，《海交史研究》2004 年第 1 期。
② 《本朝世纪》天慶八年七月廿六日条。
③ 军浦港和津崎港是彼此相邻的两个港口，都位于天草下岛西南羊角湾北岸。军浦港在西，属于天草市天草町；津崎港在东，属于天草市河浦町。

发,先漂至耽罗岛,十一月十日到达萨摩甑岛。① 甑岛与川内港东西一线,遥相对应。

自川内港沿九州西南海岸南下,首先是位于吹上浜南部的万之濑川河口,关于万之濑川河口的重要性,前文已有论述。从万之濑川河口南行绕过野间半岛,依次经过秋目湾、久志湾,即可到达坊津。由坊津沿萨摩半岛南海岸东行先达枕崎港,再向东绕过开闻崎、长崎鼻,即可航抵萨摩半岛东南端的山川港。从山川港北上穿过鹿儿岛港和樱岛之间的水道,可以直抵锦江湾北岸的隼人町小浜。由萨摩半岛南部诸港出发南行,还可前往硫黄岛、种子岛、口永良部岛、屋久岛等离岛,进而经口之岛、中之岛航抵奄美大岛和喜界岛。

关于九州西南萨摩国古代至中世的沿海航线及其与九州北部的联结,不乏文献记录可资探讨。根据《唐大和上东征传》记载,日本天平胜宝五年(753)大伴古麻吕、鉴真乘坐的遣唐使第二船的赴日路线为:苏州黄泗浦→阿儿奈波(位于种子岛西南)→益久岛(屋久岛)→萨摩国阿多郡秋妻屋浦(川边郡秋目湾)→大宰府。② 从秋目湾回到大宰府,需经过平户,取上文所说的平户—南萨摩航线反向北上,至平户后再沿博多—平户航线反向东进,即可到达博多湾。鉴真大师坐舟的航迹证明,8世纪九州萨摩至博多湾的航线是畅达的。

日本研究者桥口亘曾根据长门本《平家物语》勾勒出12世纪硫黄岛前往大隅正八幡宫的具体路线"硫黄岛→坊泊(南萨摩市坊津)→鹿儿屿(枕崎市)→逢のみなと(南九州市南海岸港口)→木之津(鹿儿岛市喜入)→向屿(鹿儿岛市樱岛)→鸠胁八幡崎(雾岛市隼人町野久美田)。大隅正八幡宫在锦江湾的最北岸。③ 山内晋次则指出,《平家物语》卷二《康赖祝词》记载,藤原成经等人被流放鬼界岛(硫黄岛)期间,成经舅父平教盛所领的"肥前国鹿濑庄"(位于佐贺市域)经常为其提供衣物、食料等用品。这说明当时硫黄岛与北九州之间存在着经常性的物流。再据同书卷三《少将都归》来看,藤原

---

① 《続日本紀》宝龟九年十一月十三日条、宝龟十年二月四日条。
② 《唐大和上東征傳》天平勝宝五年十一月十五日条至十二月廿六日条。
③ 长门本《平家物语》记载的有关坊津—硫黄岛航线是12世纪70年代藤原成经被赦之后由鬼界ケ岛(硫黄岛)前往大隅正八幡宫的路线。参见:橘口亘《坊津と硫黄岛・硫黄輸移出に関する一考察》,《南日本文化财研究》第9号,2010年。

成经等人获赦后的返回路线是"硫黄岛→肥前鹿濑庄→关门海峡→备前儿岛",其航迹从硫黄岛延伸到濑户内海。山内认为,硫黄岛—博多航段即宋日"硫黄海上贸易之路"的日本国内段。①

三 浙闽—九州的宋船航迹——以宋风石刻遗存为中心的考察

以上两节分别考察了宋代浙闽沿海港口与航线、同时代日本九州港口和航线,其中已经论及若干赴日宋船的相关航行事例,在此,仍有必要对宋船往来于中日之间航迹做一系统勾勒。宋代舶载输日佛教石刻及其近型石刻是宋日海域交流的物证,其中相当一部分石刻存置于沿海口岸、海路要津,可以说是宋船航行轨迹上遗留的活化石,为我们复原宋日间海上交通网络提供了重要线索。

(一)赴日宋船的出航港、浙闽沿海经行地与窣堵波式石塔的分布

首先,从泉州、福州等福建港口起航的赴日商舶,在两宋时期的多数时段需要经停明州。其原因在于,泉州市舶司迟至元祐二年(1087)才设立,在此之前泉州赴日海船必须前往明州领取公凭,即便在此之后,宋廷强化对日、对丽贸易管控之际,泉州船仍要在明州申请赴日、赴丽贸易文书。对于从泉州市舶司领取赴日公凭的商船而言,航行路线大致有两个选项:(1)在闽南—浙南沿海航行一段路程之后寻找适宜的港口候风放洋;(2)沿闽浙航线航行至舟山群岛,在普陀山、朱家尖附近的舟山群岛东侧海道候风放洋。(图6-6)

宋代温州赴日商船的情况应与泉州船相似,12世纪30年代至90年代

---

① 山内晋次:《日宋貿易と「硫黄の道」》,山川出版社,2009年,第43—61页;山内晋次:《日本史とアジア史の一接点——硫黄の国際貿易をめぐって》,山田奨治等編《江南文化と日本——資料・人的交流の再発掘》,国際日本文化研究センター,2012年。

图 6-6　普陀山不肯去观音院（自摄）

温州设市舶务期间，温州船可直接出港前往外洋，也可经行舟山群岛东侧赴日。这一时段之外，前往明州办理舶务手续的可能性为大。台州邻近明州，台州诸港海舶可就近赴明州领取公凭，然后在明州（含舟山）、台州一带的港口放洋赴日。北宋天圣五年（1027）宋商陈文祐、章仁昶从明州领取公凭，之后赴台州东门解缆出洋，而后遇风受阻，返回明州休整后再次起航。① 这说明由于明州、台州两地港湾毗邻、海道互联，宋舶在赴外洋之前会根据天候海况、人事舶情等在这一带航行移动。办理完杭州市舶司查验手续的海船，大多会以澉浦为扬帆地，从杭州湾驶入外海。舶务依托秀州务、江阴务的海舶则分别从松江、长江口出海和回航。

如前文所述，两宋时期浙闽沿海港航系统已经十分成熟，港口、水寨连点成线，舟船往来十分便利。由于海上交通的速度与效率远高于陆路，因此浙闽沿海各地之间联系频密，汉唐以来逐渐形成了拥有诸多共性的依海经济、舟船文化以及民俗、信仰。宋代闽南、浙南以及浙东都有造立窣堵波式石塔的风尚，这反映出宋代三地佛教文化的相通相近。

泉州城是造立窣堵波式石塔最为集中的区域，泉州开元寺、承天寺等窣堵波式石塔的存置寺院檀越众多、香火旺盛，应是泉州海商必往的礼佛祈福之所。泉州城东洛阳桥畔的宋代窣堵波石塔、宝箧印塔和层塔是地标性宗

---

① 《小右记》万寿四年八月三十日条。

教石刻,存置地点位于洛阳江入海口处,俯瞰往来船舶,具有护佑航海平安、保佑行人多福的功用。

温州境内的窣堵波式石塔之中,平阳栖真寺五佛塔所在的鳌江镇,距离鳌江口大约8公里,是鳌江江滨首镇。栖真寺窣堵波式组塔(五佛塔)存置于罗垟山,由于山高地僻,石塔得以留存。根据这组窣堵波式石塔可以推断,鳌江岸线附近原本也分布着同类石塔,往来于鳌江口的海商、船人能够瞻视。乐清真如寺窣堵波式组塔(七佛塔)位于乐清市磐石镇重石村,这里地处瓯江口北岸,古称"磐屿",附近有磐石港,该地以"重石""磐石"为名,可能有磐石捍潮、祈求安泰的寓意。宋乾道二年(1166)海溢,海水灌入瓯江口沿岸,真如寺一度遭到毁坏。推测宋时真如寺七佛塔应是瓯江口的一处重要宗教景观。

台州玉环灵山寺的"七枝塔"也是窣堵波式组塔。灵山寺位于玉环市楚门镇东西村,此地之西的漩门湾湿地原为海湾,再向西南则是乐清湾。明永乐《乐清县志》卷第五《寺院》记载:"灵山寺,去县东二百三十里,在玉环乡比社。石晋天福二年,有僧启爽于筠冈结庵,晏坐诵经,侧闻山南有钟鼓音,因至其处,见海潮直抵山下,僧祷曰:'我意即此创佛刹,若山有灵,潮水不复侵。'遂以石限之。后潮果不复至,刹已成焉。至宋有僧名法成、法敬,筑捺海涂,成田七顷,以事闻于朝。宋熙宁元年,赐额灵山寺,岁久寖敝。元至元间,二僧复建,求木于芙蓉山,得木置之港,次将欲运回,忽一夕风雨暴作,其木漂流,萃于山下,人以为异,遂成道场。"① 由此可见,灵山原为一海滨冈丘,五代时期海潮可达山南,后因僧祈祷,潮不复至。宋代灵山寺附近仍有海涂,寺僧筑塘捺涂,增广田亩。到了元代,灵山还有港汊水路通往山下。可以肯定,灵山山名的来历,与山冈襄助佛僧、止潮驭波的灵验故事有关。现在灵山寺已远离海岸,但察其南侧地理环境,至今仍有水系连通漩门湾。

宁波地区慈溪定水寺、象山仙岩寺发现有宋代窣堵波式石塔。此外,宁波现存丰富的佛寺石刻(祖师塔、经幢、层塔等)、墓前石刻(文臣、武将、石羊、石虎、石马、牌坊等),其造型、纹饰与日藏舶载宋风石刻拥有诸多相互照合之处,而且九州现存舶载宋风石刻的主要石材——梅园石产自宁波鄞西,因此可

---

① 永乐《乐清县志》卷第五《寺院·灵山院》。

以推定,宋代明州(庆元)是宋代舶载输日石刻的主要制作地和输出港。

如上所述,泉州开元寺、承天寺、洛阳桥,温州平阳鳌江口、瓯江口乐清真如寺,台州玉环灵山寺等窣堵波式石塔存置地,以及宁波城内外存有佛教石刻的禅林梵刹,均是海商行迹所至之所、海交网络覆盖之处,这些场所及其包含窣堵波式石塔在内的宗教设施大多被赋予了镇潮止波、安海求福的功能意义。可以说,浙闽滨海分布的窣堵波式石塔、层塔、造像等佛教石构与石刻,是东亚海上丝绸之路国内航段沿线的重要宗教景观。

考察此岸与彼岸的海丝沿线佛教石刻景观,窣堵波式石塔与萨摩塔的相互照合最为引人注目。笔者认为,日本九州沿海萨摩塔的舶入、置立和供拜,实际上是浙闽沿海窣堵波式石塔造立与供置的延伸。窣堵波式石塔是浙闽地域佛教文化的物化元素之一,其相关礼俗与信仰已深深植入浙闽海商内心深处。对于赴日宋商而言,将之原封不动地舶入在日寄港地和聚居地并不现实,有必要对窣堵波式石塔的形制、尺寸加以调整之后再移入同天殊域的日本九州。萨摩塔即是窣堵波式石塔之衍生型,较之窣堵波式石塔,萨摩塔缩小改变了尺寸、体量,折中弥合了浙闽塔型的地域差异,成为一种既适合舶载运输,又为浙闽各地旅日宋人普遍接受的宋风供养塔。萨摩塔取明州石材、在明州雕制、从明州港输出,这从一个侧面印证了明州在东亚海上交通体系中的枢纽地位。

(二)赴日宋船的跨海航路、九州沿岸航迹与宋代舶载输日石刻的分布

关于赴日宋船的跨海航路,前文已经提到,泉州、温州、杭州、秀州等地赴日海舶在特定历史时段均有因时出港、就近放洋的情况,但取道明州赴日的相关历史记录最多,其原因之一在于航海贸易政策的倾斜。无可否认,宋廷在大多数的历史时期均将明州作为对日丽舶务的管控中心,这在客观上强化了明州作为东亚枢纽港的地位。另一原因在于明州在东亚海域交通体系中优越的地理位置,这一点也是宋廷倾向于以明州为对日丽贸易主门户的缘由。众所周知,北宋时期,因忌惮契丹的海路渗透,除了元祐三年(1088)在密州板桥镇设立市舶司,未曾开放长江以北其他任何口岸开展对

日丽的航海贸易。到了南宋,由于边境线南移,舶务只能在长江以南口岸进行,而长江以南市舶口岸之中,明州拥有东亚航海贸易的最大优势:一方面,明州与日本、高丽之间的直线距离短于浙南和闽南的港口;另一方面,明州境内有舟山群岛作为伸向外洋的天然"栈桥"。

宋代舟山群岛属于明州昌国县辖域,岛群由西南向东北排开,与由东北向西南伸展的日本五岛列岛遥相呼应。位于舟山群岛东北端的嵊泗列岛与五岛列岛西南端的福江岛之间的海路,是地理逻辑上中日之间的"快速道"。实际上舟山群岛东、西两侧各有一条海道通向外洋。根据文献记录来看,出入杭州湾沿岸港埠的外洋船大多以嵊泗列岛为玄关口经行舟山群岛西侧海道;自明州出航的外洋船以及泉州船、温州船则常常利用舟山列岛东侧海道,以普陀山为放洋地点。目前为止,舟山群岛尚未发现地标性的宋代佛教石刻景观,现存石塔遗存中,最为引人注目的是位于普陀山普济寺前海印池东南的普陀山多宝塔。(图6-7)该塔建于元代元统二年(1334),是一座拥有塔基、三层塔身以及平座栏杆的大型宝箧印塔。[①] 根据日本长野定胜寺藏14世纪所绘《补陀落山圣境图》可知,14世纪普陀山除了多宝塔之外,画面中部偏下"正趣峰"下绘有一座名曰"分奉塔"的宝箧印塔,画面中部偏左"塔子峰"

图 6-7 普陀山普济寺前多宝塔(自摄)

[①] 陈舟跃:《普陀山多宝塔》,《四川文物》2007年第6期。

下还绘有一座层塔。① 分奉塔应与一般露天宝箧印塔一样属于石塔,塔子峰层塔现出五层塔身,各层腰檐平正,与福冈惠光院层塔外形轮廓相近。两塔造立年代虽不可考,但早至13世纪的可能性也是存在的。

明州↔博多航线是宋日海域交流的主干道,这一点已为学界公认,但关于宋日海上交通的担当者——宋商海舶在日本一侧的具体航迹,可以结合九州宋代舶载输日宋风佛教石刻的分布状况进行深入探讨。(图6-8)就明州与博多之间通常的航路而言,明州港↔舟山群岛↔五岛列岛↔平户↔博多这条路线是毋庸置疑的。不过,前节曾论及,时有宋船选择耽罗(济州岛)↔壹岐水道↔博多路线,这种情况下,五岛列岛南部奈留浦、玉之浦等港湾的重要性较之唐代有所降低。目前五岛列岛之中仅最北端的宇久岛发现了疑似萨摩塔的宋式石塔构件,而且五岛列岛迄今发现的宋元式浙江方岩组凝灰质砂岩碇石全部集中于紧邻宇久岛的小值贺岛。② 这表明,随着由唐入宋之后九州西北洋面中国商船航线的调整,五岛列岛北端宇久、小值嘉两岛的存在感得以加强。

平户(含平户岛和北松浦半岛西北)是多数宋船前往博多的必经之地,萨摩塔在这里的集中分布反映出宋商海舶曾在这一带十分活跃。此外,平户岛上的平户市役所前存有一件宋元形制浙江方岩组凝灰质砂岩碇石。③

关于平户—博多一段航线,根据文献记载,加部岛、神集岛是宋船经行之地,前节已对此做过论述。目前两岛虽未发现萨摩塔、宋风石狮等宋代舶载输日佛教石刻,但均保存着宋元形制浙江方岩组凝灰质砂岩碇石。④

---

① 长野定胜寺藏14世纪《补陀落山圣境图》原图图版见:奈良国立博物馆编《聖地寧波,奈良国立博物馆,2009年,第96页。
② 据高津孝、大木公彦团队的调查测定,现存小值贺志々伎神社的小值贺4号碇石、现藏小值贺町历史民俗资料馆的6号、7号碇石,其石材属于浙江方岩组凝灰质砂岩。参见:高津孝、大木公彦、橘口亘《日本現存碇石石材調査報告》,《鹿大史学》第60号,2013年。
③ 碇石所在的岩之上町樱溪书院遗址(最教寺附近)存置一尊平面四边形萨摩塔。该碇石相关信息参见:高津孝、大木公彦、橘口亘《日本現存碇石石材調査報告》,《鹿大史学》第60号,2013年。
④ 神集岛住吉神社存有一件宋元形制浙江方岩组凝灰砂岩碇石,加部岛田岛神社存有两件此类碇石。参见:高津孝、大木公彦、橘口亘《日本現存碇石石材調査報告》,《鹿大史学》第60号,2013年。

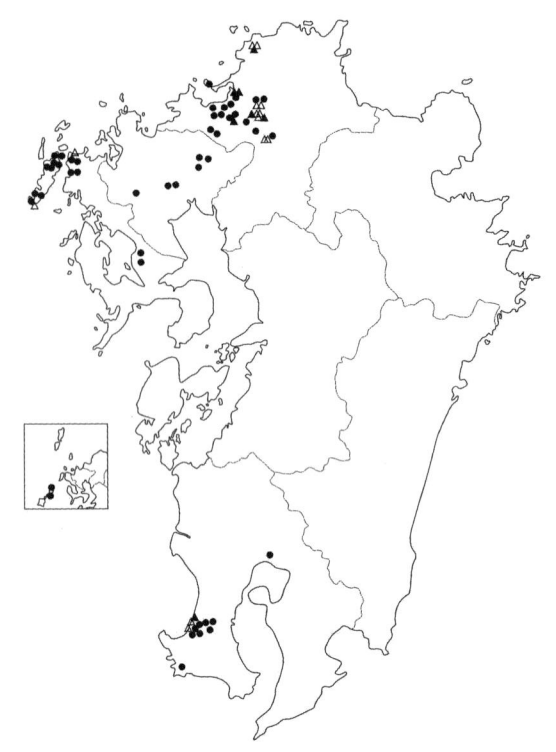

注:●萨摩塔;△宋风石狮;▲其他各类石刻

图 6-8　九州现存宋代舶载输日宋风佛教石刻分布

(浙江省测绘科学技术研究院编绘)

而且,神集岛西南唐津港西北岸有一处名为"唐房"的地点,该地附近的德藏谷遗址、佐志中通遗址出土了 12 世纪后半叶至 15 世纪贸易陶瓷。① 这些文物资料显示,加部岛—神集岛—唐津唐房一线确为宋船寄碇、驻留之所。

博多湾内的鸿胪馆、博多唐房是前后两个时期(以 11 世纪中叶为时间节点)宋代商船的主要航行目的地和交易地,位于博多唐房及其附近的博多遗迹群和圣福寺分别发现一件萨摩塔残件及疑似萨摩塔残件,应为宋船在博多港着岸之后卸载存置之物。圣福寺和同样邻近博多唐房的栉田神社、承

---

① 柳原敏昭:《中世前期南九州の港と宋人居留地に関する一試論》,《日本史研究》第 448 号,1999 年。

天寺还保存着宋元风格的浙江方岩组凝灰质砂岩碇石①。

宋舶在博多湾内的航迹，并不仅限于博多唐房所在的博多港，今津、志贺岛、姪浜、箱崎津等地也均是抵离博多湾前后的靠泊之处，这些地点存置的萨摩塔和疑似萨摩塔的构件应是宋舶抵岸之际的卸载之物，志贺岛、姪浜、箱崎津海岸都发现了碇石，箱崎津筥崎宫所存一件碇石为方岩组凝灰质砂岩质地②。此外，志贺岛、姪浜两地都有中国风的"旦过"地名，这一地名与萨摩塔同为中日佛教文化交流的相关遗存，前者属于无形的地志遗存，后者属于有形的文物遗存，可以彼此照合、相互印证。

博多湾之东的钓川河口神凑也是宋船的靠岸地，宗像大社所藏阿弥陀经石、宋风石狮等舶载石刻应来自航至该地的宋商海舶。宗像大社西南的津屋崎一带有"唐防地"，可能原为宋人居留地点。③

以上主要利用宋代舶载佛教石刻，结合宋元碇石等文物资料，论述了明州经九州西北至博多的宋船航迹。那么，明州以及其他浙闽港口与九州西南沿海之间是否存在航线？答案是肯定的。早在公元8世纪，日本遣唐使船就曾取道萨南诸岛（种子岛、屋久岛等）→萨摩沿海返航。坊津、万之瀬川河口及下游存置的萨摩塔、宋风石狮、佛像等舶载宋风石刻，证明宋船曾经停泊于此并卸载船上物品，万之瀬川河口附近芝原遗址和渡畑遗址出土的宋式板瓦则进一步印证了来航宋人在此建屋居住的可能性。旧萨摩沿海分布

---

① 以前旧博多、箱崎所存宋元式碇石通常被视为蒙古战船遗物，这一看法有谬。不过，宋元交替期随元攻日的南宋水军战船碇石，与宋商船碇石无法区分，推测九州北部此类遗物两者间杂。值得思考的是，南宋水军航抵九州西北的集结地鹰岛现存碇石无一明确鉴定为浙江方岩组凝灰质砂岩材质。柹田神社现存3件碇石，其中1号碇石材质为浙江方岩组凝灰质砂岩。承天寺和圣福寺所存2件碇石材质均为浙江方岩组凝灰质砂岩。参见：高津孝、大木公彦、橋口亘《日本現存碇石石材調査報告》，《鹿大史学》第60号，2013年。

② 姪浜碇石为玄武岩材质、柱状不定形型，志贺岛碇石（编号H27）为花岗岩质地、柱状不定形型，两者属于日本本地碇石。筥崎宫2件碇石均为宋元形制，一件为花岗岩材质，一件为方岩组凝灰质砂岩材质。参见：高津孝、大木公彦、橋口亘《日本現存碇石石材調査報告》，《鹿大史学》第60号，2013年。

③ 柳原敏昭：《中世前期南九州の港と宋人居留地に関する一試論》，《日本史研究》第448号，1999年；山内晋次：《日宋貿易と「トウボウ」をめぐる覚書》，中島楽章、伊藤幸司編《寧波と博多》，汲古書院，2013年，第5—36页。

着三处以"当房""东房"(唐房的同音异字)为名的地点,其中一处即万之濑川河口加世田市的当房,另一处在鹿儿岛湾西岸鹿儿岛市喜入町,称作东房,还有一处为川内当房,位于川内川下游河滨。①

就抵达九州西南萨摩沿海的宋船的来航路线而言,大致存在两种可能:一是从明州、温州、泉州等中国港口直接东渡至九州西南萨摩海岸;二是经由琉球列岛、萨南诸岛北上至萨摩海岸。相比之下,前者最为快速便捷,应是宋船的第一选项,对于两浙海船尤其如此。后者对于泉州等闽南港口利用西南风赴日的海舶更具合理性,而浙江诸港起航的赴日商船在遭遇风向变化偏离既定航向之际也会采取这种选择。关于宋船取"琉球列岛→萨南诸岛→萨摩"航线前往九州的航海事例未见于文献史料,尽管如此,琉球列岛、萨南诸岛都发现了浙江方岩组凝灰砂岩材质的宋元形制碇石。琉球列岛现存此类碇石以冲绳县国头郡恩纳村山田グスク遗址碇石为代表。萨南诸岛此类碇石以鹿儿岛县奄美市名濑幸町肥后家旧秋名碇石为代表。此外,鹿儿岛县大岛郡宇检1号碇石、2号碇石以及鹿儿岛县奄美市奄美博物馆所藏名濑金久碇石虽是产地不明的凝灰岩材质,但其形制是中国宋元时期常见的角柱对称型,冲绳县久米岛宇江城花岗岩质地碇石和冲绳县名护市名护博物馆藏材质不明碇石也是宋元角柱对称型。② 这些碇石大多是宋元商舶或宋元所造海舶的遗物,证明了宋元时期琉球列岛和萨南诸岛已进入中国帆船的海航圈域。

抵达九州萨摩沿海的宋船分为两类情况。一类以九州坊津、万之濑川河口等港口作为航行目的地。此类宋船将陶瓷、丝绸、香料等货物舶来,私密销售给当地庄园和寺社权门,再将当地物产以及来自硫黄岛的硫黄运回中国。还有一类将九州西南港湾作为经停地,在那里休整之后再沿九州西海岸北上,经平户赴博多。这类宋船的经行路线即是前文提到的宋日"硫黄海上贸易之路"的日本国内段,我们认为,日本天庆八年(945)吴越国蒋衮船

---

① 服部英雄:《日宋貿易の実態「諸国」来着の異客たちと、チャイナタウン「唐房」》,《東アジアと日本:交流と変容》第2号,2005年,第34页。
② 高津孝、橋口亘、松本信光、大木公彦:《南西諸島現存碇石の産地に関する一考察》,《鹿児島大学法文学部紀要〈人文学科論集〉》第72号,2010年;高津孝、大木公彦、橋口亘:《日本現存碇石石材調査報告》,《鹿大史学》第60号,2013年。

到达的长崎半岛西南端之野母崎应是这一航线上的节点,由此再向北,平户岛西南端大型萨摩塔和宋风石狮的存置地——志々神社冲之宫也是沿九州西岸北上宋舶的经停之所。另外,自九州萨摩港湾北上的宋船亦有可能经过岛原湾航抵有明海沿岸,或经佐世保湾寄碇大村湾沿岸。岛原半岛西南端的口之津东方(唐房)、长崎半岛东北海滨的矢上东方(唐房)等内含海域交流叙事的地名,以及旧神崎庄和旧杵岛庄一带所存萨摩塔、大村湾东岸龙福寺故址疑似萨摩塔残件等石刻遗存,可以作为有明海、大村湾宋船航迹的佐证。

结　语

　　日本现存宋代输日佛教石刻主要分布于九州北部、西北沿海和西南沿海,其种类包括:萨摩塔、宋风石狮、层塔、阿弥陀经石、佛菩萨造像,等等。其中,萨摩塔数量最多,宋风石狮次之。这些石刻从整体形制到细部雕饰均为纯粹的宋式风格,完全游离于日本本土佛教石刻的谱系之外,而且石材亦多为浙东凝灰岩和浙北与苏南的石灰岩。一般认为,这类佛教石刻系南宋赴日海商舶载移入日本的。

　　九州现存萨摩塔形制十分统一,石塔基本结构为"须弥座＋壶形塔身＋屋顶状塔顶",须弥座束腰一般有四天王浮雕,须弥座上部雕出栏杆平座,塔身正中开火焰形龛,内刻佛像。萨摩塔按尺寸可分为大小两类,小者70厘米上下,大者原高可达190—300厘米;按造型分为平面四边形和平面六边形两种;按制作方式分为单材制和复材制,前者以一块石材雕作而成,后者以多块石材分雕构件,然后叠合为一体。萨摩塔塔体各部位形态的个体差异较小,应是特定时段的产物。由于缺乏带有明确纪年铭的典型塔例,故而萨摩塔年代研究迄今仍是一个尚存较大探讨余地的课题。近年福冈箱崎遗迹群13世纪文化层中萨摩塔残件的发现,为萨摩塔绝对年代段的确定提供了宝贵的层位学依据。

　　相比于萨摩塔,中国舶载输入石狮的年代判断工作由于拥有

结 语

刻度明确的年代标尺而相对简单。位于这把年代标尺首端的是 12、13 世纪之交的宗像大社宋风石狮,位于标尺末端的则是晚至 14 世纪末的山口县长门三隅熊野权现社石狮。舶载输日石狮的造型呈现出明晰的演变规律:刚健壮硕→柔曲修长。不过,石狮的具体姿态较之萨摩塔形制更富于变化。宗像大社阿弥陀经石、惠光院灯笼堂十一面观音像、惠光院层塔等石刻虽是单件留存,但显示了舶载输日宋风石刻的多样性,同时也为石刻群整体年代框架的推定提供了依据。

跨海溯源考察的结果显示,九州现存萨摩塔的祖型应为宋代浙闽一带流行的窣堵波式石塔。窣堵波式石塔的基本结构为"须弥座＋卵形/瓜腹状塔身＋仿木构塔顶",与萨摩塔十分相近。窣堵波式石塔的卵形/瓜腹状塔身与塔身之下托座结合起来的轮廓与萨摩塔塔身一样呈壶状。可以说,萨摩塔是一种简约版或缩小版的窣堵波式石塔。然而,需要指出的是,萨摩塔并未完全照搬窣堵波式石塔的造型模式,萨摩塔须弥座束腰配置四天王浮雕的做法在窣堵波式石塔中并不常见,栏杆平座这一萨摩塔的标配在窣堵波式石塔中更是完全付诸阙如。另外,窣堵波式石塔的具体样式存在地域差异,浙南和闽南的窣堵波式石塔区别明显,分属两个不同系统,而萨摩塔兼收了浙南系和闽南系窣堵波式石塔的特征,规避了窣堵波式石塔细部的一些繁缛设计,同时又植入了若干别具一格的匠意。我们推断,萨摩塔是旅居九州的宋人及其亲交社群为满足自身需求以及为了跨海舶运的方便而特别订制的石塔。经鉴定,绝大多数的萨摩塔所用石材与宁波鄞西出产的梅园石同属凝灰岩,两者岩石学特征一致,同时考虑到两宋明州发达的石刻工艺技术和优越的海上交通条件,基本上可以推定,九州现存萨摩塔主要以宁波梅园石为石材,在宁波雕制完成之后,就近从宁波港舶出至日本九州。此外,依据浙南地区的丽水灵鹫寺石塔(1216—1218)和瑞安兴福寺石塔(1258—1263)、闽南地区的洛阳桥南窣堵波式石塔(1059)、开元寺大雄宝殿北庭二塔(1211)、五塔岩组塔(1270)的形制观察,可以建立一个相对清晰的窣堵波式石塔的演变谱系,这一谱系能够为近缘的萨摩塔的年代研究提供参照。据此,我们认为,以首罗山萨摩塔为代表的塔身修长的石塔,大致为 13 世纪前半遗物,以水元神社萨摩塔、坊津萨摩塔为典型的塔身肩腹鼓凸显著的石塔属于 13 世纪后期,而绝大多数萨摩塔应在 13 世纪这一年代范围。

与萨摩塔同地存置的宋风石狮,其石材与萨摩塔相同,应是作为附属石刻与萨摩塔一起制作并舶入日本的。其他诸如阿弥陀经石、十一面观音造像、惠光院层塔、石灰岩质宋风石狮等舶载输日宋风石刻,各自拥有不同的历史叙事,但均是宋日海域交流的遗存,这一点毫无疑问。值得关注的是,日本现存舶载输日宋风石狮造型演变谱系相对明确,能够为南宋浙闽沿海宋代石狮年代研究提供编年坐标。

舶载输日宋风石刻的存置地点大多位于九州北部、西北以及西南的海岸地带及海岛,亦有一部分石刻散布于略靠内陆的区域。滨海存置场所大都是宋舶易达之地,最为集中的区块为博多湾沿岸、旧肥前西部(包括北松浦半岛西北、平户岛以及宇久岛)以及旧萨摩西南,石刻保存地点以寺社为主,其中一些寺社拥有悠久的海域交流史脉。值得一提的是,环博多湾地区、北松浦半岛西北以及万之濑川河口的一些舶载输日宋风石刻存置地附近,均有唐房(东方/当方/东防)和旦过(タンバ)等地名,这类地名是宋人居留、中日僧侣渡海往来的地志遗存。此外,博多、箱崎一带出土了宋式花卉纹瓦当和凹压波状纹板瓦,万之濑川河口附近遗址则出土了凹压波状纹板瓦;博多、津屋崎、松浦大崎东防发现了"纲"字墨书瓷器。将这些遗物与相关文献史料相结合,可以勾勒出九州沿海各处舶载输日宋风石刻存置地宋日交流的多彩图景。略靠内陆的舶载宋风石刻存置地,主要有3个集中区域:筑前内陆(福冈平野及周缘山地)、肥前东部(神埼—多久—武雄)、萨摩内陆(万之濑川中上游)。筑前内陆区现存舶载宋风石刻多为小型萨摩塔和宋风石狮,主要存置于今福冈境内的山岳寺社,而这些寺社均与博多湾沿岸有着便利的交通联系,博多—大宰府的官道更是整个九州北部文书行政的中枢干线;旧肥前东部神埼—多久—武雄一带为旧神崎庄、杵岛庄的庄领,两个庄园都有与宋商交往的历史记录,推测宋舶曾到达有明海北岸神崎庄与杵岛庄的港埠,这一带所存舶来石刻都是小型萨摩塔,其搬移路线大致是:有明海北岸港埠→筑后川河道/六角川河道/其他河道+陆路。旧萨摩内陆的舶来宋风石刻集中于万之濑川中上游,这一带属于旧河边郡辖地,可以兼用万之濑川河道及沿河陆路构建起与万之濑川河口之间的物流通路。

宋代佛教石刻舶入日本的背景,是宋日之间繁荣的航海贸易和密切的佛教交流,宋朝海商和中日佛教僧侣担当了这一历史叙事的主角。两宋海商续写了晚唐五代时期唐商和吴越商人赴日贸易的篇章。9世纪40年代，日本九州大宰府鸿胪馆开始成为中国海商的赴日贸易据点。11世纪中叶以后，鸿胪馆作为对外贸易中心的功能停废，宋商转而以博多浜为在日居留地和交易口岸。另一个值得注意的现象是，11世纪中期开始至12世纪早期，宋船将航迹延伸至本州日本海沿岸的但马、越前敦贺、若狭、能登等地。就唐宋之际赴日海商出身地域的变化而言，与由两浙、渤海、新罗商客组合而成的"大唐商人"群体不同，赴日宋商以浙闽商人为主体。事实上，北宋时期宋日贸易在一定程度上受到日方对外贸易管理体制——"年纪制"的制约。年纪制始于日本延喜十一年（911），是一种严格控制中国海商来航次数的规制。年纪制大致在12世纪20年代失去了效力，此后赴日宋商在贸易时间与空间上拥有了更大的自由，同时越来越多的宋商长期居留日本。平清盛专权时期（1160—1181），宋日贸易发展至鼎盛。镰仓幕府建立之后，以"博多纲首"为核心的在日宋人群体加强了与九州地方寺社、权门的关系，进一步融入当地社群，其经济活动亦扩展至土地的承租、买卖和领有。随着本地化的加深、财力的积蓄、土地权限的扩大，旅日宋人纲首开始尝试营建独立的或依附于其他寺社的宋式宗教设施和礼拜场域，这即是宋商将佛教石刻舶入日本的缘由。

  两宋海商之外，渡宋日僧和赴日宋僧是往来于宋日海域的另两个重要群体。与9世纪旨在渡海"求法"的入唐日僧不同，北宋时期来华日僧则以"巡礼"佛教圣地为主要目的。由于日本"渡海制"的限制，北宋渡宋日僧人数甚寥，直至南宋时期12世纪中叶渡海制废止之后，渡宋日僧人数骤增，其中以禅、律僧侣为主。前者以荣西、道元为代表。他们将宋朝禅宗思想和宋式禅林清规传入日本，后者以俊芿为代表，渡宋律僧与禅僧一道在日本宣播简朴精进、自律清正的宋风佛教文化。南宋禅僧赴日弘禅始于13世纪20年代，13世纪中晚期赴日的兰溪道隆、无学祖元等人受到镰仓幕府的礼敬，他们在日本创建禅宗寺院、践行禅林规制，进一步使宋禅植入日本。

  值得一提的是，北宋时期赴日宋商为渡宋日僧提供了诸多帮助，南宋时期渡宋日僧更得到旅日宋商的多方面支持。面对平安时代终结、镰仓幕府建立这一时代变局，以宋人纲首为核心的在日宋人社群亟须找到相互信赖的本土势力，知宋友宋的渡宋日僧群体是博多纲首的不二选择。事实上，宋人纲首对于渡宋日僧的襄助获得了积极回馈,重源、荣西、辨圆等曾经受惠于博多纲首的渡宋日僧归国之后备受日本顶层权力集团的敬重,这一亲交人脉无疑有利于改善在日宋人的生存环境。此外,渡宋日僧在日传播宋风佛教文化的努力,与在日宋人对于宋式生活方式的传承、母国器物文化的推重、故土观念信仰的执守具有相同的向量,故而能在宋风禅院的创建上形成合力。可以说,12世纪晚期至13世纪南宋佛教石刻舶入日本的历史脉线,是在博多纲首转以日本九州为运营据点、日本僧侣渡海修习宋风佛教的双重背景下发端并展开的。九州现存舶载宋风佛教石刻的舶运者是旅日宋商,而其使用者则是在日宋人群体、渡宋归国日僧以及其他在日宋人亲交社群。

宋代舶载输日佛教石刻是宋日海上丝绸之路沿线的历史景观,标示着赴日宋商海舶的航迹。众所周知,宋日之间海上交通以明州—博多为干线,其延伸航线及分支航线联结我国东南沿海和日本九州、本州的诸多港口。日本九州一侧萨摩塔的分布地大多位于海路要津,拥有丰富的中日交流文献记录与文物遗存。而我国浙闽一侧沿海萨摩塔祖型——宋代窣堵波式石塔现存遗物最多的闽南泉州、浙南温州是对外贸易繁荣与海航舶运发达的地区,浙东明州鄞西被推定为萨摩塔石材梅园石的产地,明州古寺现存宋代无缝塔则是日本无缝塔溯源研究的珍贵资料,而且当地现存大量宋代墓前石刻也为日藏宋风石刻的形制与纹饰的谱系梳理提供了可能。可以说,因于此岸与彼岸留存的宋代石刻遗物,宋日海上丝绸之路成为一种可视化、具象化的历史存在。

在此岸的浙闽沿海一侧,窣堵波式石塔大多列置于浙闽滨海的港城名刹和海路要所,与九州萨摩塔的存置地形成对应,具有祈祷海定波宁、航者平安的功能意义,是宋代浙东、浙南和闽南海商礼拜的对象。现存宋代窣堵波式石塔的集中分布地——温州和泉州,均是与日本海上往来频密的区域,地域商民拥有从事对日贸易的传统。明州是多数舶载输日石刻所用石材——梅园石的产地,同时被推断为萨摩塔及其配组宋风石狮的制作地,这很大程度上归因于明州对日海上交通枢纽的地位,相关宋代石刻雕作的文物学论证与明州港城的历史学逻辑全无违和。此外,需要指出的是,宋代钱塘江至杭州湾以北的杭州、澉浦、秀州诸港,与杭州湾以南的明州(包括舟山)、台州、温州、福州、泉州诸港构成一个往来密切的海航系统,它又与海东日丽、南洋殊域的海交网络互联互通。

彼岸的九州沿海一侧的萨摩塔,实际上可以被视为窣堵波式石塔的舶载版,旅日宋商将萨摩塔舶至日本,旨在将故土风格的佛教景观营建于异国寄身之所,祈愿往来平安、人事顺遂。以舶载宋风石刻为要素构建的设施、场域,无关乎规模尺度的大小,也无关乎是否附着于其他寺社,其存在的意义在于其有别于客居地的文化内核。将舶载输日宋风石刻的存置地与宋元碇石的发现地连点成线,可以勾勒出宋舶在九州沿海的具体航迹。宋制石刻遗物的空间分布研究表明:五岛列岛东北端的宇久岛和小值贺岛较之列岛南部,对于宋船航线具有更大的重要性;平户濑户(平户岛和北松浦半岛西北端之间的海峡)、加部岛、神集岛确为宋船在九州西北海岸的主要泊所;环博多湾区域,除了博多唐房之外,今津、姪浜、箱崎津、志贺岛也是宋船的寄碇之地;博多湾外东北海岸与宗像大社关系密切的津屋崎、神凑位于明州—博多航路的延长线上;九州西侧有明海、大村湾亦为宋船航迹的所及之处;九州西南旧萨摩地区万之濑川河口曾存在过宋商居留地,万之濑川河口—坊津向南对接萨南诸岛和琉球列岛航线,向北连通九州西北乃至九州北部,这一带发现的舶载宋风石刻以及其他宋代舶来遗物为我们认识宋日海航路线的多样性提供了线索。

综上,九州现存宋代输日佛教石刻是经历了跨海移动的石质遗存,通过石刻文物学分析、谱系源流追溯、存置场域考察、历史叙事解读、舶载路线追迹,我们可以看到宋代浙闽沿海与日本九州之间人的往来、物的流通、思想的传播,此岸与彼岸之间的诸般史像,一起交织成为东亚海上丝绸之路的多彩图景。

参考文献

一、基本史料典籍

司马迁:《史记》

范晔:《后汉书》

陈寿:《三国志》

沈约:《宋书》

李焘:《续资治通鉴长编》

李心传:《建炎以来系年要录》

脱脱等:《宋史》

徐松辑:《宋会要辑稿》

马端临:《文献通考》

徐兢:《宣和奉使高丽图经》

张津等:《乾道四明图经》

罗濬:《宝庆四明志》

吴潜等:《开庆四明续志》

袁桷:《延祐四明志》

冯福京等:《昌国州图志》

周淙:《乾道临安志》

潜说友:《咸淳临安志》

施谔:《淳祐临安志》

常棠:《海盐澉水志》

梁克家:《淳熙三山志》

苏轼:《东坡全集》

包恢:《敝帚稿略》

真德秀:《西山文集》

赵汝适:《诸蕃志》

周去非:《岭外代答》

朱彧:《萍洲可谈》

洪迈:《夷坚志》

宗晓编:《四明尊者教行录》

志磐:《佛祖统纪》

茅元仪辑:《武备志》

黄宗羲:《四明山志》

杜臻:《粤闽巡视纪略》

怀荫布等:乾隆《泉州府志》

方鼎等:乾隆《晋江县志》

胡之鋘等:道光《晋江县志》

张宝琳等:光绪《永嘉县志》

徐兆昺:《四明谈助》

藤原緒嗣等:《日本後紀》

藤原良房等:《続日本後紀》

《日本紀略》

皇圓:《扶桑略記》

藤原基経等:《文徳実録》

藤原時平等:《三代実録》

藤原通憲:《本朝世紀》

三善為康:《朝野群載》

大伴家持編:《万葉集》

真人开開:《唐大和上東征傳》

圓仁:《入唐求法巡礼行記》

圓珍:《行歷抄》

圓珍:《上智慧輪三藏决疑表》

敬光編:《唐房行履錄》

藤原道長:《御堂関白記》

藤原行成:《権記》

藤原実資:《小右記》

源師時:《長秋記》

藤原宗忠:《中右記》

源経信:《帥記》

《吾妻鏡》

高階積善:《本朝麗藻》

成尋:《参天台五臺山記》

戒覚:《渡宋記》

《百鍊抄》

九条兼実:《玉葉》

狛近真:《教訓抄》

《続左丞抄》

虎関師錬:《元亨释書》

宗性:《日本高僧傳要文抄》

鉄牛圓心:《聖一国師年譜》

《入唐五家傳》

高楠順次郎編:《入唐諸家傳考》

栄西:《興禅護国論》

十明:《優填王所造栴檀释迦瑞像歷記》

《東大寺造立供養記》

《泉涌寺不可棄法師傳》

《平家物語》

《宗像軍記》

梶原天均:《田島石経記》

源弘賢:《阿弥陀経石本考》

鄭麟趾等:《高丽史》

金宗瑞:《高丽史节要》

竹内理三編:《大宰府・太宰府天満宮史料》巻5—8,太宰府天満宮,1969—1972年。

竹内理三編:《鎌倉遺文》古文書編第4巻,東京堂,1973年。

竹内理三編:《平安遺文》古文書編第3巻,東京堂,1974年。

瀬野精一郎編:《肥前国神崎荘史料》,吉川弘文館,1975年。

林文理編:《〈博多綱首〉関係史料》,《福岡市博物館研究紀要》第4号,1994年。

広渡正利編:《筥崎宮史》第二編《筥崎宮編年史料 古代中世編》,文献出版,1999年。

二、考古发掘与文物调查报告

島田寅次郎:《筑前における鎌倉時代の遺跡遺物について》,福岡県編《史跡名勝天然記念物調査報告書》第8冊"史跡之部",福岡県刊行,1933年。

林钊:《泉州开元寺石塔》,《文物参考资料》1958年第1期。

佐賀県教育委員会編:《下中杖遺跡——神埼郡三田川町所在》,佐賀県教育委員会,1980年。

福岡県教育委員会編:《箱崎遺跡——福岡市東区箱崎1丁目所在遺跡の調査》,福岡県教育委員会,1987年。

坂田邦洋:《论国东塔与中国天台山宝塔的关系》,丁琦娅译,《东南文化》1990年第6期。

下村智編:《箱崎遺跡2——箱崎遺跡群第3次調査の報告》,福岡市教育委員会,1991年。

田中寿夫編:《箱崎3——箱崎遺跡群第5次調査の報告》,福岡市教育委員会,1992年。

長崎県教育委員会:《大陸渡来文物緊急調査報告書》,長崎県教育委員会,1992年。

方拥:《闽东南沿海小型石塔幢》,《华侨大学学报》(自然科学版)1993年第2期。

方拥、杨昌鸣:《闽南小型石构佛塔与经幢》,《古建园林技术》1993年第4期。

加藤隆也等編:《箱崎遺跡4——箱崎遺跡群第6次·7次調査報告》,福岡市教育委員会,1996年。

河南省文物考古研究所编:《北宋皇陵》,中州古籍出版社,1997年。

宁波市文物考古研究所:《浙江宁波市舶司遗址发掘简报》,《浙东文化》2000年第1期。

浙江省文物考古研究所:《杭州雷峰塔五代地宫发掘简报》,《文物》2002年第5期。

津屋崎町教育委員会:《在自西ノ後遺跡》(《津屋崎町文化財調査報告書》第21集),津屋崎町教育委員会,2004年。

叶挺铸:《浙江瑞安垟坑石塔的构造和建筑特征》,《东方博物》第18辑,浙江大学出版社,2006年。

陈舟跃:《普陀山多宝塔》,《四川文物》2007年第6期。

鹿児島県立埋蔵文化財センター:《持躰松遺跡》,鹿児島県立埋蔵文化財センター,2007年。

久山町白山遺跡調査指導委員会、久山町教育委員会編:《首羅山遺跡—福岡平野周縁の山岳寺院》,久山町教育委員会,2008年。

上田耕:《川辺町野崎馬場田遺跡調査速報》,《広報　南九州》第4卷,2008年。

松田朝由:《鹿児島県の薩摩塔》,《南日本文化財研究》第7号,2008年。

井形進:《首羅山遺跡の宋風獅子と薩摩塔》,久山町白山遺跡調査指導委員会、久山町教育委員会編《首羅山遺跡——福岡平野周縁の山岳寺院》,久山町教育委員会,2008年。

朽津信明:《いわゆる「宋風獅子」の岩質について》,《考古学と自然科学》第58号,2009年。

吴志标:《浙江丽水灵鹫寺石塔》,《东方博物》第 30 辑,浙江大学出版社,2009 年。

松尾尚哉:《宇美町所在の薩摩塔について》,武末純一先生還暦記念事業会編《武末純一先生還暦記念献呈文集·研究集》,武末純一先生還暦記念事業会,2010 年。

久山町教育委員会:《首羅山遺跡 発掘調査概要報告書》(久山町文化財調査報告第 15 集),久山町教育委員会,2010 年。

叶挺铸:《宋兴福寺七佛塔考略》,《东方博物》第 38 辑,浙江大学出版社,2011 年。

奈良国立博物館等編:《大徳寺伝来五百羅漢図 銘文調査報告書》,奈良国立博物館、東京文化財研究所,2011 年。

橋口亘、高津孝、大木公彦:《大応国師供養塔(福岡市興徳寺)四天王像彫出部材の発見と薩摩塔》,《南日本文化財研究》第 12 号,2011。

橋口亘、若松重弘:《鹿児島県三島村硫黄島採集の貿易陶磁》,《南日本文化財研究》第 10 号,2011 年。

桃崎祐輔、山内亮平、阿部悠理:《九州発見中国製石塔の基礎的研究——所謂「薩摩塔」と「梅園石」製石塔について》,《福岡大学考古資料集成 4》,福岡大学人文学部考古学研究室,2011 年。

鹿児島県立埋蔵文化財センター:《渡畑遺跡 2》,鹿児島県立埋蔵文化財センター,2011 年。

鹿児島県立埋蔵文化財センター:《芝原遺跡 3》,鹿児島県立埋蔵文化財センター,2012 年。

高津孝、大木公彦、橋口亘:《日本現存碇石石材調査報告》,《鹿大史学》第 60 号,2013 年。

橋口亘:《中世前期の薩摩国南部の対外交流史をめぐる考古新資料——南さつま市芝原遺跡出土薩摩塔·同市加世田益山八幡神社現存の宋風獅子·三島村硫黄島発見の中国陶磁器を中心に》,《鹿児島考古》第 43 号,2013 年。

橋口亘、松田朝由:《南さつま市芝原遺跡出土の中国系石塔(1)》,《南日本文化財研究》第 16 号,2013 年。

橋口亘、松田朝由:《南さつま市芝原遺跡出土の中国系石塔(2)——万之瀬川下流域から発見された薩摩塔》,《南日本文化財研究》第 17 号,2013 年。

橋口亘:《南さつま市加世田益山の八幡神社現存の宋風獅子——中世万之瀬川下流域にもたらされた中国系石獅子》,《南日本文化財研究》第 18 号,2013 年。

橋口亘:《南さつま市加世田川畑現存の薩摩塔》,《南日本文化財研究》第 19 号,2013 年。

橋口亘、松田朝由:《南さつま市加世田小湊「当房通」の薩摩塔——万之瀬川旧河口付近「唐坊」比定地の中国系石塔》,《南日本文化財研究》第 20 号,2013 年。

黄培量:《浙南砖石多宝塔的调查研究》,《东方博物》第 48 辑,浙江大学出版社,2013 年。

苏义惠:《平阳栖真寺宋代五佛塔》,《东方博物》第 48 辑,浙江大学出版社,2013 年。

渡辺芳郎:《鹿児島県三島村踏査報告》,《鹿大史学》第 61 号,2014 年。

橋口亘、松田朝由:《南さつま市金峰町宮崎字持躰松の上宮寺跡の中国製石仏——万之瀬川下流域の上宮寺跡で発見された宋風石仏と周辺の宗教遺物・遺構》,《南日本文化財研究》第 25 号,2015 年。

江上智恵:《太祖神社所蔵の大陸系石製香炉》,《九州大学学術情報リポジトリ》,九州大学大学院比較社会文化研究院,2015 年。

潘浩:《永嘉霄梵寺出土的北宋大中祥符二年(1009)石阿育王塔》,《东方博物》第 53 辑,浙江大学出版社,2015 年。

宁波保国寺古建筑博物馆、上海保文建筑工程咨询有限公司:《宁波保国寺石材材质定性评估研究报告》,2016 年。

曾文国:《泉州宋代五塔岩佛教遗存探析》,《福建文博》2016 年第 2 期。

井形進:《長門三隅の熊野権現社の宋風獅子》,《九州歴史資料館研究論集(42)》2017 年。

井形進等編:《九州に偏在する中国系彫刻についての基礎的研究》,九州歴史資料館,2018 年。

三、论文

陈高华:《北宋时期前往高丽贸易的泉州舶商——兼论泉州市舶司的设置》,《海交史研究》1980年第2期。

陈炎:《略论海上"丝绸之路"》,《历史研究》1982年第3期。

門田見啓子:《大宰府の府老について——在庁官人制における》上,《九州史学》第84号,1985年。

島田次郎:《日本中世の領主制と村落》上巻付論《平氏政権の対宋貿易の歴史的前提とその展開——十一—十二世紀における国際的契機について》,吉川弘文館,1985年。

佐藤秀孝:《宝慶寺寂円禅師について》,曹洞宗宗務庁《曹洞宗研究員研究紀要》第18号,1986年。

冯汉镛:《宋代国内海道考》,《文史》第26辑,中华书局,1986年。

林振礼:《赵明诚、李清照与傅自得关系小考》,《学术研究》1986年第2期。

林星儿:《湖州飞英塔建造历史初探》,《湖州师专学报》1988年第3期。

傅宗文:《中国古代海关探源》,《海交史研究》1988年第1期。

五味文彦:《日宋貿易の社会構造》,今井林太郎先生喜寿記念論文集編纂委員会編《国史学論集 今井林太郎先生喜寿記念》,今井林太郎先生喜寿記念論文集刊行会,1988年。

川添昭二:《鎌倉初期の対外関係と博多》,箭内剣次編《鎖国日本と国際交流》上巻,吉川弘文館,1988年。

川添昭二:《古代・中世の博多》,川添昭二編《よみがえる中世Ⅰ——東アジアの国際都市博多》,平凡社,1988年。

川添昭二:《宗像氏の対外貿易と志賀島の海人》,宮田登編《玄界灘の島々》(海と列島文化3),小学館,1990年。

冯学成:《无准师范和圆尔辨圆的交往——中日文化交流史上的美妙乐章》,《文史杂志》1990年第6期。

稲川やよい:《「渡海制」と「唐物使」の検討》,《史論》第44号,1991年。

榎本淳一:《『小右記』に見える「渡海制」について》,山中裕編《摂関時代と古記録》,吉川弘文館,1991年。

曹厚德、杨古城:《中国铸佛师和日本的大铜佛》,《佛教文化》1991年第3期。

施存龙:《唐五代两宋两浙和明州市舶机构建地建时问题探讨(下)》,《海交史研究》1992年第2期。

廖大珂:《北宋熙宁、元丰年间的市舶制度改革》,《南洋问题研究》1992年第1期。

斯波义信:《港市論——寧波港と日中海事史》,荒野泰典等編《アジアのなかの日本史》,東京大学出版会,1992年。

佐藤一郎:《宋代の陶磁と瓦の文様——博多出土の軒丸瓦と黄釉鉄絵盤の花卉文をめぐって》,《法哈噠》第2号,1993年。

日下雅義:《湊の原形——肥前国神崎荘にみる》,《歴史を読みなおす6》(朝日百科　日本の歴史・別冊),朝日新聞社,1993年。

砺波護:《唐代の過所と公験》,砺波護編《中国中世の文物》,京都大学人文科学研究所,1993年。

黄约瑟:《"大唐商人"李延孝与九世纪中日关系》,《历史研究》1993年第4期。

路秉杰:《日本东大寺复建与中国匠人陈和卿》,《同济大学学报》(社会科学版)1994年第2期。

大庭康時:《博多綱首殺人事件——中世前期博多をめぐる雑感》,《法哈噠》第3号,1994年。

大田由紀夫:《一二——五世紀初頭東アジアにおける銅銭の流布——日本・中国を中心として》,《社会経済史学》第61巻第2号,1995年。

田島公:《大宰府鴻臚の終焉——八世紀—十一世紀の対外交易システムの解明》,《日本史研究》第389号,1995年。

亀井明徳:《日宋貿易関係の展開》,朝尾直弘等編《岩波講座　日本通史》第6巻(古代5),岩波書店,1995年。

服部英雄:《久安四年有明海にきた孔雀——肥前国杵嶋庄と日宋貿易》,《文明のクロスロード Musemu kyusyu》第52号,1996年。

章深:《北宋"元丰市舶条"试析——兼论中国古代的商品经济》,《广东社会科学》1995年第5期。

方祖猷、俞信芳:《五代宋明州市舶机构初建时间及演变考》,《海交史研究》1996年第2期。

孙儒僩:《敦煌壁画中塔的形象》,《敦煌研究》1996年第2期。

林文理:《博多綱首の歴史的位置——博多における権門貿易》,大阪大学文学部日本史研究室編《古代中世の社会と国家》,清文堂,1998年。

石井正敏:《肥前国神崎荘と日宋貿易——〈長秋記〉長承二年八月十三日条をめぐって》,皆川完一編《古代中世史料学研究》下巻,吉川弘文館,1998年。

杨古城、曹厚德:《日本东大寺的宁波古代石狮》,《浙江工艺美术》1998年第1期。

柳原敏昭:《中世前期南九州の港と宋人居留地に関する一試論》,《日本史研究》第448号,1999年。

柳原敏昭:《中世前期南薩摩の湊・川・道》,藤原良章等編《中世のみちと物流》,山川出版社,1999年。

大庭康時:《集散地遺跡としての博多》,《日本史研究》第448号,1999年。

原美和子:《宋代東アジアにおける海商の仲間関係と情報網》,《歴史評論》第592号,1999年。

斯波义信:《宁波及其腹地》,施坚雅编《中华帝国晚期的城市》,叶光庭等译,中华书局,2000年。

刘建:《求法请益与朝圣巡礼——九至十一世纪中日佛教交流史略考》,《世界宗教研究》2000年第1期。

大庭康時:《博多網首の時代——考古資料から見た住蕃貿易と博多》,《歴史学研究》第756号,2001年。

山内晋次:《平安期日本の対外交流と中国海商人》,《日本史研究》第464号,2001年。

榎本涉:《明州市舶司と東シナ海交易圏》,《歴史学研究》第756号,2001年。

榎本涉:《宋代の「日本商人」の再検討》,《史学雑誌》第 110 編第 2 号,2001 年。

井原今朝男:《宋銭輸入の歴史的意義》,池享編《銭貨——前近代日本の貨幣と国家》,青木書店,2001 年。

近藤一成:《文人官僚蘇軾の対高麗政策》,《史滴》第 23 号,2001 年。

杨古城、曹厚德:《三门湾航帮与中日文化交流》,浙江大学日本文化研究所、神奈川大学人文学研究所编《中日文化论丛——1999》,北京图书馆出版社,2001 年。

闫爱宾、路秉杰:《雷峰塔地宫出土金涂塔考证》,《同济大学学报》（社会科学版）2002 年第 2 期。

全海宗:《论丽宋交流》,《浙东文化》2002 年第 1 期。

许在全:《泉州港与"海上丝绸之路"》,中国航海学会等编《泉州港与海上丝绸之路》,中国社会科学出版社,2002 年。

王勇:《"丝绸之路"与"书籍之路"——试论东亚文化交流的独特模式》,《浙江大学学报》(人文社会科学版)2003 年第 5 期。

江静:《中日文化交流的使者——大休正念》,《法音》2003 年第 12 期。

方健:《日僧荣西〈喫茶养生记〉研究》,《农业考古》2003 年第 4 期。

杨新平:《宁波东钱湖庙沟后牌坊探析》,《建筑史》2003 年第 1 期。

林辉:《层塔——日本石文化系列介绍(二)》,《石材》2003 年第 10 期。

山内晋次:《日宋貿易の展開》,加藤友康編《摂関政治と王朝文化》(日本の時代史 6),吉川弘文館,2002 年。

服部英雄:《旦過と唐房》,大庭康時等編《港湾都市と対外交易》(中世都市研究 10),新人物往来社,2004 年。

手島崇裕:《平安中期国家の対外交渉と摂関家》,《超域文化科学紀要》第 9 号,2004 年。

金申:《日僧奝然在台州模刻的栴檀佛像》,《世界宗教文化》2004 年第 3 期。

郭万平:《日本僧戒觉与宋代中国——以〈渡宋记〉为中心的考察》,《人文杂志》2004 年第 4 期。

榎本涉:《〈栄西入唐縁起〉からみた博多》,五味文彦編《交流・物流・

越境》(中世都市研究 11),新人物往来社,2005 年。

服部英雄:《日宋貿易の実態——「諸国」来着の異客たちと、チャイナタウン「唐房」》,《東アジアと日本:交流と変容》第 2 号,2005 年。

井形進:《宗像大社の宋風獅子とその周辺》,《佛教藝術》第 283 号,2005 年。

山川均:《奈良と鎌倉——忍性与大藏派石工》,五味文彦編《交流・物流・越境》(中世都市研究 11),新人物往来社,2005 年。

原美和子:《宋代海商の活動に関する一試論》,小野正敏等《中世の対外交流　場・ひと・技術》,高志書院,2006 年。

大庭康時:《博多の都市空間と中国人居住区》,歴史研究会編《港町のトポグラフィ》,青木書店,2006 年。

郭万平:《日本"东亚海域交流与日本传统文化的形成——以宁波为焦点开创跨学科研究"科研项目综述》,《中国史研究动态》2006 年第 8 期。

郭万平:《来宋日僧成寻与宁波商人陈咏》,宁波"海上丝绸之路"申报世界文化遗产办公室等编《宁波与海上丝绸之路》,科学出版社,2006 年。

王勇:《唐代明州与中日交流》,宁波"海上丝绸之路"申报世界文化遗产办公室等编《宁波与海上丝绸之路》,科学出版社,2006 年。

章国庆:《关于宁海惠德桥的几点想法》,《浙江省博物馆学会 2006 年学术研讨会文集》,浙江省博物馆学会编印,2006 年。

陈捷:《日本入宋僧南浦绍明与宋僧诗集〈一帆风〉》,《中国典籍与文化论丛》第 9 辑,北京大学出版社,2007 年。

张文良:《日本的达磨宗与中国禅宗》,《佛学研究》2007 年刊。

高橋昌明:《平清盛の対中国外交と大輪田泊》,《海港都市研究》第 2 号,2007 年。

山崎覚士:《九世紀における東アジア海域と海商——徐公直と徐公祐》,《人文研究(大阪市立大学大学院文学研究科紀要)》第 58 巻,2007 年。

二階堂善弘:《宋代の航海神招宝七郎と平戸七郎大権現》,《東アジア海域交流史現地調査研究——地域・環境・心性》第 2 号,2007 年。

服部英雄:《宗像大宮司と日宋貿易——筑前国宗像唐坊・小呂島・高田牧》,九州史学研究会編《境界からみた内と外》(《九州史学》創刊 50 周年

記念論文集 下》,岩田書院,2008年。

高津孝、橋口亘:《薩摩塔小考》,《南日本文化財研究》第7号,2008年。

堀本一繁:《中世博多の変遷》,大庭康時等編《中世都市・博多を掘る》,海鳥社,2008年。

大庭康時:《考古学から見た博多の展開》,大庭康時等編《中世都市・博多を掘る》,海鳥社,2008年。

本田浩二郎:《中世博多の道路と町割り》,大庭康時等編《中世都市・博多を掘る》,海鳥社,2008年。

张学锋:《日本入唐求法僧最澄所携明州、台州官文书三种》,宁波市文物考古研究所等编《宁波文物考古研究文集》,科学出版社,2008年。

郭万平:《赴日宋僧无学祖元的"老婆禅"》,《佛教文化》2008年第4期。

郭万平:《日僧南浦绍明与径山禅茶文化》,《浙江工商大学学报》2008年第2期。

王宇:《求法与巡礼——从圆仁到奝然的历史转变》,《宗教文化》2008年第5期。

唐勇、刘恒武:《宋代宁波地区的造船业》,《宁波教育学院学报》2008年第1期。

刘恒武:《杭州湾北岸与舟山之间海上交通变迁考略》,郭万平等编《舟山普陀与东亚海域文化交流》,浙江大学出版社,2009年。

井手誠之輔:《大徳寺伝来五百羅漢図試論》,奈良国立博物館編《聖地寧波》,奈良国立博物館,2009年。

藤岡穣:《鎌倉彫刻における宋代美術の受容》,東アジア美術文化交流研究会編《寧波美術と海域交流》,中国書店,2009年。

静永健:《阿弥陀経石の航路》,東アジア地域間交流研究会編《から船往来——日本を育てたひと・ふね・まち・こころ》,中国書店,2009年。

大木公彦、古澤明、高津孝、橋口亘:《薩摩塔石材と中国寧波産の梅園石との岩石学的分析による対比》,《鹿児島大学理学部紀要》第42号,2009年。

刘恒武:《五代时期吴越国与日本之间的"信函外交"》,《社会科学战线》2009年第1期。

柳立言：《士人家族与地方主义：以明州为例》，《历史研究》2009 年第 6 期。

大木公彦、古澤明、高津孝、橋口亘、内村公大：《日本における薩摩塔・碇石の石材と中国寧波産石材の岩石学的特徴に関する一考察》，《鹿児島大学理学部紀要》第 43 号，2010 年。

橋口亘：《坊津と硫黄島・硫黄輸移出に関する一考察》，《南日本文化財研究》第 9 号，2010 年。

高津孝、橋口亘、松本信光、大木公彦：《南西諸島現存碇石の産地に関する一考察》，《鹿児島大学法文学部紀要〈人文学科論集〉》第 72 号，2010 年。

高津孝、橋口亘、大木公彦：《薩摩塔研究——中国産石材による中国系石造物という視点から》，《鹿大史学》第 57 号，2010 年。

井形進：《薩摩塔について》，久山町教育委員会《首羅山遺跡 発掘調査概要報告書》（久山町文化財調査報告第 15 集），久山町教育委員会，2010 年。

上川通夫：《入唐求法僧と入宋巡礼僧》，荒野泰典等編《通交・通商圏の拡大》，吉川弘文館，2010 年。

佐伯弘次：《博多と寧波》，荒野泰典等編《通交・通商圏の拡大》，吉川弘文館，2010 年。

河辺隆宏：《年紀制と渡海制》，荒野泰典等編《通交・通商圏の拡大》，吉川弘文館，2010 年。

李广志：《明州工匠援建日本东大寺论考》，《宁波大学学报》（人文科学版）2010 年第 5 期。

杨心珉、刘恒武：《从浙东海交活动看两宋政权对高丽政策的转变与得失》，《江苏社会科学》2010 年第 2 期。

李守爱：《北宋时期日本僧侣入宋及其对中日文化交流的作用——以奝然、寂照、成寻为中心》，《南开日本研究 2011》，世界知识出版社，2011 年。

江上智恵：《首羅山遺跡とその周辺》，《古文化談叢》第 65 集，2011 年。

井形進：《薩摩塔研究概観——新資料の紹介と共に》，《古文化談叢》第 65 集，2011 年。

山崎覚士:《海商とその妻——十一世紀中国の沿海地域と東アジア海域交易》,《佛教大学歴史学部論集》創刊号,2011年。

Mikael S. Adolphson:"The Coin Conundrum in Twelfth Century Japan",林立群编《跨越海洋:"海上丝绸之路与世界文明进程"国际学术论坛文选(2011·中国·宁波)》,浙江大学出版社,2012年。

榎本涉:《唐—元代における日中交通路の変遷》,林立群主编《跨越海洋:"海上丝绸之路与世界文明进程"国际学术论坛文选 2011·中国·宁波》,浙江大学出版社,2012年。

闫爱宾:《密教传播与宋元泉州石造多宝塔》,《中国文物科学研究》2012年第3期。

薛豹、游彪:《赴日宋朝海商初探——以宁海周氏家族为中心》,《浙江学刊》2012年第4期。

薛豹:《赴日宋商之研究》,北京师范大学博士学位论文,2012年。

郭万平:《赴日宋僧与忽必烈征日战争》,中国中外关系史学会等编《中外关系史论丛(第19辑)——多元宗教文化视野下的中外关系史》,甘肃人民出版社,2012年。

赵莹波:《宋日贸易研究——以在日宋商为中心》,南京大学博士学位论文,2012年。

山内晋次:《日本史とアジア史の一接点——硫黄の国際貿易をめぐって》,山田奨治等編《江南文化と日本——資料·人的交流の再発掘》,国際日本文化研究センター,2012年。

山内晋次:《平氏と日宋貿易——通説の歴史像への疑問》,《神戸女子大学古典芸能研究センター紀要》第6号,2012年。

末吉武史:《福岡·恵光院燈籠堂の石造十一面観音像——南宋彫刻の可能性と図像の検討》,《福岡市博物館研究紀要》第22号,2012年。

大塚紀弘:《宝篋印塔源流考:図像の伝来と受容をめぐって》,《日本仏教綜合研究》第10巻,2012年。

山川均:《寧波の石造文化と日本への影響(総論)》,山川均編《寧波と宋風石造文化》,汲古書院,2012年。

大江綾子:《泉涌寺開山無縫塔》,山川均編《寧波と宋風石造文化》,汲古書院,2012年。

大江綾子:《東大寺石獅子》,山川均編《寧波と宋風石造文化》,汲古書院,2012年。

大江綾子:《荷葉蓮台牌について》,山川均編《寧波と宋風石造文化》,汲古書院,2012年。

岡元智子:《その他の宋人石工の作例》,山川均編《寧波と宋風石造文化》,汲古書院,2012年。

藤沢典彦:《北宋皇帝陵の石獅から東大寺石獅子へ》,山川均編《寧波と宋風石造文化》,汲古書院,2012年。

高津孝:《薩摩塔と碇石——浙江石材と東アジア海域交流》,山田奨治等編《江南文化と日本——資料・人的交流の再発掘》,国際日本文化研究センター,2012年。

高津孝、橋口亘、大木公彦:《薩摩塔研究(続)——その現状と問題点》,《鹿大史学》第59号,2012年。

服部英雄:《重源と中世の開発》,《狭山池シンポジウム2012——ため池築造と偉人》,大阪狭山市教育委員会,2012年。

桃木祐輔:《首羅山遺跡の白山神社経塚について》,久山町教育委員会編《首羅山遺跡発掘調査報告書》(久山町文化財調査報告第16集),久山町教育委員会,2012年。

伊藤幸司:《悟空敬念とその時代》,久山町教育委員会編《首羅山遺跡発掘調査報告書》(久山町文化財調査報告第16集),久山町教育委員会,2012年。

大木公彦、古澤明、高津孝、橋口亘、大石一久、市村高男:《薩摩塔石材と中国寧波市の下部白亜系方岩組地層との対比》,《鹿児島大学理学部紀要》第46号,2013年。

山内晋次:《日宋貿易と「トウボウ」をめぐる覚書》,中島楽章、伊藤幸司編《寧波と博多》,汲古書院,2013年。

孙群:《泉州古塔的类型与建筑特色研究》,《福建工程学院学报》2013年第4期。

喻静:《密庵咸杰及其禅法研究》,《中国文化》2013年第2期。

沈惠耀、徐炯明：《保国寺观音殿的石质莲花覆盆柱础略考》，《宁波保国寺大殿建成 1000 周年学术研讨会暨中国建筑史学分会 2013 年会论文集》，中国建筑学会建筑史学分会，2013 年。

江静：《日僧无象静照在浙行迹考略》，《延边大学学报》（社会科学版）2013 年第 2 期。

江静：《日藏宋僧兀庵普宁尺牍四通》，《文献》2013 年第 6 期。

王颂：《道元与曹洞宗：禅的本土化发展》，《佛学研究》2013 年刊。

宋立道：《如净、道元曹洞禅法蠡测》，《佛学研究》2014 年刊。

吴玲：《佚留日本的唐末浙江商人送别诗及尺牍》，《浙江外国语学院学报》2014 年第 3 期。

橋口亘：《薩摩南部の中世考古資料をめぐる諸問題——薩摩塔・宋風獅子・貿易陶磁・清水磨崖仏群・硫黄交易》，《鹿児島考古》第 44 号，2014 年。

榎本涉：《宋元交替と日本》，大津透等編《岩波講座　日本歴史》第 7 巻（中世 2），岩波書店，2014 年。

刘恒武：《旅日宋人的活跃与浙东石刻艺术的东渐》，《南开日本研究》(2014)，天津人民出版社，2014 年。

齐庆媛：《四川宋代石刻菩萨像宝冠造型分析》，《敦煌研究》2014 年第 2 期。

齐庆媛：《江南式白衣观音造型分析》，《故宫博物院院刊》2014 年第 4 期。

冯一伟等：《南宋古韵：西岙村》，《宁波通讯》2014 年第 24 期。

江静：《宋僧石溪心月与日僧无象静照交往考》，《浙江工商大学学报》2015 年第 1 期。

陈云松：《宁海西岙：三门湾畔千年古村》，《宁波通讯》2015 年第 6 期。

刘恒武、陈竞翘：《萨摩塔与宋日海上丝绸之路》，《日语学习与研究》2015 年第 5 期。

蔡惠容：《浅谈福建石塔的类别与功能》，《福建文博》2015 年第 3 期。

草野显之：《中日佛教交流史——从日本古代末期至中世前期的情形》，李贺敏译，《佛学研究》2015 年刊。

孔媛:《南宋时期中日石刻文化交流研究》,浙江工商大学硕士论文,2015年。

佐藤亜聖:《日中韓における石造物文化と採石加工技術の交流》,《第3中世採石・加工技術研究会発表資料集》,中世採石・加工技術研究会,2016年。

胡晓伟:《宋〈傅察夫人赵氏墓志〉及相关问题》,《福建文博》2016年第4期。

王勇:《东亚佛书之环流——以〈胜鬘经〉为例》,《山东社会科学》2016年第8期。

张十庆:《关于卵塔、无缝塔及普同塔》,《中国建筑史论汇刊》第13辑,中国建筑工业出版社,2016年。

杨晓维:《宁波二灵塔的建造艺术及内涵价值》,《浙江建筑》2016年第1期。

黄纯艳:《宋代近海航路考述》,《中华文史论丛》2016年第1期。

贾璞:《中国历代石狮造型艺术的演变及文化内涵》,《河南社会科学》2017年第9期。

刘恒武:《图像观识与海上丝绸之路史》,《学术月刊》2017年第12期。

刘恒武、庞超:《试论荣西、道元著作对〈禅苑清规〉的参鉴——兼论南宋禅林清规的越海东传》,《宁波大学学报》(人文科学版)2018年第6期。

齐庆媛:《论入定观音像的形成与发展》,《敦煌研究》2018年第4期。

唐健武:《五轮塔的华丽与简素之美——浙江七佛塔与江西云居山宋代僧塔风格的对比解析》,《法音》2018年第5期。

井形进:《薩摩塔の研究序説》,井形进《九州に偏在する中国系彫刻についての基礎的研究》,九州歴史资料馆,2018年。

江上智恵:《薩摩塔の編年試論——考古学の見地から》,井形进《九州に偏在する中国系彫刻についての基礎的研究》,九州歴史资料馆,2018年。

杨玉飞、张文良:《杨歧派在日本的传播——以圆尔辨圆的思想和实践为中心》,《世界宗教研究》2019年第6期。

崔会杰:《南宋径山参学日僧考》,《外文研究》2019年第1期。

周霖:《关于对宁波产石材(石造物)文化属性的研究》,《文物鉴定与鉴赏》2020 年第 5 期。

江上智恵:《首羅山遺跡発見の石塔部材と薩摩塔の復元》,《古文化談叢》第 87 集,2021 年。

张雅雯:《海上丝绸之路背景下宁波产石材雕造文物遗存探析》,《文物鉴定与鉴赏》2020 年第 12 期。

刘恒武:《跨越海洋的输日佛教石刻研究》,《中国社会科学报》2020 年 12 月 22 日第 8 版。

刘恒武:《港城空间、海丝交流与图像传播》,《中国社会科学报》2023 年 2 月 17 日第 5 版。

四、著作

常盤大定等:《中国文化史跡》,法藏館,1939 年。

木宮泰彦:《日華文化交流史》,冨山房,1955 年。

三杉隆敏:《海のシルクロードを求めて》,創元社,1968 年。

筑紫豊:《元寇危言》,積文館,1972 年。

多田隈豊秋:《九州の石塔》(上卷),西日本文化協会,1975 年。

多田隈豊秋:《九州の石塔》(下卷),西日本文化協会,1978 年。

藤井功、亀井明徳:《西都大宰府》,日本放送出版協会,1977 年。

小林剛:《俊乗房重源の研究》,有隣堂,1980 年。

原田大六:《阿弥陀仏経碑の謎——浄土門と宗像大宮司家》,六興出版,1984 年。

亀井明徳:《日本貿易陶磁史の研究》,同朋舎,1986 年。

今井林太郎先生喜寿記念論文集編纂委員会編:《国史学論集　今井林太郎先生喜寿記念》,今井林太郎先生喜寿記念論文集刊行会,1988 年。

川添昭二編:《よみがえる中世Ⅰ——東アジアの国際都市博多》,平凡社,1988 年。

伊東史朗:《狛犬》(日本の美術　第 279 号),至文堂,1989 年。

宮田登編:《玄界灘の島々》(海と列島文化 3),小学館,1990 年。

田中文英:《平氏政権の研究》,思文閣,1994 年。

朝尾直弘等編:《岩波講座　日本通史》第 6 卷(古代 5),岩波書店,1995 年。

水野敬三郎:《日本彫刻史研究》,中央公論美術出版,1996 年。

大阪大学文学部日本史研究室編:《古代中世の社会と国家》,清文堂,1998 年。

皆川完一編:《古代中世史料学研究》(上、下卷),吉川弘文館,1998 年。

大石一久:《中世の石造美術》长崎県平户市編《平戸市史　民俗編》,長崎県平戸市刊行,1998 年。

大石一久:《石が語る中世の社会　長崎県の中世・石造美術》(ろうきんブックレット9),長崎県労働金庫刊行,1999 年。

施坚雅編:《中华帝国晚期的城市》,叶光庭等译,中华书局,2000 年。

井手誠之輔:《日本の宋元仏画》,至文堂,2001 年。

袁岚:《7—14 世纪中日文化交流的考古学研究》,中国社会科学出版社,2001 年。

中国航海学会等编:《泉州港与海上丝绸之路》,中国社会科学出版社,2002 年。

加藤友康編:《摂関政治と王朝文化》(日本の時代史 6),吉川弘文館,2002 年。

松下志朗、下野敏見:《鹿児島の湊と薩南諸島》,吉川弘文館,2002 年。

山内晋次:《奈良平安期の日本とアジア》,吉川弘文館,2003 年。

黄纯艳:《宋代海外贸易》,社会科学文献出版社,2003 年。

哲夫:《宁波旧影》,宁波出版社,2004 年。

大庭康時等編:《港湾都市と対外交易》(中世都市研究 10),新人物往来社,2004 年。

五味文彦編:《交流・物流・越境》(中世都市研究 11),新人物往来社,2005 年。

孙光圻:《中国古代航海史》,海洋出版社,2005 年。

林士民:《再现昔日的文明——东方大港宁波考古研究》,上海三联书店,2005 年。

王慕民、张伟、何灿浩:《宁波与日本经济文化交流史》,海洋出版社,2006年。

歴史研究会編:《港町のトポグラフィ》,青木書店,2006年。

小野正敏等編:《中世の対外交流　場・ひと・技術》,高志書院,2006年。

山川均:《石造物が語る中世職能集団》,山川出版社,2006年。

宁波"海上丝绸之路"申报世界文化遗产办公室等编:《宁波与海上丝绸之路》,科学出版社,2006年。

榎本渉:《東アジア海域と日中交流——九—十四世紀》,吉川弘文館,2007年。

藤善真澄訳注:《参天台五臺山記》(上),関西大学出版部,2007年。

杨曾文:《日本佛教史》,人民出版社,2008年。

王勇、郭万平等:《南宋临安对外交流》,杭州出版社,2008年。

大庭康時等編:《中世都市・博多を掘る》,海鳥社,2008年。

九州史学研究会編:《境界からみた内と外》(《九州史学》創刊50周年記念論文集下),岩田書院,2008年。

南さつま市坊津歴史資料センター輝津館編:《海上の道と陶磁器》,南さつま市坊津歴史資料センター輝津館,2008年。

森克己:《新訂日宋貿易の研究》,勉誠出版株式会社,2008年。

森克己:《続日宋貿易の研究》,勉誠出版株式会社,2009年。

森克己:《続々日宋貿易の研究》,勉誠出版株式会社,2009年。

山内晋次:《日宋貿易と「硫黄の道」》,山川出版社,2009年。

奈良国立博物館編:《聖地寧波》,奈良国立博物館,2009年。

東アジア美術文化交流研究会編:《寧波美術と海域交流》,中国書店,2009年。

東アジア地域間交流研究会編:《から船往来——日本を育てたひと・ふね・まち・こころ》,中国書店,2009年。

刘恒武:《宁波古代对外文化交流——以历史文化遗存为中心》,海洋出版社,2009年。

黄宽重:《宋代的家族与社会》,国家图书馆出版社,2009年。

郭万平等编:《舟山普陀与东亚海域文化交流》,浙江大学出版社,2009年。
榎本涉:《僧侶と海商たちの東シナ海》,講談社,2010年。
荒野泰典等编:《通交・通商圏の拡大》,吉川弘文館,2010年。
杉原敏之:《遠の朝廷——大宰府》,新泉社,2011年。
藤善真澄訳注:《参天台五臺山記》(下)関西大学出版部,2011年。
江静:《赴日宋僧无学祖元研究》,商务印书馆,2011年。
王力军:《宋代明州与高丽》,科学出版社,2011年。
山川均编:《寧波と宋風石造文化》,汲古書院,2012年。
渡辺誠:《平安時代貿易管理制度史の研究》,思文閣,2012年。
井形進:《薩摩塔の時空——異形の石塔をさぐる》,花乱社,2012年。
林立群主编:《跨越海洋:"海上丝绸之路与世界文明进程"国际学术论坛文选(2011·中国·宁波)》,浙江大学出版社,2012年。
林浩:《东钱湖石作艺术》,宁波出版社,2012年。
郝祥满:《奝然与宋初的中日佛法交流》,商务印书馆,2012年。
王金林:《日本中世史》(上、下卷),昆仑出版社,2013年。
中島楽章、伊藤幸司编:《寧波と博多》,汲古書院,2013年。
村井章介:《日本中世の異文化接触》,東京大学出版会,2013年。
戴仁柱:《丞相世家:南宋四明史氏家族研究》,刘广丰、惠冬译,中华书局,2014年。
尚永琪:《莲花上的狮子——内陆欧亚的物种、图像与传说》,商务印书馆,2014年。
関周一:《中世の唐物と伝来技術》,吉川弘文館,2015年。
中世採石・加工技術研究会编:《第3回中世採石・加工技術研究会発表資料集》,中世採石・加工技術研究会,2016年。
大塚紀弘:《日宋貿易と仏教文化》,吉川弘文館,2017年。
王丽萍:《成寻〈参天台五台山记〉研究》,上海人民出版社,2017年。
井形進:《九州に偏在する中国系彫刻についての基礎的研究》,九州歷史資料館,2018年。
佐藤亜聖编:《中世石工の考古学》,高志書院,2019年。
井形進:《九州仏像史入門——太宰府を中心に》,海鳥社,2019年。

刘恒武、白斌、金城:《宁波对外贸易史》,浙江大学出版社,2021年。

宁波市文化遗产管理研究院编:《城·纪千年——港城宁波发展图鉴》,宁波出版社,2021年。

附 录

一、日本九州现存萨摩塔及疑似萨摩塔石构

福冈县

序号	名称	存置地点	基本形制	备注
1	博多遗迹群须弥座残件	福冈市博多区博多遗迹群	仅存方形须弥座束腰局部	疑似萨摩塔构件
2	马头观音堂萨摩塔	福冈市博多区坚粕马头观音堂	仅存圆壶状塔身和方形须弥座下部	
3	圣福寺石台座	福冈市博多区御供所町圣福寺	仅存平面六边形须弥座	亦有可能为无缝塔台座
4	明光院塔顶遗构	福冈市博多区吉塚	仅存六角屋檐式塔顶残件	疑似萨摩塔构件
5	箱崎遗迹群须弥座残件	福冈市东区箱崎遗迹群	方形须弥座残件	疑似萨摩塔构件
6	志贺岛火焰塚萨摩塔	福冈市东区志贺岛	仅存方形须弥座束腰以下部分	
7	田岛萨摩塔	福冈市城南区田岛	六角屋檐式塔顶、圆壶状塔身、平面六边形须弥座,顶和座有残损	
8	茶山萨摩塔	福冈市城南区茶山	圆壶状塔身、平面六边形须弥座,顶和塔身残损	

续　表

序号	名称	存置地点	基本形制	备注
9	天福寺石基座残块	福冈市早良区西油山	仅存方形须弥座残件	疑似萨摩塔残构件
10	天福寺石龛像	福冈市早良区西油山	仅存塔身造像	疑似萨摩塔残构件
11	兴德寺须弥座构件及塔刹残件	福冈市西区姪浜兴德寺	平方六边形须弥座束腰、底座及塔刹残件	疑似萨摩塔构件
12	首罗山萨摩塔	糟屋郡久山町大字久原首罗山山顶	卵形壶状塔身、方形须弥座，塔顶缺失	与宋风石狮并置
13	首罗山萨摩塔	糟屋郡久山町大字久原首罗山山顶	四角屋檐式塔顶、卵形壶状塔身、方形须弥座	与宋风石狮并置
14	糟屋郡志免町须弥座束腰	糟屋郡志免町	仅存方形须弥座束腰	疑似萨摩塔构件
15	宇美町萨摩塔	糟屋郡宇美町宇美八幡宫附近	圆壶状塔身、方形须弥座，塔顶缺失	
16	宰府萨摩塔	相传原存于竈门山（太宰府市）	塔顶有残损、有棱壶状塔身、方形须弥座	
17	今津萨摩塔	福冈市西区今津能满寺遗址	仅存方形须弥座束腰、下枭和下枋的局部	

佐贺县

序号	名称	存置地点	基本形制	备注
1	灵仙寺萨摩塔残存构件	神埼郡吉野ヶ里町脊振山灵仙寺	仅存方形须弥座下部（下枭、下枋和圭角）	
2	灵仙寺迹萨摩塔残存构件	神埼郡吉野ヶ里町脊振山灵仙寺	现存圆壶状塔身、方形须弥座下部（下枭、下枋和圭角）残件	
3	仁比山地藏院萨摩塔	神埼市神埼町仁比山护国寺地藏院	仅存圆壶状塔身	
4	妙觉寺萨摩塔	多久市南多久町大字下多久	圆壶状塔身、方形须弥座，塔顶残缺	
5	妙觉寺萨摩塔	多久市南多久町大字下多久	仅存圆形塔身和方形须弥座上部	
6	西光密寺萨摩塔	武雄市山内町黑发山	圆壶状塔身、六边形须弥座，塔顶缺失	

长崎县

序号	名称	存置地点	基本形制	备注
1	志々伎神社冲之宫萨摩塔	平户市野子町 宫之浦	平面六边形须弥座、圆形塔身、屋檐式塔顶,塔身与塔顶残	与宋风石狮并置
2	志々伎神社中宫萨摩塔	平户市野子町	仅存六边形须弥座和屋檐式塔顶残件	
3	志々伎神社中宫萨摩塔	平户市野子町	仅存方形须弥座(缺上枭、上枋)	
4	安满岳山顶萨摩塔	平户市主师町安满岳山顶	四角屋檐式塔顶、圆壶状塔身、方形须弥座	
5	安满岳山顶萨摩塔	平户市主师町安满岳山顶	仅存方形须弥座	
6	馆山是兴寺迹萨摩塔	平户市镜川町	仅存圆形塔身、方形须弥座上部	
7	御堂前萨摩塔	平户市镜川町	仅存方形须弥座束腰以下部分	
8	岩の上町萨摩塔	原存置于樱溪书院遗址(平户市户石川町),现存于平户市生月町博物馆(平户市生月岛)	圆形塔身、方形须弥座,塔顶缺失	
9	誓愿寺萨摩塔	平户市户石川町	仅存圆壶状塔身和方形须弥座上部	
10	海寺迹萨摩塔	原存置于海寺遗址(田平町山内免),现存于黑田原历史民俗资料馆(平户市田平町里免)	圆壶状塔身、方形须弥座,塔顶缺失	与宋风石狮并置
11	海寺迹萨摩塔	原存置于海寺遗址(田平町山内免),现存于黑田原历史民俗资料馆(平户市田平町里免)	仅存方形须弥座束腰	
12	下寺观音堂萨摩塔	平户市田平町下寺免	仅存四角屋檐式塔顶、四棱塔身和方形须弥座上部	

续　表

序号	名称	存置地点	基本形制	备注
13	下寺观音堂萨摩塔	平户市田平町下寺免	仅存圆壶状塔身	
14	龙福寺迹须弥座束腰残件	大村市立福寺町龙福寺遗址	仅存六边形须弥座束腰残件	疑似萨摩塔构件
15	宝圆寺萨摩塔	大村市池田町宝圆寺	仅存壶状塔身	
16	宇久岛毘沙门寺须弥座	佐世保市宇久岛	仅存须弥座	疑似萨摩塔构件
17	宇久岛毘沙门寺须弥座	佐世保市宇久岛	仅存须弥座束腰	疑似萨摩塔构件
18	针尾城萨摩塔	佐世保市针尾中町针尾城附近	不详	

鹿儿岛县

序号	名称	存置地点	基本形制	备注
1	水元神社萨摩塔	相传原存置于川边町清水云朝寺遗址，现存于南九州市川边町清水水元神社	六角屋檐式塔顶、圆壶状塔身、六边形须弥座	
2	宝光寺迹萨摩塔	相传原存置于川边町清水宝光院遗址，现存于知览博物馆（南九州市知览町）	仅存方形须弥座和部分塔身	
3	虎御前萨摩塔	南九州市川边町神殿	四角屋檐式塔顶、圆壶状塔身、方形须弥座	
4	坊津萨摩塔	相传原存置于南萨摩市坊津町一乘院旧址，现存于坊津历史资料中心（南萨摩市坊津町）	四角屋檐式塔顶、圆壶状塔身、方形须弥座	
5	加世田川畑萨摩塔	南萨摩市加世田川畑	六角屋檐式塔顶、圆壶状塔身、六边形须弥座	该塔或即近世方志记载的"毗沙门塔"（地头所萨摩塔）

续 表

序号	名称	存置地点	基本形制	备注
6	加世田小凑萨摩塔须弥座残件	南萨摩市加世田小凑	仅存六边形须弥座之束腰和底座	
7	芝原遗址石塔残件	芝原遗址位于南萨摩市金峰町宫崎，石塔残件现存于鹿儿岛县立埋藏文化财中心	仅存塔刹残件和壶形塔身底缘部残件	疑似萨摩塔残件
8	泽家石塔群萨摩塔	雾岛市隼人町鹿儿岛神宫附近	仅存六边形须弥座之底座和圆壶状塔身残件	

大阪府

序号	名称	存置地点	基本形制	备注
1	堺市萨摩塔	原存于大阪堺市凑西墓地，现存于堺市博物馆	仅存壶状塔身	

二、日藏其他舶载输入宋风石刻

序号	名称	存置地点	基本形制	备注
1	惠光院灯笼堂十一面观音石像	惠光院（福冈市东区筥崎宫参道附近）	观音为坐像，手持莲花；尊像坐于须弥座上。	
2	惠光院层塔	惠光院（福冈市东区筥崎宫参道附近）	现为五层，顶层为新补，第二层有四天王浮雕，第三、四层有佛、菩萨像	
3	耕月院石塔构件	耕月院（福冈市博多区坚粕4丁目）	四方体；侧面雕有佛龛，内有浮雕佛坐像	
4	乙犬小堂石塔残件	乙犬小堂（福冈县糟屋郡篠栗町乙犬）	四方体（有残损）；侧面雕有佛龛以及云气、门扇等装饰图案	
5	宗像大社阿弥陀经石	宗像大社神宝馆（福冈县宗像市田岛）	四角歇山檐式顶、方形碑身、方形基座	

续　表

序号	名称	存置地点	基本形制	备注
6	宗像大社宋风石狮（1对）	宗像大社神宝馆（福冈县宗像市田岛）	一狮双前足执球、一狮双前足抱幼狮；带圭脚的方形底座	
7	首罗山宋风石狮（1对）	首罗山遗址（福冈县糟屋郡久山町大字久原首罗山山顶）	残损较重。一狮双前足执球、一狮左前足抱幼狮；板状台座	与萨摩塔并置
8	太祖神社宋风石狮（1对）	太祖神社（福冈县糟屋郡篠栗町若杉山）	一狮双前足执球、一狮双前足抱幼狮；带圭脚的方形底座	
9	太祖神社石制香炉	太祖神社上宫（福冈县糟屋郡篠栗町若杉山）	器口平面圆形；器座为圆形须弥座式	
10	观世音寺宋风石狮（1对）	观世音寺（福冈县太宰府市）	一狮右前足踩球、一狮左前足托幼狮；方板状台座	
11	饭盛神社石狮（2尊）	饭盛神社（福冈市西区饭盛山东侧）	一狮双前足执球、一狮双前足抱幼狮；不规则层岩状台座	
12	海寺迹宋风石狮（1尊）	原存置于海寺遗址（田平町山内免），现存于黑田原历史民俗资料馆（平户市田平町里免）	残损	
13	志々伎神社冲之宫宋风石狮（1尊）	志々伎神社冲之宫（平户市野子町）	左前足抱幼狮；方板状台座	
14	水元神社宋风石狮（1尊）	原存置地不明，现存于南九州市川边町清水水元神社		
15	饭仓神社宋风石狮（1对）	南九州市川边町清水饭仓神社	雌雄一对	
16	益山八幡神社宋风石狮（1对）	南萨摩市加世田益山	雌雄一对	
17	上宫寺迹佛像龛	南萨摩市金峰町宫崎	像龛顶部为荷叶状，龛内有浮雕佛像	

三、宋代浙闽地区窣堵波式石塔

福建地区

序号	名称	存置地点	推定年代	基本形制	备注
1	洛阳桥窣堵波式石塔	泉州洛阳桥南端	北宋嘉祐四年（1059）	六角屋檐式塔顶、圆柱状上下抹弧塔身、六边形须弥座	
2	开元寺窣堵波式石塔（2尊）	原置于泉州打锡巷北侧，现存于泉州开元寺大雄宝殿北庭	南宋嘉定四年（1211）	六角屋檐式塔顶、卵形塔身、六边形须弥座	
3	开元寺祖师塔（3尊）	泉州市丰泽区北峰街道	宋末元初	六角屋檐式塔顶、椭圆形塔身、六边形须弥座	这三尊石塔属于祖师塔，但塔形为窣堵波式塔
4	泉州承天寺窣堵波式石塔（7尊）	泉州承天寺山门前	南宋绍兴二十三年（1153）至二十五年（1155）	六角屋檐式塔顶、卵形塔身、六边形须弥座	泉州旧志记七塔系宋景德中（1004—1007）建造，有误
5	泉州承天寺大雄宝殿前石塔（2尊）	泉州承天寺大雄宝殿院内	宋	六边形须弥座、椭球状塔身、六角屋檐式塔顶	
6	泉州承天寺天王殿前石塔（2尊）	泉州承天寺天王殿前	宋	六边形须弥座、六角屋檐式塔顶，塔身一为椭球状，另一为圆球状	
7	泉州承天寺东院石塔（1尊）	泉州承天寺东院	宋	圆鼓形束腰塔座、六角屋檐式塔顶、圆柱状上下抹弧塔身	
8	五塔岩窣堵波式石塔（5座）	泉州南安官桥镇	南宋咸淳六年（1270）前后	六角屋檐式塔顶、六棱球塔身、六边形须弥座	

浙江地区

序号	名称	存置地点	推定年代	基本形制	备注
1	乐清真如寺石塔	温州乐清市磐石镇重石村真如寺	南宋	六角屋檐式塔顶、带凹棱壶形塔身、六边形须弥座	现存4座
2	瓯海宝严寺石塔	温州市瓯海区茶山街道宝严寺	南宋	六角屋檐式塔顶、六边形须弥座以及有棱瓜腹状塔	现存4座窣堵波式石塔构件
3	瑞安兴福寺石塔	温州瑞安市高楼乡上泽村兴福寺	南宋宝祐六年(1258)至景定四年(1263)	六角屋檐式塔顶、带凹棱瓜腹状塔身、六边形须弥座	现存5座
4	平阳栖真寺石塔	温州平阳县鳌江镇塘川罗垟村栖真寺	南宋	六角屋檐式塔顶、带凹棱瓜腹状塔身、六边形须弥座	现存4座
5	永嘉宝胜寺石塔构件	温州永嘉县上塘镇立新村宝胜寺	南宋淳祐四年(1244)	仅存顶、座残件。六角屋檐式塔顶、六边形须弥座	黄培量2013年论文将宝胜寺塔年代注为淳祐四年(1244),依据不详
6	永嘉净心寺塔	温州永嘉县上塘镇栗一村净心寺	宋	仅存两块残件	寺内还存有南宋绍兴年间石质井圈
7	永嘉妙智寺塔	温州永嘉县上塘镇中西村妙智寺	宋	仅存塔身1件。卵形塔身	寺内还存有宋代圆形抱鼓石1件
8	丽水灵鹫寺石塔	丽水市莲都区万象山	南宋嘉定九年(1216)、十一年(1218)	六角屋檐式塔顶、椭圆形塔身、六边形须弥座	现存4座
9	慈溪定水寺石塔构件	宁波慈溪市观海卫镇定水寺	南宋绍兴三年(1133)	仅存塔身残件1件。有棱瓜腹状塔身	塔身有"绍兴三年"(1133)纪年铭

续 表

序号	名称	存置地点	推定年代	基本形制	备注
10	象山仙岩寺石塔构件	宁波象山县贤庠镇马岙村仙岩寺	推测为宁宗开禧元年(1205)	仅存塔身1件。有棱瓜腹状塔身，带莲纹托座	塔身有"乙丑岁"干支铭
11	台州玉环灵山寺"七枝塔"	台州玉环市楚门镇东西村灵山寺	宋末元初	仅存残件。六角屋檐式塔顶、六边形须弥座	

后 记

本书系国家社科基金项目"宋代海上丝绸之路输日佛教石刻研究"(15BZJ018)结题成果。项目研究旨在将宋代输日佛教石刻放置于宋日海上丝绸之路拓展历程的文脉中加以解读,同时在海上丝绸之路学的视域下考察宋代输日佛教石刻的历史内涵。宋代舶载输日佛教石刻遗存,作为一种经历了由此岸到彼岸跨海移动的石质交流遗物,拥有丰富的精神文化内涵,一方面标示着宋代海舶在日本沿海的航迹,另一方面反映出宋代中日文化交流的样态。因此,海上丝绸之路语境下的宋代输日佛教石刻研究,不仅有助于以中国视角推进有关研究对象本身的考察,而且有益于深化学界有关东亚海上丝绸之路史的认知。

为了获得第一手研究资料,笔者先后前往鹿儿岛大学、京都大学、国际日本文化研究中心访学,着力收集整理相关文献史料,同时赴日本九州、本州等地进行实地文物调查,这些努力保证了项目的圆满完成。

2020年项目结题鉴定获得优秀,这是对我们研究工作的最大肯定。坦言之,由于宋代输日石刻研究这一专题涉及大量的国内外文物资料和海内外文献史料,我们不仅要在案头文本解读上进行持久的耕耘,也要在田野文物调查中做出不懈的投入,整个调研工作的艰辛程度远远超出了预想,这也是本书出版迟至今日的缘由。在修校书稿的过程中,我们随时留意国内外相关研究动态,补

后 记

入了温州朔门宋元古港遗址、博多中世港埠遗址、大阪堺市小型萨摩塔等文物考古资料,尽可能在新校书稿中对当下最新发现的学术资料做出回应。最终实际完成的撰稿量是项目预期的两倍之多。

在课题调研和本书撰写过程中,惠赐我们诸多支持的学界师友和同仁有:中国人民大学包伟民教授;京都大学冨谷至教授;复旦大学韩昇教授;国际日本文化研究中心榎本涉教授;华东师范大学黄纯艳教授;浙江大学王勇教授、王海燕教授;鹿儿岛大学渡边芳郎教授、高津孝教授;九州大学井手诚之辅教授;九州历史资料馆井形进研究员;首罗山遗址考古负责人江上智惠老师;坊津历史资料中心桥口亘研究员;山东大学牛建科教授;剑桥大学 Mikael Adolphson 教授;东北师范大学韩东育教授;浙江工商大学江静教授;南京大学张学锋教授、黄建秋教授;神户女子大学山内晋次教授;福冈大学桃崎祐辅教授;滋贺县立大学佐藤亚圣教授;堺市博物馆海边博史博士、早稻田大学田中史生教授、花园大学西谷功教授;西北大学王维坤教授、陈峰教授;宁波市文化遗产管理研究院王结华院长、林国聪院长、许超博士;中国港口博物馆冯毅馆长;保国寺博物馆徐学敏馆长;天一阁博物院章国庆研究员;宁波大学尚永琪教授、李乐教授、童杰教授。谨此向他们致以诚挚的谢意!在相关资料整理与实地调研期间,我的研究生陈名扬、金城、刘俊军、鲁弯弯、庞超、王蓓洁、弭云琪等同学给了我大量的协助,本书是研究团队共同努力的结果。本书顺利付梓,还要感谢浙江大学出版社陈翩老师和编辑团队的辛勤付出。

本书的研究专题并非国内学界关注的热点,但长期以来我们一直得到宁波大学人文社科处和人文与传媒学院的关怀与支持,这使我们能够专注于这项研究并有所收获。在此,谨向宁大校内领导和同仁致以真诚感谢!

2022年,这部专著还获得了"宁波大学哲学社会科学精品著作出版经费资助",谨此明记。

宁波大学　刘恒武
2024 年 6 月 28 日